The **Qaggiq** Model

Published by Nunavut Arctic College Media
www.nacmedia.ca
Box 600, Iqaluit, NU, X0A 0H0

Publishing services provided by Inhabit Education.

This research was originally conducted through a doctoral grant from the Social Sciences and Humanities Research Council of Canada.

ISBN: 978-1-897568-58-3

Printed in Canada.

NUNAVUT ARCTIC COLLEGE MEDIA SILATTUQSARVINGMI ᓯᓚᑦᑐᖅᓴᕐᕕᖕᒥ TUSAQATTAUTILIRIJIIT ᑐᓴᖃᑦᑕᐅᑎᓕᕆᔩᑦ ᓄᓇᕗᑦ Nunavut

Library and Archives Canada Cataloguing in Publication

McGrath, Janet Tamalik, author
The qaggiq model: toward a theory of Inuktut knowledge renewal / Janet Tamalik McGrath.

Includes bibliographical references.
Text chiefly in English; some text in Inuktitut.
ISBN 9781897568583 (softcover)

1. Inuit language—Social aspects—Nunavut. 2. Inuit language—Nunavut—Revival.
3. Inuit—Nunavut—Social life and customs. 4. Community life—Nunavut. I. Title.

PM50.M34 2018 497'.124 C20189027266

JANET TAMALIK McGRATH

The Qaggiq Model

Toward a Theory of Inuktut Knowledge Renewal

For my first teachers:
Juuti, Umelik, atchak Janet, Iřittuaq, Anaijjaq, Haunnuaq, Uluulaaq, Inugaq, Arviq, Taalliraq, Nilaulaaq, and Agluukkaq. Then I met Aupilarjuk and Tulimaaq. Much gratitude to each for your role modelling ways of being in this world together.

And for Vern Neufeld Redekop and the Leadership Development participants at Saint Paul University, Ottawa, Canada. You role modelled how to bridge between academia and community, and inspired a vision for what might grow with a framework for deeper listening. And for Dr. Derek Simon, St. Thomas University, who consistently affirmed the possibility and necessity of such bridging.

For my current teachers:
embodied gratitude.

And for you, the reader:
blessings.

Table of Contents

Introduction

This scholarly work bridges two differing approaches to understanding knowledge, both theoretically and practically: Inuktut ways of knowing and Western academic ways of knowing. It is an academic text; however, the book structure may not be familiar to many southern academics. The main point of departure from southern academic presentation is that I've privileged Inuktut language and worldview. With this choice, both structure and content are affected. For example, the layout privileges the relationship between and among knowers, beginning with a long conversation between Aupilarjuk and myself, followed by many stories of relations among knowers who shaped the course of this book. In the relational paradigm, acknowledgements are crucial, not only as expressions of appreciation, but as essential components to argument crafting. In Inuktut epistemology, arguments are built very differently than in academia. To describe how they differ in short form here would result in a very superficial treatment at this point, so I have instead woven explanations throughout the text. To understand the Inuktut argument craft, and the verifications I offer, will require suspending the Western academic "get to the point" mentality. You must allow storytelling to assume the significant role that it carries within the relational knowledge paradigm and as it is encoded within Inuktut worldview and language. At times, English simply cannot convey certain Inuktut concepts and meanings, so throughout the book many phrases are maintained in Inuktut, followed by provisional translations in English, which themselves are not absolute parallels, just pointers. It is important to always leave the mind open when it comes to Inuktut concepts until you gain enough experience upon which to base new knowledge.

In Inuktut, theoretical work cannot be separated from the relational and the practical, as is often done in Western knowledge and theory building. Putting the relational and practical in the centre is an ethical choice within Inuktut epistemology. Academic knowledge generation relies on books, texts, and materials, but in a relational model, as we'll review later on, people, kinships, relations, knowledge-keepers—and records of connections among these relations—are key for verification and accuracy.

As a bridging tool, this book is a hybrid text. It bridges between academia and a research methodology that respects and upholds the Inuktut relational values. As such, it is intended to be useful to both scholars and laypersons alike—academics, professionals, and people with a general interest in the Canadian Arctic. As well, I've intentionally encompassed a readership of Inuit, southern Canadian, and global audiences. The book itself is meant to be Qaggiq—an inclusive way of renewing relations toward enhanced societal well-being.

This book—this Qaggiq—is based on a dissertation for my doctoral degree at Carleton University, Ottawa, in Canadian Studies and Political Economy. The original interviews were conducted in my home community in the Kivalliq region of Nunavut, in a relatively open format under the banner of educational interviews for the Department of Education, Government of Nunavut, in May 2010. While working on the interviews for the department, however, the focus shifted from the theme of education to knowledge transmission, and finally to knowledge renewal. Inuit knowledge renewal, transmission, and education had been intact and thriving for thousands of years before colonial contact in the last century. I argue throughout that knowledge renewal is relationship renewal, so redressing the dramatic and traumatic disruptions of Inuit society's traditional knowledge transmission and education can only be achieved through the question of Inuktut knowledge renewal on its own terms. This was the higher aim that demanded my attention.

With this project I also wanted to integrate my personal and academic exploration of Inuktut methodologies, epistemologies, and pedagogies with the intention of offering approaches that are practical and relevant to today's needs and realities in the globalized Arctic. My quest was to understand and critique the wide gap between my Arctic community upbringing and academic approaches I encountered in graduate schools that have a significant impact on government policy in the Arctic. The great gaps between community and academic approaches are similar to the gaps in government policies, programs, and services with regards to health, education, and justice in particular. As well, there are gaps between Inuit Qaujimajatuqangit and government approaches to resource management and development in Inuit Nunangat. While Inuit Qaujimajatuqangit has been loosely translated as "Inuit traditional knowledge," it is more appropriately understood as epistemology and ontology—ways of knowing and being—both of which inform methodology and pedagogy.

A very current and overarching question in the Canadian Arctic is: How can Inuktut ways of knowing and being be supported within modern systems of every sort, including health care, education, justice, resource management, and development? In this book that question is narrowed to how to support Inuktut ways of knowing and being on terms that are consistent with Inuit societal values. This is accomplished through a detailed disclosure and analysis of one Inuk-centred methodology. I write about my research as I enact it and thus use it as a case study, and a means for the reader to verify the strengths of my conclusions. While standing in the middle of a gap between two vastly different intellectual traditions, I strive to describe for multiple audiences the perspectives of that place. It is a difficult vantage point, indeed, but there are gifts to be had in the struggle of being in the middle, amid and between. One gift that has come through my experience is the development of a resurgence model I term Qaggiq.[1]

Keeping in mind the Inuktut pedagogical principle of *doing* in order to know, I invite you now as a reader to enter a metaphorical *qaggiq*—a grand communal *iglu.* Don't worry, I'll describe it for you as we go. The qaggiq is built to be inclusive of all who can gather, and so, as a reader, first and foremost: *tunngasugit* (be welcome). Take off your parka, for you belong here, too. If you are new to this, then watch and learn for the next few hundred pages, and you will emerge with an initial orientation of how to be in the qaggiq respectfully and how to contribute or withhold meaningfully. Not everything you need to know will be gathered in one Qaggiq research model, so be patient and remember that in Inuktut epistemology it is more reliable not to know than to claim knowledge prematurely or for the wrong reasons. Wrong reasons tend to abound, such as fear of failure, the need to protect an image, or rushing due to pressures of all sorts. So come along with me now, so that you may be prepared to un-know, too.

A qaggiq near Igloolik, Nunavut. © Bryan & Cherry Alexander Photography/ArcticPhoto

In the traditional context of Inuit nomadic life on the land, the snow qaggiq was, for many centuries, a venue for community renewal at the end of the long Arctic winter. Qaggiq was constructed and practised in its traditional form well into the twentieth century in Inuit Nunangat (Inuit homelands). In the decades following the introduction of fabricated houses in the 1950s and '60s, the spirit of qaggiq continued through other material means, in community halls, homes, and even twenty-four-hour midwinter Christmas games that went on for days. For example, in my first hometown of Talurřuaq (Taloyoak) in the 1970s, people held games in the government's mechanical garage near the shore. There was very little difference between what I experienced and observed during that gathering process and the stories the elders told us about the traditional qaggiq. Through both kinds of expressions of qaggiq, community bonds were strengthened, and conflicts were addressed and healed. With shared space, food, humour, and the arts at the centre of this renewal practice, there are always abundant reminders of our utter interconnectedness. No matter the personal tensions or differences, we all laugh, hunger, fear, breathe, and survive together—food, games, and protocol are all symbolic reminders. The renewal of the physical, societal, emotional, cultural, and artistic systems of support for well-being have always been at the core of qaggiq. For that reason, the qaggiq as a metaphor supports the main question this book addresses: How can we—each and all, individually and collectively—support Inuktut knowledge renewal on its own terms? Relationships are at the core of the conception of knowledge in Inuit society. Knowledge is relational, and its renewal is thus dependent on relationship renewal.

In the spring of 2010, I had theorized about Qaggiq as a metaphor for Inuktut renewal based on conversations with Aupilarjuk. Later that year there was a project in Nunavut that emerged with a foundational meeting in December 2010 that also bears the name "qaggiq." The term *qaggiavuut* was traditionally used in North Baffin to summon people to a qaggiq gathering, and this term was proposed by Inuk elder

Susan Avingaq for the then newly establishing performing arts society. Qaggiavuut Society gives space for artistry, voice, discovery, and Inuk-centred methodologies toward community well-being, renewal, and intergenerational strength. The work presented in this book and the work of this arts initiative are similar and complementary. I invite you to learn more and support them by visiting www.qaggiavuut.com.

The work of this book was, in part, motivated by the need to record some of Aupilarjuk's undocumented legacy, to carry it forward, along with what he represented to all who listened to and learned from him; in a single phrase, the harmonious bridging between traditional and modern strengths for Inuit societal well-being in Inuit Nunangat *maannalu sivummullu* (both now and into the future).

The timing of some of my travels to Rankin Inlet then turned out to be very fortuitous, enabling Aupilarjuk and myself to record our conversations in his last years, and for me to transcribe them into Inuktut for his verification. Then other community members and colleagues participated by reviewing and evaluating the translations. These verbatim transcripts are the foundation of this book. Because of this, they are presented at the beginning of the book, which is altogether fitting and proper. If, however, you are new to Inuktut epistemology, you may want to read the transcripts lightly, or even skim through them, and then return to them afterward—especially the pointers offered in the footnotes. But at least touch base with them before venturing on to the rest of the book.

Today, more than ever, it is crucial to listen to the people who have experiences of learning the human relationship to the land and environment from, until recently, an uninterrupted line of Inuit Arctic sovereignty. This is a great line of care, consideration, and responsibility for the environment and its life-giving gifts. In a global environment of rapid climate and social change, now more than ever before we need to slow down and work with our elders, to learn from their wisdom and perspectives and to receive the time-honoured values, teachings, and attitudes they exemplify for us. With that, I invite you into a multilayered conversation as a listener. Learning how to listen is the most valuable activity you can engage in within Inuit epistemology. Listening creates and recreates relationships among people, land, and ideas. Listening also generates a safe space for mistakes to be noticed and corrected. I don't know everything there is to know about this subject, and I am certain that I am still *naalagasuktuq* (learning to listen). And what I learn as I work, I try my best to convey to you. *Taimaituinnarmat* (it is just as it is).

Inuktut Interview Transcripts*

ᒪᐃ 15ᖑᑎᓪᓗᒍ, 2010ᒥ

ᑕᒪᓕᒃ: ᐃᖏᕐᕋᓕᖅᐳᖅ...

ᐊᐅᐱᓛᕐᔪᒃ: ᑕᐃᒪ ᐅᖃᓪᓛᕐᔪᒍᒪᒐᒪ ᐅᖃᓪᓚᐅᓯᕆᕙᒃᑕᕋᓗᐊᕋ ᑖᒻᓇ ᑲᑎᒪᓕᕌᖕᒐᑉᑕ ᐃᓕᓐᓂᐊᖅᑐᓕᕆᔨᒃᑯᓪᓗ ᐊᕐᕕᐊᓂ. ᑖᒻᓇ ᐃᓚᒃᑲᓐᓂᕐᓂᐊᖅᑰᕋᑉᑯ ᐅᖃᓪᓚᐅᓯᕆᕙᓪᓕᐊᓂᐊᖅᑕᕋ ᐃᓕᓐᓂᐊᕐᓂᐅᑉ ᒥᒃᓵᓅᒐᓗᐊᖅ ᑭᓯᐊᓂ ᐊᑐᖅᑕᐅᔾᔫᖖᒋᑦᑐᖅ ᓇᓗᖖᒋᑕᕋᓗᐊᕋ ᐃᓚᖕᒐ ᐃᓱᒪᒃᓴᖅᓯᐅᕈᑎᒃᓴᖏᑦ ᓂᐱᒻᓂᑦ, ᐱ, ᑐᓂᓯᒃᑲᓐᓂᕈᒪᒐᒪ ᐃᓕᓐᓂᐊᖅᑐᓕᕆᔨᒃᑯᓐᓄᑦ. ᑕᐃᒪ ᐅᕙᒻᓂᑦ ᐅᓂᑉᑳᕐᓂᐊᕋᒪ ᓯᕗᓪᓕᖅᐹᒥᒃ ᐅᓂᑉᑳᖅᐸᓪᓕᐊᓂᐊᕋᒪ.

ᑕᐃᒪ ᐊᒥᓲᖃᑦᑕᓚᐅᖖᒋᓐᓇᑦᑕ ᑕᐃᑉᓱᒪᓂ ᐃᓚᒌᑎᒍᐃᓐᓇᖅ ᐃᓚᖕᒐᓂ ᑲᑎᒪᕙᒃᓗᑕ ᐃᓚᖃᓗᐊᖖᒋᑦᑕᕌᖕᒐᑕ ᖃᑉᓰᓐᓇᑯᓅᒐᓗᐊᕐᓂᖅᓗᑕ ᑲᑎᒪᕙᒃᓗᑕ ᑕᐃᒪᐃᑦᑑᓚᐅᕋᑉᑕ ᐊᐅᔭᓗᒃᑖᖅ ᐅᑭᐅᓗᒃᑖᖅ. ᑖᒻᓇ ᐅᖃᐅᓯᕆᓂᐊᖅᑕᕋ ᐊᖕᒐᔪᖅᑳᒃᑲ, ᐊᖕᒐᔪᖅᑳᒃᑲ ᑕᐃᑉᑯᐊᒃ ᐊᓈᓇᒐᓗ ᐊᑖᑕᒐᓗ ᐃᒪᓐᓇ ᐊᑎᖃᕐᒪᑎᒃ ᖃᐅᔨᒪᔭᐅᔪᒃ ᓇᓂᓗᒃᑖᖅ ᖃᐅᔨᒪᔭᐅᑦᑎᐊᖅᑑᒃ ᐊᑖᑕᒐ ᓯᐅᑎᓐᓄᐊᕐᒥᒃ ᑕᐃᔭᐅᕙᒃᓗᓂ

ᐊᓈᓇᒐᓗ ᑯᒪᒃᓯᐅ'ᒥᒃ ᑕᐃᔭᐅᕙᒃᖢᓂ. ᓇᔭᒐᓗ ᑕᐃᒻᓇ ᐊᖕᒐᔪᒃᓴᖅᐹᖅ ᐃᓅᖖᒋᓕᖅᑐᖅ ᕐᑭᕐᑯᒻᒥᒃᑕᐅᖅ ᐊᑎᕐᑲᓚᐅᖅᖢᓂ ᑐᒡᓕᕆᔭᖓ ᓇᔭᒐ ᐊᒻᒪ ᑐᒡᓕᕆᔭᖕᒐ ᐊᓂᖕᒐ ᐅᖅᓱᑭᑦᑑᓚᐅᖅᖢᓂ ᓄᑲᖓ ᐃᓅᖖᒋᓕᖅᑐᖅ. ᑖᒻᓇ ᐊᒻᒪ ᑐᒡᕆᔭᖕᒐ ᐊᕐᓇᖅ ᓇᔭᒐ ᐃᕐᑲᓗᖕᒥᐅᑕᖅ ᐴᐳᐴᕐᒥᒃ ᐊᑎᕐᑲᖅᖢᓂ ᐊᓯᐊᓂ ᑕᐃᔭᐅᕙᖕᒥᔫᒐᓗᐊᖅ. ᐊᒻᒪ ᑕᐃᒻᓇ ᓄᑲᖓ ᐃᓅᔪᑑᕐᑲᑎᒋᓕᖅᑕᖓ ᑲᑭᐊᕐᓂᐅᒻᒥᒃ ᐊᑎᕐᑲᖅᖢᓂ. ᑕᐃᒻᓇᓗ ᓄᑲᕆᓚᐅᕐᒥᔭᖓ ᑲᑭᐊᕐᓂᐅᑎᑉ ᓄᑲᖕᒐ ᓇᓄᕐᓘᓚᐅᖅᖢᓂ ᐃᓅᖖᒋᓕᖅᖢᓂ. ᒫᓐᓇᓕ ᐃᓅᔪᖅ ᓇᔭᒐ ᓄᑲᖅᓴᖅᐹᕗᑦ ᑎᔨᑦᑎᐊᕐᒥᒃ ᐊᑎᕐᑲᖅᖢᓂ. ᑖᒃᑯᐊᖕᒍᓚᐅᖃᑉᑕ ᓄᑲᕇᑎᒍᑦ ᐃᓚᒌᑎᒍᑦ ᐃᓄᑑᕙᒃᖢᑕ ᐃᓄᐃᓪᓚᒌᑉᐸᒃᖢᑕ. ᕐᑲᓄᐃᓚᐅᖖᒋᑦᑐᖅ ᕐᑲᓄᐃᑦᑑᔭᓚᐅᖖᒋᑦᑐᖅ ᑳᖖᒋᓯᖖᒐᕌᖖᒐᑉᑕ ᑕᐃᒪᐃᑦᑑᓚᐅᖅᓯᒪᔪᒍᑦ.

ᑕᐃᒪ ᓯᕗᓂᐊᓂ ᑖᑉᓱᒪ ᐅᓂᒃᑳᖅᑕᒪ ᐅᕙᓂ ᓯᕗᕙᓯᓗᐊᕌᕐᔪᒃᑐᒥᒃ ᒫᓐᓇ ᐅᕐᑲᓪᓚᒃᑲᒪ ᓄᑲᒃᑲ ᑕᒪᕐᒥᒃ ᐃᓅᖕᒋᓐᓇᐅᔮᓕᖅᑎᓪᓗᒋᑦ ᐅᕐᑲᓪᓚᒃᑲᒪ ᑭᖕᒍᖕᒧᖕᒑᖅ ᐅᑎᕐᓗᖕᒐ ᐃᒪᓐᓇᐃᓕᓂᐊᖅᑐᖕᒐ. ᑕᐃᒪ ᐃᓅᒐᒪ ᕐᑲᐅᔨᒪᕙᓪᓕᐊᓕᕐᒪ ᓱᓇᑐᐃᓐᓇᕐᓂᒃ ᕐᑲᐅᔨᒪᕙᓪᓕᐊᓕᕐᒪ ᐊᑖᑕᒐ ᐊᔪᕆᖅᑐᖅᑎᒋᕐᔪᐊᕐᑲᑦᑕᓚᐅᕐᓂᖓᑉᑯ ᕐᑲᔨᒪᖖᒋᑕᖓᓗᐊᖓ ᐊᔪᕆᖅᑐᖅᑎᒋᕐᒪᖖᒑᒻᓂᒃ. ᑖᒻᓇ ᐅᕐᑲᐅᓯᕆᓂᐊᖅᑕᖓ ᐅᑲᐅᓯᕆᕙᓪᓕᐊᓂᐊᖅᑕᖓ ᑐᖖᒐᕕᐅᕐᑯᔭᖓ ᑐᖖᒐᕕᒃᓴᐅᕐᑯᓪᓗᒍ ᐅᕐᑲᐅᓯᕆᕙᓪᓕᐊᓂᐊᖅᐸᖓ ᑐᖖᒐᕕᐅᒍᓂ ᐃᓗᐊᕐᓂᖅᓴᐅᔮᕆᕐᑲᑦᑕᖓᑉᑯ ᐅᕙᒻᓄᑦᑖ. ᑭᓯᐊᓂ ᐊᓯᐊᓂ ᑐᖖᒐᕕᒃᑕᓕᐅᒐᓗᐊᖅ. ᑕᐃᒪ ᐃᓚᕐᑲᑦᑎᐊᕐᓂᕐᒥᒃ ᓄᑲᕐᑲᑦᑎᐊᕐᓂᕐᒥᒃ ᑖᑉᑯᓂᖕᒐ ᐃᑲᔪᖅᐸᕐᑯ'ᓗᓂᖕᒐ ᐊᑖᑕᒪ ᐅᕐᑲᐅᔾᔪᖅᐸᓚᐅ'ᒪᖕᒐ. ᐃᒪᓐᓇ ᐊᑭᖓᖅᑐᖅᑎᒋᖖᒋᑐᐊᕈᑎᑦ ᐃᑲᔪᖅᑎᒋᕙᖕᓂᐊᕐᑲᒃᑎᑦ ᐊᔪᖅᓴᕐᑲᑦᑕᕐᓂᐊ'ᒥᒐᕕᑦ. ᓂᖕᒐᐃᕐᑲᑦᑕᖕᒋᒃᑯᒃᑭᑦ ᓇᒡᓕᒋᒍᒃᑭᑦ ᐃᑲᔪᑦᑎᐊᕈᒃᑭᑦ ᐃᑲᔪᖅᐸᓪᓕᐊᓂᐊ'ᒥ'ᒪᑕ

ᐃᓕᖕᓂᒃ ᐃᒪᓐᓇ ᑐᑭᓯᑉᑲᑦᑎᐊᖅᐸᒃᖢᓕᖕᒐ ᑕᐃᒪᓐᓇ ᐃᓕᓐᓂᐊᖅᑎᓚᐅᖅᓯᒪᓐᓂᖅᐹᖕᒐ ᐊᑖᑕᒪ. ᒫᓐᓇ ᑖᒻᓇ ᐊᑐᖅᑰᖖᒋᓕᖅᑕᕗᑦ ᑕᐃᒪᓐᓇᐃᑦᑑᓚᐅᖅᓯᒪᕗᖕᒐ ᐊᑖᑕᒻᒥᑦ. ᑕᒡᕙ ᑕᐃᒪᓐᓇᐃᓕᖕᒐᕙᓚᐅᖅᑳᖅᖢᓂᖕᒐ ᑭᖑᓂᐊᒍᑦ ᑭᖑᓪᓕᐅᖕᒫᓕᖅᖢᒍ ᓄᓕᐊᕐᑲᕐᓂᕐᒥᒃ ᓱᓕ ᐅᕐᑲᐅᑎᕙᓕᕆᕖᖕᒐ ᓄᓕᐊᕐᑲᕐᓂᖅ ᖃᐅᔨᒪᓚᐅᖖᒋᑕᕋ ᓄᓕᐊᕐᑲᕐᓂᕐᒥᒃ ᐃᓯᒪᓚᐅᖖᒋᓐᓇᒪ. ᑭᓯᐊᓂ ᑭᖑᓂᐊᓗᐊᒍᑦ ᑐᑭᓯᔭᕋ. ᓱᓇᐅᕝᕙ ᑐᖖᒐᕕᓕᐅᖅᑖᖕᒐ ᑐᖖᒐᕕᒃᓴᓕᐅᖅᑕᕕᓂᐊᖕᒐ ᓄᓕᐊᕐᑲᑦᑎᐊᕈᒪ ᓄᓕᐊᕋ ᐃᑲᔪᖅᑎᒋᑦᑎᐊᕐᓗᒍᓗ ᐅᕙᖕᒐᓕ ᐃᑲᔪᑦᑎᐊᕐᓗᒍ ᓄᑲᒃᑲᓗ ᑖᒃᑯᐊ ᐃᑲᔪᑦᑎᐊᕐᓗᑎᒃ ᑲᑎᒪᑦᑎᐊᕐᓗᑕ ᓴᖖᒋᓂᖅᓴᒦᓂᐊᕐᓂᕋᑉᑕ ᑭᖑᓂᐊᒍᑦ ᑐᑭᓯᓕᖅᑕᕋ ᑕᐃᒪᐃᑦᑑᓚᐅᖅᓯᒪᕗᖕᒐ. ᑕᐃᒪ ᒫᓐᓇ ᑕᐃᒪᐃᖖᒋᓕᕋᑉᑕ ᐃᓕᓐᓂᐊᕐᕕᖕᒦᓐᓇᖅ ᐱᕈᖅᐸᓪᓕᐊᓕ’ᒪᑕ. ᑖᒻᓇ ᐃᓄᒃᑎᑑᖕᒐᔪᖅ ᐅᕐᑲᐅᓯᕆᔭᕋ ᖃᐅᔨᒪᔭᐅᑦᑎᐊᕐᒪᑦ ᐃᓐᓇᕐᓂᑦ ᓇᓗᔭᐅᖖᒋ’ᒪᑦ ᐱᐅᓯᖅᑎᒃ ᐊᑐᕐᓗᒍ. ᐊᑐᖅᑕᐅᓇᔭᖅᐸᑦ ᑕᒪᒃᑯᐊ ᐃᓕᓐᓂᐊᖅᑐᕐᑯᑎᒋᔭᕗᑦ ᑲᑎᒪᓂᖅᓴᐅᓗᑎᒃ ᐃᓚᒦᓂᖅᓴᐅᓗᑎᒃ ᐊᔪᖖᒋᓐᓂᖅᓴᐅᓗᑎᒃ ᑕᒪᒃᑯᓂᖕᒐᓪᓗ ᐱᔭᕆᐊᖅᑲᖖᒋᑕᒥᖕᓂᑦ ᐅᓗᕆᐊᓱᖕᓂᖅᓴᐅᓗᑎᒃ ᐱᔭᕆᐊᖅᑲᕐᓂᖅᓴᓂᖕᒎᖅ ᐱᓕᕆᓂᖅᓴᐅᓗᑎᒃ ᑕᐃᒪᓐᓇᐃᑦᑑᓂᖅᓴᐅᓇᔭᖅᑑᔭᕆᒐᒃᑭᑦ. ᑕᒪᓐᓇ ᐃᓚᒦᑦᑎᐊᕐᓂᖅ ᐃᓕᓐᓂᐊᖅᑎᑕᐅᒃᐸᑦ ᐅᕐᑲᐅᓯᐅᓱᖕᒐᖅᐸᑦ ᐊᖕᒐᔪᖅᑳᑉᑎ’ᓂ ᐱᕈᖅᐸᓪᓕᐊᓂᑉᑎ’ᓂ. ᑕᒡᕙ ᑕᐃᒪᐃᑦᑑᓚᐅᖅᖢᖕᒐ ᑭᖑᓂᐊᒍ ᐅᔾᔨᕆᑦᑎᐊᖅᑕᒃᑲ ᐅᓂᑉᑳᖅᑕᒃᑲ. ᑭᖑᓂᐊᒍᑦ ᐅᖅᑲᐅᑎᕙᓕᕆᕖᖕᒐ ᐊᖑᓇᓱᒍᖕᓇᖅᓯᒐᒪ ᐊᔪᖅᓗᐊᖅᖢᖕᒐ ᓱᓕ ᓯᓂᒃᑕᕈᖕᓇᖖᒋᒃᑲᓗᐊᖅᖢᖕᒐ ᐊᖑᓇᓱᒍᖕᓇᖅᓯᒐᒪ ᓱᓇᑯᓗᖕᓂᒃ ᐅᑲᓕᐊᕐᔪᑯᓗᖕᓂᒃ ᓱᓇᓂᒃ ᓯᒃᓯᖕᓂᒃ ᓱᓇᓂᒃ ᐊᕐᑭᒡᒋᓂᒃ ᓱᓇᑐᐃᓐᓇᕐᓂᒃ ᐱᔪᖕᓇᖅᓯᒐᒪ ᐃᓕᓐᓂᐊᖅᑎᖅᑲᑦᑕᓕᕐᓂᕆᕖᖕᒐ ᓇᖕᒋᐊᕐᓇᖅᑐᓂᒃ ᓂᕐᔪᓯᕆᓂᕐᒥᒻᒧ ᖃᐅᔨᒪᓪᓚᕆᒻᒥᔭᕋ

ᐃᓕᓐᓂᐊᖅᑎᑎᕆᓂᖕᒐᓕ ᐊᑖᑕᒐ ᓱᓇᐅᕝᕙ ᐱᔪᖕᓇᖅᓯᒍᒪ ᐋ ᐱᔪᖕᓇᓕᕈᒪ ᐊᐅᓪᓚᖅᐸᓛᕋᒪ ᑖᒻᓇ ᓯᕗᓂᐊᓂ ᐋᖅᑭᒃᓱᖅᐸᕇᓕᖅᑕᕕᓂᐊ. ᑕᐃᒪᐃᑑᓚᐅᖅᓱᓂ ᑭᖑᓂᐊᒍᑦ ᐊᐅᓪᓚᕈᖕᓇᖅᓯᒐᒪ ᓇᖕᒋᐊᕐᓇᖅᑐᓂᒃ ᑕᑯᑦᑎᐊᖅᐸᒃᓱᓂᖕᒐ ᐆᒪᔪᖅᓯᐅᕐᓂᕐᒥᓪᓗ ᖃᓄᖅ ᖃᒡᓕᕆᐊᓇᐊᖅᑲᖅᐸᑦ ᓇᑦᑏᓪᓗ ᑐᒃᑐᐃᓪᓗ ᖃᓄᕐᓗ ᐃᖅᓯᓇᖅᑐᖅ ᖃᓄᐃᓕᕆᐊᖅᑲᖅᐸᑦ ᒪᑯᐊᓗᒃᑖᑦ ᓴᖅᑭᑎᖃᑦᑕᓕᓇᕙᐃᑦ ᐅᖃᐅᓯᕐᒥᒍᑦ. ᖃᐅᔨᒪᓚᐅᖖᒋᒻᒥᔭᒃᑲᑦ ᐃᓕᓐᓂᐊᖅᑎᑎᕆᖕᒪᖕᒑᑦ ᑕᐃᒪᓐᓇ ᐳᐃᒍᖅᐸᖖᒋᓱᕆᑦ ᐃᖅᑲᐅᒪᕙᒃᓱᕆᑦ ᐆᒪᔪᖅᓯᐊᒌᖕᒐᒪ ᑖᒻᓇ ᓴᖅᑭᑦᓚᒃᑖᒻᒪᓇᒃᓱᓂ ᐅᖃᐅᓯᕆᓚᐅᖅᑕᕋ ᐃᓕᑕᕆᑦᑎᐊᓕᖅᑲᑦᑕᖅᑐᖅ ᐃᓚᖕᒐᓂ ᑕᐃᒪᐃᑦᑑᓚᐅᖅᓯᒪᔅᓴᖅᐳᖕᒐ. ᑕᒡᕙ ᑖᒃᑯᐊ ᐱᓕᕆᐊᕆᖃᑦᑕᓚᐅᖅᓱᓂᒥᑦ ᐅᖃᐅᓯᕆᕙᓚᐅᖅᓱᓂᒥᑦ ᓄᓕᐊᖃᕐᓂᕐᒥᒃ ᖃᒡᓕᑎᑦᑑᔭᓕᓇᓪᓗᓂ ᓄᓕᐊᖃᕐᓂᕐᒥᒃ ᐃᓱᒪᖖᒋᑎᓪᓗᖕᒐ ᓄᓕᐊᖃᕐᑯᖅᑲᑦᑕᔅᓴᓕᓇᕚᖕᒐ ᑕᐃᒪ ᐅᖃᓚᐅᖅᐸᒃᓱᓂ ᖃᑯᑎᒃᑯᐊᓗ ᓲᖑᖕᒪᖕᒑᖅ ᐃᓱᒪᒋᓚᐅᖖᒋᑕᕋ ᒪᒃᑯᒃᑲᒪ ᓄᓕᐊᖃᕐᓂᒃᓴᒻᓂᒃ ᐃᓱᒪᓚᐅᖖᒋᓐᓇᒪ ᓱᓇᐅᕝᕙ ᑐᑭᓯᓕᕐᒥᔭᕋ ᑭᖑᓂᐊᒍᑦ ᐃᓄᑑᓗᖕᒐ ᐊᐅᓪᓚᕈᖕᓇᓕᕋᒪ ᓇᖕᒋᐊᕐᓇᖅᑐᓂᒃ ᖃᐅᔨᒪᑦᑎᐊᓕᖅᓱᖕᒐ ᐱᖅᓯᖅᑐᐊᓘᒐᓗᐊᖅᐸᑦ ᐊᓯᐅᓚᖖᒋᓕᖅᓱᖕᒐ ᐊᖑᑕᕈᖕᓇᓕᖅᓱᖕᒐ ᑕᐃᒪᐃᑦᑑᓂᕋ ᑕᐅᑐᓕᕐᓂᕋᒥᐅᒃ ᐊᕐᓇᕐᒥᒃ ᐅᓇ ᐃᑲᔪᖅᑎᖃᕆᐊᓕᒃ ᐱᖃᑎᖃᕆᐊᓕᒃ ᑕᐃᒪᓐᓇ ᑐᑭᓕᐅᖅᑐᕕᓂᐅᓕᖅᑲᒻᒦᖅᑐᕕᓂᐅᒐᓗᐊᖅ ᑐᑭᓯᖖᒋᑕᕋ. ᑭᖑᓂᐊᓗᐊᒍᑦ ᑐᑭᓯᓕ’ᒥᔭᕋ ᓱᓇᐅᕝᕙ ᐃᑲᔪᖅᑎᖃᕆᐊᖃᕋᒪ ᐊᕐᓇᕐᒥᒃ ᓯᓂᒃᑕᕈᖕᓇᖅᓯᒪ ᐊᐅᓪᓚᕈᖕᓇᖅᓯᒐᒪ... ᑖᒻᓇᐅᓕᖅᑐᕕᓂᐅ’ᒥᔪᖅ. ᑖᒻᓇ ᑕᒪᒃᑯᐊ ᐅᖃᐅᓯᕆᔭᒃᑲ ᐃᓕᓐᓂᐊᕐᕕᖕᓄᑦ ᐃᓕᔭᐅᓇᔭᖅᐸᑕ ᑎᑎᖅᑲᖖᒍᖅᑎᑕᐅᓗᑎᒃ ᐃᓕᓐᓂᐊᕋᓱᒻᓗᕆᑦ ᐊᔪᕐᓇᖖᒋᑦᑐᐊᕕᑦᑎᐊᖅᑐᑦ. ᐱᐅᔪᑦ

ᐱᐅᙱᑦᑑᙱᑦᑐᑦ ᐱᐅᔪᑦ. ᐃᓅᓯᕐᒧᑦ ᐊᑐᕈᓐᓇᖅᑐᑦ ᑕᒪᕐᒥᒃ ᐊᑐᖅᑐᐃᓐᓇᐅᙱᒃᑲᓗᐊᕐᓗᑎᒃ. ᑕᒡᕙ ᑕᒪᐃᓐᓇᐃᑦᑐᒥᒃ ᐅᓂᒃᑳᕋᓱᖦᖤᖅᐳᖓ ᐅᓂᒃᑳᖅᑲᑦᑕᖅᑕᕋᓗᐊᕋ ᐅᓇ ᖃᑯᑎᒃᑯᑦ ᑲᑎᒪᔭᖅᑐᕌᖓᒪ ᐊᕐᕕᐊᓂ. ᒫᓐᓇ ᐃᓚᒃᑲᓐᓂᐊᕐᔪᖅᑰᓕᖅᐸᕋ ᐅᓂᒃᑳᖅᖢᒍ. ᑕᐃᒪᐃᑦᑑᓚᐅᖅᓯᒪᔪᖓ. ᐅᕕᑦᑎᐊᕈᒃᑲᓐᓂᐊᕐᔪᖅᑲᐃ ᐅᖅᑲᕐᓂᐊᕆᕙᖓ.

ᑕᒪᓕᒃ: ᐄ...(ᓅᖅᑲᖅᑎᖦᖢᒍ ᑕᖅᕆᔭᐅᑎ) (ᐃᑭᒃᑲᓐᓂᖅᖢᒍ ᐃᓚᖓ ᑖᒻᓇ ᑕᑭᓂᖅᑲᖅᖢᓂ 5ᒥᓂᑎᓂᒃ ᐃᓚᖅᑲᖅᖢᓂᓗ)

ᐊᐅᐱᓛᕐᔪᒃ: ᑕᒡᕙ ᐅᓂᒃᑳᒃᑲᓐᓂᐊᒐᓱᕐᓂᐊᕆᕙᖓ ᐅᕙᒻᓂᖔᖅᑐᒥᒃ ᐊᑖᑕᒻᓂᖔᖅᖢᓂ ᐅᕙᒃᑰᖅᖢᓂ ᑐᓂᔾᔪᑎᒋᓇᓱᐊᖅᐸᕋ ᐊᓯᒻᓄᑦ ᑖᒻᓇ ᓂᐱᒋᓂᐊᖅᑕᕋ. ᑕᐃᒪ... ᓄᓕᐊᖅᑲᖅᑯᖅᑲᑦᑕᓕᕋᒥᖓ ᑕᒡᕙᐃᓐᓇᐅᙱᑦᑑᓗᐊᖅ ᓄᓕᐊᓂᒍᓐᓇᖅᓯᓂᕋᖅᖢᓂᖓ ᐅᖅᑲᐅᑎᕙᓕᖅᒪᖓ ᐃᔪᕆᙱᖢᓂᖓ ᐅᖅᑲᑦᑎᐊᖅᖢᓂ ᑐᑭᓯᐊᑦᑎᐊᖅᖢᒍ ᓄᓕᐊᖅᑲᕈᒪᓪᓗᖓ ᐃᓱᒪᙱᒃᑲᓗᐊᖅᖢᖓ ᓱᓇᐅᕝᕙ ᓄᓕᐊᖅᑲᓕᕈᒪ ᓄᑕᖅᑭᐅᕐᓂᐊᕋᒪ ᑐᙵᕕᒃᓴᕆᓂᐊᕋᑉᑯ ᐊᕐᓇᖅ ᑖᒻᓇ. ᑐᙵᕕᒃᓴᓪᓗᐊᑦᑎᐊᕐᓂᕋᑉᑯ. ᓇᒧᕈᓘᔭᖅ ᒪᐅᙵᖅᑕᙱᓗᖓ ᐱᓂᐊᕋᒪ ᑕᒡᕙᙵᑦ ᐱᕈᖅᓴᑦᑎᐊᕐᓂᐊᕋᑉᑕ ᐃᓪᓗᑉᑎᓐᓂ ᓄᓕᐊᒻᓂᑦ ᓄᑕᖅᑲᒻᓂᒃ ᑖᒃᑯᐊᖑᓚᐅᕐᓂᕐᒪᑕ ᑭᖑᓂᐊᒍᑦ. ᑐᑭᓯᓕᓚᐅᕐᒥᔭᒃᑲ ᑖᒃᑯᐊ ᐅᖅᑲᐅᓯᖏᑦ ᓱᓇᐅᕝᕙ ᐊᕐᓇᖅ ᑐᙵᕕᒋᖅᑳᕆᐊᖅᑲᕐᓂᕋᑉᑯ ᓄᓕᐊᕆᔭᕋ ᑖᒻᓇ, ᐃᓅᓂᖓᓂᒃ. ᒫᓐᓇ ᓱᓕ ᑐᙵᕕᒋᕙᕋ ᐋᓐᓂᐊᖏᓐᓇᖅᑐᑯᓘᒐᓗᐊᖅᑎ’ᓗᒍ ᐅᖓᒋᕙᕋ ᓱᓕ ᓇᒡᓕᒋᕙᕋ, ᑕᐃᒪᐃᑉᐳᖓ. ᑕᐃᒪᓐᓇ ᐊᔪᕆᖅᑐᖅᑎᒋᕙᓚᐅᕐᓂᖅᑕᕋ ᐊᔪᕆᖅᑐᖅᑎᒋ’ᒪᕐᓘᒻᓂᒃ ᐃᓱᒪᕙᓚᐅᙱᑦᑐᖅ. ᑕᒪᒃᑯᓂᖕᓗ ᓱᓇᕈᓘᔭᕐᓂᒃ ᓂᕿᓕᐅᕐᓂᕐᒥᓗ ᐃᓅᖅᑲᑎᒐᓗ ᐊᔪᖅᓴᖅᐸᑦ ᐃᒪᓐᓇ ᐱᓇᔭᖅᐸᐃᑦ ᑐᓂᓇᔭᖅᐸᐃᑦ ᑕᒪᒃᑯᓂᖕᓗᒃᑖᑦ ᑭᖑᓂᐊᒍᑦ

ᑭᖑᓪᓕᐅᓕᕋᓗᐊᖅᓱᓂᒋᑦ ᓴᖅᑭᑎᖅᐸᓪᓕᐊᓕᓚᐅᖅᓯᒪᖕᒥᔭᖕᒋᑦ ᑐᓂᓯᕙᖁ’ᓗᓂᖓ ᐊᑖᑕᒪ. ᑕᒪᒃᑯᓂᖓᓗ ᓂᕐᔪᑎᓂᒃ ᐆᒪᔪᓂᒃ ᐱᙳᐊᖃᖁᓇᓂ ᓂᕐᔪᑎᖖᒎᖅ ᑐᓵᔪᐊᓘᖕᒥᖕᒪᑕ ᐃᒪᓐᓇ ᑲᑉᐱᐊᓵᖅᑐᔮᒻᒪᕆᒃᓱᓂᖓᓕ ᑕᒪᒃᑯᓂᖓ ᓂᕐᔪᑏᑦ ᒥᒃᓵᓄᑦ ᐅᖃᐅᔾᔪᖅᐸᓚᐅᖅᑖᖓ ᑐᓵᔪᐊᓘ’ᒪᑕᒎᖅ ᐱᔮᖅᓯᖅᑕᐃᓕᕙᖕᓂᐊᖅᑯᖓ ᐃᒪᓐᓇᐃᓕᐅᖅᐸᓚᐅᖅᑖᖓ ᓂᕿᒃᓴᑐᐃᓐᓇᐅ’ᒪᑕ ᐃᒪᓐᓇᐃᓕᐅᕙᒃᓱᓂᖓ. ᑕᐃᒪᓐᓇ ᐅᖃᐅᔾᔪᖅᑎᒋᕙᓚᐅᖅᑕᕋ ᐊᑖᑕᒐ ᑕᐃᒻᓇ. ᐃᒪᓐᓇᓗ ᐃᓅᖃᑎᒻᓂᒃ ᒪᒥᐊᒋᔭᐅᒍᒪ ᐊᑭᓇᓯᒃᑕᐃᓕᕙᖕᓂᐊᖅᑯᖓᒎᖅ. ᑕᐃᒪᓐᓇᐃᓕᕙᒃᓱᓂᖓ. ᒪᓂᑐᐃᓐᓇᕐᓗᖓᒎᖅ ᐅᕙᒻᓂᖔᖅ ᒥᐊᓂᕆᑦᑎᐊᖔᕐᓗᖓ ᐱᓂᐊᖅᐳᖓ ᐃᒪᓐᓇᐃᓕᕙᒃᓱᓂᖓ. ᑐᑭᓯᓚᐅᙱᒻᒥᔭᕋ ᑖᒻᓇ ᐱ’ᓗᒍ. ᑭᖑᓂᐊᒍᑦ ᑭᓯᐊᓂ ᑭᖑᓂᐊᓗᐊᒍᑦ ᑐᑭᓯᓕᓚᐅ’ᒥᔭᕋ. ᐊᑖᑕᒪ ᐅᖃᐅᓯᖕᒋᑦ ᑕᒃᑯᐊ ᐃᓅᔪᖕᓇᐃᖅᑲᒥᙱᑦᑑᒐᓗᐊᖅ, ᓇᓪᓕᖃᑦᑕᖅᑐᑦ ᐃᓚᖕᒐᒍᑦ ᖃᓄᐃᓕᔪᖅᑲᑳᓪᓚᒃᑳᖕᒐᑦ ᓄᓇᓕᖕᓂ. ᐊᓯᐅᙱᑦᑐᑦ ᓯᓕ. ᐊᓈᓇᒪᓕ ᐅᖃᐅᓯᖕᒋᑦ ᐱᑕᖃᓗᐊᙱᑦᑐᑦ ᐅᖃᐅᓯᖕᒋᑦ ᐱᑕᖃᓗᐊᙱᑦᑐᑦ ᐊᑖᑕᒻᓂᐅᓂᖅᓴᖅ. ᐊᑖᑕᒐᓕ ᖃᓄᒥᐊᕌᓗᒃ ᐅᖃᐅᔾᔪᖅᑎᒋᕙᓚᐅᖅᑕᕋ ᒪᒥᐊᓱᒃᑑᔭᖅᓱᓂ ᐃᓚᖕᒐᓂᒃ. ᓱᓇᐅᕝᕙ ᐅᖃᐅᓯᖕᒋᑦ ᕿᒥᕐᕈᙳᐊᓕᕌᖓᒃᑭᑦ ᐃᖅᑲᐅᒪᔭᒃᑲ ᑕᐃᒃᑯᐊ ᐃᖅᑲᖅᑕᒃᑲ. ᓴᓪᓗᖕᓂᖅᑕᖅᑲᔮᙱᑦᑎᐊᖅᑐᑦ ᐅᖃᐅᓯᕐᒥᓪᓘᓐᓃᑦ ᑕᐃᒪᐃᑦᑑᕗᑦ. ᑕᒡᕙ ᑕᐃᒪᓐᓇ ᐅᓂᒃᑳᕌᕐᔪᒍᒪᕗᖓ ᑖᒻᓇ ᑐᙵᕕᒃᓴᕆᔭᕆᐊᖃᕋᐸᑎᒍᑦ ᓄᓕᐊᖃᕐᓂᖅ ᓄᑕᕋᖃᕐᓂᖅ ᐃᓚᒌᑦᑎᐊᕐᓂᖅ ᐱᖁᑎᖃᑦᑎᐊᕐᓂᖅ ᑮᓇᐅᔭᖃᕐᓂᖅ. ᒪᑯᐊ ᐊᕕᒃᓯᒪᖁᙱᑕᒃᑲ ᐊᔪᖅᓴᓕᕋᔭᖅᑐᐊᓘ’ᒥᒐᑦᑕ ᑖᕙᓂ ᓯᕗᓂᕐᒥ ᐊᔪᖅᓴᓕᕋᔭᕐᓂᕈᑉᑕ ᐃᓚᒌᑦᑎᐊᕈᑦᑕ ᑲᑐᔾᔨᖃᑎᒌᒡᓗᑕ ᐊᔪᙱᓐᓂᖅᓵᕐᔪᓇᔭᕋᑉᑕ ᑕᐃᒪᓐᓇ ᑕᐅᑐᙳᐊᖅᐸᒃᑲᑯ ᑖᒻᓇ. ᑕᐃᒪᐃᖁᙱᑕᕋᓗᐊᕋ ᑕᐃᒪᐃᓕᑲᓪᓚᑐᐃᓐᓇᕆᐊᒃᓴᖕᓗᓂ ᐃᓱᒪᐅᔭᖅᐸᖕᒥᔪᖓ. ᑕᒡᕙ

ᑕᐃᒪᓐᓇ ᐅᖃᓪᓚᒍᓱᖃᑦᑕᖅᑯᖓ ᑕᐃᒪᓐᓇ ᓄᓇᕗᖃᓕᕋᑉᑕ ᓄᓇᕗᑖᖅᓯᒪᓕᕋᑉᑕ ᐃᓚᒌᑦᑎᐊᕐᓗᑕ ᐃᑲᔪᖅᓯᒌᒃᓗᑕ ᑭᓯᐊᓂ ᓴᙱᓂᖃᖅᐸᓪᓕᐊᓂᖅᓴᐅᓂᐊᕋᑉᑕ. ᑕᐃᒪᓐᓇ ᐃᓱᒪᐅᔭᖅᐸᒃᑐᖓ. ᑕᐃᒪ ᐊᕙᒃᓯᒪᒍᑉᑕ ᐊᑭᕋᖅᑑᑎᖃᑦᑕᕈᑦᑕ ᐊᔪᖅᓴᕐᓂᖅᓴᐅᓂᐊᕋᑉᑕ ᑕᐃᒪᓐᓇ ᐃᓱᒪᐅᔭᖅᐸᒃᑐᖓ. ᐃᓛ ᐃᓱᒪᔪᖓ ᐄ...ᓱᓕᖅᑰᖅᑐᖅ ᑖᒻᓇ.

ᑕᒪᓕᒃ: ....ᐄ...

(ᓄᖅᑲᖓᓚᐅᖅᖢᓄᒃ ᐃᓚᖓ ᑖᒻᓇ ᑕᑭᓂᖃᖅᖢᓂ 37ᒥᓂᑎᓂᒃ ᐃᓚᖃᖅᖢᓂᓗ)

ᐊᐅᐱᓛᕐᔪᒃ: ᐃᓚᒌᑎᒍᑦ ᓄᑲᓅᑎᒍᑦ ᓇᔮᑎᒍᑦ ᖁᖕᒍᓚᐅᕐᓂᕋᑉᑕ. ᑲᑎᒃᖢᑕ ᓄᓇᒥ ᐃᒡᓗᑉᑎ’ᓂ ᑕᒡᕙ ᑖᒃᑯᐊ ᐊᕐᓇᖅᓯᐅᓚᐅᖅᑐᑦ ᐅᑯᐊ: ᕿᕐᑯᑦ, ᐴᐳᐴᖅ, ᑎᔨᑦᑎᐊᖅ. ᐊᕐᓇᑦ ᑖᒃᑯᐊᖑᓚᐅᖅᑐᑦ. ᑕᒡᕙ ᐊᑖᑕᒪ ᐃᓱᒪᐃᓐᓇᖓᓂ ᐊᓈᓇᒪᓗ ᐅᐃᖅᑲᐅᖅᖢᑎᒡᓗ ᓄᓕᐊᖅᑲᐅᖅᐳᒍᑦ ᐃᓱᒪᐃᓐᓇᖓᓂ ᐅᕙᒍᑦ ᓇᖕᒥᓂᐅᙱᑦᑐᒥᒃ. ᑕᒡᕙ ᑖᒻᓇ ᑐᙵᕕᒋᓚᐅᖅᑕᕗᑦ ᐊᖓᔪᖅᑳᕗᑦ ᑖᑉᓱᒨᓇ ᑐᙵᕕᑦᑎᐊᕐᓂᕋᑦᑎᒍᑦ ᐊᖏᕐᓗᑕ ᑭᓯᐊᓂᐅᓚᐅᖅᑐᖅ ᑕᐃᒪᐃᑦᑑᕗᒍᑦ. ᓄᓕᐊᕆᕐᑯᔭᖏᓐᓂ ᓄᓕᐊᖃᖅᖢᑕ ᐅᐃᒋᕐᑯᔭᖏᓐᓂ ᐅᐃᖃᖅᖢᑎᒃ ᓇᔭᒃᑲᓗ ᑕᐃᒪᐃᑦᑑᓚᐅᖅᐳᒍᑦ. ᑕᒡᕙ ᑖᒻᓇ ᐅᑎᕋᔭᖕᒥᒃᐸᑦ ᐃᖢᐃᓐᓂᖃᙱ’ᒥᔫᒐᓗᐊᖅ ᐅᓇ. ᑭᓯᐊᓂ ᐅᑎᕐᓂᐊᕐᒪᙶᖅ ᖃᐅᔨᒪᙱᑦᑐᖓ. ᐊᔾᔨᐅᔪᖕᓃᕋᑉᑕ ᒫᓐᓇ ᖃᑉᓗᓈᑉ ᐱᐅᓯᖏᓐᓂ ᐃᓕᖅᑯᓯᖏᓐᓂ ᒫᓐᓇ ᐃᓚᖓᓂ ᐊᑐᓕᕋᑉᑕ ᐊᑐᕐᓗᒍᓗ ᑭᓯᐊᓂᐅᓂᐊᓕᖅᖢᓂ ᖃᐅᔨᒪᓐᓇᑦᑎᐊᖅᖢᓂ ᑕᐃᒪᐃᓐᓇᐃᑦᑑᕐᖤᖅᐳᖓ. ᑕᒡᕙ ᑕᐃᒪᓐᓇ ᐋᓐᓂᐊᕐᓵᓗᒃᖢᑕᓗ ᐱᕙᓚᐅ’ᒥᒐᑉᑕ ᐃᓄᐃᓚᖅᓯᐅᖅᖢᑕ ᐅᕙᒍᑐᐊᑯᓗ ᐃᓚᒌᑎᒍᑦ. ᐃᖢᐊᖅᓴᐃᔨᖃᙱᑦᑐᒍᑦ ᐃᖢᐊᖅᓴᐅᑎᖃᙱᑦᑐᒍᑦ ᓱᓇᖃᙱᑦᑐᒍᑦ. ᑕᒡᕙ ᓱᓇᒥᑭᐊᖅ ᖃᓄᖅᑑᖅᑐᐊᓘᓕᕋᑉᑕ ᐊᓈᓇᒐᓗ ᐊᑖᑕᒐᓗ ᐃᓄᑑᔪᒍᑦ ᑕᒡᕙ ᓱᒥᑭᐊᖅ ᐋᓐᓂᐊᖅᐸᑦ ᓈᒻᒪᙱᑦᑐᓕᕆᔪᐊᓘᓚᐅᕋᕕᓪᓗᑭᐊᖅ

ᐃᒪᓐᓇ ᕿᓂᖅᑕᐅᓕᖃᑦᑕᖅᑐᒍᑦ ᐊᖕᒐᔪᖅᑳᑉᑎ'ᓂᑦ ᑭᓯᐊᓂ ᐃᔨᒃᑰᖖᒋᑦᑐᖅ ᕿᓂᖃᑦᑕᖅᑐᑦ ᕿᓚᓂᒃᑯᑦ ᕿᓂᖃᑦᑕᖅᑐᖅ. ᐃᓚᖕᒐᓂᒃ ᑕᐃᒪᓐᓇ ᓇᓂᓯᔫᔭᑦᑎᐊᖃᑦᑕᖅᑐᑦ. ᑭᓯᐊᓂ ᑕᑯᒃᓴᐅᓗᓂ ᐅᒃᐱᕐᓂᑐᐃᓐᓇᐅ'ᒪᑦ ᓇᓂᓯᔫᔭᕐᓂᖕᒋᑦ ᐅᒃᐱᕆᔭᕋᓗᐊᒃᑲ ᖃᐅᔨᒪᓪᓚᕆᖖᒋᑦᑕᒃᑲ ᓯᓕᔫᔭᑦᑎᐊᖃᑦᑕᖅᑐᑦ ᐋᓐᓂᐊᕈᐃᖃᑦᑕᖅᑐᑦ ᐃᓚᖕᒐᓂ ᑕᐃᒪᓐᓇ. ᑕᐃᒪᓐᓇᐃᑦᑑᓚᐅᖅᓯᒪᕗᒍᑦ ᐃᓄᑑᒐᔪᓚᐅᕐᕋᑉᑕ ᓇᒧᕈᓘᔭᖅ ᐃᓅᓇᓯᐊᖅᖢᓂ ᓂᕿᒃᓴᖃᕐᓂᕐᒧᑦ ᐊᑖᑕᒐ ᐊᕙᒻᒧᑎᐊᖕᒋᓐᓇᓚᐅᕐᒪᑦ ᐊᖂᒍᖂᖕᒐᑦ ᐃᖃᓗᓕᖕᒧᑦ ᑐᒃᑐᖃᕋᓱᒃᑐᒧᑦ ᓇᑦᑎᖃᖅᑐᒧᑦ ᐃᒪᓐᓇᐃᑦᑑᓚᐅ'ᒪᑦ. ᑕᐃᒪᓐᓇᐃᓚᐅᖅᓯᒪᔅᓴᖅᐳᒍᑦ. ᑕᐃᖕᓇ ᐃᓅᓯᑦᑎᐊᕙᕕᓂᐅᒐᓗᐊᖅ ᐅᕙᒍᑦ ᓄᖃᖅᓯᑦ ᑭᖕᒍᓪᓕᐅᔪᑎᒍᑦ ᐊᑐᖖᒋᑦᑎᐊᓕᕋᑉᑎᒍᑦ ᐊᔪᕐᓇᖅᓯᖕᒪᓪᓗ. ᑕᐃᒪᐃᓚᐅᖅᓯᒪᕗᒍᑦ ᐊᑖᑕᒐ ᑕᐃᖕᒪ ᑖᕙᓂ ᐃᓄᖃᖖᒋᑦᑐᐊᓗᖕᒥ ᐃᓗᕕᖅᓯᒪᔪᖅ ᐊᓅᓇᒐᓗ ᐊᒻᒪ ᐃᓄᖃᖖᒋᑦᑐᐊᓗᖕᒥ ᐃᓗᕕᖅᓯᒪᔪᖅ ᐃᓄᑑᔫᒃ. ᐃᒪᓐᓇ ᐊᕙᒻᒧᒐᕋᔪᖕᓂᑉᑎ'ᓄᑦ ᑕᐃᒪᓐᓇᐃᑦᐳᒃ ᓄᓇᓕᖕᓃᒃᑲᔪᓚᐅᕈᑦᑕ ᓄᓇᓕᖕᓃᓇᔭᓚᐅᖅᑑᒐᓗᐊᒃ. ᑕᐃᒪᐃᒃᑑᔅᓴᖅᐳᒍᑦ. ᑕᕝᕙ ᑕᐃᒪᓐᓇ ᑖᒻᓇ ᑐᖖᒐᕕᒃᓴᒥᒃ ᕿᓂᖅᑳᕆᐊᖃᕋᑉᑕ ᑖᒻᓇ ᐅᖃᐅᓯᕆᔭᕋ ᒪᓕᒃᑕᐅᖖᒋᒃᑲᓗᐊᖅᐸᑦ ᓇᓂᓯᔪᖃᕈᖕᓇ'ᒥᔪᖅ ᑐᖖᒐᕕᒃᓴᒥᒃ ᓯᕗᓪᓕᖅᐹᒥᒃ. ᐅᕙᑉᑯᑦ ᐅᕙᒻᓂᐅᖖᒋᑦᑐᖅ. ᓇᓂᓯᔪᖃᕈᖕᓇᕐᒥᔫᒐᓗᐊᖅ ᑐᖖᒐᕕᓕᐅᖅᑕᐅᕙᑮᕆᐊᖃᕐᓂᕐᐸᑕ ᑐᖖᒐᕕᒃᑖᕆᐊᖃᕐᐸᑕ ᑐᖖᒐᕕᖅᑦᑎᐊᖖᒋᒃᑯᑦᑕ ᐃᓱᒪᒃᓱᕈᑦᑕ ᖁᕕᐊᓇᖖᒋᑦᑐᒥᒃ ᐊᑉᖂᓴᖅᔫᓐᓇᕐᓂᐊᕋᑉᑕ. ᑕᐃᒪᐃᓐᓇᑦᑑᓇᓯᒋᕙᕐ. ᐊᒻᒪᓗ ᑖᒻᓇ ᐃᓱᒪᒋᔭᕗᑦ ᖁᑦᑎᒃᑐᒥᒋᐊ...ᖁᑦᑎᒃᑐᒥ ᐃᓱᒪᖃᕆᐊᖃᕋᑉᑕ ᐳᖅᑐᔪᒥᑦ.

ᐳᖅᑐᔪᒧᐊᕐᓗᖕᒐ ᓲᕐᓗ ᐃᓱᒪᖃᕆᐊᖃᖖᒍᐊᕋᒪ. ᐳᖅᑐᔪᒦᖖᒋᒃᑲᓗᐊᕈᒪ ᐃᓱᒪᑐᐃᓐᓇᕐᓂᐊᖅᐳᖕᒐ ᐳᖅᑐᔪᒦᖖᒋᒃᑲᓗᐊᕈᒪ ᐳᖅᑐᔪᖅ ᐃᓱᒪᒋᓗᒍ

ᐳᖅᑐᔪᒦᙳᐊᕋᔭᕈᒪ ᐃᓱᒪᑖᖅᑎᑕᐅᕙᓪᓕᐊᓇᔭᕋᒪ ᓱᓇᑐᐃᓐᓇᕐᓂᒃ ᐊᔾᔨᒌᙱᑦᑐᓂᒃ. ᑕᒪᔾᔭ ᑕᐃᒪᓐᓇ ᐃᓱᒪᕙᒍᑎᒋ'ᒥᔭᕋ ᑖᒻᓇ. ᓄᑕᕋᑦᑲᓗ ᑐᙵᕕᐅᑦᑎᐊᕆᐊᖅᑲ'ᒥᒐᐸᑕ ᐊᖓᔪᖅᑳᑎᒍᑦ ᐃᓗᐸᑎ'ᓂ ᐊᓈᓇᐅᓗᑕᓗ ᓄᑕᖅᑲᐸᑎ'ᓄᑦ ᑐᙵᕕᐅᑦᑎᐊᕆᐊᖅᑲᕋᓗᐊ'ᒥᒐᐸᑕ ᑭᓯᐊᓂ ᐊᔪᕐᓇᕐᓚᒃᑐᒻᒪᕆᐅᖅᑲᑦᑕᓕᖅᑐᖅ ᑖᒻᓇ ᑐᙵᕕᐅᓇᓯᒃᑲᓗᐊᖅᖡᓂ ᒪᑯᐊ ᐊᒥᓱᕈᓗᐊᕐᓂᑯᒥᖕᓄᑦ ᐃᓄᐃᑦ ᖃᐸᓗᓈᓪᓗ ᓱᓇᑐᐃᓐᓇᐃᑦ ᑕᑯᔭᒃᓴᐃᓪᓗ ᖃᓄᐃᑦᑐᑐᐃᓐᓇᐃᑦ ᑕᒪᒃᑯᐊ ᒪᓂᒪᔪᒻᒪᕆᐅᓕ'ᒪᑕ. ᑕᐃᒪᐃᒃᑲᓗᐊᖅᑎ'ᓗᒍ ᐳᖅᑐᔪᒦᑦᑑᔭᕐᓗᑕ ᑕᐅᑐᑦᑎᐊᕋᔭᕋᐸᑕ ᓱᓇᑐᐃᓐᓇᕐᓂᒃ ᐅᓗᕆᐊᓇᖅᑐᓂᒃ ᐅᓗᕆᐊᓇᙱᑦᑐᓂᒃ ᑕᐅᑐᑦᑎᐊᕋᔭᕋᐸᑕ ᐳᖅᑐᔪᒦᓗᑕ ᕿᓂᙳᐊᕆᐊᖅᑲᖅᐳᒍᑦ ᕿᒥᕐᕈᔭᕆᐊᖅᑲᖅᐳᒍᑦ ᖃᓄᐃᑦᑑᕙ ᐅᓇ ᖃᓄᐃᓕᓂᐊᖅᐸ ᒪᑯᐊ ᐃᓕᑕᕆᕙᓪᓕᐊᓇᔭᕋᑦᑎᒍᑦ ᐃᓱᒪᐸᑎᒍᑦ. ᑕᕝᕙ ᑕᐃᒪᐃᕐᑯᔨᖅᑲᑦᑕᕋᓗᐊᖅᑯᖓ ᑕᐃᒪᐃᓐᓇᓯᒃᑲᓗᐊᖅᖡᖓᑦᑕᐅᖅ ᐊᔪ'ᒥᔪᖓ. ᑕᒪᒃᑯᐊ ᐅᖅᑲᐅᓯᕈᓘᔭᓗᐃᑦ ᐊᓈᓇᒐᓗ ᐊᑖᑕᒪᓗ ᐅᖅᑲᐅᓯᕆᕙᓚᐅᖅᑕᖏᑦ ᐱᑦᑕᐃᓕᓃᓪᓗ ᑕᒪᒃᑯᐊᓗ ᐱᔪᒪᓂᐊᓗᐃᑦ ᑕᒪᒃᑯᐊ ᑐᑭᓯᓐᓇᓚᐅᙱᑦᑐᑦ ᑭᓯᐊᓂ ᑭᖑᓂᐊᒍᑦ ᑐᑭᓯᓐᓇᓚᐊᓇᖅᓯᖅᑲᑦᑕᖅᑐᑦ ᓈᒻᒪᙱᑦᑐᒥᒃ ᐊᑐᓕᖅᖡᓂ ᑐᑭᓯᓐᓇᓗᐊᕕᒃᑐᒻᒪᕆᐊᓗᐃᑦ. ᑕᐃᒪᐃᑦᑑᓚᐅᖅᑐᕈᓘᒃ ᐊᖓᔪᖅᑳᕈᓘᒃᑲ ᑕᐃᒃᑯᐊᒃ ᐅᒥᐊᖅᑲᙱᔅᖡᓂᓗ ᓱᓇᖅᑲᙱᑦᑎᐊᖅᖡᑕ ᐅᓈᙱᓐᓇᕐᒧᓪᓗ ᑲᑭᕙᐃᓐᓇᕐᒧᓪᓗ ᐱᑎᒃᓯᕈᓗᖕᒧᓪᓗ ᑕᐃᒪ ᐱᑎᒃᓯᕈᓗᐃᑦ ᑐᒃᑐᓇᓰᑎᒋᙱᑕᕋᓗᐊᖏᑦ ᐊᖅᑭᒡᒋᓄᑦ ᐊᑐᖅᐸᓚᐅ'ᒥᒐᐸᑎᒍᑦ ᓱᓇᖅᑲᙱᑐᐊᒧᑦ

ᖃᓄᐃᓚᐅᙱᑦᑐᖅ ᖁᕕᐊᓇᑐᐃᓐᓇᖅᐸᓚᐅ'ᒥᔪᖅ. ᑕᐃᒪᐃᑦᑑᓚᐅᖅᑐᒍᑦ. ᑕᒪᒃᑯᓂᖕᒪ ᐱᖅᑲᖅᑎᑦᑎᓇᓯᒃᐸᓚᐅᖅᒪᑦ ᐊᑖᑕᒐ ᑲᑭᕙᖕᓂᒃ ᐱᑎᒃᓯᓂᒃ ᐅᓈᖅᓂᒃ ᖃᔭᖅᑲᙱᖡᓂᓗ

ᖃᔭᕐᒥᒃ ᐱᑕᖃᙱᖅᑐᖅ ᖃᐅᔨᓚᐅᖅᑕᕋ ᓱᓇᖃᙱᓚᐅᕋᑉᑕ ᕿᔪᒃᑕᖃᙱ'ᒪᑦ ᓱᓇᖃᙱ'ᒪᑦ. ᑕᐃᒪᐃᑦᑑᓚᐅᖅᑐᒍᑦ. ᐱᕈᖅᑎᑕᐅᑦᑎᐊᖅᑐᐊᓘᓚᐅᖅᑐᒍᑦ ᐊᖓᔪᖅᑳᑉᑎ'ᓂᑦ. ᐊᔪᕐᓇᖅᑐᖅᓯᐅᕌᓗᒃᑲᓗᐊᖅᖢᓂ ᑐᙵᕕᖃᑦᑎᐊᕐᒥ ᓄᓕᐊᕐᒥᓂᒃ ᐱᖃᑎᖃᑦᑎᐊᕐᒥ ᐃᑲᔪᖅᑎᖃᕐᒥ ᓴᙱᓂᕆᓚᐅᕐᓂ'ᒪᒍ ᑖᒻᓇ. ᐃᑲᔪᖅᑎᖃᑦᑎᐊᙱᒃᑯᓂ ᑐᙵᕕᖃᙱᒃᑯᓂ ᕿᐸᓪᓗᓂ ᓂᖓᖃᑦᑕᕐᓗᓂ ᑕᐃᒪᐃᑦᑑᓇᔭᓚᐅᖅᑐᖅ. ᑕᒡᕙ ᑖᒻᓇ ᒫᓐᓇ ᐊᑐᖅᑕᐅ'ᒪᑦ ᕿᐸᓱᖕᓂᖅ ᓂᖓᖃᑦᑕᕐᓂᖅ ᑖᒻᓇ ᐊᑐᖅᑐᖅ ᑐᙵᕕᖃᑦᑎᐊᙱᒧᑦ. ᑖᒻᓇ ᕿᒥᕐᕈᔭᕆᐊᖃᖅᑕᕗᑦ. ᖃᓄᐃᑦᑑᕙ? ᓇᐅᒃᑰᕆᐊᖃᖅᐳᖓ? ᐅᓇ ᐃᓕᑕᖅᓯᕙᓪᓕᐊᓇᔭᖅᑕᕗᑦ ᐃᓱᒪᑉᑎᒍᑦ. ᐊᒻᒪᓗ ᐃᓕᓐᓂᐊᖅᑐᖁᑎᕗᑦ ᐃᓕᓐᓂᐊᕈᒪᙱᖦᖢᑎᒃ ᓈᒻᒪᙱᑦᑐᓂᒃ ᐊᑐᓕᕌᖓᒥᐅᔪᒃᓴᐅᔪᖅ ᐋᒪᐃ ᐅᖃᕈᖕᓇᙱᑕᒃᑲ ᐊᑐᓕᕌᖓᒥᐅᔪᒃᓴᐅᔪᖅ ᖁᕕᐊᓇᕐᒪᑦ ᐱᔪᒪᓐᓇᕐᒪᑦ ᑖᒻᓇᖔᖅ ᓴᙱᓈᖃᑦᑕᕐᒪᔾᔪᒃ. ᑐᙵᕕᖃᑦᑎᐊᕈᑎᒃ ᐃᓕᑕᖅᓯᒪᒍᑎᒃ ᐊᑐᕆᐊᖃᙱᑦᑐᓂᒡᓗ ᐊᑐᕆᐊᖃᖅᑐᓂᒡᓗ ᑕᐃᒪᓐᓇᓗᐊᖅ ᐱᓐᓇᔭᖅᑰᙱᑦᑐᒐᓗᐊᑦ ᐃᓱᒪᒥᐅᔭᖃᑦᑕᖅᑕᒃᑲ. ᐃᓕᓐᓂᐊᕐᓂᖅ ᐱᐅᔪᒻᒪᕆᐊᓗ ᐃᓕᓐᓂᐊᕐᓂᖅ ᐊᒃᓯᕈᕐᓇᖅᑑᒐᓗᐊᖅ ᑕᖃᓇᖅᑑᒐᓗᐊᖅ ᐱᐅᔪᒻᒪᕆᐊᓗᒃ ᐃᓅᓯᕐᒧᑦ ᑐᕌᕐᒪᑦ ᓯᕗᓂᒃᓴᒧᑦ ᑐᕌᑦᑎᐊᕐᒪᑦ ᐊᔪᙱᓕᕈᑎᒃᓴᐅ'ᒪᑦ ᑕᐃᒪᓐᓇᐃᑦᑐᒥᒃ ᐃᒃᐱᒋᕙᒃᑕᕋ ᑖᒻᓇ.

ᑕᐃᒪ ᐃᓕᓐᓂᐊᖅᑐᓕᕆᔨᒃᑯᓪᓗ ᑲᑎᒪᖃᑦᑕᖅᐸᓚᐅᕋᑉᑕ ᐅᑭᐅᑦ ᖃᑉᓯᑲᓪᓚᕈᓗᐃᑦ ᑲᑎᒪᔨᐅᖃᑕᐅᒐᒪ ᑲᑎᒪᔭᖅᑐᖃᑦᑕᓚᐅᕋᒪ ᐊᕐᕕᐊᓄᑦ. ᖃᐃᓚᐅᖅᐸᒃᑐᑎᓪᓗ ᖃᖕᒥᖅᓛᓂᕐᒧᑦ ᑕᐃᒪᐃᑦᑑᓚᐅᕐᒪᑦ. ᑭᓯᐊᓂ ᑖᒻᓇ ᑕᐃᒪᖓᓗᒃᑖᖅ ᐅᖃᐅᓯᕇᓐᓇᖅᑕᕋ ᓄᓕᐊᖅ ᑐᙵᕕᐅᔭᕆᐊᖓᓂ. ᑭᓯᐊᓂ ᐅᒃᐱᕆᔭᐅᔫᒐᓗᐊᖅ ᐃᓕᑕᕆᔭᐅᕌᓂᒍᖕᓇᖅᑰᓚᐅᙱᑦᑐᖅ ᐃᓱᒪᕗᖓ ᑕᐃᒪᓐᓇ

ᑭᓯᐊᓂ ᒫᓂ ᖃᓪᓕᕚᓪᓕᐊᖅᑰᓕᕋᓗᐊᖅᑐᑦ ᐃᓕᑕᖅᓯᓂᕐᒧᑦ. ᑕᐃᒪᓐᓇᐃᑦᑑᕗᖕᒐ. ᐃᓕᑕᖅᓯᒪᔭᐅᕌᓂᖕᒋᑦᑐᖅ ᑖᒻᓇ ᐱᔪᒥᓐᓇᓗᐊᖕᒋᒪᖅᑲᐃ ᐅᖃᐅᓯᕋ. ᐅᓇ ᐅᕙᒻᓂᓕ ᑕᐅᑐᒃᑲᒃᑯ ᓄᓕᐊᖃᑦᑎᐊᖕᒋᒃᑯᒪ ᓂᖕᒐᐅᒪᔪᐊᓘᖃᑦᑕᕋᔭᕋᒪ ᓱᓇᕈᓘᔭᕐᓂᓪᓗ ᐱᓕᕆᓗᖕᒐ ᑕᐃᒪᓐᓇ ᕿᐸᓯᒧᑦ ᐃᒪᓐᓇᐅᓇᔭᕋᒪ ᖃᐅᔨᒪᑦᑎᐊᖅᑕᕋ ᑖᒻᓇ. ᑕᐃᒪᐃᖁᔨᖕᒋᓐᓇᒪ ᓄᓕᐊᖅ ᑐᖕᒐᕕᐅᔭᕆᐊᖃᖅᐳᖅ ᓄᑕᖅᑲᓪᓗ ᐃᓪᓗᑉᑎᓐᓂ ᓄᑕᖅᑲᒐᓪᓗ ᓄᓕᐊᕐᓗ ᐃᓚᕇᑦᑎᐊᕋᔭᕈᑦᑕ ᐃᓗᑉᑎᓐᓂ ᓴᖕᒋᓂᖃᑦᑎᐊᕐᓂᖅᓵᐅᓇᔭᕋᑉᑕ. ᑕᐃᒪᓐᓇ ᐃᓱᒪᓪᓗᖕᒐ ᐅᖃᖃᑦᑕᖅᑯᖕᒐ ᑕᐃᒪᐃᑦᑐᖃᖅᑐᐊᓗ ᖃᐅᔨᒪᔪᖕᒐᐅᒐᓗᐊᖅ ᖃᑉᓗᓈᑎᑐᓪᓕ ᑕᐃᒪᐃᑦᑐᐊᓗᐃᑦ ᓇᓗᓇᖕᒋᑦᑐᖅ. ᑭᓯᐊᓂᖃᐃ ᑕᑯᔪᖕᓇᖕᒋᑕᒃᑲ. ᐊᒻᒪᓗ ᑕᒻᓇ ᐅᖃᐅᓯᕆᖃᑦᑕᖅᑕᕋ ᖃᓄᑭᐊᖅ ᐅᖃᐅᓯᕆᓂᐊᖅᑲᐅᔭᕋ… ᑕᐃᒻᓇ ᐅᖃᐅᓯᕆᓂᐊᖅᑲᐅᔭᕋ ᐊᓯᐅᔨᕙᕋ. ᐄ ᑕᐃᒪᓐᓇ ᐃᒪᓐᓇᐅᕗᖕᒐ ᐃᒪᓐᓇᐃᓂᐊᖅᑲᐅᕗᖕᒐ ᑖᒻᓇ ᐃᓱᒪᒋᕙ’ᒥᔭᕋ. ᖃᑉᓗᓈᓪᓗ ᒪᓕᒐᖕᒋᑦ ᖃᑉᓗᓈᖕᒍᒐᓗᐊᖅᖢᑎᒃ ᒪᓕᒐᖕᒋᑦ ᐃᓚᖕᒋᑦ ᐱᐅᔪᒻᒪᕆᐅᕙᒃᑲᓗᐊᖅᖢᑎᒃ ᓇᓗᓇᖕᒋᒻᒪᑕ ᖃᐅᔨᒪᖕᒋᑕᕋᓗᐊᒃᑲᑦ ᐃᓅᑉᓗ ᒪᓕᒐᖕᒋᑦ ᐱᐅᔪᒻᒪᕆᐊᓘᒋᓪᓗᑎᒃ ᒪᓕᒐᐃᑦᑕᐅᖅ. ᑳᒃᑯᐊ ᐃᓕᑕᖅᓯᒪᓇᔭᕈᑉᑎᒍᑦ ᑕᒪᕐᒥᒃ ᒪᓕᒫᒃ ᐱᐅᔫᒃ ᑲᑎᒃᐸᑦ ᓇᓕᑐᐃᓐᓇᖕᒋᓐᓂᒃ ᐊᑐᕈᖕᓇᖃᑦᑕᕋᔭᕋᑉᑕ. ᓇᓪᓕᕌᖕᒐᑦ ᐃᓄᒃᑐᑦ ᐃᓗᐊᖕᒋᑦᑕᕌᖕᒐᑦ ᖃᑉᓗᓈᑦ ᒪᓕᒐᖕᒐ ᐊᑐᐊᓪᓚᓪᓗᒍ ᐃᓕᓯᒪᒍᑉᑎᒍᑦ. ᐃᓅᑉ ᒪᓕᒐᖕᒐ ᐊᑐᐊᓪᓚᓪᓗᒍ ᖃᑉᓗᓈᑉ ᒪᓕᒐᖕᒐ ᐊᑐᖕᒋᒃᑲᓗᐊᕐᓗᒍ ᐃᓕᓯᒪᒍᑉᑎᒍᑦ ᑕᐃᒪᐃᓐᓇᔭᕋᑉᑕ. ᑕᐃᒪᓐᓇ ᐃᓱᒪᓱ’ᒥᔪᖕᒐ. ᑳᒃᑯᐊ ᑲᑎᒃᐸᓂᒃ ᓴᖕᒋᓂᖅᓂᖅᓴᐅᖅᑰ’ᒥᔪᒍᑦ. ᐃᓄᒃᑐᐃᓐᓈᕋᔭᕈᑉᑕ ᖃᑉᓗᓈᑦ ᐱᐅᓯᖕᒐᓂ ᐊᑐᕐᓂᐊᖕᒋᒃᑯᑉᑕ ᐃᓅᑉ ᒪᓕᒐᐃᓐᓇᖕᒐ ᐊᑐᕐᓗᒍ ᖃᓄᐃᖕᒋᑦᑑᒐᓗᐊᖅ. ᑭᓯᐊᓂ ᐃᓅᑉ ᒪᓕᒐᖕᒐ ᐊᑐᖕᒋᖢᒍ ᐃᓛᓐᓂ ᖃᑉᓗᓈᓄᖕᒑᖅ ᐱᓕᖃᑦᑕ’ᒥᒐᑉᑕ

ᖃᐅᔨᒪᔭᕆᐊᖃᕈᑎᒋᕙᕗᑦ ᖃᑉᐳᓈᑦ ᒪᓕᒐᖕᒐ. ᑕᐃᒪᓐᓇ ᐃᓱᒪᓲᖑᔪᖕᒐ. ᐅᖃᐅᓯᒃᓴᒻᓂᒃ ᒫᓐᓇ ᓇᓗᓕᖁᒪ ᐊᐱᔭᐅᖃᑦᑕᕈᒪ ᑭᐅᔪᕐᓇᖁᔭᖃᑦᑕᖅᑐᖕᒐ. ᑭᐅᓂᖅ ᐊᔪᕈᒪ ᐊᔪᕐᓂᐊᖅᓱᖕᒐ.

ᑕᒪᓕᒃ: ᐃᓚᕇᑦᑎᐊᕈᓯᕐᓂᒃ ᐅᖃᕈᓐᓇᖅᐱᑦ ᐊᒻᒪ ᓄᓕᐊᓈᑦᑎᐊᕈᓯᕐᓂᒃ. ᒪᓕᒐᐅᓚᐅᖅᑐᓂᒃ ᐃᓚᕇᑦᑎᐊᕐᓂᕐᒧᑦ ᐊᒻᒪ ᓄᓕᐊᓈᑦᑎᐊᕐᓂᕐᒧᑦ.

ᐊᐅᐱᓛᕐᔪᒃ: ᐄ ᐅᖃᕈᓐᓇᖅᑐᖕᒐ. ᑖᒻᓇ ᐊᑖᑕᒪ ᐅᖃᐅᓯᕆᓚᐅᖅᑕᖕᒐ ᓯᕗᓪᓕᖅ ᓄᑲᖃᑦᑎᐊᕐᓂᖅ, ᐅᖃᖅᑲᐅᒐᒪ ᓄᑲᖃᑦᑎᐊᕐᓂᖅ ᐃᑲᔪᖅᑎᒋᓗᑖᖅᑭᑦ ᐃᒪᓐᓇᐃᑦᑑᕐᓴᕐᒪᑦ ᑕᐃᒪᓐᓇ ᐅᖃᐅᑎᓗᓚᐅᖅᓱᓂᖕᒐ. ᑭᓯᐊᓂ ᑭᖑᓂᑲᓪᓛᒧᑦ ᓄᓕᐊᖅᑲᕐᓂᕐᒥᒃ ᐃᓱᒪᙱᑎ’ᓗᖕᒐ ᓄᓕᐊᖅᑲᑦᑎᐊᕐᓂᕐᒥᒃ ᐅᖃᐅᑎᕙᓕᓚᐅ’ᒥᔫᖕᒐ ᑐᑭᓯᐊᓂᓚᐅᙱ’ᒥᔭᖁ ᑖᒻᓇ ᐅᖃᖅᑎ’ᓗᒍ. ᑭᓯᐊᓂ ᑭᖑᓂᐊᓗᐊᒍᑦ ᑐᑭᓯᔭᖁ. ᑕᐃᒪ ᐃᓚᖃᑦᑎᐊᕈᒪ ᐃᑲᔪᖅᑕᐅᓂᖅᓴᐅᓂᐊᖁᒪ ᐊᔪᓕᕈᓗᒃᑯᒪ ᐃᓚᒻᓂᑦ. ᐃᓚᒃᑲ ᐃᖅᑲᐅᒪᔭᖃᙱᑉᐸᑕ ᖃᐸᓇᖅᑐᒥᒃ ᐅᕙᒻᓂᒃ ᐱᐅᙱᑦᑐᐊᓗᖕᒥᒃ ᑐᓂᓚᐅᙱᓐᓂᕈᒃᑭᑦ ᓂᙳᐃᓂᓚᐅᕐᓂᕈᒃᑭᑦ ᓂᙳᖕᓇᖅᑐᐊᓗᖕᒥᒃ ᓇᓪᓕᒍᓯᖕᓂᖕᒐᑦ ᓴᖅᑮᔭᖕᒋᓐᓇᕐᓂᐊᖁᒪᑦ ᐅᕙᒻᓄᑦ ᐊᔪᓕᕈᒪ ᑕᒡᕙ ᑖᒻᓇ ᐃᓚᖅᑲᑦᑎᐊᕐᓂᖅ. ᐊᒻᒪ ᓄᓕᐊᖅᑲᑦᑎᐊᕐᓂᖅ ᐅᖃᐅᓯᕆᓚᐅᖅᑕᖕᒐ ᐊᑖᑕᒪ ᓄᓕᐊᖅ ᑐᙵᕕᐅᔭᕆᐊᖕᒐᓂ ᐅᖃᙱᑦᑑᒐᓗᐊᖅ ᑐᙵᕕᒋᓗᒍ ᐅᖃᙱᑦᑑᒐᓗᐊᖅ ᑭᓯᐊᓂᓕ ᑐᙵᕕᒋᔭᕆᐊᖃᖅᓂᖕᒐ ᐅᕙᒻᓂᖕᒑᖅᑐᖅ ᑖᒻᓇ. ᓄᓕᐊᖁ ᓄᓕᐊᑯᓗᒐ ᓄᓕᐊᓇᒐᒃᑯ ᐊᓯᓐᓂᐊᖅᑕᐃᓕᕙᖁᑯ’ᓗᓂᖕᒐ ᓄᓕᐊᖅᑲᖁᒪᒨᖅ ᐊᖅᓇᒥᒃ ᐊᓯᓐᓂᐊᖅᑕᐃᓕᕙᖕᓂᐊᖅᐸᖁᒨᖅ ᓂᙳᐃᒧᑉᑯᒨᖅ ᑲᑎᒪᑦᑎᐊᕐᓂᖅ ᐊᔪᓕᕐᓂᐊᖁᑉᑕ ᑕᐃᒪᓐᓇᐃᓕᕙᓚᐅ’ᒪᑦ ᐅᒃᐱᓇᓕᓚᐅᖅᑕᖁᓕ ᑖᒻᓇ. ᑕᒡᕙ ᑖᒻᓇ ᑕᐃᒪᐃᑦᑑᕗᖅ. ᑕᐃᒪᓐᓇ ᑖᒡᕙ ᐅᖃᕈᓐᓇᖅᐸᖁ ᑖᒻᓇ.

ᑕᒪᓂᒃ: ᐊᕐᓇᐃᓪᓕᑭᐊᖅ ᖃᓄᐃᓕᔭᐅᖃᑦᑕᓚᐅᖅᐸᑦ ᐅᐃᒥᖕᓄᑦ ᖃᓄᐃᓕᒋᐊᖃᕐᒪᖔᑖ ᐱᖃᑎᒋᑦᑎᐊᕐᓗᒍ...

ᐊᐅᐱᓛᕐᔪᒃ: ᑕᐃᒪᓐᓇ ᑐᓴᖅᐸᓚᐅᕐᒥᔪᖓ ᖃᐅᔨᒫᓂᖏᑦᑕᕋᓗᐊᕋ ᐊᕐᓇᐅᖏ'ᓇᒪ. ᐊᖑᑏᓪᓕ ᐃᓕᖅᑯᓯᖏᑦ ᖃᐅᔨᒪᕐᓚᖅᑰᑦᑎᐊᖅᑕᕋ. ᐊᕐᓇᓪᓗ ᐅᖃᐅᔾᔪᖅᑕᐅᕙᓚᐅ'ᒥᔪᑦ ᓴᑭᒐᓗ ᑐᓴᓚᐅᖅᐸᓚᐅᖅᓱᒍᓗ ᓄᓕᐊᕐᒪ ᐊᓈᓇᖓ. ᐅᐃᓂᒎᖅ ᓈᓚᑦᑎᐊᖃᑦᑕᕐᓂᐊᖅᐹ ᐅᕙᒻᓂᒃ ᓈᓚᖃᑦᑕᕐᓂᐊᖅᐹᖓ. ᐊᒻᒪᓗᒎᖅ ᖃᓄᖅ ᖁᕕᐊᓇᖏᑦᑐᒥᒃ ᐱᔨᒋᒍᓂᐅᒃ ᐅᐃᓂ ᐃᓚᖏᓐᓂ ᐅᖃᖅᑕᐃᓕᓕ ᐊᑭᓂᐊᖅᑕᐅᑐᐃᓐᓇᕐᓂᐊᕐᒥᖕᒪᖒᖅ ᐃᓚᒥᓂᑦ ᑖᒻᓇ ᐊᑭᓂᐊᖅᑕᐅᒃᐸᑦ ᐊᕕᒃᐸᓪᓕᐊᓕᑐᐃᓐᓇᕆᐊᖃᕋᔭᕐᒥᒐᑉᑕ ᐃᓚᒌᑎᒍᑦ. ᐃᓚᖓ ᓱᓕᖏᒃᑲᓗᐊᕐᓂᕐᓗᓂ ᓴᒡᓗᒃᑎᐅᒐᓗᐊᕐᓂᕐᓗᓂ ᐅᒃᐱᕆᔭᐅᓕᕋᔭᕐᒪᑦ ᑕᐅᑦᑕᐅᖏᒃᑯᓂ. ᑕᐃᒪᓐᓇ ᐅᖃᐅᔾᔪᖅᑕᐅᕙᔪᔪᓪᓕ ᓄᓕᐊᒻᓂᑦ ᑐᓴᖅᐸᓚᐅᖅᑐᖓ. ᐅᖃᐅᓯᕐᒥᒃ ᓈᒻᒪᖏᑦᑐᓂᓪᓕᒎᖅ ᖃᐅᔨᒍᓂ ᑐᓴᕈᓂᓘᓐᓃᑦ ᐃᓚᒥᖕᓄᑦ ᓇᒧᑐᐃᓐᓇᖅ ᐅᖃᓪᓚᒃᑕᐃᓕᕙᓪᓕ ᑕᐃᒪᓐᓇ ᑕᓪᕙ ᑖᒻᓇ ᑖᒻᓇᑉᑕᐅᖅ ᓈᒻᒪᒍᐃᕈᑕᐅᓰᖅ. ᐅᐃᓂᓗᒎᖅ ᐊᕐᓇᐅᒍᓂ ᐅᐃᓂ ᐃᑲᔪᑦᑎᐊᕐᓗᓂᐅᒃ ᓈᓚᑦᑎᐊᕐᓗᓂᐅᒃ ᑕᐃᒪᓐᓇ ᐅᖃᐅᔾᔪᖅᑕᐅᕙᓚᐅᖅᐳᖅ ᓄᓕᐊᕋ ᑖᕙᒻᓇ ᐅᕙᖓᓗ ᐊᔾᔨᑦᑎᐊᖓᓂᒃᑕᐅᖅ ᐊᑖᑕᒻᓂᒃ ᐅᖃᐅᔾᔪᖅᑕᐅᕙᓚᐅᖅᓱᖓ ᓄᓕᐊᕋᒎᖅ ᐃᑲᔪᖅᐸᖕᓂᐊᖅᐸᕋ ᐱᓕᕆᐊᖏ'ᓂᒃ. ᑕᖃᕙᖕᒥᖕᒪᑕᒎᖅ ᐊᕐᓇᐃᑦ ᐱᓕᕆ'ᓗᑎᒃ. ᐃᒪᓐᓇᐃᓕᐅᑦᑎᐊᖅᐸᓚᐅᖅᑖᖓ. ᑖᒻᓇᓕ ᐊᑐᖅᑕᕋ ᐃᑲᔪᖅᑕᕋ ᐃᓪᓘᑉ ᐃᓗᐊᓂ ᑕᐃᒪᐃᑦᑑᕗᖓ. ᑕᓪᕙ ᑖᒃᑯᐊ ᐊᕕᔾᔪᑕᐅᓰᑦ ᐊᓯᓐᓂᐊᕐᓂᕐᓗ ᓇᓂᓗᒃᑖᕐᓗ ᐊᓯᓐᓂᐊᕐᓂᖅ ᐊᕕᔾᔪᑕᐅ'ᒪᑦ ᓇᓂᓗᒃᑖᑦᑎᐊᖅ ᐃᓅᒍᓂ ᖃᑉᓗᓈᖑᒍᓂ ᓂᕐᔪᑎᓪᓗ ᑕᐃᒪᐃᖏᑦᑑᒐᓗᐃᑦ.

ᑕᒪᓂᒃ: ᐃᒃᐸᒃᓵᓐᓂ ᐅᖃᓚᐅᕋᕕᑦ ᐱᖓᓱᓂᒃ ᐃᓅᖃᑎᒌᖕᓂᖅ

ᐃᓅᓯᕐᓗ, ᐱᔾᔪᑎᒃᓴᖃᕐᓂᕐᓗ ᐅᕝᕙᓘᓐᓃᑦ ᑮᓇᐅᔭᖃᕐᓂᖅ ᓂᕿᖃᑦᑎᐊᕐᓂᖅ ᐱᖕᒐᔪᒋᓪᓗᓂᐅᒃ ᐃᓅᓯᕐᓚᑭᐊᖅ ᐅᓂᒃᑳᒃᑲᓐᓂᕈᖕᓇᖅᐱᐅᒃ?

ᐊᐅᐱᓛᕐᔪᒃ: ᐄ ᐃᓯᒪᒋᓯ’ᒥᔭᕋ ᑖᒻᓇ ᐃᓅᓯᖃᑦᑎᐊᕐᓂᖅ ᐃᓅᓯᖃᑦᑎᐊᕐᓂᖅ. ᐃᓅᓯᖃᑦᑎᐊᕐᓂᖅ ᐊᑐᖅᓯᓕᐊᖖᒋᑦᑐᒻᒪᓕᐊᓗ ᖃᐅᔨᒪᔭᕋ ᐊᓯᕈᖅᓴᕐᐃᑦᑐᑯᓘᑦᑕ. ᑕᐅᑐᒃᑲᑉᑕ ᐃᓯᒪᖃᕋᑉᑕ ᐱᔪᒪᓂᖃᕋᑉᑕ ᑖᒃᑯᐊ ᐱᖕᒐᓰ’ᒥ’ᒪᑕ ᑖᒃᑯᐊ ᐸᐸᑕᕗᑦ ᐱᒋᔭᕗᑦ ᑕᐃᒪᓐᓇ ᐱᖃᕋᕕᑦ ᑕᐃᒪᐃᑦᑐᒥᒃ ᐊᒻᒪ ᐅᕙᖕᒐ ᑖᒃᑯᐊᓗ ᐱᖃᕐᒪᑕ ᐊᓯᒃᑲ ᑕᐃᒪᐃᑦᑐᒥᒃ ᑭᓯᐊᓂ ᐃᒃᐱᒋᖖᒋᑕᕋᓗᐊᕗᑦ. ᑕᐅᑐᒡᓗᑕ ᐱᔪᒪᓂᖃᕐᓗᑕ ᐃᓯᒪᓂᖃᕐᓗᑕ ᑖᒃᑯᐊ ᑲᑎᒡᓗᑎᒃ ᐊᑕᐅᑦᑎᒃᑰᓚᖅᐸᑕ ᓴᖖᒋᔪᒻᒪᓕᐊᓘᓚᕋᔭ’ᒪᑦ ᐱᔪᒪᖖᒋᑕᕋᓗᐊᕋ ᐱᓗᒍ ᑭᓯᐊᓂᐅᓚᕋᔭ’ᒪᑦ. ᐱᒍᑉᑯ ᖁᕕᐊᓇᖖᒋᑦᑐᐊᓗᒃᑰᓚᕋᔭᖅᖢᖕᒐ ᐊᐃᑦᑖᓚᒐᖅᑐᖕᒐ ᑭᖕᒍᒧᑦ. ᑕᒡᕙ ᑖᒻᓇ ᓯᖁᒥᔾᔪᑎᒋᔫᓪᓗᐊ’ᒥᒐᑉᑎᒍᑦ ᐃᓚᕗᑦ ᖃᐅᔨᓚᕈᓂ ᓅᒻᒪᒋᔪᐅᖖᒋᓚᕐᓗᑕ ᕿᐸᒋᔪᐅᓚᕐᓗᑕ ᑕᐃᒪᐃᑦᑐᑐᐃᓐᓇᓕᐊᖃᕋᑉᑕ ᐃᓅᓯᖅ ᐱᑦᑎᓕᐊᖖᒋᑦᑐᒻᒪᓕᐊᓗᒃ ᖃᐅᔨᒪᔪᖕᒐ ᐊᑐᕈᒪᒐᓗᐊᖅᖢᒍ ᐊᔪᕐᓇᖅᑐᐊᓗᒃ. ᑕᐃᒪᐃᑦᑐᒃᑯᓪᓚ ᖃᐅᔨᒪᓇᓯᒋᕙᒃᑲ ᓇᖕᒥᓂᖅ. ᑕᒪᓐᓇ ᐱᐅᔪᖅ ᐱᑦᑎᐊᕐᓂᖅ ᓯᕗᒻᒧᑦ ᐃᖕᒋᕐᕋᓂᖅ ᐱᑦᑎᓕᐊᖖᒋᑦᑐᒻᒪᓕᐊᓘᖕᒪᑦ ᑭᓯᐊᓂᓚ ᐅᕙᒻᓂᒃ ᐅᖃᕈᖕᓇᖅᑐᖕᒐ ᓄᑕᐊᕋᓗ ᑲᑎᑎᑕᐅᓚᕐᒻᓄᒃ ᑕᐃᑲᖖᒐᑦ ᓄᑕᐊᓖᓚᕐᒻᓄᒃ ᑕᒪᒃᑯᐊ ᓱᓇᑐᒃᑖᑦ ᐱᔪᒥᓇᖅᑐᐊᓗᐃᑦ ᐊᑐᕈᒥᓇᖅᑐᑦ ᑕᐅᑐᒃᖢᒋᑦ ᐃᓯᒪᒋᕙᒃᖢᒋᑦ ᑕᐃᒪᐃᑦᑐᒃᑰᖖᒋᓇᖅᑯᖕᒐ ᑭᓯᐊᓂᓚ ᐊᖕᒋᓚᐅᖖᒋᑕᒃᑲ.

ᑭᓯᐊᓂᓚ ᒫᓐᓇ ᐅᑐᖅᑲᐅᓚᕋᒪ ᓵᓚᒋᔭᐅᔾᔭᕙᖕᓃᖅᑯᖕᒐ ᖃᐅᔨᒪᑦᑎᐊᖅᑯᖕᒐ. ᐃᖕᒋᕐᕋᑦᑎᐊᖅᑕᕕᓂᐊᓗᒐ ᑕᐃᖕᓇ ᑕᐃᒪᐃᑦᑐᒃᑰᕋᑐᐊᕋᒪ. ᑕᐃᒪᓐᓇ ᐅᖃᕈᖕᓇᖅᐳᖕᒐ ᐅᕙᒃᑯᑦ. ᐅᕙᒃᑯᑦᓚ ᐅᒃᐱᓇᓪᓗᖕᒐ ᐅᕙᒻᓂᒃ. ᓴᖕᒍᖃᑦᑕᓚᐅᕈᒪ

ᐱᔪᒪᓂᕋ ᐊᑐᓗᐊᕐᑲᑦᑕᓚᐅᕆᒃᑯ ᐊᑐᕐᑲᑦᑕᓚᐅᕆᒃᑯ ᓄᓕᐊᕋ ᕐᑯᕕᐊᓇᙱᑦᑐᒥᒃ ᐃᓯᒪᕐᑲᕐᑲᑦᑕᕋᔭᕐᒃᑐᕐᒃ ᕐᑲᐅᔨᓕᕆᓂ ᓂᙵᐅᒪᕐᑲᑦᑕᓕᕋᔭᕐᒃᑐᕐᒃ ᑕᒪᔾᔭ ᐅᓗᓇᐊᓇᕐᒃᑐᕐᒃᑕᐅᕐᒃ ᑕᒪᓐᓇ. ᑕᐃᒪᓐᓇ ᐅᓂᒃᑳᕆᖕᓇᕐᒃᐸᖕᒐ ᐅᕙᒃᑰᕐᓗᖕᒐᓖ.

ᑕᒪᔾᔭ ᑕᒪᒃᑯᐊ ᐃᓕᓐᓂᐊᕐᕕᖕᓂ ᐊᑐᕐᒃᑕᐅᕐᒃᑰᙱᑦᑐᑦ ᐅᕐᑲᐅᓯᓇᔭᒪ ᐃᓚᖕᒋᑦ ᒪᑯᐊ ᓯᕗᓂᒃᓴᓕᐅᑦᑎᐊᕆᖕᓇᕐᒃᑑᒐᓗᐃᑦ ᑐᑭᓯᐊᓕᕋᔭᕆᑉᑎᒍᑦ. ᕐᑯᕕᐊᓇᕐᒃᑐᑐᐃᓐᓈᓗᖕᒋᓂᒃ ᐱᙳᐊᕐᓂᑐᐃᓐᓈᓗᖕᒥᒃ ᐊᑐᕐᓂᐊᕆᑉᑕ ᑐᑭᓯᕙᓪᓕᐊᓗᐊᔾᔮᙱᑦᑐᒍᑦ.

ᑕᕝᕙ ᕐᑲᐅᔨᒪᖕᒥᔭᕋ ᑖᒻᓇ ᕐᑲᑉᓯᐅᓚᐅᕋᑉᑕᑭᐊᕐᒃ ᐃᓚᒌᑎᒍᑦ ᓄᑲᖐᑎᒍᑦ ᐊᖑᑕᐃᓐᓇᒻᒪᓇᐅᓕᓚᐅᕐᒃᓯᒪᒐᑦᑕ ᐅᑭᐅᑦ ᐱᖕᒐᓱᑦ. ᓄᑕᕋᕐᒃᑲᐅᕐᒃᖢᑕ ᒥᑭᔪᕆᓗᖕᓂᒃ ᑕᐃᒪᐃᑦᑑᓚᐅᕋᑉᑕ. ᐃᑲᔪᕐᒃᑕᐅᙱᑦᑎᐊᕐᒃᖢᑕ ᐊᕐᓇᕐᒥᒡᓕ ᐃᒡᓗᑉᑎᖕᓂ. ᑲᑎᒪᕆᓗᒃᖢᑕ ᑕᐃᒪ ᓄᑲᖐᑎᒍᑦ ᑕᐃᒪᓐᓇ ᓄᑕᕐᒃᑲᕗᑦ ᐱᕆᕐᒃᓴᔭᕗᑦ ᑳᕐᒃᑲᑦᑕᓚᐅᙱᑦᑐᒍᑦ ᐊᖑᓇᓱᒃᑎᐅᒐᒪᓕ ᑭᓯᐊᓂ ᐊᓐᓄᕌᒃᓴᕗᑦ ᒥᕐᒃᓱᕐᓂᕐᒃ ᐊᔪᕋᒪ ᑕᕝᕙ ᐊᔪᕐᓇᕆᑕᐅᓚᐅᕐᒃᑐᕐᒃ. ᑕᕝᕙ ᑕᐃᑲᓂ ᑭᖕᒍᖕᒧᑦ ᕐᑭᕕᐊᙳᐊᕌᖕᒐᒃᑯ ᑕᐃᖕᓇ ᐅᑭᐅᑦ ᐱᖕᒐᓱᑦ ᓄᓕᐊᕋ ᐊᐅᓪᓚᕐᒃᓯᒪᓚᐅᕐᒪᑦ ᐋᓐᓂᐊᕐᕕᖕᒧᑦ. ᐊᑐᑦᑎᐊᕐᒃᑕᕆᓗᒋᓐᓂᕋᑉᑎᒍᑦ ᕐᑯᕕᐊᓇᙱᑦᑐᕐᒃᓯᐅᓚᐅᙱᑦᑐᒍᑦ ᓄᓕᐊᕐᒃᑯᑦ ᐊᖏᕐᕋᕋᓗᐊ’ᒪᓂᒃ ᑕᐃᒪᐃᑦᑑᓚᐅᕐᒃᐸᒍᑦ. ᐊᑐᑦᑎᐊᓚᐅᙱᒃᑯᑉᑎᒍᑦ ᕐᑯᕕᐊᓇᙱᑦᑐᒥᒃ ᓴᕐᒃᑭᑦᑐᕐᑲᕋᔭᓚᐅᕐᒃᑑᒐᓗᐊᕐᒃ. ᑕᕝᕙ ᑖᒻᓇ ᑐᑭᓯᔾᔪᑎᒥᒃᑲᓐᓂᕐᒃᑕᕋ ᓄᓕᐊᕐᒃ ᑐᙵᕕᐅᔭᓇᐊᕐᑲᕐᓂᙵ. ᐊᕐᓇᐅᒐᓗᐊᕐᒃᖢᓂ ᓯᓚᑐᔪᐊᓘᖕᒪᑦ ᓄᓇᓕᖕᓂ ᕐᑲᐅᔨᒪᙱᑦᑕᑉᑎᖕᓂ ᕐᑲᐅᔨᒪᔫᓪᓗᐊᕐᒪᑕ ᓄᓇᓕᖕᓂ. ᐅᕙᒍᓪᓕ ᐊᖑᓇᓱᒃᑎᐅᔪᑎᒍᑦ ᓄᓇᓕᖕᓃᙱᓇᙱᖢᑕ ᐆᒪᔪᕐᒃᓯᐅᕐᒃᖢᑕ ᓯᓚᒥᒡᓗ ᓇᖕᒋᐊᕐᓇᕐᒃᑐᓂᒃ ᕐᑲᐅᔨᒪᑦᑎᐊᕐᒃᖢᑕ. ᐊᑐᕐᒃᓯᒪᒐᑉᑎᒍᓪᓛ...ᑕᐃᒪᐃᑦᑑᕗᒍᑦ.

ᑕᒪᓕᒃ: ᑕᐃᒃᑯᐊᑦ ᐅᔭᕐᒃᑲᑦ ᐃᓅᓯᓕᓇᓂᕐᒧᑦ

ᐊᑐᖅᑐᒻᒪᕆᐊᓗᐃᑦ ᐄ...? ᐊᑐᕐᓂᖅᓴᑦ ᐃᓛᒃ....
ᐊᐅᐱᓛᕐᔪᒃ: ᑖᒻᓇ ᐃᓱᒪᒋᖃᑦᑕᖅᑕᕋ ᐃᓕᓐᓂᐊᖅᐸᓪᓕᐊᔪᑦ ᒪᑯᐊ ᓯᕗᓪᓕᖅᐹᒥᒃ ᐃᓅᓯᕐᒥᒃ ᐃᓕᓐᓂᐊᖅᑳᕆᐊᖃᖅᑑᒐᓗᐃᑦ. ᐃᓅᓯᖃᕐᓂᐊᖅᐱᓪᓕ ᐃᒪᓐᓇᐃᑦᑑᒍᕕᑦ ᖃᓄᐃᑦᑐᒥᒃ ᐃᒪᓐᓇᕈᓗᒃ ᐱᒍᕕᑦ ᖃᓄᐃᑦᑐᒥᒃ ᐃᓅᓯᖃᕐᓂᐊᖅᐱᑦ, ᒪᑯᐊ ᑐᑭᓯᐅᒪᔭᐅᖅᑳᕆᐊᓕᐅᒐᓗᐃᑦ. ᑐᑭᓯᑦᑎᐊᕐᓂᒃᓴᖏᑦ ᐊᔪᕐᓇᕐᒥᔪᕈᓗᐃᑦ ᐅᕙᒻᓄᓪᓕ ᒪᒃᑯᒃᑐᐊᖅᓱᖓ ᑕᐃᑉᓱᒪᓂ ᑭᓯᐊᓂ ᑭᖑᓂᐊᒍᑦ ᑕᑯᒃᓴᕈᑦᑎᐊᖃᑦᑕᖅᑐᑦ. ᖃᓄᐃᓕᑲᓪᓚᒃᑐᐊᓗᖕᒥᒃ ᑕᑯᖃᑦᑕᓕᕌᖓᑉᑕ ᓄᓇᓕᖕᓂ ᑕᐃᒃᑯᐊ ᐅᖃᐅᓯᐅᓚᐅᖅᑐᑦ ᓴᖅᑭᖃᑦᑕᖅᑐᑦ ᐊᖓᔪᖅᑳᑉᑕ ᐅᖃᐅᓯᕕᓂᖏᑦ.

ᑕᐃᒪᓐᓇ ᐃᓅᓯᖓ ᑐᙵᕕᖃᑦᑎᐊᕋᔭᖅᐸᑦ ᒪᑯᓂᖓ ᐱᓕᕆᔪᐊᓘᓂᖏᑦ ᖃᑉᓗᓈᑦ ᐱᖁᑎᖓᓐᓂ ᓱᓇᕐᔪᐊᕐᕌᓗᖕᓂᒃ ᐃᓕᓯᒪᔪᑦ ᑕᒪᒃᑯᐊ ᐱᓕᕆᔪᐊᓘᓕ’ᒪᑕ. ᑕᐃᒪᐃᓐᓇᐃᑦᑐᒃᑯᑦ ᑐᙵᕕᖃᑦᑎᐊᕈᑎᒃ ᐃᓅᓯᕐᒥᒃ ᑕᐃᒪᐃᓐᓇᐃᑦᑐᒃᑯᑦ ᐅᓗᕆᐊᓇᙱᑦᑐᒃᑰᕐᓂᖅᓴᐅᓇᔭ’ᒪᑕ ᐃᓅᓯᖏᑦ. ᑕᐃᒪᓐᓇ ᐃᓱᒪᒋᖃᑦᑕ’ᒥᔭᒃᑲ. ᐃᓕᓐᓂᐊᖅᓯᒪᙱᕈᓗᒃᓱᑕ ᐅᕙᖓᓕ ᐅᕙᒻᓂᒃ ᐆᒃᑑᑎᒋᓗᖓ ᑕᒡᕙ ᐊᐅᓪᓚᕌᖓᒪ ᐅᕙᒻᓂᒃ ᖃᐅᔨᖃᑦᑕᓚᐅᖅᑐᖓ ᐋᑐᕚᒧᓪᓗ ᐊᓯᐊᓄᓪᓗ. ᑕᒡᕙ ᑐᖁᒧᑦ ᑎᑭᑲᐅᑎᒋᖃᑕᖅᑐᖓ ᐃᓄᑑᒍᒪ ᐊᓯᐅᓗᖓᓘᓐᓃᑦ ᑲᑕᒡᓗᖓᓘᓐᓃᑦ ᖃᓄᑭᐊᖅ ᑐᖁᑐᐃᓐᓇᕆᐊᖃᖅᑐᖓ ᖃᐅᔨᒪᙱᒧᑦ ᐃᓕᓯᒪᙱᒧᑦ. ᒫᓂᓕ ᐃᓄᐃᑦ ᓄᓇᖓᓐᓂ ᐱᖅᓯᐊᓗᒃᑲᓗᐊᖅᐸᑦ ᓇᖏᐊᕐᓇᖅᑐᒃᑰᕋᓗᐊᕈᒪ ᐃᓕᓯᒪᒐᒪ ᐆᒪᔪᓐᓇᖅᑐᖅ. ᐃᓕᓐᓂᐊᕐᓂᖅ ᑐᑭᓯᒃᑲᓐᓂᓕᐅ’ᒥᔭᕋ ᑖᒻᓇ ᐅᕙᒃᑰᖅᓱᖓ ᐅᕙᒻᓂᑦ ᑐᑭᓯᔾᔪᑎᒋ’ᓗᒍ ᓄᑕᖅᑲᕗᑦ ᐃᓕᓐᓂᐊᕆᐊᖃᑦᑎᐊᖅᑑᒐᓗᐃᑦ.... ᖃᑯᑎᒃᑯᐊᓗ ᐃᓄᐃᑦ ᐅᖃᐅᑎᓚᐅᖅᐸᖕᒥᔭᒃᑲ ᖃᑉᓗᓈᓂᑦ ᐅᓪᓚᖅᑕᐅᒐᔪᓚᐅ’ᒥᒐᒪ ᖃᑉᓗᓈᓂᑦ ᐋᓐᓂᐊᖅᑳᙱᓱᖓ ᐊᐱᖅᓱᕈᒪᓪᓗᑎᒃ ᖃᓄᒥᐊᖅ ᑐᓴᕈᒪᒐᒥᒃ. ᑕᐃᒪ ᐅᖃᐅᑎᕙ’ᒥᔭᒃᑲ ᐃᓄᐃᑦ

ᓄᓇᖓᓐᓄᐊᖅᓯᒪᙱᓗᑎᒃ ᐅᑭᐅᖅᑕᖅᑐᒧᑦ ᓄᓇᖓᓄᐊᕈᕕᑦ ᐊᐅᓪᓚᖅᓯᒪᒍᕕᑦ ᐊᓯᐅᒍᕕᓪᓘᓐᓃᑦ ᑐᖁᑐᐃᓐᓇᕆᐊᖃᖅᑐᑎᑦ. ᐃᓄᒃᑐᑦ ᐃᓕᓐᓂᐊᕆᐊᖃᖅᑐᑎᑦ ᐃᒪᓐᓇᓕᒻᒪᕆᖃᑦᑕ’ᒥᔭᒃᑲ. ᐅᕙᒻᓂᒃ ᐃᒃᐱᒋᔪᖓᐅᒐᓗᐊᖅ ᖃᐅᔨᒪᑦᑎᐊᖅᑐᖅ ᖃᐅᔨᒪᔭᕋᓗᐊᒃᑲ. ᐃᓕᓐᓂᐊᕐᓂᖅ ᐃᓄᒃᑐᑦ ᐃᓕᓐᓂᐊᕐᓂᖅ ᐃᓄᒃᑐᓪᓗ ᖃᑉᓗᓈᑐᓪᓗ ᐊᑐᖅᑕᐅᔭᕆᐊᖃᑦᑐᐊᕕᒃᑐᑦ ᖃᐅᔨᒪᒐᑉᑭᑦ. ᖃᑉᓗᓈᑦ ᐃᓕᓐᓂᐊᖅᓯᒪᙱᓗᓂ ᐊᔪᕐᓇᑦᑐᐊᕕᒃᑐᖅ ᖃᑉᓗᓈᑦ ᒥᒃᓵᓄᑦ.

ᑕᒪᓕᖅ: ᓲᕐᓗ ᐃᓅᓯᓕᕆᓕᓂᖅ ᓯᕗᓪᓕᐅᑎᒐᕕᐅᒃ ᐃᓅᓯᖃᑦᑎᐊᖅᑎᓪᓗᒋᑦ ᐃᓅᖃᑎᒌᖕᓂᖅ ᑖᒻᓇ ᐊᔪᕐᓇᙱᓐᓂᖅᓴᐅ...

ᐊᐅᐱᓛᕐᔪᖅ: ᐄ, ᐊᔪᕐᓇᙱᓐᓂᖅᓴᐅᓇᔭ’ᒪᑦ ᐃᓅᖃᑎᒌᑦᑎᐊᕐᓂᖅ...

ᑕᒪᓕᖅ: ᐃᓅᖃᑎᒌᑦᑎᐊᖅᐸᑕᓗᖃᐃ ᐱᔾᔪᑎᒃᓴᖃᑦᑎᐊᕐᓂᖅ ᐊᔪᕐᓇᕋᔭᙱᓗᓃ...?

ᐊᐅᐱᓛᕐᔪᖅ: ᐊᔪᕐᓇᙱᓐᓂᖅᓴᐅᔫᓪᓗᐊ’ᒥᔪᖅ....

ᑕᒪᓕᖅ: ᐱᖓᔪᒋᓪᓗᓂᐅᒃ ᑖᒻᓇ ᓲᕐᓗ...?

ᐊᐅᐱᓛᕐᔪᖅ: ᐄ. ᐊᔪᕐᓇᙱᓐᓂᖅᓴᐅᓇᔭ’ᒥᔪᖅ ᐃᓅᓯᖃᑦᑎᐊᕈᑉᑕ. ᑎᒥᑉᑕ ᐱᓕᕆᐊᒃᓴᖏᑦ ᓂᕿᓪᓘᓐᓃᑦ ᓱᓇᑐᐃᓐᓇᐃᑦ ᐸᐸᑦᑎᐊᕐᓂᖅᓴᐅᓇᔭᕋᑉᑎᒍᑦ ᑮᓇᐅᔭᕐᓗ ᓱᓇᑐᐃᓐᓇᐃᑦ. ᐊᒻᒪ ᐃᓚᕗᑦ ᐊᔪᖅᓴᓕᖅᐸᑦ ᐃᑲᔪᕈᖕᓇᑦᑎᐊᕐᓂᖅᓴᐅᓇᔭᕋᑉᑎᒍᑦ ᐃᓅᓯᖃᑦᑎᐊᙱᒃᑯᑉᑕ ᑕᒪᒃᑯᐊ ᐱᔾᔪᑎᒃᓴᕋᓗᐊᕗᑦ ᕿᓚᒥᐊᓗ ᓄᖑᖅᑦᑕᕋᔭᕋᑦᑎᒍᑦᑕᒡᕙ ᑕᐃᒪᓐᓇ ᑕᐅᑐᒃᑭᕙᕋ ᑖᒻᓇ. ᐃᓅᓯᖅ ᐊᔪᕐᓇᖅᑐᐊᓗ ᖃᐅᔨᒪᔪᖓ ᐊᑐᕋᓱᒃᓗᒍ. ᐃᓅᓯᖅ ᓯᕗᓪᓕᖅᐹᒥᒃ ᐃᓕᓐᓂᐊᖅᑳᕆᐊᖃᖅᑕᖏᑦ...ᐃᓕᓐᓂᐊᕐᕕᖕᒥ. ᑭᓯᐊᓂ ᖃᐅᔨᒪᙱᑕᕋᓗᐊᒃᑲ ᐃᓕᓐᓂᐊᕐᕕᖕᒥ ᐃᓕᓐᓂᐊᓕᔮᖅᑎᓪᓗᒋᑦ ᖃᓄᑭᐊᖅ ᐱᔭᕆᐅᖅᓴᑎᑕᐅᖃᑦᑕᖅᐸᑦ ᓄᑕᕋᑯᓗᐃᑦ ᖃᐅᔨᒪᙱᑕᒃᑲᐅᒐᓗᐊᖅ.

ᑕᒪᓕᒃ: ᖃᓄᐃᑦᑐᒥᓇᖅᐸᑦ?

ᐊᐅᐱᓛᕐᔪᖅ: Hᐊᐃ?

ᑕᒪᓕᒃ: ᖃᓄᐃᑦᑐᒥᓇᖅᐸᑦ ᐃᓕᓐᓂᐊᕐᕕᖃᓚᐅᖖᒋᑎᓪᓗᒍ ᐱᕈᖁᕕᑦ ᖃᓄᐃᑉᐸᓚᐅᖅᐱᓯ?

ᐊᐅᐱᓛᕐᔪᖅ: ᐃᓕᓐᓂᐊᕐᕕᖃᓚᐅᖖᒋᑎᓪᓗᒍ ᐅᕙᒍᑦ ᐱᕈᖅᑐᑎᒍᓪᓕ ᐅᕙᖓ ᖃᓄᖅ ᐃᓱᒪᓗᐊᖅᐸᓚᐅᖖᒋᑦᑐᖓ ᖃᓄᒻᒪᕆᒃ. ᑭᓯᐊᓂ ᑳᖖᒋᒃᑯᒪ ᐋᓐᓂᐊᖖᒋᒃᑯᒪ ᑕᕝᕙ ᐃᓱᒪᒋᓗᐊᖅᑖᒃᑲ. ᑭᓯᐊᓂ ᑕᐃᒃᑯᐊ ᖁᕕᐊᓇᖖᒋᑦᑐᑦ ᐊᑐᓕᖁᔭᖅᑕᒃᑲ ᑐᑭᓯᕙᒌᖅᓯᒪᒐᒃᑭᑦ ᐃᓚᖏᑦ ᐊᑐᖅᑕᐃᓕᓪᓗᒋᓪᓗ ᑕᐃᒪᓐᓇ ᐱᖁᔭᐅᕙᓚᐅᕋᒪ. ᑕᐃᒪᓐᓇᐃᓇᓯᒃᐸᓚᐅᖅᐳᖓ. ᑭᓯᐊᓂ ᐊᑐᖅᑕᐃᓕᒐᓗᐊᖅᖢᒋᑦ ᐃᓚᖏᑦ ᐊᔪᕐᓇᖅᑐᒻᒪᕆᐊᓗᐃᑦᑕᐅᖅ. ᐱᔪᒪᓂᕐᓗ ᑕᐅᑐᖕᓂᕐᓗ ᐃᓱᒪᓂᕐᓗ ᑖᒃᑯᐊᖑᖃᑦᑕᕐᒪᑕ. ᑎᓕᐅᖅᑕᐅᖖᒋᒃᑲᓗᐊᖅᖢᑕ ᐅᕙᑉᑎᖕᓂᖘᕐᒪᑦ ᑕᐅᑐᖕᓂᖅ ᐱᔪᒪᓂᖅ ᐃᓱᒪᓂᖅ ᐅᕙᒍᑦ ᐱᒋᒐᑉᑎᒍᑦ.

ᑕᒪᓕᒃ: ᓄᑕᖅᑲᑦᑑᓐᓃᑦ ᑕᐅᑐᒃᑎᑕᐅᒃᐸᑕ ᐃᓅᓯᑦᑎᐊᕆᒃᑐᒥᒃ ᐃᓱᒪᑖᕐᓗᓂᓗ ᐃᓅᓯᖃᑦᑎᐊᕐᓂᕐᒥᒃ ᐊᒻᒪ ᐱᔪᒪᓂᖃᕐᓗᓂ ᐃᖕᒥᓂ ᐃᓅᓯᖃᑦᑎᐊᕈᒪᓂᐊᕐᒪᑦ ᐊᐃ?

ᐊᐅᐱᓛᕐᔪᒃ: ᐄ...ᐊᔪᕐᓇᖅᓯᔪᒻᒪᕆᐊᓗᒃ ᑖᒻᓇ ᖃᐅᔨᒪᕐᓚᖅᑰᖅᑕᕐ. ᓱᓇᑐᐃᓐᓇᐃᑦ ᐅᐃᒪᓴᐅᑏᑦ ᑕᒪᔾᔮᓘᓕ’ᒪᑕ ᓇᓂᑐᐃᓐᓇᖅ. ᑕᐃᒪᐃᒃᑲᓗᐊᖅᑎ’ᓗᒍ ᓈᓚᖕᓂᖃᕐᔭᕈᓂ ᓄᑕᕋᒃ ᐊᖓᔪᖅᑳᒥᖕᓂᒃ ᖃᐅᔨᒪᕙᑦᓕᐊᑦᓗᐊᖅᑑᖅᑰᖅᑑᒐᓗᐊᖅ ᐅᓗᕆᐊᓇᖅᑐᓂᒡᓗ ᐅᓗᕆᐊᓇᖖᒋᑦᑐᓂᒡᓗ. ᐃᓱᒪᖅᓱᓗᐊᓕᒧᑦ ᓇᓂᑐᐃᓐᓇᖅ ᐱᓕᕆᒧᑦ ᓄᑕᕋᐅᖅᑎᒥᓂᒃ ᑕᐃᒪ ᐱᓕᕆᖃᑎᖃᒧᑦ ᖃᐅᔨᓐᓇᖖᒋᑦᑐᒃᑯᑦ. ᓄᑕᕋᐅ’ᓗᓂ ᖁᕕᐊᓇᖖᒋᑦᑐᒃᓵᓗ ᐊᑐᓕᕋᓗᐊᕐᓂᕐᓗᒍ ᐃᒃᐱᖕᓇᖖᒋ’ᒪᑦ ᖁᕕᐊᓯᖕᓂᖅ ᑕᕝᕙᑑᓕᖃᑦᑕᕐᒪᑦ. ᑕᕝᕙ ᑖᒻᓇ ᐅᓗᕆᐊᓇᖅᑯᖅ ᒥᐊᓂᕆᓂᕐᓗ ᐊᔪᓕᕐᒪᑕ ᐃᓐᓇᑐᖅᑲᑎᒍᑦ.

ᑕᒪᓕᒃ: ᐱᔾᔪᑎᒃᓴᖃᑦᑎᐊᕐᓂᖅ, ᑮᓇᐅᔭᖃᕐᓂᖅ, ᓂᕿᖃᑦᑎᐊᕐᓂᖅ ᑕᒪᒃᑯᐊ ᖃᓄᖅ ᐃᓱᒪᒋᕙᒋᑦ?

ᐊᐅᐱᓛᕐᔪᒃ: ᑕᒪᒃᑯᐊ ᐊᑐᕋᔭᕈᑦᑎᒍᑦ ᐊᔪᕐᓇᖅᑐᐊᓘᖕᒥᔪᑦ ᖃᐅᔨᒪᖕᒥᔭᒃᑲ ᓇᖕᒥᓂᖅ ᐊᑐᕋᓱᒃᓯᒪᒪᒐᑉᑭᑦ ᐃᑲᔪᖅᑕᐅᓚᐅᖅᓯᒪᙱᖦᖢᖓ ᒫᓐᓇᒧᑦ ᑎᑭᓯᒐᒪ. ᑭᓯᐊᓂ ᓴᓇᕋᓗᒃ-...ᖃᓄᖅ.... ᓴᓇᙳᐊᕐᓂᕐᒧᑦ ᐅᕙᒻᓂᒃ ᐃᑲᔪᖅᑐᐊᓘᓚᐅᖅᑐᖓᐅᒐᓗᐊᖅ ᓴᓇᙳᐊᖅᑲᑦᑕᖅᖢᖓ. ᑕᒪᒃᑯᐊ ᓂᕿᖃᑦᑎᐊᕐᓂᕐᓗ ᑮᓇᐅᔭᖃᑦᑎᐊᕐᓂᕐᓗ ᐊᑐᕋᔭᕈᑦᑎᒍᑦ...ᑭᓯᐊᓂ ᑮᓇᐅᔭ...ᒧᐃᓐᓇᖅ ᐱᓇᔭᕋᑉᑎᒍᑦ ᐃᓚᖓ...ᑮᓇᐅᔭᒃᑰᑐᐃᓐᓇᕐᓗᓂᐅᓇᔭ’ᒥ’ᒪᑦ... ᑮᓇᐅᔭᖅ ᐅᔾᔨᕆᑦᑎᐊᙱᖢᒍ ᓄᖑᐊᓚᔪᒻᒪᕆᐊᓘ’ᒪᑦ ᓂᕿᑐᑦᑕᐅᖅ ᐊᖕᒋᔪᑲᓪᓚᐅᓕᕋᓗᐊᕐᓗᓂ ᐊᑭᑐᔪᓂᒃ ᐱᔾᔪᑎᒋ’ᓗᒍ ᓄᖑᑲᐅᑎᒋᖃᑦᑕ’ᒪᑕ. ᒪᑯᐊ ᐱᔾᔪᑎᒋᒐᔭᖅᑕᒃᓴᕆᔭᕗᑦ ᐃᓱᒪᔪᖓ ᐊᑐᙱᓐᓇᑉᑯ ᐊᑐᕈᑉᑯ ᐃᓱᒪᓇᔭᖅᑰᙱᑦᑐᖓᐅᒐᓗᐊᖅ ᐸᑦᑕᖕᓃᑦ ᐱᓐᖒᕐᓃᑦ, ᖃᓄᒥᐊᖅ ᑕᒪᒃᑯᓂᖓ ᑮᓇᐅᔭᐃᔭᕈᑎᖃᖅᖢᑕ ᓂᕿᑖᕈᑎᒃᓴᕆᓇᔭᖅᑲᐅᔭᕋᓗᐊᕗᑦ ᐊᓯᐅᕗᖅ ᑕᐃᒪ. ᑕᐃᒪᓐᓇᐃᑦᑑᔮᖃᑦᑕ’ᒥ’ᒪᑕ. ᐅᕙᒻᓂᒃ ᐊᑐᕈᑉᑭᑦ ᑕᐃᒪᓐᓇᐃᓕᓇᔭᖅᑰᙱᑦᑐᖓᐅᒐᓗᐊᖅ ᐊᑐᕈᒪᔮᓗᒋᒐᒃᑭᑦ ᐊᑐᙱᓐᓇᒃᑭᑦ ᑕᐅᑐᒃᑑᔭᑦᑎᐊᖅᑕᒃᑲ ᑮᓇᐅᔭᑦ ᑕᒪᒃᑯᓄᖓᓗᐊᖅ ᐱᓐᖒᕐᓂᕐᒧᑦ ᐸᑦᑕᖕᓂᕐᒧᑦ ᓱᓇᕋᓗᖕᒧᑦ ᖁᕕᐊᓲᑕᐅᓂᕐᒧᑦ ᐃᒥᐊᓗᖕᒧᑦ ᓱᓇᒧᑐᐃᓐᓇᖅ ᐊᑐᖅᑕᐅᓗᓂ ᓄᖑᐃᓐᓇᖃᑦᑕᕐᒪᑦ. ᓇᒡᓕᒋᒐᓗᐊᖅᖢᒋᑦ ᐃᓚᒋ’ᓗᒍ ᑮᓇᐅᔭᖃᙱᖢᓂᓗᑦᑕᐅᖅ ᐃᑲᔪᕐᓂᖅ ᐊᔪᕐᓇᖃᑦᑕ’ᒥ’ᒪᑦ. ᑕᒪᔾᔭ ᑮᓇᐅᔭᖅ ᐅᖃᐅᓯᕆᖃᑦᑕᖅᑕᕋᓗᐊᕋ ᐊᑕᐅᓰᙱᖢᒍ. ᒪᒃᑯᒃᑐᑦ ᑕᒪᒃᑯᐊ ᑮᓇᐅᔭᖃᕐᓂᐅᑉ ᒥᒃᓵᓄᑦ ᐃᓕᓐᓂᐊᖅᑎᑕᐅᓚᐅᕐᓕᑦ ᖃᓄᖅ ᑮᓇᐅᔭᑦ ᐱᕈᖅᑎᓐᓇᓱᒐᔭᖅᐱᒍ. ᐃᒪᓐᓇᐃᑦᑐᒥᒃ ᑐᑭᓯᑎᑕᐅᖁᖃᑦᑕᕋᓗᐊᕋᑉᑭᑦ. ᑮᓇᐅᔭᒃᑯᐃᓐᓇᑦᑎᐊᖅ ᐃᓅᓕᕋᑉᑕ ᒫᓐᓇ. ᑕᐃᒪᓐᓇ ᐅᖃᕈᖕᓇᕈᑎᒋᕙᕋ

ᐅᕙᒻᓂᖔᖅᑐᕐᓕ ᑖᒻᓇ.... ᐊᐲᑦᑐᕐᑲᖅᑕᐃᓕᓂᕐᓗ ᑕᒪᒃᑯᐊ ᐊᐲᑦᑐᕈᓗᒃᑕᐅᖅ ᐊᖏᓕᕌᖓᒥᒃ ᐊᖑᒻᒪᑎᔪᖕᓇᐃᖅᓱᓂ ᑮᓇᐅᔭᒥᒃ ᐱᕈᖅᐸᓪᓕᐊᑐᐃᓐᓇᕐᑲᑦᑕ'ᒥ'ᒪᑦ ᑮᓇᐅᔭᓕᐅᙱᕐᓱᓂ.

ᑕᒪᓕᒃ: ᑮᓇᐅᔭᕐᑲᓚᐅᙱᑎᓪᓗᒍᓕᑭᐊᖅ ᓂᕿᓕᕆᑎᓪᓗᒋᑦ, ᓂᕿᕐᑲᐃᓐᓇᕋᓱᒃᑎᓪᓗᒋᑦ ᓲᕐᓗ ᐅᑭᐅᕐᒧᑦ ᖃᓄᖅ ᓂᖀᑦ ᓲᕐᓗ ᓄᖑᑕᐅᑦᑕᐃᓕᕙᓚᐅᖅᐸᑦ?

ᐊᐅᐱᓛᕐᔪᒃ: ᓂᕆᔭᐅᑦᑕᐃᓕᕙᒃᐹᑦ?

ᑕᒪᓕᒃ: ᐃᓛᒃ ᓄᖑᑕᐅᑦᑕᐃᓕᕙᓚᐅᖅᐸᑦ?

ᐊᐅᐱᓛᕐᔪᒃ: ᑕᐃᒪᓐᓇᓕ ᓂᖀᑦ ᓄᖑᑦᑕᐃᓕᑐᐃᓐᓈᓗᒃᓱᒍ ᐱᓚᐅᖅᑐᑦ ᑕᐃᒃᑯᐊ ᓂᕐᔪᑎᑦ ᐊᔪᕐᓇᖅᓯᓕᕌᖓᑕ ᐱᓗᐊᖅᑐᐊᓗᐃᑦ ᑳᒍᒪᙱᒨᒐᓗᐊᖅ ᓂᕐᔪᑎᑦ ᑕᒪᔾᔭᐅᓕᕌᖓᑕ ᓄᖑᑦᑕᐃᓕᓂᐊᓗᐊᓂᒃ ᖃᐅᔨᔪᖕᓇᙱᑕᕋᓗᐊᒃᑲ. ᓂᕐᔪᑎᑦ ᐊᔪᕐᓇᖅᓯᓕᕌᖓᑕ ᐱᓇᓱᒃᑲᓗᐊᖅᓱᒋᑦ ᐆᒪᔪᑦ ᐊᔪᕐᓇᖅᓯᔭᕌᖓᑕ ᓂᕿᑦ ᐅᔾᔨᕆᔭᐅᑦᑎᐊᖅᑐᒻᒪᕆᐊᓘᕙᓚᐅᖅᑐᑦ ᓄᖑᑦᑕᐃᓕᓇᓱᒃᓗᒍ ᑕᐃᒪᐃᑦᑑᓚᐅᖅᑐᑦ. ᓂᕿᓕᐅᑦᑎᐊᕐᑯᔭᐅ'ᓗᑕᓗ ᑕᒪᒃᑯᐊᓗ ᐸᓂᕐᓇᖅᓯᓕᕌᖓᑦ ᐱᑉᓰᓪᓗ ᒥᑉᑯᓪᓗ ᐸᓂᖅᑎᓱᒋᑦ ᐅᑭᐅᖅᐸᑦ ᓂᕿᒃᓴᕆᓂᐊᕋᑉᑎᒍᑦ ᑕᐃᒪᓐᓇᐃᑦᑐᓂᒃ ᖃᐅᔨᑎᖃᕋᒪ. ᐊᖓᔪᖅᑳᒃᑲ ᒥᑉᑯᓕᕙᒃᓱᑎᒃ ᐱᑉᓯᓕᕙᒃᓱᑎᒃ ᐸᓂᕌᖓᑕ ᓱᕈᓚᐃᕌᖓᑕ ᐱᕉᖅᓱᒋᑦ ᐅᑭᐅᖅᐸᑦ ᓂᕿᒥᓂᐊᖅᓱᒋᑦ ᑕᐃᒪᐃᑦᑑᓚᐅᖅᑐᓪᓕ. ᑕᐃᒃᑯᐊᑑᙱᑦᑐᑦ ᑕᒪᕐᒥᐊᓗᐃᑦ ᓯᕗᓪᓛᑦ ᑕᐃᒃᑯᐊ ᑕᐃᒪᐃᑦᑐᕕᓃᑦ. ᐊᒻᒪ ᐊᐅᔭᒃᑯᑦ ᐃᖃᓗᐃᑦ ᒪᔪᖅᑐᐊᓘᓕᕌᖓᑕ ᑰᖕᒥ ᓴᐳᑎᓂ ᐃᖃᓗᒃᑐᐊᓘᓕᕌᖓᑉᑕ ᒪᔪᕐᓗᐊᕌᖓᑦ. ᑕᐃᒪᓐᓇ ᐃᕐᕋᕖᔭᑦᑎᐊᖅᓱᒋᑦ ᐃᓚᖏᑦ ᐅᑭᐅᖅᐸᑦ ᓂᕿᒃᓴᕆᓂᐊᕋᒥᒡᓕ ᕿᒻᒥᓄᓪᓗ ᓂᕿᒋᔭᐅᓗᑎᒃ. ᑕᐃᒪᓐᓇ ᐱᕈᐃᕙᓚᐅ'ᒥᔪᑦ. ᐃᕐᕋᕖᕈᓗᖏᑦ ᑕᒪᒃᑯᐊ ᒪᒪᕈᐃᕈᑎᕐᑲᑦᑕ'ᒥ'ᒪᑕ ᐲᖅᑕᐅᓯᒪᙱᑦᑕᕌᖓᑕ. ᑕᐃᒪᓐᓇ ᓯᕆᐊᖅᑕᐃᓪᓗ, ᑯ'ᔭᖅᑎᑕᐃᓪᓗ, ᓇᓪᓚᖅᑕᓪᓗ, ᐱᑉᓰᓪᓗ

ᑕᐃᒪᓐᓇ ᐊᔾᔨᒌᙱᑦᑐᓂᒃ ᓴᓇᔾᔪᑎᖃ'ᒥ'ᒪᑕ.
ᑕᒪᓕᒃ: ᓇᓪᓚᖅᑕᑦ...?
ᐊᐅᐱᓛᕐᔪᒃ: ᐸᓂᐊᓂᖕᒋᖢᒋᑦ ᐱᕈᔭᐅᕌᓪᓚᖃᑦᑕ'ᒪᑕ ᐸᓂᐊᓂᖖᒋᖢᒋᑦ ᓇᓪᓚᖅᑕᐅᓂᕋᖅᑕᐅᔪᑦ. (ᖃᒥᖖᒐᓚᐅᖅᑳᖅᖢᓂ ᐃᑭᒃᑲᓐᓂᖅᖢᒍ ᐃᓚᖕᒐ ᑖᒻᓇ ᑕᑭᓂᖃᖅᖢᓂ 11ᒥᓂᑎᓂᒃ ᐃᓚᖃᖅᖢᓂᓗ)
ᑕᒪᓕᒃ: ᐃᑭᑉᐳᖅ
ᐊᐅᐱᓛᕐᔪᒃ: ᐊᐱᕆᔭᐅᖃᑦᑕᕐᓗᓂ ᐃᖢᐊᕆᓂᖅᓴᕆᔭᕋᓗᐊᕋ. ᐃᓚᖕᒐᓂ ᑭᐅᓂᖅ ᐊᔪᖃᑦᑕᕐᓂᐊᕋᑉᑕ ᐊᐱᕆᔭᐅᒐᓗᐊᕐᓗᑕ ᑭᐅᔪᖕᓇᕈᑉᑕ ᑭᐅᖃᑦᑕᕋᓱᖕᓂᐊᖅᖢᑕ.
ᑕᒪᓕᒃ: ᐄ ...ᐃᒻᒪᖄ ᐃᓱᒪᒋᔭᕐᓂᒃ ᐅᓂᒃᑳᓚᐅᖅᓯᒪᒐᕙᑦ ᐱᕈᕋᕙᑦ ᓂᕿᓄᑦ ᐃᓅᔾᔪᑎᖃᖅᖢᓯ ᑮᓇᐅᔭᖃᓚᐅᙱᑎᓪᓗᒍ ᓂᐅᕙᕐᕙᖃᓕᖅᑎᓪᓗᒍ ᑭᓯᐊᓂ ᑮᓇᐅᔭᐃᑦ ᐊᑐᓗᐊᓚᐅᙱᑎᓪᓗᒋᑦ ᐅᕝᕙᓘᓐᓃᑦ ᐊᑐᙱᒻᒪᓇᒃᑎᓪᓗᒋᑦ ᓄᑕᕋᐅᑎᓪᓗᑎᑦ...ᑭᓯᐊᓂᒃᑕᐅᖅ ᑮᓇᐅᔭᐃᑦ ᖃᐅᔨᒐᒃᑎᑦ ᐱᓕᕆᔪᖕᓇᑦᑎᐊᖅᖢᒋᑦ ᐸᐸᔪᖕᓇᑦᑎᐊᖅᖢᒋᑦ ᐊᑐᖅᐸᓪᓕᐊᔪᖕᓇᑦᑎᐊᖅᖢᑎᓪᓗ ᖢᒋᓪᓗ ᓰᕐᓗ ᓂᕿᑎᑐᑦ ᐊᑐᖅᓯᒪᔭᕐᓂᓪᓘᓐᓃᑦ ᐅᓂᒃᑳᕌᕐᔪᒍᖕᓇᕈᕙᑦ.... ᑐᓴᕐᓂᓚᐅᖅᓯᒪᖕᒪᑦ ᐅᓂᒃᑳᓚᐅᕋᕙᐅᒃ....
ᐊᐅᐱᓛᕐᔪᒃ: ᑮᓇᐅᔭᖃᙱᑎᓪᓗᒍ ᖃᐅᔨᔪᕈᓘᒐᑦᑕ ᑮᓇᐅᔭᕐᓂᒃ ᐊᑐᙱᑦᑐᒍᑦ. ᓂᐅᕙᖅᑎᖃᓕᖅᑎᓪᓗᒍ ᖃᐅᔨᔪᖕᒐᐅᒐᓗᐊᖅ ᑭᓯᐊᓂ ᓂᐅᕙᖅᑎᓂᑦ ᓂᐅᕙᖅᖢᓂ ᕿᔪᕈᓗᖕᓂᒃ ᑮᓇᐅᔭᙳᐊᖃᖅᐸᓚᐅ'ᒪᑕ...ᕿᔪᐊᕐᔪᕈᓗᐃᑦ ᓴᓇᓯᒪᔪᑦ ᑕᐃᒪᓐᓇᐃᑦᑐᐃᓐᓇᕐᓂᒃ ᐱᑎᑦᑐᒋᑦ ᖃᐅᔨᓕᓚᐅᕋᒪ ᐅᐊᓐᑖᓚᑕᖃᕐᑰᕐᓂᕋᓂ ᑑᑖᓚᑕᖃᕐᑰᕐᓂᕋᓂ ᑕᐃᒪᓐᓇᐃᑦᑑᓚᐅᕐᓂ'ᒪᑕ ᑕᐃᒃᑯᐊ.
ᑕᒪᓕᒃ: ᓇᑐᓇᐃᒃᑯᑕᖃᑐᐃᓐᓇᖅᖢᑎᒃ ᕿᔪᖕᓃᒃ?
ᐊᐅᐱᓛᕐᔪᑦ: ᐄ. ᑕᐃᒪᓐᓇᐃᑦᑐᓂᒃ ᖃᐅᔨᔾᔪᑎᖃᕋᒪ. ᑭᓯᐊᓂ ᑭᖑᓂᐊᒍᑦ ᑕᐃᒃᑯᐊ ᑑᑖᓚᐅᔪᒃᓴᐅᔪᑦ

ᓴᕕᑯᓗᖕᒥᒃ ᐊᕙᓗᖃᖅᖢᑎᒃ ᐊᓕᓚᔪᑯᓗᐃᑦ ᕿᑎᐊᒍᑦ ᑕᐃᒃᑯᐊᖑᓕᓚᐅᕐᒥ’ᒪᑕ ᓂᐅᕕᖅᑎᓂᑦ. ᑑᑖᓚᐅᔪᒃᓴᐅᔫᓐᓃᑦ ᐃᒃᑯᐊ. ᑕᐃᒪᓐᓇ ᐊᖏᓕᖅᑑᔭᒃᑲᓐᓂᖅᑐᐊᓘᑎᓪᓗᒋᑦ ᐅᔾᔨᕆᓚᐅᖅᑕᒃᑲ ᑭᓯᐊᓂ ᖃᐅᔨᒪᓚᐅᙱᓐᓇᒃᑭᑦ ᖃᓄᐃᑦᑑᖕᒪᖕᒫᑕ ᑕᐃᒪ ᐅᔾᔨᕆᑐᐃᓐᓇᓚᐅᖅᑕᒃᑲ ᑕᐃᒪᓐᓇᐃᑦᑑᓚᐅᕋᒪ. ᓴᓇᕋᓗᖃᑦᑕᓕᖅᖢᖓ ᓴᓇᖁᔭᐅᒑᖓᒪ ᓱᓇᓂᒃ ᖃᑉᓗᓈᓪᓗ ᓇᒧᖓᕐᓂᐊᕌᖓᑕ ᐃᑲᔪᖁᔭᐅᒑᖓᒪ ᐊᖏᑐᐃᓐᓇᖅᐸᓚᐅᕋᒪ. ᑕᐃᒃᑯᐊ ᓯᕗᓪᓕᖅᐹᒥᒃ ᓴᓇᕝᕕᒋᔭᒃᑲ ᓄᓇᖑᐊᓕᕆᔨᐅᓂᖅᑕᐅᔪᑦ ᓄᓇᖑᐊᕐᓂᒃ ᐱᓕᕆᔪᑦ ᐃᑲᔪᕆᐊᖅᖢᒋᑦ ᐱᖁᑎᖏᓐᓂᑦ ᕿᒧᒃᓯᒃᑯᑦ ᖃᒧᑎᒃᑯᑦ ᐊᒡᔭᖅᓯᖃᑦᑕᓚᐅᖅᓯᒪᒐᒪ ᑕᐃᒃᑯᓇᓂ ᓴᓇᓕᕋᒪ ᑮᓇᐅᔭᖅᑖᓚᐅᖅᑰᙱᑦᑐᖓ. ᑭᓯᐊᓂᒃ ᑮᓇᐅᔭᖃᕋᓗᐊᕋᒪ ᓇᓗᓇᙱᒻᒪᑦ ᓂᐅᕕᖅᑎᓂ ᓂᐅᕕᖅᑎᑕᐅᕌᕐᔪᖃᑦᑕᓚᐅᖅᑐᖓ. ᖃᑉᓯᑖᖤᕐᒪᖕᒫᖅ ᖃᐅᔨᒪᙱᑦᑐᖓ ᐅᖃᐅᔾᔭᐅᓚᐅᙱᓐᓇᒪ. ᒫᓐᓇᐅᒃᐸᑦ ᑮᓇᐅᔭᒃᑲᓚᐅᓇᔭᖅᑐᒃᓴᐅᔪᕕᓂᐅᒐᓗᐃᑦ. ᐃᓚᖏᑦ ᐃᓕᖅᑯᓯᖃᓚᐅᕐᒪᑕ ᓂᐅᕕᖅᑏᑦ ᑕᐃᒪᓐᓇ. ᑕᒪᒃᑯᓅᓇᓗ ᓄᓇᖑᐊᓕᕆᔨᓄᑦ ᓱᓇᓄᑦ...ᐃᒃᑯᐊ ᓄᓇᖑᐊᓕᕆᔨᙱᑦᑐᑦ ᔫᓚᐃᖑᓂᖅᑕᐅᖅᑰᖅᑐᑦ ᐃᒃᑯᐊ. ᑕᐃᒃᑯᐊ ᑎᑭᑦᑐᐊᓘᓚᐅ’ᒥ’ᒪᑕ ᐅᑭᐅᓗᒃᑖᖅ ᓴᓇᔪᐊᓘᓚᐅᖅᓯᒪᖕᒥᒐᒪ ᐱᓘᖅᐸᒃᖢᖓ ᓄᓇᒃᑰᕈᑎᓂᒃ ᐅᖅᓯᖅᑐᐃᕙᒃᖢᖓ. ᑕᐃᒪᓐᓇᐃᑦᑑᖃᑦᑕᓚᐅᖅᓯᒪᒐᒪ. ᑮᓇᐅᔭᓕᐅᖅᑑᔮᖤ’ᒥᓇᖓ ᑕᐃᒪᓐᓇᐃᑦᑑᓚᐅᖅᑐᖓ. ᒫᓐᓇᐅᒃᐸᑦ ᑮᓇᐅᔭᒃᑲᓪᓚᐅᓇᔭᖅᑐᒃᓴᐅᖃᑦᑕᖅᑐᕕᓂᐅᒐᓗᐃᑦ. ᑕᐃᒪᓐᓇᐃᑦᑐᓂᒃ ᖃᐅᔨᓕᓚᐅᖅᓯᒪᒐᒪ ᑮᓇᐅᔭᓂᒡᓗ ᑕᑯᔪᖕᓇ’ᓇᖓ. ᑭᓯᐊᓂ ᑭᖑᓂᐊᒍᑦ ᐃᒃᓯᕋᕐᔪᐊᓂ ᓴᓇᔪᑐᖄᓘᓚᐅ’ᒥᒐᒪ ᐃᒃᓯᕋᕐᔪᐃᑦ ᑕᐃᑲᓃᓕ’ᒪᑕ ᓇᐅᔮᓂ. ᑕᐃᖕᓇ ᐃᒃᓯᕋᕐᔪᐊᕈᓗᒃᐳᑦ ᑭᖑᓪᓕᖅᐹᖑᖃᑕᐅᔪᖅ ᐃᓱᒪᑕᕆ’ᑐᒍ ᐱᓕᕆᕙᒃᑲᒪ ᐱᓕᕆᐊᕆᖁᔭᖏᓐᓂᒃ ᓴᓇᓐᓇᐅᙱᓕ’ᒪᑦ ᖃᐅᖅᐸᑦ ᑮᔭᖃᑦᑕᒃᑲᓗ

ᑎᓇᒐᓐᓂᐊᖅᓯᐅᑎᑦ ᑕᑯᔭᖅᑐᕐᓂᐊᓚᐅᕋᒃᑭᑦ ᐅᖃᐅᑎᓕᖅᒍᒧ ᑭᐊᓚᓯᕐᓂᒃ ᐊᑮᑦᑐᖅᓯᔪᖕᓇᕈᒪ ᐊᑮᑦᑐᖅᓯᔪᒪᒪᒐᓗᐊᖅᑐᖓ ᐊᖃᒧ ᐊᐅᓪᓚᕐᓂᐊᕋᒫᖅᒍᒧ ᐅᖃᐅᑎᕙᕋ. ᐊᑮᑦᑐᓯᔭᓇᐊᖃᙱᑦᑐᖓᒨᖅ ᑮᓇᐅᔭᖃᖅᑐᖓᒨᖅ. ᑕᒻᕙ ᖃᐅᔨᓕᑕᐃᓐᓇᖅᒍᖓᓗ ᑮᓇᐅᔭᖅᒥᒃ. ᑕᐃᑲᙵᑦ ᑕᒻᕙ ᑮᓇᐅᔭᖅ ᐃᒃᐱᐊᖅᔪᖏᐅᑕᓇᒋᐊᓕᓚᐅᖅᐸᖅ. ᑕᐃᒪᓐᓇᐃᑦᑑᓚᐅᖅᐳᖓ. ᓯᕗᓂᐊᒧᑦ ᓴᓇᖃᑦᑕᓕᖅᑲᒻᒥᙱᒃᑲᓗᐊᖅᒪ ᑮᓇᐅᔭᒥᒃ ᑕᑯᓚᐅᖅᓯᒪᙱᑦᑐᖓ. ᑕᐃᒪᓐᓇᐃᑦᑑᓚᐅᖅᐳᖓ. ᒫᓐᓇᐅᒃᐸᑦ ᑐᒃᓯᕋᕋᔭᖅᑐᖁᓂᐅᒐᓗᐊᖅᑐᖓ ᖃᐅᔨᒪᙱᒧᑦ ᐊᖏᑐᐃᓐᓇᖅᓯᒪᓚᐅᖃ. ᑕᐃᒪᓐᓇᐃᑦᑑᓚᐅᔅᓴᖅᓯᒪᔪᖓ. ᓂᕐᑭᑐᑦᑕᐅᖅ ᑕᐃᒪᓐᓇ ᓄᖑᑦᑕᐃᓕᓇᓱᐊᓗᒃᒍᒥᑦ ᐱᕙᓚᐅᕐᒪ ᑮᓇᐅᔭᑯᓗᒃ ᒥᑭᔫᓚᐅᕐᒪᑦ ᒥᑭᔫᕙ'ᒪᑦ ᑮᓇᐅᔮᓗᒃ ᑕᐃᒪ ᐊᔪᕐᓇᓚᐅ'ᒪᑦ ᒪᓕᒐᖅᑕᐅᖅ ᒪᓕᒃᒍᓂᔅᔪᒃ ᖃᓄᖓᓴᖅᑕᐅᖃᑦᑕᙱᑦᑐᒧᓘᔪᒧᑦ ᓇᓗᓇᙱᑦᑑᒐᓗᐊᖅ ᑭᓯᐊᓂᒃᑕᐅᖅ ᒪᓕᒐᕐᒥᖕᓂᑦ ᒪᓕ'ᒪᑕ ᑕᐃᑉᓯᒪᓂ.

ᑕᒪᓕᒃ: ᐅᑉᓗᒥᓗ ᓂᕐᑮᑦ ᓂᕐᑭᖃᕐᓂᖅ ᐊᖑᓇᓱᒍᖕᓇᕐᓂᕐᓗ ᑮᓇᐅᔭᓕᐅᕈᖕᓇᕐᓂᕐᓗ ᑲᑎᑕᑎᑦ ᑖᒻᓇ ᑐᑭᖃᑦᑎᐊᖅᑐᖅ ᓲᖃ ᐅᑉᓗᒥ ᑮᓇᐅᔭᖃᙱᑉᐸᑦ ᓯᑭᑑᖃᕐᔭᖏᔅᒍᓂ ᕿᒻᒥᖃᕐᔭᙱᔅᒍᓂᓘᓐᓃᑦ ᕿᒥᓇᔭᒃᓴᒥᕐᓂᒃ ᕿᒻᒥᓂ ᐊᔪᕋᔭᕐᒥᕐᒪᑦ ᑮᓇᐅᔭᖃᙱᑉᐸᑦ. ᑕᒻᕙ ᑮᓇᐅᔭᐃᓪᓗ ᐊᖑᓇᓱᖕᓂᕐᓗ ᑲᑎᙵᓕᕐᒪᑎᒃ. ᐃᓕᓐᓂᐊᖅᑎᑕᐅᒃᐸᑕ... ᐃᓛᒃ ᐅᖃᓚᐅᖅᓯᒪᒐᕕᑦ ᑐᙵᕕᓕᐅᖅᐅᑕᒃᐸᑕ ᓄᑕᖅᑲᑦ ᑕᒪᒃᑯᓇᓂ ᐊᕙᑎᒥᖕᓃᑦᑐᓂᒃ ᖃᐅᔨᒪᑦᑎᐊᖅᐸᑕ ᐱᔪᖕᓇᖅᓯᕙᓪᓕᐊᑦᑎᐊᖅᐸᑕᓗ ᐊᒻᒪᓗ ᑮᓇᐅᔭᓕᓇᓂᕐᒥᒃ ᐃᓕᓐᓂᐊᖅᑎᑕᐅᒃᐸᑖ...ᐅᖃᓚᐅᖅᓯᒪᒐᕕᑦ...ᖃᓄᖅ ᐃᓱᒪᒋ... ᐃᓛᒃ...ᖃᓄᐃᓛ...

ᐊᐅᐱᓛᕐᔪᒃ: ᑕᐃᒪᓐᓇ ᐃᓱᒪᒋᔭᕋ ᐃᓱᒪᒌᓐᓇᖅᑕᕋ ᑭᓯᐊᓂ ᑕᒻᒪᐃᔭᖅᑐᖓ ᓇᓗᓇᙱᑦᑑᒐᓗᐊᑦ ᑮᓇᐅᔭᐅᑉ

ᒥᒃᓵᓄᑦ ᖃᐅᔾᔨᒪᙱ’ᓇᒪ ᐃᓱᒪᒌᓐᓇᖅᑕᕋ. ᑮᓇᐅᔭᕐᑲᕐᓂᖅ ᐃᓕᓐᓂᐊᖅᑕᐅᔪᓇᐊᕐᑲᑦᑎᐊᕋᓱᒋᒐᒃᑯ. ᑮᓇᐅᔭᑦ ᐃᒪᓐᓇ ᓄᙳᐊᓚᔪᒻᒪᓇᐊᓘ’ᒪᑕ ᐊᑐᑦᑎᐊᕋᓱᒃᑲᓗᐊᖅᖢᒋᑦ ᐊᑑᑎᒃᓴᓇᙱᑕᕋᓗᐊᓄᑦ ᐋᖅᑳᖅᑕᐅᕚᔭᖅᑲᑦᑕᕋᑉᑕ ᑐᓂᔾᔪᑎᒋᑐᐃᓐᓇᖅᖢᒍ. ᐊᑑᑎᒃᓴᓪᓚᓇᐊᓄᑦ ᓇᖕᒥᓂᖅ ᐅᕙᖕᒐ ᐃᓚᒪᓘᓐᓃᑦ ᐅᕙᖕᒐᓘᓐᓃᑦ ᐱᑖᕆᑎᒃᓴᒻᓂᒃ ᓄᙴᑎᑦᑕᐃᓕᒋᐊᖅᑲᕋᑉᑕ. ᑐᓂᔭᐅᔾᔫᖖᒋᓐᓇᑉᑕ ᐃᓚᖅᑲᕋᓗᐊᖅᖢᑎᒃ ᓯᓚᑎᑦᑎᓐᓂ. ᓱᓇᓂᒃ ᓯᑭᑑᓂᒃ ᐱᖁᑎᓂᒃ ᐅᒥᐊᕐᒥᒃ. ᑭᓱᐊᓂ ᓇᖕᒥᓂᖅ ᐱᓇᓱᓪᓗᑕᐅᔭᓇᐊᕐᑲ’ᒪᑦ ᑮᓇᐅᔭᐸᑎ’ᓂᒃ ᑲᑎᓐᓇᓱᓪᓗᒍ. ᓂᕐᑭᑦᑕᐅᖅ ᑕᐃᒪᓐᓇᑦᑎᐊᖅ ᑐᓂᐅᖅᑲᖅᑕᐅᔾᔫᖖᒋᒻᒥᒐᐸᑕᓕ ᓂᕐᑭᒥᒃ ᓂᕐᑭᑦᑕᐅᖅ ᐸᐸᑦᑎᐊᕋᓱᓪᓗᒍ ᑭᓱᐊᓂ. ᑕᐃᒪᓐᓇᐅᓇᔭᕋᐸᑕ. ᑮᓇᐅᔭᒧᑦ ᑕᒪᒃᑯᐊ ᐃᓕᓐᓂᐊᖅᑎᑕᐅᕐᑯᕐᑲᑦᑕᖅᑕᒃᑲ ᐃᓱᒪᒋᕙᒃᑕᒃᑲ ᑮᓇᐅᔭᕐᑲᑦᑎᐊᕐᓂᖅ ᑮᓇᐅᔭᕐᓗ ᐅᔾᔨᓇ...ᐃᒃᐱᒋᓗᐊᙱᓪᓗᒍ ᓄᙳᔾᔪᓯᒃᓴᖕᒐ ᓄᙳᕈᑎᐊᓪᓚᒡᓗᓂ ᑮᓇᐅᔭᖅᑖᕐᕕᒃᓴᕐᓗ ᐊᔪᕐᓇᖅᖢᓂ. ᑕᐃᒪᓐᓇ ᐃᖢᐊᙱᑦᑐᒻᒪᓇᐊᓘᓕ’ᒪᑦ ᒫᓐᓇ. ᑕᐃᒪᓐᓇ ᑕᒡᕙ ᐅᕙᑉᑰᕐᓗᖕᒐ ᐅᓂᑉᑳᕈᖕᓇᖅᐳᖕᒐ. ᑮᓇᐅᔭᓕᐅᙱᔅᖢᖕᒐ ᐊᔪᑦᑎᐊᓕᕋᒪ ᓴᓇᙳᐊᙱᓕᖅᖢᖕᒐᓗ ᑭᓱᐊᓂ ᐅᑐᖅᑲᓅᕈᑎᕈᓗᐃᑦ ᑕᐃᒪ ᐱᕆᔭᑐᐊᓇᓕᖅᖢᒋᑦ. ᑕᐃᒪᐃᑦᑑᒐᒪ. ᑭᓱᐊᓂᑦᑕᐅᖅ ᓄᙳᑦᑕᐃᓕᓇᓱᐃᓐᓇᖅᖢᒋᑦ ᐊᑑᑎᒃᓴᓇᙱᑕᖕᒋᓐᓂᑦ ᐊᑐᖅᑕᐃᓕᑦᑎᐊᕋᒃᑭᑦ ᑕᐃᒪᐃᑦᑑᓇᓱᒃᐳᖕᒐ. ᐊᒻᒪ ᐊᑮᑦᑐᖅᑲᖅᑕᐃᓕᓇᓱᒃᖢᖕᒐ. ᑕᒪᒃᑯᐊ ᐱᔭᓇᑐᔪᒻᒪᓇᐊᓗᐃᑦ ᓴᓇᙳᕆᔅᖢᓂ. ᑮᓇᐅᔭᓕᐅᙱᔅᖢᓂ. ᒪᑯᐊ ᐃᑭᑦᑕᖅᑐᓪᓗ ᑕᓚᐴᓪᓗ ᒪᑯᐊᕈᓗᐃᓪᓗ ᒪᑯᐊᕈᓗᐃᑦ ᐊᑭᑐᔪᒻᒪᓇᐊᓘᓕ’ᒪᑕ. ᓱᓇᑐᐃᓐᓇᐃᑦ ᐊᑐᒐᒃᓴᑦ ᑕᒪᔾᔭᐅᓕᖅᖢᑎᒃ. ᐊᑭᓕᖕᒋᑐᐊᕈᑉᑯᓗ ᑮᓇᐅᔭᓕᐅᖕᒋᓗᖕᒐ ᐊᑮᑦᑐᖅ ᑎᑭᒃᑲᓐᓂᖅᐸᑦ ᐊᖕᒋᓕᖅᐸᓪᓕᐊᕌᓗᖕᓂᐊᖅᖢᓂ. ᑕᒪᓐᓇ ᐅᓗᓇᐊᓇᖅᑐᒻᒪᓇᐊᓘᓕ’ᒪᑦ ᐅᕙᒻᓄᑦ. ᑕᒡᕙ ᖃᓄᖅ ᑮᓇᐅᔭᖅ ᐸᐸᑦᑎᐊᓇᐊᖅᑲᖅᐱᑎᒍᑦ

ᐃᓕᓐᓂᐊᖅᑕᐅᔭᓇᐊᖃ'ᒥᔫᒐᓗᐊᖅ ᐅᓇ. ᖃᓄᖅ ᓄᖑᑦᑕᐃᓕᒋᐊᖃᖅᐱᑎᒍᑦ ᓱᓇᒧᑦ ᐊᑐᓇᐊᖃᖅᐱᑎᒍᑦ, ᒪᑯᐊᖑᔭᓇᐊᓕᐅᒐᓗᐃᑦ.

ᓱᓇᑐᐃᓐᓇᐃᑦ ᑖᕗᖓ ᓯᕗᓂᕐᒥ ᓴᖅᑭᖅᐸᓪᓕᐊᓂᐊᖅᑐᒃᓴᐅ'ᒪᓪᓕ ᖃᑉᓗᓈᓂᖕᒑᖅᑐᑦ ᐊᑭᓕᖅᑐᒐᒃᓴᐃᓪᓗ ᓱᓇᑐᐃᓐᓇᐃᑦ. ᐃᒻᒪᖄ ᐃᖢᐊᖅᓴᐅᑎᓂᒃ ᐊᑭᓖᒋᐊᖃᓛᕐᒥᔪᐊᓘᔪᒍᑦ ᖃᑯᒍ ᓂᐅᕕᕐᓗᒍ ᑭᓯᐊᓂᐅᔭᓇᐊᖃᓕᑖ'ᒥᔪᒃᓴᐅᔪᖅ. ᑕᐃᒪᓐᓇ ᐃᓱᒪᐅᔭᖅᐸᕐᒥᒐᒪ ᐱᔾᔮᙱᑦᑐᒃᓴᐅᔪᕐᓕ ᐅᓇ.... ᑎᕐᒥᓲᕆᓗᐃᓪᓗ ᒪᑯᐊ ᐊᑐᓕᕐᑉᑎᒍᑦ ᐊᑭᑐᔪᒻᒪᓇᐊᓘᓕᖅᖢᑎᒃ. ᓂᕿᓪᓗ ᐊᑭᑐᔪᒻᒪᓇᐊᓘᓕᖅᖢᑎᒃ.

ᒪᐃ 16ᖑᑎᓪᓗᒍ, 2010ᒥ

(ᐃᓚᖓ ᑖᒻᓇ ᑕᑭᓂᖃᖅᖢᓂ 21 ᒥᓂᑎᓂᒃ ᐃᓚᖃᖅᖢᓂᓗ)

ᑕᒪᓕᒃ: ᓅᒻᒪᒃᓯᕗᖅ...

ᐊᐅᐱᓛᕐᔪᒃ: ᑕᐃᒪ ᐅᓂᒃᑳᒃᑲᓐᓂᐊᕐᔪᒐᓱᖕᓂᐊᖅᑯᖓ ᐅᕙᒻᓂᓪᓕ ᐊᑐᕐᓗᖓ ᐅᕙᒻᓂᑐᐃᓐᓇᖅ ᐊᑐᕆᖕᓇᐅᑖᓂ ᐃᑉᔪᐊᕆᒥᓇᙱᑦᑐᖅ ᒪᓕᒍᒥᓇᕐᓂᐊᙱᑦᑑᒐᓗᐊᖅ... ᑭᖑᒻᒧᑦᓕ ᕿᕕᐊᖅᖢᒍ ᐅᕙᒻᓂᒃ ᐃᑉᔪᐊᕐᓂᖅ ᐊᔪᓕᖅᑐᖓ. ᐊᑐᓚᐅᖅᓯᒪᔭᕋ ᑖᒻᓇ. ᑕᐃᒪ ᐊᓈᓇᒪ ᐅᓂᑉᑳᓇᕙᓚᐅᕐᒪᒍ ᐃᓅᓕᕐᓂᓇᔭᕋ. ᐃᓅᓕᕋᒪᒎᖅ ᐊᓂᒐᒪ ᑭᖑᒻᒧᑦ ᑭᖑᑉᐱᖅᖢᖓ ᐊᓂᔪᑭᓘᓐᓂᕐᒪ. ᑕᐃᒪ ᓄᖅᑲᖓᔪᑐᖃᐅᓚᐅᕐᓂᕐᒪ ᓂᐊᖁᕋᓗ ᑖᒻᓇ ᐊᓂᐊᓂᖕᓂᕐᓗ ᐊᔪᖅᖢᓂ. ᐃᐱᔪᑭᓘᒐᓗᐊᕐᓂᕋᒪᖃᐃ ᐊᓂᕐᓂᖃᙱᖢᖓᒎ ᐃᓅᓕᕋᒪ. ᑕᒪᐅᖓᒎᖅ ᓂᕝᕙᓚᖅᑎᖢᓂᖓ ᓵᒥᓂ ᓴᓂᒥᓂᖃᐃ ᐊᐅᔭᒃᑯᑦ. ᑖᒻᓇᒎᖅ ᐆᒪᑎᒪ ᓇᓛ ᑎᓪᓕᐊᕐᔪᖕᒪᑦ. ᓴᑭᒐᒎᖅ ᑕᐃᒻᓇ ᐅᐃᖃᙱᑦᑐᑭᑐᒃ ᓯᑕ ᓴᑭᒥᓂᐊᖅᓯᒪᔭᕋ ᐅᔭᖁᓗᖕᒥᒎᖅ ᐃᑎᖅᓯᖁᒐᒥ ᐅᔭᕐᓇᐊᕐᒥᒎᖅ ᒥᑭᔪᓐᓄᐊᕐᒥᒃ ᐃᑎᖅᓯ'ᒪᑦ

ᑖᒻᓇᒎᖅ ᐅᔭᕋᓐᓄᐊᖅ ᐆᒻᒪᑎᒪ ᓇᑖᓂ ᐃᓕ'ᓗᓂᐅᒃ ᐊᓅᓇᒪ. ᑕᐃᒪ ᐃᓕᒐᒥᐅᒃ ᑎᒃᓕᓐᓄᐊᖅᑲᑦᑕᓕᕋᒥᒎᖅ ᑖᒻᓇ ᑎᒃᓕᓕᖅᐸᓪᓕᐊᒐᒥ ᐊᐅᓚᓕᖅᐸᓪᓕᐊᒐᒥ ᕿᐊᓯ'ᓗᖕᒐᓗᒎᖅ ᖃᓂᒻᓂᑦᓗᒎᖅ ᖃᐳᐊᓗᒃ ᑕᒪᓐᓇ ᓄᐃᓕᖅᖢᓂ. ᑕᐃᒪᓐᓇᒎᖅ ᖃᐳᐊᓗᒃ ᑕᒪᔾᔭᐅᓕᕐᒪᑦ ᑕᒪᐅᖕᒐᖅᐸᓪᓕᐊᖑᔭ'ᒪᑦ ᐃᔨᒻᓄᐊᕋᓗᐊᖅᖢᓂᒎᖅ ᐅᖕᒑᓚᔅᓴᖅᑯᖕᒐ. ᑕᐃᒪᓐᓇ ᐅᓂᒃᑳᖅᐸᓚᐅᖅᑐᖅ. ᑕᐃᒪᓐᓇ ᐊᓂᖅᓂᖅᑲᖕᒋᔅᖢᖕᒐ ᐃᓅᓕᖅᑐᕕᓂᐅᔪᖕᒐ. ᑕᐃᒪᓐᓇᐃᑦᑑᕙᓚᐅᕐᒪᑦ ᖃᐅᔨᒪᓚᐅᖕᒋᓚᕋ ᓲᖅᑲᐃᒻᒪ ᐊᓂᒑᕋᒪ. ᑕᒡᕙ ᖃᐅᔨᓕᕋᒪ ᑭᖑᓂᐊᒍᑦ ᐊᐅᓪᓛᓕᖅᐸᒃᖢᑕ ᐊᐅᔭᒃᑯᓪᓗ ᓇᒻᒪᐅᕈᓗᒃᖢᖕᒐ ᐊᑖᑕᒻᓂᑦ ᑕᒪᒃᑯᐊᓗ ᑕᓯᕋᑯᓗᐃᑦ ᑰᒐᑖᓐᓄᐃᑦᓗ ᑕᒪᒃᑯᐊ ᑎᑭᑦᑕᕌᖕᒐᒃᑭᑦ ᓄᖅᑲᖅᕕᒋᔪᒪᓪᓗᒋᑦ ᐃᓱᒪᕈᓗᒃᑲᓗᐊᖅᖢᖕᒐ ᓄᖅᑲᔾᔭᖅᓇᑎᒃ ᐱᓱᒃᑐᐊᓗᐃᑦ ᑕᒪᓐᓇᓕ ᓯᐅᕋᖅ ᓯᐅᕋᐅᓪᓗᓂ ᒪᓂᕋᑦᑎᐊᕚᓗ ᐊᑐᓯᔭᕌᖕᒐᑦᑎᒍᑦ ᓇᔪᕈᒥᓇ'ᒪᑦ ᐱᓱᒍᒪᕈᓗᒃᑲᓗᐊᕌᖕᒐᒪ ᐱᓱᒃᑎᑕᐅᔪᓐᓇ'ᓇᖕᒐ ᑕᐃᒪᓐᓇ ᐳᐃᒍᖕᒋᑦᑎᐊᖅᖢᒍ ᑖᒻᓇ. ᑕᐃᒪᓐᓇ ᐱᕈᖅᐸᓪᓕᐊᖑᔭᕐᓂᕋᒪ ᐅᑭᐅᕌᖕᒐᓪᓗ ᑕᐃᒪᓐᓇ ᐊᐅᓛᖅᐸᒃᑲᑉᑕ. ᑕᒡᕙ ᓇᑎᕈᕕᐊᕈᓗᒃᖢᓂ ᐃᓛᓐᓂᒃ ᑕᖕᒑᕌᖕᒐᑕ ᐊᑖᑕᒐ ᐃᒃᑐᓕᓯᕙ'ᒪ ᓲᖅᑲᐃᒻᒪ ᐃᒃᑐᒧᐃᓐᓇᖅ ᐅᖅᑯᐊᒃᓴᖅᑲᕋᑉᑕ. ᑕᐃᒪᓐᓇ ᐳᖅᑐᐊᕐᔪᓕᕌᖕᒐᑦ ᐊᓅᓇᔅᖢᒐ ᑖᒻᓇ ᓴᐅᔭᐊᓘᖅᑲᒥ. ᑕᒡᕙ ᓇᓴᖅᓯᒪᒐᒥ ᓇᓴᓂ ᑖᒻᓇ ᓇᕐᑯᓯᖅᖢᓂᐅᒃ. ᑕᐃᒪᓐᓇ ᐳᖅᑐᓯᓕᕌᖕᒐᑦ ᓴᐅᔭᐊᓗᒃ. ᐅᕗᖕᒐ ᓂᕙᒃᖢᓂ ᐅᓇ ᓇᕐᑯᓯᖅᓯᒪᖕᒋᑉᐸᑦ ᐅᕗᖕᒐᖅᑕᕐᓂᖕᒐᓄᑦ ᓱᓇᐅᕝᕙ ᐃᖢᐊᖅᓴᖅᑕᕕᓂᐊᑦᑕᐅᖅ ᑖᒻᓇ. ᑕᐃᒪᓐᓇ ᐊᐅᓚᔨᑦᑎᐊᔅᓴᖅᐸ'ᒥᒐᑉᑯ. ᑕᒡᕙᓗ ᐃᒥᕈᕐᓇᖅᑐᐊᓗ ᑏᑐᖅᐸᖕᒋᓐᓇᑉᑕ ᐅᑉᓗᓗᒃᑖᖅ ᐃᒪᐅᓯᐅᖅᐸ'ᒥ'ᒪᑦ ᓇᑦᑎᐅᑉ ᕿᓯᐊ'ᓂ ᑖᒻᓇ ᐆᒥᖕᒐᕈᓗᒃ ᐅᑯᑦᑎᐊᓂ ᐅᔭᒥᖅᑕᐅᕙᒃᑐᖅ ᐃᒥᖅᐸᒃᑐᒍᑦ ᐅᑉᓗᓗᒃᑖᖅ ᐃᒪᐅ'ᒥᑦ ᑕᒡᕙ'ᖕᒐᑦ ᓯᑯᔾᔭᖕᒋᑦᑐᖅ ᐅᕐᑯᓯᖅᓯᒪᒪᒐᒥ. ᓇᑦᑏᑦ ᑕᒪᒃᑯᐊ ᐊᑐᕐᓂᓕᒻᒪᑎᐊᓗᐃᑦ

ᕿᓯᖕᒥᑦ. ᐃᒡᓗᑖᕌᖓᑉᑕ ᑖᕘᓇ ᐊᒻᓇ ᐅᖓᑎᒋᔭᖓᒍᑦ ᐊᖕᒪᖅᑕᐅᕌᓪᓚᒃᖢᓂ. ᑕᒪᒃᑯᐊ ᐱᖁᑎᕈᓗᐃᑦ ᐅᖁᕈᑎᓪᓗ ᐃᓯᖅᑎᖅᑕᐅᓪᓗᑎᒃ ᐱᐊᓂᒃᑳᖓᑕ ᓯᓂᒃᑕᐅ’ᓗᓂ ᑖᒻᓇ ᓴᐅᔭᐅᕌᓪᓚᒃᖢᓂ ᐊᓈᓇᒐ ᐃᑯᒻᒪᒃᓴᓯᕙᒃᑐᖅ ᖃᐅᒐᖅᓯᔭᕌ’ᒥᓗᓂ ᑭᓯᐊᓂ ᓇᑦᑎᐅᑉ ᐅᖅᓯᐊ’ᓂ ᕿᕿᔪᐊᓗᖕᒥᒃ. ᑕᐃᒪᓐᓇ ᐃᑯᒻᒪᓖᖓᒥᐅᒃ ᐊᐅᒃᐸᓪᓕᐊᓯᔭᕌᖓᑦ ᑕᒪᒃᑯᐊ ᐅᖁᕈᑎᕈᓗᐃᑦ ᐅᖕᒥᕐᓚᒃᓯᒪᕚ’ᒪᑕ ᐃᓚᖕᒥᑦ ᐊᐳᑕᐃᔭᖅᖢᓂᒥᑦ ᑎᓗᒃᖢᓂᒥᑦ ᓴᓗᒻᒪᖅᓴᕈᓗᒃᖢᓂᒥᑦ ᐃᒡᓕᐅᖅᐸᓚᐅ’ᒪᑦ. ᑖᒻᓇ ᐊᓕᐊᓇᐃᑉᐸᓚᐅᖅᑐᖅ ᑕᖕᒫᖅᓵᕐᓂᐊᓗᒃ ᐅᖁᖅᓯᕚᓪᓕᐊᓂᖓ. ᐃᖃᓗᖃᖄᖓᓪᓕ ᐃᖃᓗᐃᓪᓕ ᐃᓐᓂᑕᒧᑦ ᑕᒪᐅᖓ ᐊᐅᒃᓯᔾᔭᐅᑎ’ᓗᓂᒥᑦ. ᑕᐃᒪᓐᓇᐃᑦᑑᕙᓚᐅᖅᑐᒍᑦ. ᓂᓇᓂᐊᖅᑕᕘᓪᓕ ᐊᑖᑕᒐ ᐱᐊᓂᒃᐸᑦ ᐃᑎᖅᐸᑦ. ᑕᐃᒪᓐᓇᐃᑦᑑᕙᓚᐅᖅᑐᒍᑦ. ᑖᒻᓇ ᐅᔅᓴᓇᔭᕋᑉᑕᐅᖅ ᖄᖕᒋᕐᓂᕋᑉᑯ. ᐃᒡᓗᓕ ᐅᓇ ᑕᓄᐅᕐᒧᑦ ᐊᐅᓪᓛᕈᑉᑕ ᐊᑖᑕᒐ ᑕᒃᐱᖓ ᑭᖑᓪᓕᖅᐹᑯᓗᒃ ᖁᓖᓃᑦᑐᖅ ᖁᓪᓗᑎᒋᔭᖓ ᑎᑎᖃᐅᔮᓪᓚᕈᓗᒃᖢᓂᐅᒃ ᓇᑦᑎᖖᒍᐊᓕᐅᕌᓪᓚᕈᓗᒃᖢᓂᐅᒃ ᐱᕙ’ᒥᔮ ᑕᒃᐱᖓ ᑭᖑᓪᓕᖅᐹᖅ ᓇᑦᑎᕐᓄᑦ ᐊᔪᖅᓴᕈᒪᖕᒥᑦᑐᖃᐃ. ᑭᓯᐊᓂ ᖃᐅᔨᒪᒻᒪᓇᖕᒥᑕᕐ ᐅᖃᓚᐅᖕᒥ’ᒪᑦ ᐊᔪᖅᓴᕈᒪᖕᒥᑦᑐᖅ ᒪᐅᓕᓕᕈᓂ. ᑕᐃᒪᓐᓇ ᐃᓕᖅᑯᓯᖅᐃᓐᓇᖅᐸᓚᐅ’ᒥᔪᖅ.

ᑕᒪᓕᒃ: ᓇᑦᑎᕐᓅᑦᑕᐅᖅ ᐆᒪᒐᒥᒃ ᓇᑦᑎᓕᖕᒥᐅᑕᐅᒐᒥᒃ....

ᐊᐅᐱᓛᕐᔪᒃ: ᐄ ᒪᐅᓕᖅᖢᑕ ᓇᑦᑎᖅ ᐆᒪᔾᔪᑎᑐᐊᓄᖕᒥ’ᒪᔾᔪᒃ. ᑕᒡᕙᓗ ᑕᒡᕙᓂ ᐃᒡᓗᒥ ᐊᑯᓂ ᑕᒡᕙᓃᑦᑕᕌᖓᑉᑕ ᑕᖅᑭᕐᒥᒃ ᕿᓂᖃᑦᑕᖁᔭᐅᓕᖅᐸ’ᒥᒐᑉᑕ ᑕᖅᑭᓂᒡᕕᒃᓴᖓ ᖃᐅᔨᒪᕈᓗᒃᑲᒥᔾᔪᒃ ᕿᓂᖃᑦᑕᖁᔭᐅᕙ’ᒥᒐᑉᑕ ᓄᑲᓈᑎᒍᑦ ᐊᓂᖃᑦᑕᕐᓗᑕ ᐅᓐᓄᒃᑯᑦ ᑕᖅᑭᖅᑖᓴᖅ ᑕᑯᒃᓴᐅᔫᓪᓗᐊᓕᖅᐳᖅ. ᑕᒡᕙ ᑐᐊᑦᑐᑯᓘᓪᓗᓂ ᑕᑯᒃᓴᐅᓕᕌᖓᑦ ᐃᓯᕈᑉᑕ ᐅᖃᐅᑎᓪᓗᐊᕈᑉᑎᒍᑦ ᐊᓂᐊᓪᓚᒃᖢᓂ ᑐᐊᕖᓐᓇᖅ ᑕᒃᐱᑯᖓ ᑕᑯᒐᒥᒃ ᐱᖅᑐᐃᓗᑎᑦ ᐱᖅᑐᐃᓘᕐᓂᐊ’ᒥᔭ

ᐊᐳᑎᑯᓗᖕᒥᒡᓕ ᑎᒍᓯᐊᓪᓚᒃᖢᓂ ᓯᓚᒥ ᐊᑭᒥ ᐃᓕ’ᓗᓂᐅᒃ. ᑭᓯᐊᓂ ᐅᖃᐅᓯᕆᙱᑕᖓ ᖃᓄᖅ ᑐᑭᖃ’ᒪᖔᑦ. ᑖᒻᓇᖃᐃ ᓄᕿᙳᐊᖑᑎᑕᖓ ᑭᖑᒧᑦ ᐃᓱᒪᒋᕙᓕᖅᑕᕋ. ᒪᓕᒐᓪᓚᕆᒋᓚᐅᖅᑕᖓᑦ ᑖᑉᑯᐊᑦ. ᐊᑖᑕᒐᓗ ᐊᖏᕐᕋᐅᒪᑕᐃᓐᓇᕌᖓᒥ ᐊᑕᐅᑦᑎᒃᑯᑦ ᐊᓂᔮᖓᒥᒃ ᐊᑖᑕᒪ ᑕᒃᐱᑯᖓ ᐅᖃᐅᑎᕙ’ᒦᔾ “ᐊᙳᑎᒃᓴᑦ ᑎᑭᐅᑎᓗᒋᑦ, ᐊᙳᑎᒃᓴᑦ ᑎᑭᐅᑎᓗᒋᑦ” ᐊᔪᕐᓇᙱᑦᓗᓂᓗᒎᖅ ᐆᒪᔪᓄᑦ. ᑕᒪᔾᔭ ᒪᓕᒐᕆᓚᐅ’ᒦᔾᓗᐊᑦ ᑖᒻᓇ. ᑕᒡᕙ ᑕᐃᒪᓐᓇ ᒪᐅᓕᕆᐊᕆᐊᕌᖓᑕ ᐅᑉᓛᒃᑯᑦ ᖃᓂᐅᖅᐸ’ᒥᒐᒥ ᐃᓕᖅᑯᓯᕆᑎᑕᐅᓚᐅ’ᒥ’ᒪᑦ ᑖᒻᓇ ᐊᑖᑕᒐ ᐊᐅᓪᓚᕆᐊᖅᐸᑦ ᒪᓕᒃᓴᖅᑎᑕᐅ’ᓗᖓ. ᐅᖓᓯᒃᓯᐊᕐᔪᒃᖢᒍ ᐃᒡᓗ ᐅᖓᓯᓗᐊᙱᕐᖢᒍ ᑕᒪᓐᓇ ᐅᖃᓗᖁᓗᖕᒧᑦ ᑎᑭᑦᑎᒍᓂ ᐅᓈᕐᒥᒃ ᑲᖏᐊᓄᑦ ᓯᖁᒥᐊᓚᒃᖢᓂᐅᒃ ᐅᖃᐅᕌᓪᓚᒃᖢᓂ ᒥᑭᔪᑯᓗᒃ ᖃᐃᕐᖢᓂᐅᒃ ᐊᖏᕐᕋᐅᑎᖁᔮᖓᑦ ᐊᖏᕐᕋᐅᑎᕙᒃᖢᒍ. ᐊᒡᒋᑎᔮᖓᒃᑯ ᐊᓈᓇᒪ ᐊᑭᒧᐊᖁᕙᒃᑭ’ᓗᓂᐅᒃ. ᓱᓇᐅᕝᕙ ᓇᑦᑎᙳᐊᖃᐃ. ᓇᑦᑎᖅᑕᐅᙳᐊᖅᑐᖅ. ᑖᒻᓇ ᒪᓕᒡᒪᕆᐊᓗᒋᓕᓚᐅ’ᒥᔭᕗᑦ ᑖᒻᓇ. ᑕᒡᕙᓗ ᓇᑦᑎᖅᑐᖅᑲᓚᐅᕌᖓᑦ ᐊᑖᑕᒪ ᐊᓯᐊᓂᒃ ᐱᓚᒃᑕᐅᒋᐊᓕᕌᖓᑦ ᓴᓂᕋᐃᕐᓂᕋᖅᑐᐊᓘᒐᑉᑕ ᓄᑕᖅᑲᑎᒍᑦ ᓴᓂᕋᐃᖅᑎᑕᐅᕙᓪᓕᐊᔪᒍᑦ ᐊᐃᒍᒪ ᐅᖁᒻᒥᐊᕐᓗᒍ ᓂᕿ ᐊᐃᒍᒪ ᐊᓈᓇᒻᓄᐊᕈᑉᑯ ᐊᐃᕋᓐᓄᐊᖓ ᑎᒍᒍᓂᐅᒃ ᖁᓪᓕᕐᒧᑦ ᖁᓛᓂ ᐃᑯᒪᖓᑕ ᑕᒡᕗᖓ ᐱᐊᓪᓚᓚᐅᖅᖢᓂᐅᒃ ᐊᕝᒍᓕᖅᖢᓂᐅᒡᓗ ᑕᒡᕙ ᐃᓚᒌᑎᒍᑦ ᑕᒪᑉᑕᓗᒃᑖᖅ ᓂᕆᐊᕐᔪᒃᐸᓚᐅ’ᒥᔪᒍᑦ. ᑖᒻᓇᑦᑕᐅᖅ ᒪᓕᒡᒪᕆᒋᓚᐅᖅᑕᖓᑦ. ᐊᑐᕈᒪᓐᓇᓚᐅᖅᖢᓂ ᓄᑕᕋᐅ’ᓗᓂ ᐱᐅᓯᕆᒐᑦᑎᒍᑦ. ᑎᑎᖅᑲᐅᙱᑦᑐᖅ ᓈᓴᐅᑕᐅᙱᑦᑐᖅ ᑎᒥᑉᓕ ᐊᑐᓪᓚᒃᑖᖅᑕᖓ ᑖᒃᑯᐊ ᐅᖃᐅᓯᕆᔭᒃᑲ. ᐱᔪᒥᓐᓇᖅᑐᒻᒪᕆᐊᓘᓚᐅᖅᑐᖅ ᐊᓯᐊᓂ ᐃᓱᒪᓐᓇᓚᐅᙱᑦᑐᑦ ᑖᒃᑯᐊ ᐱᔭᕆᐊᖃᖅᑕᕗᑦ ᑕᒡᕙᐅᑎᓱᖓᕌᖓᑕ ᑕᒡᕗᖓᐃᓐᓇᖅ ᐃᓱᒪᕙᓚᐅᖅᑐᒍᑦ

ᑕᐃᒪᓐᓇᐃᑦᑑᓚᐅᖅᑐᖕᒐᓕ ᐅᕙᖕᒐ. ᐅᕙᖕᒐᑑᖖᒋᑦᑐᖅ ᐊᒥᓱᐊᓗᐃᑦ ᑕᐃᒪᐃᓚᐅᖅᑰᖅᑐᑦ. ᑖᒻᓇ ᖄᖕᒋᕐᓂᕋᑉᑯ ᑖᒻᓇ ᓵᓂᕋᐃᕐᓂᖅ. ᑕᒡᕙ ᑎᒍᒍᓂᐅᒃ ᐅᖁᒻᒥᐊᖅᑲᐅᔭᕋ ᑐᓂᒍᑉᑯ ᑎᒍᒍᓂᐅᒃ ᐃᓯᒃᑲᒪ ᐃᒡᓗᐊ ᖁᒻᒧᒃᑎᐊᓪᓚᒃᑲᒥᐅᒃ ᑕᐃᑯᖕᒐ ᑐᓂᔭᕌᖕᒐᒃᑯ ᑕᕝᕙᖕᒐ ᖁᑖᓗᐊᖅᓗᓂᐅᒃ “…ᐴ…” ᑕᒡᕙ ᐊᓂᖅᓵᕋᓪᓚᒃᑭ’ᓗᓂ ᐳᕕᑉᑲᖑᐊᕌᓪᓚᒃᓗᓂᐅᒃ ᓱᓇᐅᕝᕙ ᓇᑦᑎᖅ ᓇᑦᑎᖖᒍᐊᖑᑎᑕᖕᒐᖃᐃ. ᑕᐃᒪ ᐃᑯᒪᐅᑉ ᖁᑖᓗᐊᓕᖅᓗᓂᐅᒃ ᐊᕝᒍᓯᕚ ᑕᐃᒪ. ᑕᐃᒪᓐᓇ ᒪᓕᒐᖃᓚᐅᖅᑐᑦ ᑕᐃᒃᑯᐊ. ᑕᐃᒪᓐᓇ ᐃᓅᓯᖃᓚᐅᖅᑯᖕᒐ ᐱᕈᓴᒐᒪ ᐊᖑᓇᓱᖖᒋᕐᓗᖕᒐ. ᑎᑭᑦᑕᕌᖕᒐᑕᓗ ᐊᖕᒋᕐᕋᕌᖕᒐᑕ ᐊᑖᑕᒪ ᐃᓚᐅᑖ

ᓴᕝᒍᑕᐅᔫᓗᐊᓗ ᐊᑐᖅᓗᒋᒃ ᓇᑦᑎᖖᒎᔭᖅᐸᓚᐅ’ᒥᒐᑉᑕ ᓄᑕᖅᑲᑎᒍᑦ ᓯᓚᒥ ᐊᒡᓗᖖᒍᐊᓕᐅᖅᐸᒃᓗᑕ. ᑕᐃᒪᓐᓇ ᐅᕐᓂᖃᑦᑕᐅᑎᖖᒍᐊᖅᓗᑕ ᓇᑦᑎᕐᓂᒃ. ᑖᒻᓇᑦᑕᐅᖅ ᖁᕕᐊᓇᖅᐸᓚᐅ’ᒥᔪᖅ. ᐃᓚᖕᒐᓂ ᐅᕐᓂᒃᑕᐅᔪᒪᒐᓗᐊᖅᓗᑎᒃ ᖃᐃᔪᖃᖖᒋᑕᐃᓐᓇᕌᖕᒐᑦ ᓇᑦᑎᖖᒋᑦᑐᐊᓘᕙᒃᓗᑎᒃ. ᐊᓯᐊᓂ ᐃᓱᒪᓐᓇᓚᐅᖖᒋ’ᒥᔪᖅ ᐃᓅᓯᐅᓚᐅᑦᑎᐊᖅᒥ ᑖᒻᓇ. ᓱᓇᐅᕝᕙ ᓯᕗᓂᒃᓴᓕᐅᖅᐸᒌᖅᑐᕕᓂᐅᓚᐅ’ᒥᔪᑦ ᑕᐃᒃᑯᐊ ᑕᐃᒪᓐᓇᐃᑦᑐᒥᒃ ᖄᐅᔾᔨᑎᖃᓚᐅᖅᐳᖕᒐ. ᑕᒡᕙᓗ ᐅᐱᕐᖕᒑᒃᑯᑦ ᖁᓚᖕᒋᖅᓯᔭᐊᓘᓕᕌᖕᒐᑕ ᓇᑦᑎᐊᖅᓯᐅᓗᐊᓚᐅᖖᒋ’ᒪᑕᓕ ᑕᐃᒃᑯᐊ. ᓲᑭᐊᖅ ᓇᑦᑎᐊᕌᓗᐃᑦ ᑕᒪᔾᔭᐅᕙᓚᐅ’ᒥᔫᒐᓗᐃᑦ ᐱᓗᐊᓚᐅᖖᒋᑕᖕᒐᑦ. ᐃᓐᓇᐃᑦ ᑕᒪᔾᔭ ᖁᓚᖕᒋᕌᖕᒐᑦ ᐱᓕᕆᐊᖑᔪᓪᒪᕆᐊᓘᓕᖅᐸᓚᐅᖅᑐᑦ. ᐅᖅᓱᖅᓴᖅᓯᐅᖅᑐᖅᑲᐃ ᕿᒥᕐᕈᑎᒃᓴᒥᒃ ᓂᕿᒃᓴᒥᒃ. ᑕᒡᕙ ᐱᓐᓇᕈᕆᐊᖄᖕᒐᑦ ᑕᕆᐅᖅ ᓯᑯᖃᕋᓗᐊᖅᑎ’ᓗᒍ ᓯᓕ ᕿᓚᔪᐊᕐᒥᓄᑦ ᐅᖅᓱᒥᒃ ᑕᐃᒻᓇᓗ ᐋᖅᑭᒃᓱᑦᑎᐊᕆ’ᓗᒍ ᓯᕈᓚᐃᔭᑦᑎᐊᖅᓗᒍ ᐅᑭᐅᖅᐸᑦ ᐃᑯᒪᒃᓴᑐᐊᕆᒐᒥᔾᔪᒃ ᐅᖁᕈᑎᒃᓴᑐᐊᕆᒐᒥᔾᔪᒃ ᐃᑲᔪᖁᔭᐅᕈᓗᒃᑳᖕᒐᑦᑕ ᐅᔭᖅᑲᓂᒃ

ᓇᑦᑎᑎᒃᓴᕋᓗᖕᓂᒡᓗ ᑕᒪᒃᑯᓂᖓ ᐅᑉᓯᖅᑯᑎᒃᓴᓂᒃ ᐃᕿᐊᓇᖅᐸᓚᐅ'ᒥᔪᖅ ᐃᑲᔪᖁᔭᐅᔪᒻᒪᕆᐊᓘᔪᒍᑦ ᐊᑖᑕᑉᑎ'ᓂ ᓱᑰᖅᑕᐅᓕᖅᐸᒃᖢᑕ ᐱᔪᒪᙱᓕᕌᖓᑉᑕ ᓱᓇᐅᕝᕙᑉᑕᐅᖅ ᑕᐃᒪ ᐃᓕᓐᓂᐊᖅᑎᑕᐅᔪᒎᒐᓘᓐᓂᖅ ᐱᔩᕆᓕᕌᖓᑉᑕᓗ ᐃᒪ'ᓇ ᐃᒪᓐᓇᐃᑕᐅᓯᖅᑐᑦ ᑕᒪᒃᑯᐊᓗᑦᑕᐅᖅ ᐅᖃᐅᓯᒃᑕᖃᐅᖏᓐᓇᖅᖢᑎᒃ ᐅᔭᖅᑲᑦ ᓘᓐᓃᑦ ᐃᓕᐅᖅᑲᖅᑕᐅᓂᖏᑦ.

ᑕᒪᓕᒃ: ᐅᔭᖅᑲᑦ ᐃᓕᐅᖅᑲᖅᑕᐅᓂᖏᑦ ᓲᕐᓗ...

ᐊᐅᐱᓛᕐᔪᒃ: ᐄ! ᐊᕙᓗᓕᐅᖅᖢᒍ ᓇᔪᐊᖅ ᑖᒻᓇ ᐅᖅᓱᖅ ᖃᖓᑕᑎᕐᖢᒍ ᑐᙵᕕᐅᔾᔮᙱ'ᒪᑦ ᖃᖓᑦᑕᒃᑲᖅᖢᒍ ᑭᓯᐊᓂ ᑕᒪᓐᓇᐅᓂᐊ'ᒪᑦ. ᑕᒡᕙ ᑕᐃᒪ'ᓇ ᐃᖅᑲᓇᐃᔨᓗᒃᑳᖓᒥᒃ ᐊᓚᒃᓴᖃᑦᑎᐊᓕᕌᖓᒥᒃ ᐅᒡᔪᒐᓱᒃᐸ'ᒥᒐᒥᒃ ᖃᒃᓯᒪᔪᑦ ᐊᐅᖅᖢᑎᒃ ᐅᒡᔪᔨᓗᑕᐃᓐᓇᕌᖓᒥᒃ ᐊᓚᒃᓴᕆ'ᓗᒍ ᐸᓂᖅᑎᕐᖢᒍ ᑕᒡᔭᕆᐊᖅᐸᒃᑕᐃᑦ ᓄᓇᒧᑦ ᑕᒃᐸᐅᖓ ᐊ'ᓄᕌᒃᓴᖅᓯᐅᕋᓱᒃᑐᔨᓗᐃᑦ.

ᑕᒪᓕᒃ: ᐱᓱᒃᑎᑦᓗᓯᓕᑭᐊᖅ ᐅᖁᒪᐃᑦᑐᒥᒃ ᑕᒡᔭᖅᐸᓚᐅᖅᑐᓯ...

ᐊᐅᐱᓛᕐᔪᒃ: ᐄ, ᑖᑉᑯᐊᒃ ᐊᖓᔪᖅᑳᕗᑦ ᑕᐃᒪᐃᑉᐸᓚᐅᖅᑐᑦ ᕿ'ᒥᑦᓗ. ᕿᒃᑐᕆᐊᕌᓘᓕᖅᑎ'ᓗᒋᒡᓗ. ᐅᖁᒪᐃᑦᑐᐊᓗᖕᓂᒃ ᐊᑖᑕᒐ ᓇ'ᒪᒃᐸᓚᐅᖅᑐᖅ. ᐊᓈᓇᒐᓗ ᓇ'ᒪᒃᖢᓂ. ᐅᕙᒍᑦᓕ ᐱᐊᕐᔪᒍᖕᓇᖅᓯᐅᔨᓗᒑᖓᑉᑕ ᓄᑲᕇᑎᒍᑦ ᑕᐃᒪᓐᓇ ᐱᑎᒃᓯᓂᒡᓗ ᓱᓇᒥᒃ ᐅᕿᑦᑐᑯᓗᖕᓂᒃ ᓇᒻᒫᕐᔪᒃᐸᒃᑲᓗᐊᖅᖢᑕ ᑕᐃᒪᓐᓇᐃᑦᑐᑎᑑᓚᐅᖅᑐᒍᑦ. ᑕᒡᕙ ᑐᒃᑐᖃᑦᑕᔨᓗᓕᕌᖓᑕ ᑐᒃᑐᓕᐊᓘᙱᒃᑲᓗᐊᖅᑎ'ᓗᒍ ᐊᒦᑦ ᐸᓂᖅᑎᑕᐅᑦᑎᐊᖅᖢᑎᒃ ᓅᒻᒪᒃᓯᔭᕌᖓᑕ ᓅᒻᒪᒃᓯᖃᑦᑕᙱᑦᑑᒐᓗᐃᑦ ᐱᒃᑲᓐᓂᐊᓗᒍᖕᓇᖅᑑᒐᓗᐃᑦ ᐅᖓᑖᓄᑦ ᓇᓗᓇᙱᑦᑐᖅ ᑐᒃᑐᓕᐊᓘᒃᐸᑦ. ᑭᓯᐊᓂᑦᑕᐅᖅ ᐃᖃᑦᓕᐊᕐᕕᒃᓴᖅ ᓯᑯᔪᖅ ᓅᒻᒪᖅᑯᑕᐅᓇᓱᐊᖅᐸ'ᒥᒐᒥᒃ ᑕᕆᐅᖅ ᑕᕆᐅᕐᒧᑦ ᑕᐅᓄᖓ ᐅᑎᓕᖅᐸᒃᑭᕗᒍᑦ. ᒪᔪᖅᑐᓖᑦ ᑕᒪᒃᑯᐊ ᐃᖃᓗᒃᓯᐅᖅᐸᒃᑕᕗᑦ ᖃᒪᓂᖃᐅᖅᑐᑦ ᑕᕆᐅᑉ ᖃᓂᖓᓂ

ᐃᖃᓗᒃᓯᐅᖅᑕᐅᕙ'ᒪᑕ. ᑕᐃᒪᓐᓇ ᐊᒦᑦ ᕿᑦᓛᖅᑕᐅᓂᕋᖅᑕᐅᔪᑦ ᐊᒥᐅᔪᑦ ᐊᖏᔪᕈᓘᓕᕌᖓᑕ ᐊᒥᐅᓯᕝᕕᐅᔭᐅᑦᑎᐊᖅᖢᑎᒃ ᕿᒪᒃᖢᒋᑦ ᑕᐃᒪ'ᓇᐃᑉᐸᓚᐅ'ᒥᔪᑦ. ᓈᒻᒪᒃᓯᕈᓗᒃᑳᖑᒥᒡᓕ ᐊᓐᓄᕌᒃᓴᑦᑎᓐᓄᑦ. ᑕᐃᒪᓐᓇ ᐊᖑᓇᓱᓕᖅᑎᓪᓗᖓᓕ ᐊᓈᓇᒐ ᐃᓕᖅᑯᓯᖃᓚᐅᖅᑐᖅ ᑐᒃᑐᕈᓗᐃᑦ ᑕᒪᒃᑯᐊ ᐊᒥᕈᓗᐃᑦ ᑕᒪᒃᑯᐊ ᐊᒦᑦ ᓵᑦᑐᓪᓗ ᑐᕐᕈᖅᑎᑉᐸᓪᓕᐊᔪᑦ ᑕᒪᒃᑯᐊ ᐊᔾᔨᒌᖅᑲᑦᑕᙱ'ᒥ'ᒪᑕ ᐸᓂᖅᑎᓯᒪᔪᑦ. ᑕᒡᕙ ᓯᓚᕗᑦ ᐃᓯᑉᑎᖅᖢᒋᑦ ᒥᖅᑯᑦᑎᐊᕆᖕᓂᖏᑦ ᐱᐅᓂᖏᑦ ᑲᑎᖦᖢᒋᑦ ᑕᒪᒃᑯᓄᖓ ᐅᒃᑯᐊᕐᒥᖕᓄᑦᓗ ᐸᓂᖕᒥᖕᓄᑦᓗ ᓂᕈᐊᖅᖢᓂᒋᑦ ᐊᓐᓄᕌᒃᓴᑉᑲᖅᐸᓚᐅ'ᒥᔭᖏᑦ. ᑕᐃᒪᓐᓇ ᐃᓕᖅᑯᓯᖃᑦᑎᐊᓚᐅ'ᒥᔪᐊᓗᐃᑦ ᑕᐃᒃᑯᐊ.

ᑕᒪᓕᒃ: ᐊᖑᑏᑦᓗ ᐊᕐᓇᐃᑦᓗ ᐃᑲᔪᖅᑎᒌᑦᑎᐊᖅᖢᑎᒃ, ᐊᖑᑏᑦ ᐊᖑᔭᒥᑎᒍᑦ ᐊᒥᖅᑖᖅᖢᑎᒃ ᐊᕐᓇᐃᑦ ᐊᒥᓕᕆᓕᖅᖢᔾᔪᒃ ᐊᓐᓄᕌᓕᐅᕈᑎᓕᖅᖢᔾᔪᒃ....

ᐊᐅᐱᓛᕐᔪᒃ: ᑕᐃᒪᓐᓇᐅᓚᐅᖅᑐᕕᓃᑦ ᐃᑲᔪᖅᑎᒌᑦᑎᐊᖅᑐᕕᓃᑦ. ᐃᑲᔪᖅᑎᒌᖕᒪᖕᒫᑕ ᐃᓱᒪᒋᕙᓚᐅᙱ'ᓇᒃᑭᑦ. ᑭᓯᐊᓂ ᑭᖑᖕᒧᑦ ᐊᑐᕈᖕᓇᐃᖅᖢᒋᑦ ᕿᕕᐊᖅᖢᒋᑦ ᐃᑲᔪᖅᑎᒌᑦᑎᐊᕐᓂᖏᑦ ᑐᑭᓯᓐᓇᖅᓯᔪᑦ. ᑕᐃᒪᓐᓇᐃᑦᑑᓚᐅᖅᑯᒍᑦ. ᓱᓇᕈᓗᖕᒥᒡᓕ ᐊᔪᖅᓴᕈᑎᒃᓴᒥᒃ ᐊᔪᖅᓴᖅᑐᐊᖅᖢᑕ ᐃᖢᐃᓪᓕᕈᑎᒃᓴᒥᒃ ᕿᓂᓚᐅᙱᑦᑐᑦ. ᐱᒻᒪᕆᐊᓗᖕᓂᒃ ᐊᑐᕐᓂᐊᕐᓃᓐᓇᑦ ᑭᓯᐊᓂ ᐱᓕᕆᔪᑦ. ᐃᓕᓐᓂᐊᖅᑎᑦᑎᔪᑦ ᐸᓂᖕᒥᖕᓄᑦ ᐃᕐᓂᕐᒥᖕᓄᑦ. ᐃᓕᓐᓂᐊᖅᑎᑕᐅᖦᖤᖅᑯᒍᑦ ᐃᓱᒪᓚᐅᙱᑦᑐᒍᑦ ᓱᓇᐅᕝᕙ ᑭᖑᕚᕆᔭᐅᓂᐊᕐᑉᑕ ᐊᔪᙱᕐᑯᔭᐅᒧᑦ ᑕᑯᑎᑕᐅᕙᒌᖅᐸᒃᑲᓐᓂᕋᑉᑕ. ᑕᒡᕙ ᑕᐃᒪᓐᓇᐃᑦᑐᒦᑦᑐᓂᒃ ᖃᐅᔨᕙᓪᓕᐊᓕᓚᐅᖅᑐᖓ ᐊᐅᓪᓚᖃᑉᑕ ᐊᑖᑕᒐ ᐊᐅᓪᓚᕌᖓᑦ ᑐᒃᑐᓯᐅᖅᖢᓂ ᐱᓱᒃᖢᓂ ᐱᖃᑎᒋᕙᒃᑲᑉᑯ ᒪᓕᒃᐸᒃᑲᑉᑯ. ᐃᓛᓐᓂ ᑕᖃᓇᖅᑐᐊᓘᔮᖅᐸᒃᖢᓂ ᐃᓛᓐᓂᒃ ᑕᖃᓇᖅᑑᔭᙱᑦᑎᐊᖅᐸᒃᖢᓂ. ᑕᐃᒪᓐᓇᐃᑦᑑᒃᑯᑦ ᖃᐅᔨᖦᖤᕆᕗᖓ. ᑕᐃᒪᓐᓇ ᐱᕈᖅᐸᓪᓕᐊᓂᖅ ᒪᓕᒃᖢᒍ.

ᑐᒃᑐᓂᒡᓗ ᑐᒃᑐᓯᔭᕌᖕᒐᒻᓄᒃ ᐅᕙᖖᒑᓇᐊᖅᑲᖅᑯᖅ ᐅᕗᖖᒐᕈᖕᓃᒋᐊᖅᑲᖅᑯᖅ ᒪᐅᖖᒐᐅᓂᐊᖅᑯᖅ. ᒪᑯᓂᖕᒐ ᓯᕗᓂᐊᓂ ᐊᔪᓇᖅᑐᖅᐸᒌᖅᐸᓚᐅᖅᑖᖕᒐ. ᓂᑦᓕᔾᔮᖖᒋᓚᖅ ᑕᒡᕙ ᐆᒪᔫᖅᑐᖅ ᖃᐅᔨᒪᓚᐅᕐᓴᖅᐸᒌᖅᑕᕙᓂᓇ'ᒥᔮ. ᑭᓯᐊᓂ ᑕᐃᒪᓐᓇ ᐆᒃᑐᕋᕐᓂᖕᒐ ᐅᖃᕐᓂᖕᒐ ᐅᒃᐱᓇᖅᑲᑦᑕᖅᑲᑕᕋᓗᐊᕋ ᑐᑭᓯᔪᖕᓇᓚᐅᖖᒋᑕᕋ. ᑭᓯᐊᓂ ᐃᓄᑑᖅᑲᑦᑕᓕᕋᒪ ᑐᑭᓯᕙᑦᓕᐊᓕᓚᐅ'ᒥᔭᕋ ᐱᖅᑲᑎᒋᖖᒋᒃᑲᓗᐊᖅᓗᒍ ᐅᖃᐅᓯᕙᓂᖕᒋᑦ. ᑕᐃᒪᓐᓇᐃᑦᑑᓚᐅᖅᑯᖕᒐ. ᐃᓕᓐᓂᐊᖅᑎᑕᐅᕙᒌᖅᑲᑦᑕᓚᐅᖅᓂᕋᐸᑕ ᑕᐅᑐᖕᓂᑉᑎᒍᑦ. ᑕᐃᒪᓐᓇᐃᑦᑑᓚᐅᖅᓯᒪᕗᖕᒐ. ᑕᐃᒪᓐᓇ ᑕᒡᕙ ᓇᖕᒋᐊᖅᓇᖅᑐᑦᓗ ᑕᒪᒃᑯᐊ ᓇᖕᒋᐊᖅᓇᖖᒋᑦᑐᑦᓗ ᐅᖃᐅᓯᓇᕙᒃᓗᓂᒋᑦ ᓯᑯᓕᓵᕌᖕᒐᑦ ᑕᒪᒃᑯᐊᓗ ᑰᕈᓗᐃᑦ ᑯᒻᒪᓇᐊᓗᐃᑦ ᑰᕙᐅᓕᕌᖕᒐᑕ ᑎᑭᓚᐅᖅᓯᒪᖖᒋᑕᕗᑦ ᖃᐅᔨᒪᑦᑎᐊᓇ'ᓗᓂᒋᑦ ᑰᒋᒃᑐᐊᓘᓂᖕᒋᑦ ᓇᐅᒃᑯᑦ ᑰᒋᖕᓂᖅᑲᖅᓂᖕᒋᑦ ᓱᓇᐅᕝᕙ ᑎᓂᓂᓕᔮᖅᑐᐊᓘᕙᖕᒥ'ᒪᑕ ᐃᒪᐃᖅᓂᐊᓗᖅᑲᖅᑲᑦᑕ'ᒥ'ᒪᑕ ᑕᒡᕘᓇ ᖃᐅᔨᑦᑎᐊᓇᓕᓚᐅᓇᕙᕋ ᑭᖕᒍᓂᐊᓗᐊᒍᑦ. ᑕᒡᕙ ᑕᒪᒃᑯᓂᖕᒐ ᓇᖕᒋᐊᖅᓇᖅᑐᓂᒡᓗ ᓇᖕᒋᐊᖅᓇᖖᒋᑦᑐᓂᒡᓗ ᐅᓗᓇᐊᓇᖅᑐᓂᒃ ᖃᓄᖅ ᑭᖖᒐᖅᓂ ᓯᑐᔪᒥᓇᖅᑐᓂᒃ ᓯᑐᓐᓇᖅᑐᓂᒃ ᖃᓄᒥᐊᖅ ᑕᒪᒃᑭᖅᓯᒪᖅᑰᖅᑐᑦ ᐅᓗᓇᐊᓇᖅᑐᓂᒃ ᐊᔪᓇᖅᑐᖅᑎᒋᔮᖕᒐ. ᑖᖅᑎ'ᓗᒍᓗᒎᖅ ᐅᓐᓄᒃᑯᑦ ᐱᓱᓪᓗᖕᒐ ᓯᓂᒃᑕᕐᓗᖕᒐ ᐊᖕᒋᕐᕋᐅᓇᓱᖕᓂᐊᕐᓂᕈᒪ ᓯᓂᒃᑕᕐᓗᖕᒐ ᑭᖖᒐᖅᓯᐅᓕᕈᒪ ᐃᓖᓐᓂᒎᖅ ᓯᕕᖕᒐᔪᐊᓘ'ᒪᑕ ᐅᓄᖕᒐ ᓯᕕᖕᒐᔪᐊᓘᕙ'ᒪᑕ ᖃᑯᕈᓗᒃᓗᓂᓗ ᑕᐃᒪᓐᓇᐃᑦᑑᕙ'ᒪᑦ ᑕᐅᓄᖕᒐᒎᖅ ᐊᑦᖃᓇᐊᑲᐅᑎᒋᑦᑕᐃᓕᕙᖕᓂᐊᖅᑯᖕᒐ ᐅᔭᕋᓐᓄᐊᖅᑕᖅᑲᖅᐸᑦ ᐅᔭᕋᓐᓄᐊᖅ ᑕᐅᓄᖕᒐ ᐃᓕᓗᒍ ᐊᒃᓴᑳᑎᓪᓗᒍ ᑕᐃᒪ ᑕᑯᒃᓴᐅᓂᐊ'ᒪᑦ ᐊᒃᓴᑳ'ᓇᓂ ᑲᑉᐱᐊᓇᖅᑐᖅᑲᖅᓂᖅᐸᖖᒎᖅ ᑐᖕᒑᓂ ᑕᓕᐊᓚᒡᑐᓂ ᑕᓕᐊᓚᓚᐅᖅᑐᓂ. ᑕᐅᓅᓇ ᐊᑖᒎᔭᕐᓂᐊ'ᒪᑦ ᐊᑐᕋᓱᒐᒃᓴᐅᖖᒋᓚᕉᖅ ᑖᒻᓇ. ᑕᐃᒪᓐᓇ ᐃᓕᓐᓂᐊᖅᑎᑕᐅᖅᓂᓇᕚᖕ ᑕᐃᒪᓐᓇᐃᑦᑐᒃᑰᕋᓱᐊᖅᓇ'ᒪᑦ.

ᐅᔭᖅᑲᒥᒡᓗᒎᖅ ᐊᔪᕈᒪ ᐳᐊᓗᒐ ᑖᒻᓇ ᐊᓄᕆᑭᑉᐸ ᑕᐅᓄᖓ ᓯᑐᒃᑲᕐᓗᒍ ᓇᓗᓇᐃᒃᑯᑕᕆᔪᖕᓇᕆᕚ. ᑐᒃᑐᓕᕆᓗᖓᓗᒎᖅ ᓇᑎᕈᕕᐊᖅᐸᑦ ᐊᓄᕌᖅᐸᑦ ᐳᐊᓗᖃᕈᒪ ᐳᐊᓗᖃᖅᐸᒃᑲᑦᑕ ᑐᒃᑐᑉ ᓂᐅᖓᓂ ᓯᖅᑯᖅᑎᑖᕐᓗᖓᓗᒎᖅ ᐳᐊᓗᐃᓕᔮᓲᖑᖕᒪᑕ ᐳᐊᓗᒐᒎᖅ ᒥᐊᓂᕆᑦᑎᐊᕆᐊᖃᕐᓂᐊᖅᐸᕋ ᑎᕆᒃᓴᕕᒻᓄᓐᖒᖅ ᑕᒪᐅᖓ ᑎᕐᓕᑎᐊᓪᓚᒡᓗᒍ ᐱᓂᐊᖅᐸᕋ. ᐊᓄᕆᒧᓐᖒᖅ ᑎᒃᑕᐅᒃᐸᑦ ᐳᐊᓗᐃᖅᓯᑐᐃᓐᓇᕆᐊᖃ’ᒥᒐᒪ ᒪᑯᐊᓗᒃᑖᖅ ᒥᐊᓂᕆᔭᐅᑦᑎᐊᕆᐊᓕᑦ ᓴᙱᔾᔪᑎᑦ. ᑕᐃᒪᓐᓇ ᐃᓅᓯᖃᓚᐅᖅᐳᖓ ᐱᕈᖅᓴᕋᒪ. ᑕᒡᕙ ᑕᐃᒪᓐᓇ ᐃᓄᑑᔪᖕᓇᖅᓯᒐᒪᓗ ᓱᓇᑐᐃᓐᓇᖅ ᑲᑉᐱᐊᓇᖅᐸᑦ ᐃᓕᒪᓇᕈᖕᓇᖅᑐᖅ. ᐱᓂᐊᙱᒃᑲᓗᐊᖅᑎ’ᓗᒍ ᐃᓕᒦᓐᓇᕐᓗᒍ ᐱᖁᕙᓚᐅᖅᑖ. ᐅᖃᔾᔮᙱᒻᒪᓐᒎᖅ ᐱᑦᑎᐊᕐᓂᐊᙱᓕᕋᓗᐊᕐᓂᕈᒪ ᐅᖃᐅᔾᔭᐅᔮᙱᓐᓇᒪ ᐃᓕᒪᖅᓱᐃᓐᓇᕐᓗᖓᒎᖅ ᑭᓯᐊᓂ ᐱᔭᕆᐊᖃᕋᒪ. ᑕᐃᒪᓐᓇᐃᓕᐅᖅᐸᓚᐅᖅᐹᖓ. ᐊᑕᐅᓰᖅᖢᒍ ᑕᐃᒪ ᐅᖃᐅᓯᐊ ᖃᐅᔨᒪᑦᑎᐊᕋᓗᐊᖅᖢᒍ ᓈᓚᓚᐅᖅᓯᒪᙱᓐᓇᒃᑯ ᐅᖃᐅᓯᐊ ᐊᓯᕈᖅᖢᒍ ᓯᖁᒥᔅᖢᒍ ᐊᑐᓚᐅᖅᓯᒪᒐᑉᑯ. ᐳᐃᒍᖅᐸᙱᑕᕋ ᑕᐃᒪ. ᑕᓰᑦ ᐃᒪᓐᓇ ᓯᑯᔮᖅᑎᓪᓗᒋᑦ ᓇᖏᐊᕐᓇᓲᖑᖕᒪᑕ ᐃᑭᑭᑦᑐᑯᓘᒐᓗᐊᖅᖢᓂ ᑕᓯᖅ ᑖᒻᓇ ᓇᖏᐊᕐᓇᕋᒥ ᓯᑯᓵᕋᒥ ᐃᑳᒐᒃᓴᐅᕙᙱᒻᒪᑕ ᐃᓚᖏᑦ. ᐅᐃᕙᕐᖢᒍ ᐊᔪᕐᓇᙱᑦᑑᒐᓗᐃᑦ ᐅᐃᕝᕚᓗᐊ ᐹᓂᐊᓘᕋᔭᕆ’ᓗᓂ ᑕᐃᒪᓐᓇᒎᖅ ᐅᐃᕝᕙᖃ’ᒪᑕ ᑕᓰᑦ ᑕᖃᓇᕋᓗᐊᖅᑎ’ᓗᒍ ᐅᐃᕙᖅᐸᖕᓂᐊᖅᐸᑦ ᐃᒪᓐᓇᐃᓕᕙᓚᐅ’ᒪᖓ. ᑕᒡᕙ ᑕᐃᒪᓐᓇᐃᑦᑐᒃᑯᑦ ᐃᑭᑭᑦᑐᑯᓗᒃᑯᑦ ᐊᕙᑎᕗᑦ ᑕᓯᐊᓘ’ᓗᑎᒃ ᑖᒃᑯᐊ ᐅᖓᓯᒃᑐᒧᑦ. ᐊᑉᖁᑕᐃᕈᑎᔪᐊᓘᒐᑉᑕ ᓄᑲᕋᓗ ᐅᕙᖓᓗ ᓄᑳᒃᑲ ᒪᕐᕉᖅᑰᖅᑐᒃ ᐱᖃᑎᒋ’ᓗᒋᒃ ᐊᒥᕐᓂᒃ ᓇᖕᒪᒃᑐᐊᓘᒐᑉᑕ ᐅᖃᐅᑎᓕᖅᖢᒋᒃ ᐹᒻᖑᕐᑐᑕᖃᐃ ᐃᑳᕈᖕᓇᙱᓚᒍᑦ ᐊᒦᑦ ᑖᒃᑯᐊ ᑭᕕᔾᔮᙱᒻᒪᑕ ᐃᒫᕈᑉᑕ ᐳᒃᑕᔾᔪᑎᒋᒋᐊᓂᐊᕋᑉᑎᒎᖅᖢᒋᒃ ᐅᖃᐅᑎ’ᓗᒋᒃ. ᑕᐃᒪᓐᓇ ᓇᖏᐊᕐᓇᖅᑐᒃᑰᕋᓗᐊᖅᖢᑕ

ᐊᓂᒍᖅᑖᓗᒃᐳᑦ. ᑕᐃᒪᓇ ᓈᓚᓚᐅᖕᒋᓐᓂᕋ ᑕᐃᒪ. ᐳᐃᒍᖅᐸᖕᒋᔅᓱᒍ ᐃᖅᑲᓚᐅᖅᐸᒃᑕᕋ ᓯᓕ. ᖃᐅᔨᒪᒍᓂᐅᒃ ᓱᑰᕐᓂᐊᓚᐅᖅᑑᒐᓗᐊᖅ ᖃᐅᔨᒪᖕᒋᓐᓇᒥ ᓂᐱᖃᓲᖕᒋᑦᑐᖅ. (ᓂᐱᓕᐅᑦ ᖃᒥᖕᒐᓚᐅᑲᒃᑐᖅ)

ᒪᐃ 19ᖕᒍᑎᓪᓗᒍ, 2010ᒥ

(ᐃᓚᖕᒐ ᑖᒻᓇ ᑕᑭᓂᖃᖅᓱᓂ ᐃᑲᕐᕋᕐᒥᒃ ᐊᑕᐅᓯᕐᒥᒃ ᐃᓚᖃᖅᓱᓂ 7ᒥᓂᑎᓂᒃ ᐃᓚᖃᑲᓐᓂᐊᕐᔪᒃᓱᓂᓗ)
ᑕᒪᓕᒃ: ᐃᓕᖅᑯᓯᖅ ᐃᓱᒪᒧᑦ ᐃᒃᐱᖕᓂᐊᕐᓂᖕᒐᓄᑦ ᐃᓄᑦᑎᐊᕙᐅᓂᖕᒐᓅᖅᐸᑦ ᑖᒻᓇ ᐃᓱᒪ ᐅᖃᐅᓯᖅ ᐃᓱᒪᒃᓴᖅᓯᐅᕈᑎᒋᒐᓗᐊᖅᓱᒍ ᓲᖃ...ᓱᓇᐅᖕᒪᖕᒑᖅ ᐃᓱᒪ ᐅᕝᕙᓘᓐᓃᑦ...ᑕᒪᑐᒪ ᒥᒃᓵᓄᑦ ᐃᓱᒪᒋᔭᖃᖅᐱᑦ?
ᐊᐅᐸᓛᖅᔪᒃ: ᑕᒪᓐᓇ ᐃᓱᒪᒋᖕᒋᑕᕋᓗᐊᕋ ᒫᓐᓇ ᐊᐱᕆᒐᕕᑦ ᐃᓱᒪᒋᓕᓵᕋᑉᑯ ᖃᐅᔨᒪᕐᓚᒃᓗᒍ ᓇᖕᒥᓂᖅ ᐊᑐᖅᓯᒪᒪᒐᒃᑯ. ᐃᓕᖅᑯᓯᕐᓗ ᐱᖅᑯᓯᕐᓗ ᐊᔾᔨᒌᒃᑐᔭᓇ’ᓗᒋᓪᓗ ᐊᔾᔨᒌᖕᒋᐊᕐᔪᓕᖅᐸᒃᓱᑎᒡᓗ. ᐃᒡᓗ ᓇᓗᓇᖕᒋᔾᔪᑕᐅᖕᒪᑦ ᐃᒡᓘᑉ ᓯᓚᑖ. ᓯᓚᑖᓂ ᐃᓄᒃ ᑕᑉᕙ ᐃᒡᓗᖃᕈᓂ ᓱᓇᑐᐃᓐᓇᐃᑦ ᓴᑦᑖᖅᐸᑕ ᑕᒫᓂ ᐊᒡᕕᐊᕈᑕᐅᒃᐸᑕ ᑕᐃᒪ ᐃᒡᓗᐊ ᑕᐃᒪᐃᓐᓂᕗᖅ ᑕᐃᒪ. ᑕᐃᒪᓐᓇ ᖃᐅᔨᑦᑖᓯᒪᕗᖕᒐ ᐃᓛᒃ ᐅᕙᖕᒐᓕ ᓇᖕᒥᓂᖅ ᐊᑐᖅᓯᒪᒐᑉᑯ ᐱᖅᑯᓯᓇᒐᑉᑯ. ᑕᐃᒪᓐᓇ ᒪᒃᑯᒃᓱᖕᒐ ᐱᕐᑯᑎᖃᓗᐊᖅᐸᖕᒋᓐᓇᒪ. ᑕᒫᓂᓕ ᐱᕐᑯᑎᕈᓗᐃᑦ ᐊᑉᕐᑯᒻᒦᑉᐸᓚᐅᖅᑎᖕᒋᓐᓇᒃᑭᑦ. ᓴᓗᒪᓇᓱᐃᓐᓇᖅᓱᖕᒐ ᑭᓯᐊᓂ ᐃᒡᓗᒪ ᓯᓚᑖ ᑕᐃᒪᓐᓇᐃᑦᑑᓚᐅᕋᒪ. ᒫᓐᓇᓕ ᐊᔪᓕᖅᑐᕈᓘᒐᓚᓕ ᐃᓛᒃ ᐃᓱᒪᑐᐃᓐᓇᖃᑦᑕᓕᕋᒪ. ᑕᐃᒪᓐᓇᐃᑑᕗᒍᑦ ᑕᑉᕙ. ᐅᕙᖕᒐᑑᖕᒋᑦᑐᖅ ᑕᐃᒪᖕᒑᓗ ᖃᐅᔨᔭᒃᑲ ᑕᒪᒃᑯᐊ. ᑕᑉᕙ ᖃᐅᔨᒪᓇᕈᑕᐅᓱᒐᖅ ᑐᓴᑕᐅᖅᓯᒪᒐ ᐃᓄᖕᒥᑦ ᒫᓐᓇ ᐃᓅᔪᖕᓃᖅᓱᓂ ᐃᓄᒃ ᐃᓄᑐᖃᐅᓕᖅᑐᖅ. ᑕᑉᕙ

ᓄᓇᓕᖕᓄᓐᖗᖅ ᑎᑭᑦᐳᖅ ᓄᓇᖅᑲᑎᒋᙱᑕᒥᖕᓄᑦ ᕿ'ᒥᖏᓐᖗᖅ ᑕᒡᕙ ᐆᒪᔫᖅᑐᖅ ᑕᑯᒥᓇᖅᑐᑦ ᐱᐅᓯᕆᔾᔫᖅᑐᑦ ᑕᒡᕙ ᓂᐅᕝᕕᐅᖅᑯᑦ. ᑕᒡᕙᒎᖅ ᐃᓱᒪᓐᓇᖅᑯᖅ ᐃᓄᐊ ᐊᖑᓯᖅᑐᐊᓘ'ᒪᑦ ᑕᐃᒪᓐᓇᐅᙱᖔᖅᑐᕉᖅ ᕿᒻᒥᕉᖅ ᐅᖓᓯᒃᑐᒧᑦ ᐱᓱᒃᑎᑕᐅᖅᑲᑦᑕᙱ'ᓇᒥᒃ ᐃᓄᖕᒥᓂᑦ ᑕᖅᑲᑎᑕᐅᙱ'ᓇᒥᒃ ᑕᒡᕙ ᐆᒪᔫᖅᑐᐊᓗᒎᖅ. ᕿᒻᒥᕉᖅ ᑕᒡᕙ ᐃᒡᓗᒧᑦ ᐊᓯᐊᓄᑦᑕᐅᖅ ᑎᑭᔅᖢᓂ ᐊᖁᐱᑦᑎᐊᖅᐸᑦ ᓄᖅᑲᖓᑦᑎᐊᖅᐸᑦ ᓂᑲᓗᖓᔾᔫᖅᖢᓂ ᐃᓄᐊᒎᖅ ᐊᖑᓯᐃᑦᑐᕈᓗᒎᖅ ᐃᓱᒪᓐᓇᖅᑯᖅ. ᐋᒃᑲᒎᖅ ᐊᖑᓯᖅᑐᕉᖅ ᕿᒻᒥᕉᖅ ᑕᒡᕙ ᑕᖅᑲᑎᑕᐅᓯᒪᓐᓂᕋᒥ ᐊᐅᓪᓚᖅᑕᐃᓐᓇᕐᒧᑦ ᑕᒡᕙ ᓂᑲᓪᓗᕗᖅ. ᑖᒻᓇ ᓱᓕᔪᖅ. ᑕᐃᒪ ᐱᖅᑯᓯᖅ ᑖᒻᓇ ᐃᓕᖅᑯᓯᕐᓗ ᐅᖃᐅᓯᕆᐊᓂᓵᖅᑲᐅᔭᕋ ᑕᒡᕙᑦᑕᐅᖅ ᐊᔾᔨᖅᑲᔭᐃᑦ ᑖᒻᓇ. ᑕᒪᔾᔭ ᑕᐃᒪᓐᓇ ᖃᐅᔨᒪᔾᔭᑎᖃᓚᐅᖅᑯᒍᑦ ᓂᐱᒃᑯᑦ ᑐᓴᙱᒃᑲᓗᐊᖅᖢᒍ ᑕᐅᑐᖕᓂᑉᑎᒍᑦ ᖃᐅᔨᓴᓚᐅᖅᑯᒍᑦ ᐃᓚᖓᓂ. ᑕᒪᒃᑯᐊᓘᓐᓃᑦ ᖃᓄᑐᐃᓐᓇᐃᑦ ᒫᓐᓇᓘᓐᓃᑦ ᒪᑯᐊ ᐃᓛᓐᓂᓗ ᐃᓱᒪᒋᙳᐊᖅᐸᒃᑕᕋ ᑕᒡᕙ ᐃᓱᒪᒋᙳᐊᓕᖅᑕᕋ. ᑕᒡᕙ ᐃᓄᒃ ᑕᑯᒃᓴᐅᔪᖅ ᒪᒃᑯᒃᑐᖅ ᖁᕕᐊᓱᒃᑐᐊᓗᒃ ᐊᔪᙱᑦᑐᐊᓘᔭᖅᑐᖅ ᐃᓱᒫᓗᒃᑕᙱ'ᓇᒥᖅᑲᐃ ᐊᔪᙱᑦᑐᐊᓘᕗᖅ ᐃᓱᒪᓐᓇᖅᑯᖅ. ᓱᓇᐅᕙ ᐋᒃᑲ. ᓱᓇᐅᕙ ᐃᓱᒪᑭᑦᑑᒐᒥ ᑕᐃᒪᓐᓇᐃᑦᑑᒋᕗᑦ ᑕᒪᔾᔭ. ᑕᒡᕙ ᑖᒻᓇ ᐃᓅᑉ ᐱᖃᑖ ᐃᓄᒃᑕᐅᖅ ᓂᐱᖃᓗᐊᖅᑑᔭᙱᓚᖅ ᐃᒡᓗᒥᓂ ᓱᓇᐅᕙ ᐃᓱᒪᔭᐊᓘ'ᒥᒐᒥ ᓯᕗᓂᒃᓴᒧᑦ ᐊᔪᙱᔾᔭᑎᒃᓴᒥᒃ ᐊᔪᓕᕈᑎᒃᓴᓂᒃ ᒪᑯᓂᖓᑦ ᖃᓄᐃᑦᑑᒍᒪ ᐊᔪᙱᓐᓂᐊᖅᐱᑕ ᖃᓄᐃᑦᑑᒍᒪ ᓄᑕᕋᒃᑲ ᐊᔪᙱᔾᔫᒥᓂᐊᖅᐸᑦ ᖃᓄᐃᑦᑑᒍᒪ ᐱᖁᑎᖃᑦᑎᐊᕐᓂᐊᖅᐳᖓ ᒪᔾᔭᑦᑕᐅᖅ ᒪᑯᐊᖑᖕᒥ'ᒪᑕ ᒫᓐᓇᒥ ᐊᑐᖅᑕᐅᕗᑦ. ᐅᕙᖓᓕ ᐊᑐᖅᑕᒃᑲ ᑖᒃᑯᐊ. ᑕᒡᕙ ᑖᒃᑯᐊ ᐃᓚᒃᑲ ᒪᒃᑯᒃᑐᒃᑲ ᐅᖃᐅᑎᕙᒃᑕᕋᓗᐊᒃᑲ ᕼᐊᓐᑕᕈᓗᐃᑦ ᐊᑐᖅᑕᒻᒪᕆᐊᓗᒋᓕᕋᑉᑎᒍᑦ. ᑕᐃᑉᓱᒪᓂ ᐊᑐᓚᐅᙱᑕᕈᓗᒃᑯᑦ. ᑕᐃᒪᓐᓇ ᖃᓂᒃᑐᑯᓘᒐᓗᐊᒧᑦ ᑕᒡᕙ

ᑖᒃᑯᐊ ᕿᑐᕐᖓᒃᑲ ᐱᓱᔾᔮᔪᕐᓃᖅᑐᑦ ᕼᐊᓐᑖᕐᓗᑎᒃ ᑭᓯᐊᓂ. ᓵᓚᒋᔭᐅᔪᑦ ᕼᐊᓐᑕᒧᑦ ᐃᖕᒥᓂ ᓵᓚᒋᔭᐅᑎᑦᑐᑦ ᐱᓱᒧᒪᓱᐃᖅᑐᑦ. ᓱᖁᒥᒃᐸᓪᓕ ᖃᓄᖅ ᐱᓂᐊᖅᐸᑦ? ᑕᒡᕙ ᐊᖓᔪᖅᑳᑉᑎ’ᓂ ᐃᓱᒪᒃᓴᖅᓯᐅᕈᑎᐊᓗᒃᑯ ᑖᒻᓇ. ᐱᑖᔾᔮᙱᒻᒪᑦ ᓄᑕᖅᑲᕗᑦ ᑭᓯᐊᓂ ᐅᕙᒧᑦ ᐱᑖᕈᑉᑕ ᐊᑐᒐᖃᓕᕐᓂᐊᕐᒥ’ᒪᑦ ᓄᑕᖅᑲᕗᑦ. ᑕᒡᕙ ᑖᒃᑯᐊ ᓄᑕᕋᒃᑲ ᑕᐃᒪᐃᑉᐳᑦ. ᑕᒡᕙ ᔮᓂ ᑕᐃᒪᐃᑉᐳᖅ ᓱᓇᖃᙱᑦᑐᖅ. ᐅᕙᖓ ᑕᐃᒪ ᕼᐊᓐᑕᒐ ᐱᒐ ᑕᐃᒪ ᐊᑐᖅᐸᒍ ᐃᓱᒪᖅᓲᑎᒋᕚ. ᑕᐃᒪᐃᑦᑐᑦ ᐊᒥᓲᕗᑦ ᐊᒥᓲᖕᒪᑕ ᑕᒡᕙ ᐃᓕᓐᓂᐊᕆᐊᖃᖅᑯᒧᑦ ᒪᒃᑯᒃᑐᑎᒧᑦ ᑮᓇᐅᔭᖃᕐᓂᕐᒧᑦ ᐱᖅᑯᑎᖃᑦᑎᐊᕐᓂᕐᒧᑦ ᓂᕿᖃᑦᑎᐊᕐᓂᕐᒧᑦ ᐃᓚᖃᑦᑎᐊᕐᓂᕐᒧᑦ ᒪᑯᐊ ᐃᓕᓐᓂᐊᖅᑳᕆᐊᖃᕋᓗᐊᖅᐸᕗᑦ. ᑐᙵᕕᒋᓗᒋᑦ ᑕᐃᒪᓐᓇ ᐃᓱᒪᒃᓱᓕᕈᑉᑕ ᐃᖢᐊᕐᓂᖅᓴᒃᑰᕋᔭᕋᑉᑕ, ᓴᙱᓂᖃᕐᓂᖅᓴᐅᓂᐊᕋᑉᑕ. ᑐᑭᓯᐊᓗᒃᑖᖅᑕᕋᓗᐊᕗᑦ ᑕᒪᓐᓇ ᐅᖃᐅᓯᕆᓗᐊᕈᓐᓇᙱᑕᕗᑦ.

ᑕᒪᓕᒃ: ᐄᑦᑎᐊᖅ...

ᐊᐅᐱᓛᕐᔪᒃ: ᑕᒡᕙ ᑕᒪᒃᑯᐊ ᓱᓇᑐᐃᓐᓇᐃᑦ ᓂᖀᓪᓗ ᓂᕿᖃᑦᑎᐊᕋᓗᐊᖅᖢᑎᒃ ᐃᓚᖏᓪᓗ ᑕᐃᑉᓱᒪᓂ ᐃᓄᐃᑦ ᓂᕿᓂᒃ ᐸᐸᑦᑎᑦᑎᐊᖅᑐᒻᒪᕆᐊᓘᓚᐅᕐᒪᑕ ᓂᕿᖃᑦᑎᐊᕋᓱᒃᖢᑎᒃ ᓂᑭ ᓄᖑᔭᙱᒃᑲᓗᐊᖅᑎ’ᓗᒍ ᐊᔪᓕᕈᑎᒃᓴᖅᑎᒃ ᐃᓱᒪᒋᔭᖏᑦ ᐊᔪᓕᕈᒪᙱᒧᑦ...ᖃᑉᓗᓈᓪᓗ ᐊᔾᔨᒌᕋᓗᒃᑐᒃᓴᐅᕗᑦ ᖃᑉᓗᓈᓪᓗ ᑕᐃᒪᐃ’ᒥᔪᑦ. ᐃᓚᖓᒍᑦ ᐃᓄᒃ ᓄᓇ ᐱ’ᓗᒍ ᐅᑭᐅᖅᑕᖅᑐᕐᓗ ᐅᑭᐅᖅᑕᙱᑦᑐᕐᓗ ᑕᒪᓐᓇᖃᐃ ᐱᔾᔪᑕᐅᖕᒪᑦ ᐊᔾᔨᒌᖃᑦᑕᙱᒃᑲᓗᐊᖅᑯᑦ ᖃᑉᓗᓈᓪᓗ ᓇᓗᓇᙱᑦᑐᖅ ᐃᓄᐃᓪᓗ ᐃᓚᖓᒍᑦ ᐊᔾᔨᒌᖃᑦᑕᖅᑐᒃᓴᐅᔪᑦ. ᑕᐃᒪᓐᓇ ᐃᓱᒪᒋᓲᒃᑲ ᐃᓄᐃᓪᓕ ᖃᐅᔨᒪᕐᓚᒃᑕᒃᑲ ᐃᓅᒐᒪ, ᖃᑉᓗᓈᓪᓗ ᐱᖅᑯᓯᖏᑦ ᖃᐅᔨᒪᙱᑕᒃᑲ ᐃᓱᒪᑐᐃᓐᓇᒃᑯᑦ ᐸᓴᒋᑐᐃᓐᓇᖅᖢᒋᑦ ᐅᖃᖅᐳᖓ ᑕᐃᒪᓐᓇ.

ᑕᒪᓕᒃ: ᐃᓅᓯᖃᑦᑎᐊᕈᑕᐅᔪᓂᒃ ᐃᓱᒪᒋᔭᖃᖅᐱᑦ ᓲᕐᓗ ᐅᖃᐅᑎᔭᐅᕙᓚᐅᕋᑉᑕ ᐃᓱᒫᓗᖁᔭᐅᖏᕐᖢᑕ...ᑕᒪᒃᑯᓇᓂ

ᐃᓅᑦᑎᐊᕈᑎᓂᒃ ᐃᓱᒪᒋᔭᖃᖅᐱᑦ?
ᐊᐅᐱᓛᕐᔪᒃ: ᐄ ᑕᒪᒃᑯᐊ ᓇᓗᓇᙱᑦᑐᑦ, ᐃᖢᐊᖅᓴᐃᔨᓂᓪᓗ ᐅᖃᐅᔾᔭᐅᕙᒃᑯᖓ ᐃᓱᒫᓗᖅᑯᔭᐅᓇᑕ ᖁᕕᐊᓱᒐᓱᖅᑯᔭᐅ'ᓗᑕ ᑖᒻᓇ ᓱᓕᔪᖅ ᐃᓅᒃᑎᒍᑦᑕ ᐊᑐᖅᑕᕗᑦ ᐃᓱᒪᓗᐊᕐᓂᐊᓗ ᐃᓱᒫᓗᖕᓂᐊᓗ ᓈᒻᒪᒍᐃᕈᑕᐅᖃᑦᑕᕐᒪᑦ ᓵᓚᒃᓴᖅᑐᐊᓘᖕᒪᑦ ᑎᑎᒥᒃ. ᖁᕕᐊᓱᒍᐃᕈᑉᑕ ᐊᖕᒋᓕᖅᐸᓪᓕᐊᔫᔭᑐᐃᓐᓇᓕᖅᖢᓂ ᐃᓱᒫᓗᖕᓂᖅ ᐅᕙᒍᑦ ᓱᕈᓕᖃᑦᑕᖅᑐᒍᑦ ᐃᓱᒪᑉᑎ'ᓄᑦ. ᑕᐃᒪ ᕿᒪᒐᓱᐃᓐᓈᓗᒡᓗᒍ ᑭᓯᐊᓂᐅᔭᕆᐊᓕᒃ. ᐊᒻᒪ ᐃᓱᒫᓗᒐᔪᒃᑐᑦ ᒪᒃᑯᒃᑑᒐᓗᐊᖅᖢᓂ ᓄᑲᖅᖠᐅᒐᓗᐊᖅᖢᓂ ᐃᓅᖃᑎᒥᓂᒃ ᐃᓄᑐᖃᐅᓂᖅᓴᐅᔫᓱᓇᕗᖅ ᓱᕈᖅᓯᒪᔪᐊᓘᒐᒥ ᐃᓱᒫᓗᖕᓂᕐᒥᓄᑦ. ᑕᐃᒪᓐᓇᐃᑦᑑᒐᑉᑕ ᐃᓱᒫᓗᖅᑯᔭᐅᕙᙱᑦᑐᒍᑦᑕ ᐃᓱᒫᓗᖕᓂᖅ ᑕᒪᔾᔭᐅᒐᓗᐊᖅᑎᓪᓗᒋᑦ ᐊᓂᒍᕋᓯᙵᖅᓗᒍ ᖁᕕᐊᓇᕐᓂᖅᓴᖅ ᐊᔪᕐᓇᕋᓗᐊᖅᑎᓪᓗᒍ ᑎᒍᓇᓯᙵᖅᓗᒍ ᐱᓴᕆᐊᖃᖅᑯᒍᑦ. ᑕᒡᕙ ᑖᒻᓇ ᐊᔾᔨᑐᐃᓐᓇᓇᕚ ᓄᓕᐊᖃᕐᓂᕐᒧᑦ ᑕᐃᑯᖓ ᐃᖏᕐᕋᒻᓂᒃ ᐅᖃᐅᓯᕆᖃᑦᑕᖅᑕᕋ ᐊᔾᔨᑐᐃᓐᓇᖓᓂᑕ ᑖᒻᓇ ᐅᖃᖅᑕᕋ. ᑭᓯᐊᓂ ᐊᔾᔨᒌᙱᑦᑐᒻᒪᕆᐊᓘᓗᐃᑦ ᐱᖅᑯᓯᑦ ᑕᒡᕙᖓᑦ ᐊᑕᐅᑦᑎᒦᖓᓗᒃᑖᖅᑐᑦ ᑕᒡᕙᖓᓗᒃᑖᖅ ᐊᑕᐅᑦᑎᒥ ᐊᔾᔨᒌᙱᒃᑲᓗᐊᖅᖢᑎᒃ...
ᑕᒪᓕᒃ: ᓲᖅᓗ ᐃᑦᑕᖃᑦᑕᖅᑯᔭᐅᓚᐅᕐᒪᑕ ᑐᐸᑐᐊᕈᑎᒃ...ᑕᓐᓇ ᐃᓅᑦᑎᐊᕈᑕᐅᖕᒥᔪᖅ...?
ᐊᐅᐱᓛᕐᔪᒃ: ᐄ, ᐊᑐᒐᒃᓴᕆᒐᑉᑎᒍᑦ.
ᐃᓕᓐᐊᓂᖅᑎᑕᐅᕙᒌᖅᑐᕕᓂᐅᔪᒍᑦ ᓯᓚᒥᒃ, ᖃᓄᐃᑦᑑᖕᒪᖕᒫᖅ ᑕᒡᕙ ᐃᓯᕈᑉᑕ ᐊᐱᖅᓱᒐᐅᓂᐊᖅᑐᒍᑦ. ᓇᑭᑦ ᐊᓄᕆᖃᖅᐸ? ᖃᓄᖅ ᓇᑎᕈᕕᐊᖅᐸ? ᐅᑉᓗᕆᔾᔭᑦ ᖃᓄᐃᑦᑑᕙᑦ? ᒪᑯᐊᓗᒃᑖᑦ ᑐᓴᕈᒪᓂᐊᖅᑖ ᐊᑖᑕᒪ ᐊᑖᑕᑉᑕ ᐃᓯᕈᑉᑕ. ᑕᒡᕙ ᐃᓕᓐᓂᐊᖅᑎᑕᐅᕙᒌᖅᑐᕕᓂᐅᔪᒍᑦ ᐊᐅᓪᓚᖅᐸᖕᓂᐊᕋᑉᑕ ᐃᓄᑑᓗᑕ. ᑕᒡᕙ ᐅᑉᓗᕆᔾᔭᑦ ᐊᐅᓚᔾᔭ.... ᐃᖑᓪᓚ...ᐃᒪᓐᓇ ᖃᒥᒃᑕᕐᓚᒃᑑᔭᖅᓗᑎᒃ ᐱᓯ'ᒥ'ᒪᑕ ᑖᖅᑎ'ᓗᒍ ᑕᐃᒪᒎᖅ ᐃ'ᓴᓯᐅᖅᑐᑦ ᑕᐃᑉᑯᐊᑦ ᐊᓄᕆᓯᐅᖅᑐᑦ. ᐃᒪᓐᓇᖃᐃ ᐊᓄᕆᒧᑦ

ᐊᐅᓚᑕᐅᙱᑦᑑᒐᓗᐃᑦ ᒪᓐᓇ ᐊᓄᕆᒧᖅᑲᐃ ᓯᓚᑐᐃᓐᓇᖅ ᓱᓇᒧᒃᑭᐊᖅ ᐱᔭᐅᓖᖕᒐᑦ ᑕᐃᒪ ᐊᐅᓪᓚᖅᑑᔮᕆᕙᖕᓂᖃᖃᑉᑎᒍᑦ ᓇᑭᓪᓗ ᐊᓄᕆᖅᑲ'ᒪᖕᒑᑦ ᐊᓄᕆᓗ ᖃᓄᐃᑦᑑ'ᒪᖕᒑᑦ. ᓱᐱᑉᑲᐃᓂᖃᐃᕙᒃᑲᑉᑕᓕ ᐊᓄᕆᒥᒃ ᓇᑦᑎᓕᖕᒥᐅᑎᒍᑦ. ᐃᒪᓐᓇ ᓄᖅᑲᖅᔫᒥᐊᓪᓚᒃᐸᒃᓱᓂ ᑎᑭᑳᓪᓚᒃᑕᖄᖕᒐᑦ. ᑕᐃᒪᓐᓇᑑ'ᒪᖕᒑᓪᓗ ᐊᐱᕆᔭᐅᕙᒃᓱᑕ ᐃᓯᖄᖕᒐᑉᑕ. ᑕᐃᒪᓐᓇᐃᑑᓂᖃᕈᑉᑎᒍᑦ ᑕᐃᒪᒎᖅ ᐱᖅᓯᓚᕿᓂᐊᖅᑯᖅ ᐊᓄᕆᖅᑲᓕᕐᓂᐊᖅᑯᖅ ᑕᐃᒪᓐᓇ ᐅᖅᑲᐅᔾᔭᐅᕙᓚᐅᖅᑐᒍᑦ. ᒪᑯᓂᖕᒐᓗ ᐊᑐᓚᐅᙱᓐᓇᑉᑕ (ᓯᓚᓯᐅᑎᒥᓄᑦ ᐊᑭᓐᓇᕐᒦᑦᑐᒧᑦ ᑎᒃᑯᐊᖅᓱᓂ) ᐊᑐᓕᖅᑕᑉᑎᓐᓂᒃ ᓯᓚᓯᐅᑎᓂᒃ ᓇᖕᒥᓂᓪᓚᒃᑖᖅ ᖃᐅᔨᒪᓂᒃᑰᓚᐅᖅᓂ'ᒪᑕ ᐃᓄᐃᑦ ᖃᐅᔨᒪᓂᖅᒥᓂᒻᒪᕆᒃ...

ᑕᒪᓕᒃ: ᐃᒃᐱᒋᑉᓗᒍᑦᑕᐅᖅ...

ᐊᐅᐱᓛᕐᔪᒃ: ᐄ ᐃᒃᐱᒋ'ᓗᒍ ᑕᐅᑐᒃᓱᒍᓗ.

ᑕᒪᓕᒃ: ᐃᒃᐸᖅᓴᖅ ᐅᖅᑲᓚᐅᖃᕕᑦ ᑎᑎᖅᑲᓂᒃ ᑕᑯᒐᓗᐊᖅᓗᑎᑦ ᖁᕕᐊᒋᓗᒋᑦ ᑐᑭᓯᐊᓗᒋᓪᓗ ᑭᓯᐊᓂ ᐃᓗᐊᓄᐊᓪᓚᕆᒍᖕᓇᙱᓐᒪᑖ...?

ᐊᐅᐱᓛᕐᔪᒃ: ᐅᕙᒃᑯᑦᓕ?

ᑕᒪᓕᒃ: ᐄ...

ᐊᐅᐱᓛᕐᔪᒃ: ...ᑎᑎᖅᑲᓕᕆᔨᐅᙱᒧᑦ. ᑭᓯᐊᓂᓕ ᐃᓅᓯᖃ ᐸᐸᑕᖃ ᐅᕙᒻᓂᖕᒑᖅᑐᖅ ᑕᒡᕙ ᑖᒻᓇ ᖃᐅᔨᒪᔾᔪᑎᒋᒐᒃᑯ ᐊᑐᖅᓯᒪᔭᖃ ᓄᑕᖃᐅᓂᒻᓂᑦ. ᑎᑎᖅᑲᑦ ᓱᓕᑦᑎᐊᖅᑑᒐᓗᐃᑦ ᐃᖅᑭᐊᒋᔫᔭᖅᑲᑦᑕᖅᑕᒃᑲ ᐳᐃᒍᖅᐸᓪᓕᐊ'ᓗᒋᓪᓗ ᐅᖅᑲᓕᒫᖃᓗᐊᖅᓱᒋᑦ ᑕᒻᒪᖅᓯᒪᙱᒃᑲᓗᐊᖅᑎ'ᓗᒋᑦ. ᑎᑎᖅᑲᓕᕆᓯᐃᓪᓚᒧᑦ. ᑕᒪᔾᔭ ᑕᐃᒪᓐᓇᐃᑑ'ᒪᑦ ᓄᑕᖅᑲᕗᑦ ᒪᑯᐊ ᑎᑎᖅᑲᓂᒃ ᐃᓕᓯᒪᖅᑯᑦᓚᕆᒃᑕᒃᑲ ᐊᑐᖅᓂᐊᖅᒥ'ᒪᔾᔪᒃ ᓯᕗᓂᖅᒥ. ᐅᕙᒍᑦ ᐊᔪᖅᓇᖅᓂᐊᓗᐊᓂᒃ ᖃᐅᔨᓴᖃᑉᑕ ᐃᓐᓇᑐᖅᑲᑎᒍᑦ ᖅᑲᑉᓗᓈᓂᖕᒑᖅᑎᑕᐅᖕᒪᑦ ᑕᒪᓐᓇ ᐊᑐᖅᑕᐅᕗᖅ. ᐅᕙᑦᑎᑑᖅᑯᙱᔅᓱᒋᑦ ᖅᑲᑉᓗᓈᑦ ᐃᓕᖅᑯᓯᐊᓂ ᐊᑐᓕᖅᐸᑕ ᑕᒪᔾᔭ ᐃᓕᓐᓂᐊᖅᑯᓪᓗᐊᕕᖅᑲᑦᑕᖃᓗᐊᖅᐸᕗᑦ.

ᑭᓯᐊᓂᒃᑕᐅᖅ ᓇᒡᓕᒋ'ᓗᒋᑦ ᑕᖃᓗᐊᖅᑎ'ᓗᒋᑦ ᐃᒃᑮᓗᐊᖅᑎ'ᓗᒋᓪᓗ ᑎᓕᐅᕆᐊᒃᓴᐃᑕ ᓇᒡᓕᖕᓇ'ᒥ'ᒪᑕ ᓄᑦᖃᖕᒐᑎᑐᐃᓐᓇᖅᐸ'ᒥᔭᒃᑲ ᐅᕙᖕᒐ ᐃᓚᖕᒐᒍᑦ. ᐃᓱᒫᓗᒃᑎᓗᐊᖃᑦᑕᖅᓱᒋᑦ ᐃᓕᖁᓯᒃᑎᓕᖅᓱᒋᑦ ᓈᒻᒪᒍᐃᓲᖕᒍᖕᒥ'ᒪᑕ ᓄᑕᖅᑲᑦ...ᐃᓐᓇᐃᓪᓘᓐᓃᑦ ᑕᐃᒪᓐᓇ ᐃᓐᓇᐅᖃᑎᒋᓗᒍᓘᓐᓃᑦ ᓴᒡᓗᑦᑕᓕᕈᖕᓇ'ᒪᑦ ᐃᓕᖁᓯᒧᑦ. ᑕᒡᕙ ᑖᒻᓇ ᐅᓗᕆᐊᓇ'ᒥ'ᒪᑦ ᐃᓕᖁᓯᖕᓂᖅ ᓴᒡᓗᓂᖅᓗ.

ᑕᒪᓕᒃ: ᐄ...

ᐊᐅᐱᓛᕐᔪᒃ: ᑕᑯᓚᐅᖅᐸᒃᑐᖕᒐ ᑕᐃᑉᓱᒪᓂ ᑕᒫᓃᕐᓱᖕᒐ ᐃᓕᓐᓂᐊᖅᑐᓂᒃ ᑕᒪᐅᖕᒐ ᐊᑉᖁᓵᖅᑐᑦ. ᐃᒪᓐᓇ ᐃᓄᒃ ᐅᓇ, ᒥᑭᔪᑯᓘᒐᓗᐃᑦ ᐃᓚᖕᒋᑦ ᐳᐊᓗᖅᑲᖁᑎᒃ ᐃᓅᑑᑯᓗᒃᓱᑎᒃ ᐃᓕᓐᓂᐊᕐᕕᓕᐊᖅᑐᑯᓗᐃᑦ ᓇᒡᓕᖕᓇᖅᑐᐊᓘᕙᓚᐅᖅᑐᑦ. ᐃᓱᒪᖅᓱᙱᓗᐊᒧᑦ ᐃᓕᖁᓯᒧᑦ ᑕᐃᒪᓐᓇᐅᓰᓇᖅᑲᑦᑕᓚᐅᖅᑕᒃᑲ. ᐱᔪᒪᙱᒃᑲᓗᐊᖅᓱᓂ ᓴᐱᖁᓗᐊᖅᓱᓂ ᐃᓕᖁᓯᒃᑲᒥ ᑕᒡᕙ ᐃᓕᓐᓂᐊᓇᐊᖅᑐᑯᓗᒃ.

ᑕᒪᓕᒃ: ᐃᓕᓐᓂᐊᑦᑎᐊᖅᑐᕕᓂᐅᒐᕕᑦ ᑎᑎᖅᑲᖃᙱᑦᑎᐊᖅᓱᓯ ᖃᓄᖅ ᐃᓕᓐᓂᐊᑦᑎᐊᓚᐅᖅᐱᑦ?

ᐊᐅᐱᓛᕐᔪᒃ: ᐃᓛ ᐊᑐᖅᓯᒪᐅᔭᐃᓐᓇᓇᓪᓗᒋᓪᓗ ᐊᑐᕈᒥᓇᖅᑐᐃᓐᓇᕐᓂᒃ ᑭᓯᐊᓂ ᐃᓅᓯᖃᓚᐅᕐᓂᕐᓴᑉᑕ ᓂᕿᒧᓪᓗ ᐆᒪᔪᖅᓯᐅᕐᓂᕐᒧᓪᓗ ᖃᓄᒥᐊᖅ. ᑕᐃᒪᓐᓇ ᐊᑖᑕᒐ ᓯᕗᓪᓕᖅᐹᒻᒪᕆᖕᒥᒃ ᐱᔭᕆᐅᖅᓴᓕᕐᒥᓕ ᐃᓕᓐᓂᐊᕐᕕᒥᓐᓂᓴᑉᑯ ᐱᖃᑎᒋᕙᒃᓱᒍ ᒪᓕᒃᐸᒃᓱᒍ ᑭᖑᓂᐊᒍᑦ ᐊᒃᑲᒻᓂᑦ, ᒪᑯᐊ ᐆᒪ ᐊᓯᐊᓂ (ᑎᒃᑯᐊᖅᓱᓂ ᐊᔾᔨᙳᐊᕐᒧᑦ ᐊᑭᓐᓇᕐᒥ) ᐊᒃᑲᒻᓂᑦ ᐱᖃᑎᖃᖅᓱᖕᒐ ᐊᒻᒪ ᐃᓕᓐᓂᐊᐸᖕᓂᓇ'ᓱᖕᒐ ᑭᓯᐊᓂᓕ ᐊᑖᑕᒪ ᐊᔾᔨᙱᑖ. ᑕᖃᓇᖅᑐᐊᓗᐃᑦ ᐱᖁᔭᖕᒋᑦ. ᑭᓯᐊᓂᓕ ᒫᓐᓇ ᖃᐅᔨᔭᒃᑲ ᓴᙱᔪᐊᓘᓐᓃᑦ. ᒫᓐᓇᒧᑦ ᑎᑭᑦᑐᑦ ᑕᐃᒃᑯᐊ ᑕᖃᒋᔩᓗᒋᖅᑲᑦᑕᓚᐅᖅᑕᒃᑲ ᓱᓇᐅᕙ ᒫᓐᓇᒧᑦ ᐃᓱᒪᕙᒌᖅᑐᕕᓂᐅᓐᓂ'ᒪᑕ ᐊᑖᑕᒪ ᐊᔾᔨᓚᐅᙱᑖ.

ᑕᒪᓕᒃ: ᓲᕐᓗ ᐊᔪᕐᓇᙱᑦᑐᒦᖅᑰᖅᓱᑎᑦ ᐊᑖᑕᖕᓂ

ᐊᔪᕐᓇᕐᓂᖅᓴᒧᑦ...ᓲᕐᓗ ᐅᐸᓗᒥᑦᑕᐅᖅ ᖁᕝᕙᓂᖏᓐᓂ
ᐃᓕᓐᓂᐊᕐᕕᖕᒥ ᐱᕙᓪᓕᐊᖃᑦᑕᕐᒪᑕ...ᐊᔪᕐᓇᕐᓂᖅᓴᓄᑦ ᓲᕐᓗ
ᑖᒻᓇ ᐊᓂᒍᖅᐸᒍ ᓄᑖᖅ ᑖᒻᓇ ᐊᔪᕐᓇᕐᓂᖅᓴᐅᓂᐊᖅᖢᓃ?
ᐊᐅᐱᓛᕐᔪᒃ: ᐄ, ᑕᐃᒪᓐᓇᑦᑕᐅᖅ...
ᑕᒪᓕᒃ: ᐃᓄᐃᑦᑕᐅᖅ ᐊᑖᑕᐃᑦ ᐊᖅᑯᑎᒃᓴᓕᐅᖅᖢᓂᑎᑦ
ᑕᐃᒪᓐᓇᐃᑎᑦᑎᔫᖅ?
ᐊᐅᐱᓛᕐᔪᒃ: ᐄ, ᑕᐃᒪᓐᓇ...ᑕᐃᒪᓐᓇᑦᑎᐊᖅ. ᑕᐃᒪᓐᓇ
ᓄᑕᕋᐅᓂᑉᑎ'ᓂ ᓄᑕᕋᖅᓯᐅᑎᑕᖃ'ᒥ'ᒪᑦ ᐅᖃᐅᓯᕐᓂᒃ
ᐱᔭᕆᐅᖅᓴᔾᔪᑎᓂᒃ ᑑᓴᔾᔪᑎᓂᒃ ᒪᑯᐊ ᐅᓂᒃᑳᖅᑎ'ᓗᑕ
ᐃᓐᓇᖅᑎᒍᑦ ᓄᑕᖅᑲᑦ ᑑᓴᖁᔭᐅᕙᓚᐅᖏ'ᒪᑕ ᑕᐃᑉᓱᒪᓂ
ᐅᖃᖃᑦᑕᖅᑑᒐᓗᐃᑦ ᐃᓐᓇᐃᑦ ᒫᓐᓇ ᓲᕈᓗᑭᐊᖅ
ᐊᓂᖁᔭᐅᓐᓂᖅᐱᑕ ᐃᒪᓐᓇᐃᓕᓲᖑᒐᓗᐃᑦ ᐅᕙᖓᓕ
ᖃᐅᔨᒪᔭᒃᑲ ᓲᕈᓘᙱᑦᑐᖅ ᓯᓚᐃᑦᑑᒐᑦᑕ ᑐᓴᕈᒥᓇᙱᑦᒥᒃ
ᑐᓴᑐᐊᕈᑉᑕ ᐅᖃᐅᓯᕆᑐᐃᓐᓇᕆᐊᖃᕋᑉᑎᒍᑦ ᓇᒧᑐᐃᓐᓇᖅ.
ᐅᖃᐅᓯᕆᒍᑉᑎᒍ ᑐᑭᓯᔭᐅᙱᒃᑲᓗᐊᕐᓗᓂ ᖃᓄᖅ
ᐃᓱᒪᒥᒍᑦ ᖁᐊᖅᓵᕆᔭᐅᓕᕐᓗᑕ ᖃᓄᑭᐊᖅ ᐱᔭᐅᓗᑕ
ᐊᑭᕋᖅᑐᒐᐅᓕᑐᐃᓐᓇᕆᐊᖃᕋᑉᑕ ᐅᓗᕆᐊᓇᓚᐅ'ᒪᑦ.
ᓯᓚᐃᑦᑑᒐᑉᑕ ᓄᑕᖅᑲᑰᑦ ᐅᖃᖅᐸᑕ ᑐᓴᖅᓴᐅᕌᓪᓚᒃᑯᓂ
ᐱᑦᑎᐊᙱᑎᑦᑎᑐᐃᓐᓇᕆᐊᖃᕐᒪᑦ. ᓯᓚᑦᑐᖅᐸᓪᓕ
ᐋᒃᑲᐅᒐᓗᐊᖅ ᑐᓴᖅᑎᓪᓗᒍ ᖃᓄᐃᙱᑦᑑᒐᓗᐊᖅ. ᑕᐃᒪᓐᓇ
ᑕᐃᒪᓐᓇᓕ ᖃᐅᔨᒪᕙᒃᑲ. ᑕᒪᔅᓴ ᑕᖃᓇᖅᑑᔮᖅᑑᒐᓗᐃᑦ
ᐱᐊᓂᒍᖕᓇᓕᖄᖓᑉᑎᒍᑦ ᐊᔪᕐᓇᕐᓂᖅᓴᒧᑦ ᓅᑎᑕᐅᕙᒃᑲᑉᑕ.
ᐃᓕᓐᓂᐊᕐᕕᖕᒥ ᑕᐃᒪᓐᓇᐅᔪᒃᓴᐅ'ᒥᔪᑦ...
ᑕᒪᓕᒃ: ᐄ, ᑕᐃᒪᓐᓇᐃᑦᑐᑦ...
ᐊᐅᐱᓛᕐᔪᒃ: ᐱᓱᒃᑕᖃᕐᓂᕐᒧᑦ ᓇᖏᐊᕐᓇᕐᓂᒧᓪᓗ
ᓱᓇᑐᐃᓐᓇᕐᓄᑦ ᐱᓕᕆᑎᑕᐅᕙᓚᐅᕐᕋᑉᑕ.
ᑕᒪᒃᑯᐊ ᓇᖏᐊᕐᓇᓗᐊᖅᑐᑦ ᐃᓕᓯᒪᙱᓗᑕ
ᐃᓱᒪᑭᓗᐊᖅᑎᓪᓗᑕ ᐱᓕᕆᐊᖑᖁᔭᐅᙱᑦᑎᐊᕐᒪᑕ
ᐃᓄᓘᓗᑕ. ᑭᓱᐊᓂ ᐱᔪᖕᓇᕐᓂᕈᑦ ᖃᐅᔨᔭᐅᒐᒥ

ᑕᐃᒪ ᐱᔭᕆᐅᖅᓴᔭᐅᕙᓪᓕᐊᓯᒋᕗᒍᑦ ᑕᒪᑐᒧᖓ ᐊᔪᕐᓇᕐᓂᖅᓴᐅᓚᐅᖅᑐᒧᑦ. ᑕᐃᒪᓐᓇᐃᑦᑑᓚᐅᖅᐳᖓᓕ.

ᑕᒪᓕᒃ: ᐄ...

ᐊᐅᐱᓛᕐᔪᒃ: ...ᓱᓇᓗᒃᑖᑦ ᐃᒡᓗᓴᓪᓗ ᐃᒡᓗᓕᓂᕐᓗ ᓱᓇᓗᒃᑖᖅ ᐃᓕᓐᓂᐊᖅᑕᕗᑦ ᐊᑖᑕᑉᑎ’ᓂ. ᐃᓕᓐᓂᐊᖅᑎᑕᐅᓂᖅᐳᑦ ᐅᖃᙱᑦᑑᒐᓗᐃᑦ ᐱᔭᕆᐅᖅᓴᑎᑕᐅᓪᓗᑕ ᐃᓕᓐᓂᐊᖅᑎᑕᐅᓐᓂᕋᑉᑕ...

ᑕᒪᓕᒃ: ᐄ...ᓲᕐᓗ ᐃᒡᓗᓕᓂᒥᒃ ᖃᓄᖅ ᐱᑎᑕᐅᓚᐅᖅᐱᑦ?

ᐊᐅᐱᓛᕐᔪᒃ: ᐊᐅᕕᒃᓴᕐᓂᕐᒧᑦ ᐊᔪᕆᖅᑐᒐᐅᕗᖓ. ᐊᐅᕕᒃᓴᖅᑐᓂᒃ ᑕᕐᕆᔭᐅᑎᒃᑯᓪᓘᓐᓃᑦ ᐃᒡᓗᓕᔪᓂᓪᓘᓐᓃᑦ ᑕᑯᕙᓚᐅᖅᑐᒃᓴᐅᔪᑎᑦ ᓄᑕᕋᐅᒐᕕᑦ...

ᑕᒪᓕᒃ: ᐄ, ᑕᑯᖃᑦᑕᓚᐅᖅᑐᖓ...ᐄ...

ᐊᐅᐱᓛᕐᔪᒃ: ᖃᓄᐃᑦᑑᖕᒪᖔᑦ ᐊᐅᕕᒃᓴᕐᓂᖅ ᑖᒻᓇ ᐅᔾᔨᕆᖅᑯᙱᑕᐃᑦ...

ᑕᒪᓕᒃ: ᐄ...

ᐊᐅᐱᓛᕐᔪᒃ: ᐃᓛᒃ ᖃᐅᔨᒪᔭᕋᓗᐃᑦ ᑕᐅᑐᖕᓂᒃᑯᑦ. ᐅᔾᔨᕆᓗᐊᖅᑰᙱᑕᐃᑦ.... (ᑎᑎᕋᐅᔭᖅᑐᖅ) ᑕᒡᕙ ᑕᑯᑦᑎᐊᕐᓂᐊᓕᖅᐸᐃᑦ ᐅᔾᔨᕆᑦᑎᐊᕐᓂᐊᓕᖅᐸᐃᓪᓗ. ᑕᒡᕙ ᐊᐅᕕᒃᓴᕋᒪ ᐅᕙᓂ...ᐅᓇ ᑕᑭᓂᖅᓴᐅᓂᐊᖅᑐᖅ ᐲᖅᑕᕋ ᑕᒃᐱᑯᖓ ᓂᕈᖅᓯᕙᓪᓕᐊᔫᒐᓗᐊᖅ ᒪᐅᓇ ᓂᕈᑐᓂᖓᓄᑦ ᓇᐃᒡᓕᕙᓪᓕᐊᖕᒪᑦ ᐊᐅᕕᖅ. ᑕᑦᑐᕿᓛᖁᓇᒍ ᓇᐃᒡᓕᕙᓪᓕᐊᕌᕐᔪᔅᓴᕆᕗᖅ ᐲᕐᓂᐊᕐᓗᒍ ᑕᑦᑐᕿᑖᖁᓇᒍ, ᑕᒡᕙ ᑕᐃᒪᓐᓇ ᐃᓕᓐᓂᐊᖅᑎᑕᐅᓯᒪᕗᖓ.

ᐱᐊᓚᖕᓇᕐᓂᖅᓴᐅᓐᓂᕐᒪᑦ. ᐃᒪᓐᓇ ᐊᔾᔨᒌᑦᑎᐊᖅᑐᒥᒃ ᐱᓐᓇᔭᕈᑉᑭᑦ ᓯᓕᖕᓂᖓ ᐊᔾᔨᒌᑦᑎᐊᖅᐸᑦ ᐲᖅᐸᓪᓕᐊᓂᐊᕐᓗᒋᑦ ᒪᑯᐊ ᑕᑦᑐᕿᑕᕈᓗᒡᓗᓂ ᓯᖁᒥᖃᑦᑕᖅᑐᕈᓘ’ᒪᑕ. ᑭᓯᐊᓂ ᐅᓇ ᓂᕈᑐᓂᖅᓴᐅᓚᐅᖅᓗᒍ ᑕᑭᓂᖅᓴᐅᓚᐅᖅᓗᒍ ᐲᖅᐸᓪᓕᐊᔪᖅ ᑕᒃᐱᑯᖓ ᓇᐃᒡᓕᕙᓪᓕᐊᖔᖅᓗᒍ...

ᑕᒪᓕᒃ: ᐄ...ᐅᓇ ᒪᓂᖅᑲᖅ ᑐᖖᒐᕕᒋᔮ...ᐅᑯᐊ ᐃᒪᓐᓇ ᐅᐃᒍᓕᕇᒃᐸᓪᓕᐊᓂᐊᑦ ᑖᕗᖕᒐ?

ᐊᐅᐱᓛᕐᔪᒃ: ᐅᓈ? ᑕᒡᕙ ᐅᓇ ᐃᒡᓗᒃᓴᖅ ᐃᒡᓘᓇᔾʼᒪᑦ ᐅᓇ. ᑕᒡᕙ ᐃᒡᓗᓕᐊᕆᓂᐊᕋᑉᑯ ᑕᒡᕙ ᐊᐅᕕᒃᓴᕋᒪ...

ᑕᒪᓕᒃ: ᐄ...ᑖᒻᓇ ᓇᑎᕇᔭ...?

ᐊᐅᐱᓛᕐᔪᒃ: ᐄ, ᒪᓐᓇ ᓇᑎᕇᔭ...ᐊᐅᕕᒃᓴᕋᒪ ᐲᔭᐃᒐᒪ ᒪᑯᐊ ᐲᖅᐸᓪᓕᐊᔭᒃᑲ ᒪᐅᖕᒐ ᐃᓕᕙᓪᓕᐊʼᒪᑕ ᐊᕙᓗᐊᓄᑦ...

ᑕᒪᓕᒃ: ᐄ...ᐄᑦᑎᐊᖅ ᐄ ᑐᑭᓯᕗᖕᒐ...

ᐊᐅᐱᓛᕐᔪᒃ: ᑕᒡᕙ ᑕᐃᒪᓐᓇ ᐊᐅᕕᒃᓴᕐᕕᒋᔭᕋ ᑖᒻᓇ ᓯᓕᖕᓂᖅᓴᐅᓚᐅ...ᑕᑭᓂᖅᓴᐅᓚᐅᖅᓗᓂ ᐲᖅᑕᕋ ᐲᓕᓵᖅᓗᒍ ᑕᒃᐱᑯᖕᒐ ᓇᐃᒡᓕᕙᓪᓕᐊᖕᒍᔭᐃᓐᓇᖅᓗᓂᓖ ᐲᕐᓂᐊᖅᓗᒍ ᑕᑦᑐᕿᑕᕐᓂᐊᖖᒋᓐᓂᖅᓴᐅᖕᒪᑦ ᑕᒡᕙ ᑖᒻᓇ. ᑕᒡᕙ ᑕᐃᒪᓐᓇ ᐃᓕᓐᓂᐊᖅᓯᒪᖖᒋᑦᑐᑦ ᓯᖁᑉᑎᕆᖃᑦᑕᖅᑐᐊᓘᖕᒪᑕ ᐲᔭᐃᓇᓱᕐᓗᑎᒃ.

ᑕᒪᓕᒃ: ᐄ...ᐊᑖᑕᐃᑦ ᑕᐅᑐᒃᓗᒍ ᐃᓕᓐᓂᐊᕐᕕᒋᔭᐃᑦ ᐃᒡᓗᓕᓂᕐᒥᒃ?

ᐊᐅᐱᓛᕐᔪᒃ: ᐄ...ᐊᑖᑕᒐᑑᖖᒋᑦᑐᖅ ᐊᒃᑲᒃᑲᓗ... ᐊᔾᔨᒌᒻᒪᕆᖃᑦᑕᖖᒋᒻᒪᑕ ᐃᒡᓗᓕᓂᖕᒋᑦ.

ᑕᒪᓕᒃ: Hᐄ....

ᐊᐅᐱᓛᕐᔪᒃ: ᐃᓚᖕᒋᑦ ᐱᐊᓚᔪᐊᓗᐃᑦ ᐃᓚᖕᒋᑦ ᐱᐊᓚᓗᐊᖖᒋᑦᑐᑦ.

ᑕᒪᓕᒃ: ᓯᕗᓪᓕᕐᒥᒃ ᐸᓇᒥᒃ ᐊᑐᖅᑎᑕᐅᖖᒋᔅᓗᑎᑦ ᐅᕝᕙᓘᓐᓃᑦ ᐆᒃᑐᕈᓐᓇᖅᓗᒍ?

ᐊᐅᐱᓛᕐᔪᒃ: ᐸᓇᒥᒃ ᐊᑐᖅᑎᑕᐅᔪᖕᒐ ᐸᓇᒧᐃᓐᓇᖅ ᑭᓯᐊᓂᐅᓚᐅᕋᑉᑕ.... ᑕᒡᕙ ᐊᐳᑎᖅᑯᖅᑐᑦᑎᐊᖅᐸᑦ ᐊᐅᕕᒃᓴᕈᒪ ᐊᑭᓐᓇᖅᑕᐅᓂᕋᕋᔭᖅᑕᕋ ᐅᓇ. ᐊᐅᕕᒃᓴᖅ ᐊᔪᕐᓇᖅᐸᑦ ᐊᐳᑎᖃᑦᑎᐊᖖᒋᑉᐸᑦ ᒪᒃᐸᓯᒪᔪᕈᓗ ᒪᒃᐸᒥᒃ ᐃᒡᓗᓕᐅᕋᔭᖅᓗᖕᒐ. ᑕᒡᕙ ᐊᑎᖃᐅᕆᕗᑦ ᑖᒃᑯᐊ. ᒪᒃᐸᑕᕐᓗ

ᐊᑭᓐᓇᖅᑕᕐᓗ.

ᑕᒪᓕᒃ: ᐄ...ᒪᒃᐸᑕᖅ ᐊᑭᓐᓇᕐᓗ?

ᐊᐅᐱᓛᕐᔪᒃ: ᐊᑭ'ᓇᖅᑕᖅ.

ᑕᒪᓕᒃ: ᐊᑭ'ᓇᖅᑕᖅ...ᐄ...

ᐊᐅᐱᓛᕐᔪᒃ: ...ᕿᖅᓱᖅᑕᕐᓗ ᐱᖓᔪᐊ. ᐊᐳᑎᖅᑲᑦᑎᐊᖖᒋᑉᐸᑦ ᐊᐳᑦ ᑲᑎᔅᓱᒍ ᑐ'ᓂᖅᑕᐅ'ᓗᓂ ᑐ'ᒥᕿᓂᖅᓱᒍ ᓯᑎᑦᑎᑎᖅᓱᒍ ᑕᐃᒪᓐᓇ ᕿᖅᓱᖅᑕᐅᓂᕿᖅᑕᐅᕙᑦ ᐃᒡᓗᒃᓴᖅᑲᖖᒋᑎ'ᓗᒍ.

ᑕᒪᓕᒃ: ᐄ....

ᐊᐅᐱᓛᕐᔪᒃ: ᑕᒪᔾᔭ ᐃᓅᔾᔪᑕᐅᓚᐅᖅᑐᑦ ᖃᐅᔨᒪᔭᒃᑲ ᐊᑖᑕᒪ ᐊᑐᖅᓯᒪ'ᒪᒋᑦ ᑕᒪᕐᒥᒃ ᖃᐅᔨᒪᑦᑎᐊᖅᑕᒃᑲ.

ᑕᒪᓕᒃ: ᒪᒃᐸᑕᕐᓗ ᖃᓄᐃᔅᓱᓂ?

ᐊᐅᐱᓛᕐᔪᒃ: ᒪᒃᐸᑕᕐᓕ ᐊᐳᑎᑭᑦᑐᑯᓘᔭᕌᖕᒐᑦ.... ᐊᐳᑎᑭᑦᑐᑯᓘᔭᕌᖕᒐᑦ ᑕᒪᓐᓇ ᓯᑎᔾᔮ'ᓗᓂ ᑕᒡᕙ ᒪᒃᐱᖅᓱᒍ ᑖᒻᓇ ᓴᕕᐅᔭᖅᐸᒌᖅᐸᒃᓱᒍ ᒪᒃᐱᖅᓱᒍ ᑕᒡᕙ ᐱ'ᒪᑦ ᑕᒡᕙ ᐃᒡᓗᒃᓴᙳ'ᒪᑦ ᐃᒡᓗᓕᕙᓪᓕᐊᓂᐊᕐᓗ ᐊᒻᒪᐃᓛᒃ.

ᑕᒪᓕᒃ: ᐊᐅᓚᒃᓴᖖᒋᖕᒑᕐᓗᓂ?

ᐊᐅᐱᓛᕐᔪᒃ: ᐊᐅᓚᒃᓴᐅᖖᒋᓗᓂ ᐃᒪᓐᓇᐅᖖᒋᑦᑐᖅ ᐃᒪᓐᓇᖕᒑᖅ ᐊᐳᑎᑭᓗᐊᕐᒪᑦ ᐅᓄᖕᒐ ᐊᔾᔪᕐᓇ'ᒪᑦ ᐃᒪᓐᓇ ᐱᓇᓱᒃᑲᓗᐊᕐᓗᒍ ᐊᔾᔪᕐᓇᕐᒪᑦ. ᑖᒻᓇ ᐅᒃᐱᓇᔭᕋᓗᐃᑦ ᑕᑯᖖᒋ'ᓇ'ᓂ ᑐᑭᓯᐊᓂᖖᒋᑕᐃᑦ ᖃᐅᔨᒪᓐᓂᓇᖖᒋᑕᐃᑦ ᑕᑯ'ᓗᒍ ᑭᓯᐊᓂ ᖃᐅᔨᒪᓂᙳᕈᖕᓇᖅᑐᖅ.

ᑕᒪᓕᒃ: ᐄᑦᑎᐊᖅ.... ᖃᓄᐊᓗᒡᓕᑭᐊᖅ ᖃᒡᒋᓕᐅᖅᐸᓚᐅᖅᑐᑦ?

ᐊᐅᐱᓛᕐᔪᒃ: Hᐊᐃ?

ᑕᒪᓕᒃ: ᐊᖏᔪᐊᓗᐃᑦ ᑕᐃᒃᑯᐊ ᖃᒡᒌᑦ...

ᐊᐅᐱᓛᕐᔪᒃ: ᐄ, ᖃᒡᒋᓕᐅᖅᑐᓂᒃ ᐊᒥᓱᐃᖅᓱᖓ ᑕᑯᖖᒋᑦᑐᕈᓘᒐᒪ ᖃᒡᒋᐅᓚᐅᖅᓯᒪᔪᒍᑦ ᐊᖓᔪᖅᑳᒃᑲᓗ. ᑕᒡᕙ ᐃᒡᓘᒃ ᑖᒃᑯᐊᒃ ᐃᒡᓘᒃ ᓯᓚᓕᓈᖀᕐᔪᔅᓴᖅᑯᒃ ᑕᒡᕙ ᖃᒡᒋᓕᐅᖅᑕᐅᓂᐊᕿᒥᒃ ᐅᕙᖓ ᐱᐊᓂ'ᒪᑦ ᐃᒡᓗᓕᐅᒃᑲᓐᓂᖅᓱᒍ ᐊᑯᓐᓅᖓᒍᑦ ᑖᒻᓇ. ᑕᒪᓐᓇ

ᐲᔭᖅᑯᒍ ᐲᔭᖅᑯᒍ ᐊᑕᐅᓯᖖᖑᖅᑎᑕᐅᖃᑦᑕᖅᑐᖅ ᑖᒻᓇ. ᖃᒡᒋᐊᒍᑉ ᑖᒻᓇ. ᑖᒻᓇ ᐊᑯᓐᓈᖑᒎᖅ ᑖᒻᓇ ᐅᓇ. ᑕᐃᒪᓐᓇᐃᑦᑐᖃᓚᐅᖅᑐᖅ ᑰᒑᖅᔪᖕᒥ.

ᑕᒪᓕᒃ: ᐄ ...ᑰᒑᖅᔪᖕᒥ 1982ᒥ...ᑕᐃᑲᓃᓚᐅᖅᐱᑦ...?

ᐊᐅᐱᓛᖅᔪᒃ: Hᐊᐃ?

ᑕᒪᓕᒃ: 1982ᒥ ᐃᓗᒻᒪᕆᓕᕆᔾᒃᑯᑦ...

ᐊᐅᐱᓛᖅᔪᒃ: ᐋᒃᑲᖅᑰᓚᐅᖅᑐᖅ ᑕᐃᑲᓃᖅᑰᓚᐅᖖᒋᑦᑐᖓ. ᓯᕗᓂᐊᒍᑦ ᖁᕝᕙᐊᓯᒡᕕᒃᓴᒥᒃ ᑕᐃᒪ ᖃᒡᒋᓕᐅᖅᑐᓂᒃ ᑕᐅᑐᓚᐅᖅᓯᒪᒐᒪ. ᐃᒡᓗᑎᒍᑦᓕᑭᐊᖅ ᖃᐸᓯᐅᓚᐅᖅᑐᒍᑦ ᖃᐸᓯᐅᓚᐅᖅᑐᒍᒃᑭᐊᖅ ᒫᓂᓗ ᐃᒡᓗᑕᖃᖅᑯᓂ ᒫᓂᓗ ᐃᒡᓗᑕᖃᖅᑯᓂ ᒫᓂᓗ ᓯᑕᒻᒪᐅᖅᑰᓚᐅᖅᑐᑦ ᐃᒡᓗᑎᒍᑦ ᓯᓚᓪᓕᓃᒃ...

ᑕᒪᓕᒃ: ᐄ...

ᐊᐅᐱᓛᖅᔪᒃ: ᑕᒡᕙ ᖄᖕᒐᒎᖅᑕᐅᔪᖕᒐᖅᑯᓂ ᓴᓇᔭᐅᒐᒥᒃ ᑕᒡᕙ ᐃᒥᓚᐃ'ᒪᑦ ᐊᐅᒃᑐᓚᐅᖅᑯᓂ ᖁᐊᖅᑕᑎ'ᒪᑕ ᑕᒡᕙᒍ ᐊᑕᐅᓯᖖᖑᖅᑎᑕᐅᕌᒍᒃᑭ'ᒍᓂ ᑖᒻᓇ ᖃᒡᒋᐊᒍ ᓂᕈᖅᓴᐊᒍᑎᕋᒥ.

ᑕᒪᓕᒃ: ᒥᑭᓐᓂᖅᓴᐃᑦ ᐅᑯᐊ ᐃᒡᓗᐃᑦ ᖁᓛᖕᒋᑦ ᐲᕐᓚᒃᑯᒋᑦ? ᖁᓛᖕᒋᑦ ᓲᕐᓗ ᐃᓗᐃᑦᑑᔭᖕᓃᖅᑯᒋᑦ?

ᐊᐅᐱᓛᖅᔪᒃ: ᐄ, ᐃᓚᑯᖖᖑᖅᑯᒋᑦ. ᐅᓇ ᐱᐊᓂ'ᒪᑦ ᐱᐊᓂ'ᒪᑦ ᐃᓚᑯᖖᖑᕐᓂᖅ ᐲᔭᖅᑕᐅᓂᐊᖅᑐᖅ ᑕᒪᐅᓇᒃᑲᓐᓂᖅᑲᐃ. ᖄᖓᒎᖅᑕᐅ'ᒍᑎᒃ ᐃᒡᓗᑐᖅᑲᐅᓕᕌᖓᑕ ᓂᕈᑐᔭᐊᑰᖅᑲᑦᑕᖅᑐᑦ.

ᑕᒪᓕᒃ: ᐄ ...ᐊᖏᔭᐊᑰ...

ᐊᐅᐱᓛᖅᔪᒃ: ᐊᖏᔭᐊᒍᒡᓕ ᑕᐃᓐᓇ ᖁᕝᕙᐊᓯᒡᕕᒋᒃᓴᖆᓚᐅᖅᑕᕗᑦ ᐊᓂᑉᕙᐊᖑᓇᐅ'ᑐᓂ ᓴᓇᐅᒐᐅᔭᑦ.

ᑕᒪᓕᒃ: ᐃᓗᒋᐊᒃᑐᒻᒪᕆᐊᓅᓚᐅᖅᑐᑦ ᑰᒑᖅᔪᖕᒥ 1982ᖑᑎᒡᒍᒍ...ᑕᐃᒪᒍ...ᑕᒃᐸᐅᖕᒐᒻᒪᕆᐊᒍ ᐃᓛᒃ ᐅᐱᖕᓇᖅᑐᖅᔭᐊᖑᓚᐅᖅᓯᒪᔭᖅ ᖃᓗᐊᒍ ᓴᓇᔭᐅᓐᓂᖅᒪᖕᒑᖅ...

ᐊᐅᐱᓛᖅᔪᒃ: ᓂᕈᑐᓪᒪᕆᐊᓗᓚᐅ'ᒥᔪᑦ, ᑕᐃᒪ

ᐅᓂᑉᑳᖅᑕᕋ ᑖᒻᓇ ᖃᒍᑎᐊᓗ ᐃᑎᖅᓱᒋᑦ ᓇᑉᐸᖅᓱᒋᑦ ᒪᔪᕋᐅᑎᖑᖃᑦᑕᓚᐅᖅᑐᑦ....

ᑕᒪᓕᒃ: Hᐋ.... ᖃᓄᑐᐃᓐᓇᖅ ᐃᓄᐃᑦ ᐊᔪᖏᑦᑐᐊᓗᐃᑦ ᑕᒪᒃᑯᓇᓂ. ᐊᔾᔨᒌᖏᑦᑐᓂᒡ ᓘᓐᓃᑦ ᐃᒡᓗᖃᕐᓂᖅᓱᑎᒃ... ᐱᖓᔪᐊᓕᑭᐊᖅ...ᒪᒃᐸᑕᖅ ᑕᐃᒪᓗ ᐊᐳᑎᖃᖏᑎᓪᓗᒍ ᐳᐊᑦᓇᑎᕐᓱᒍ....

ᐊᐅᐱᓛᕐᔪᒃ: ᕿᖅᓯᖅᑕᖅ?

ᑕᒪᓕᒃ: ᐄ, ᕿᖅᓱᖅᑕᖅ...ᕿᖅᓯᖅᑕᖅ?

ᐊᐅᐱᓛᕐᔪᒃ: ᕿᖅᓯᖅᑕᖅ. ᐊᐳᑦ ᑲᑎ'ᓗᒍ ᐊᐅᕕᒃᓴᖑᖅᓱᒍ ᑕᐃᒪ ᐃᒡᓗᓕᐊᖑᕙᓚᐅ'ᒪᑦ. ᐊᐳᑎᖃᑦᑎᐊᖏᒻᒪᑦ ᐳᐊᑦᓇᑎᒍᑦ ᑕᒫᖓᑦ ᐊᒡᔭᖅᑐᖅᓱᑎᒃ ᑕᒡᕙᖓ ᐊᑕᐅᑦᑎᒥ ᐃᓕᐅᖅᑲᖅᓱᒍ ᑕᐃᒪ ᐊᐅᕕᓪᓗᐊᖑᖅᐸᓪᓕᐊ'ᓗᒍ ᑕᐃᒪ ᐳᖅᑐᓯᕙᓪᓕᐊ'ᓗᒍ ᑕᐃᒪᓐᓇ ᓴᓇᐅᒐᐅᕙᓚᐅ'ᒪᑕ ᐊᐳᑎᖃᑦᑎᐊᖏᑦᑕᕌᖓᑦ.

ᑕᒪᓕᒃ: ᐄ...ᐅᐱᕐᖔᒃᑯᓪᓕᑭᐊᖅ ᐊᐳᑎ ᐊᖅᑭᓐᓂᖅᓴᐅᓕᖅᑎᓪᓗᒍ?

ᐊᐅᐱᓛᕐᔪᒃ: ᐃᓚᖓᒍᑦ ᐊᖅᑭᓐᓂᖅᓴᐅᓕᖅᐸᒃᑑᒐᓗᐊᖅ ᐊᐳᔾᔭᕐᓂᖓ ᑕᒪᓐᓇ ᓯᑎᔪᐊᓘᓐᓇ'ᒥᔪᖅ. ᐅᐱᕐᖔᒃᑯᓪᓕ ᖃᓄᐃᖏᑦᑐᖅ ᐊᔪᕐᓇᖅᑐᖅᓯᐅᖏᑦᑐᒍᓪᓕ. ᑭᓯᐊᓂ ᐊᐅᒃᑐᕈᒃᑳᖓᑕ ᐊᐅᖓᓂᖓ ᑕᒡᕙ ᐊᔪᕐᓇᖅᓯᖅᑲᑦᑕᖅᑐᖅ. ᐊᐅᒃᑐᖏᓐᓂᖓᓂ ᐃᒡᓗᒃᓴᐅᓕᕌᖓᑕ ᐃᒡᓗᑖᓐᓇᖅᐸᓚᐅᖅᑐᒍᑦ.

ᑕᒪᓕᒃ: ᑕᐃᒪᓕ...ᑕᐃᓐᓇ...ᒪᒃᐸᑕᐅᖏᑦᑐᖅ ᕿᖅᓯᖅᑕᐅᖏᑦᑐᖅ...

ᐊᐅᐱᓛᕐᔪᒃ: ᐊᑭᓐᓇᖅᑕᖅ ᐅᖃᖅᑲᐅᔭᕋ...

ᑕᒪᓕᒃ: ᐊᑭᓐᓇᖅᑕᕐᓗ ᒪᒃᐸᑕᕐᓗ ᐊᔾᔨᒌᕐᓚᒃᑑᒃ...?

ᐊᐅᐱᓛᕐᔪᒃ: ᐊᑭ'ᓇᖅᑕᐅ'ᒪᑦ ᐊᐅᕕᖑᕋᒥᒃ ᐊᔾᔨᒌᒃᑑᒐᓗᐊᒃ ᑭᓯᐊᓂᓕ ᓵᑦᑐᑦ ᒪᒃᐸᑕᖅ ᑖᒻᓇ ᐊᐳᑎᑭᑦᑐᓐᓄᐊᕐᔫ'ᒪᑦ ᖄᖓᓕ ᓯᑎ'ᒪᑦ. ᑕᐃᒪ'ᓇ ᓴᕕᐅᔭᖅᐸᒌᓚᐅᖅᓱᒍ. ᓵᑦᑑ'ᓗᒍ ᐅᕙᖓ ᒪᒃᐱᖅᓱᒍ ᐊᐅᕕᖑᖅᑲᑦᑕᖅᑐᑦ.

ᑕᒪᓂᒃ: ᐄ.... ᑕᒪᓐᓇᓗ ᐊᐱᖅᑯᑎᒋᔪᒪᔭᕋ ᐃᓕᓐᓂᐊᖅᑐᓕᕆᓂᕐᓘᖕᒋᑦᑑᕙᓗᐊᖅ ᑕᐃᒪ ᐸᖕᓂᖅᑑᕐᒥᐅᑕᒥᒃ ᐊᓈᓇᓕᒃ ᑯᐊᐸᓕᕆᔮᐅᓚᐅᖅᑐᒥᒃ ᐊᑖᑕᓕᒃ ᑕᐃᒪ ᑯᐃᓐ ᓄᓇᖕᕕᓂ ᐃᓕᓐᓂᐊᖅᑐᖅ... ᓄᓇᕐᖃᖅᑳᖅᑎᓂᒃ ᐱᓕᕆᕐᑲᑎᕐᑲᕐᑲᑦᑕᕐᒪᑦ ᐃᓕᓐᓂᐊᕐᓂᑰᖕᒪᑦ ᑖᒃᑯᓂ ᓄᓇᕐᖃᖅᑳᖅᑏᑦ ᐃᓕᓐᓂᐊᕐᕕᖕᒋᓐᓂ. ᓄᓇᕐᖃᖅᑳᖅᑏᑦ ᐊᔾᔨᒌᖕᒋᑦᑐᑦ ᓴᓚᕐᔪᐊᒥ ᓄᓇᕐᔪᐊᒥ ᑐᓴᐅᒪᑦᑎᐊᖅᑰᖅᓯᒪᒪᕙᕕᒋᑦ ᑕᑯᓯᒪᑉᓗᒋᓪᓗ ᐃᓚᖕᒋᑦ ᐃᖅᑭᓕᕐᓂᓪᓗ ᐱᓕᕆᕐᑲᑎᕐᑲᖅᓯᒪᓂᕐᓂ ᐋᑐᐆᒥ ᐊᔾᔩᖕᒋᑦᑐᓂᒃ ᐱᓕᕆᕐᑲᑎᕐᑲᖅᓯᒪᒪᕙᕕᑦ ᐃᓄᖕᓄᑦ ᐊᔾᔨᒋᔭᐅᓂᖕᒋᑦ ᐊᔾᔨᒋᔭᐅᖕᒋᓐᓂᖕᒋᓐᓂᓗ ᕐᑲᐅᔨᒪᒪᕙᕕᑦ ᐅᕐᑲᕐᑲᑎᒋᓚᐅᕋᑉᑯ ᑕᐃᒪ ᑭᓗᒋᒥᒃ ᐃᓄᒃᑎᑐᑦ ᐊᑎᕐᑲᖅᖢᓂ ᓯᓚᕐᔪᐊᒥ ᓄᓇᕐᔪᐊᒥ ᑕᐃᒃᑯᐊ ᓄᓇᕐᖃᖅᑳᖅᑏᑦ ᐊᔾᔨᒌᖕᒋᑦᑐᑦ ᓲᕐᑲ ᐊᒃᓱᕉᕐᑎᕐᑲᕐᑲᑕᐅᕚᔭᕐᒪᑕ ᐊᑕᐅᓯᕐᒥᒃ ᓄᓇᐃᖅᑕᐅᓂᕐᒥᒃ...

ᐊᐅᐱᓛᕐᔪᒃ: ᐄ...

ᑕᒪᓂᒃ: .... ᓄᓇᒥᑦ ᐃᓅᔾᔪᑎᕐᑲᖅᐸᖕᓂᑰᑉᓗᑎᒃ ᓴᖕᒋᓂᖅᓴᒧᑦ ᓵᓚᐅᔫᔭᖅᖢᑎᒃ ᑖᒃᑯᐊ ᓄᓇᖕᒋᑦ ᐱᕐᑯᑎᖕᒋᑦ ᐊᑖᓃᑦᑐᓂᓪᓗ ᓲᕐᓗ ᐋᖅᓴᖅᑕᐅᔾᔪᑎᕐᑲᖅᖢᑎᒃ ᓄᓇᐃᖅᑕᐅᓂᕐᒧᓪᓗ ᐊᔪᖅᓴᓕᖅᖢᑎᒃ ᐃᓅᓯᕐᒥᖕᓂᓪᓗ ᓴᖕᒋᑎᒃᐸᓪᓕᐊᓇᓯᓕᕐᒪᑕ ᓇᒥᓗᒃᑖᖅ ᓄᓇᕐᔪᐊᒥ ᓯᓚᕐᔪᐊᒥ ᓇᓃᒃᑲᓗᐊᕈᑎᒃ ᐃᑲᔪᖅᑎᕇᕐᑲᑦᑕᓕᖅᖢᑎᓪᓗ ᐅᕐᑲᓪᓚᕐᑲᑎᕇᕐᑲᑦᑕᓕᖅᖢᑎᓪᓗ ᓲᕐᑲ ᕐᑲᑉᓗᓈᖕᖑᖕᒋᓐᓇᒥᒃ ᕐᑲᑉᓗᓈᖕᖑᖅᑎᑕᐅᓇᓱᒃᑲᓗᐊᖅᖢᑎᒃ ᐃᒪᓐᓇ ᐊᔭᐅᖅᑕᐅᓇᓱᒃᑕᐃᓕᑦᑎᐊᖅᖢᑎᒃ ᓲᕐᓗ ᐃᓅᓂᕐᒥᖕᓂᒃ ᓄᓇᕐᖃᖅᑳᖅᑎᐅᓂᕐᒥᖕᓂᑦ ᐃᒃᐱᒍᓱᑦᑎᐊᕋᓱᒃᑐᑦ ᑖᓐᓇ ᐊᓯᐅᖕᒋᓗᒍ. ᑕᕝᕙᒎᖅ ᐅᑯᐊ ᓯᑕᒪᐃᑦ ᑎᒍᒥᐊᕋᓱᒃᑕᖕᒋᑦ ᑖᒃᑯᐊ ᓯᑕᒪᐃᑦ ᐸᐸᑕᐅᑦᑎᐊᓇᐊᕐᑲᖅᖢᑎᒃ ᐃᓯᒪᒋᔭᐅᑦᑎᐊᕐᓗᑎᒃ ᑲᒪᒋᔭᐅᓗᑎᒃ ᐊᑯᓐᓂᖕᒋᑦᑎᒍᑦ. ᐅᓇ ᓯᕗᓪᓕᖅᐹᖅ ᓄᓇ. ᓄᓇ ᑲᒪᒋᓗᒍ ᕐᑲᓄᑐᐃᓐᓇᖅ ᓇᔪᕐᓗᒍ ᓄᓇᒧᐊᕐᑲᑦᑕᕐᓗᑎᓪᓗ ᐊᒻᒪ ᐃᓅᔾᔪᑎᓇᓯᐃᓐᓇᕐᓗᒍ

ᓲᕐᓗ.... ᐅᖃᖃᑦᑕᖅᓯᒪᒪᒐᕕᑦ ᑕᒪᒃᑯᓇᓂ ᓴᓇᕐᕈᑎᓂᒃ ᓴᓇᕐᕈᑏᑦ ᑕᒪᒃᑯᐊ ᐊᑭᖃᖏᑦᑐᑦ ᓄᓇᒥᖔᖅᓯᒪᔪᑦ ᖃᐅᔨᒪᑦᑎᐊᕆᐊᖃᕋᑉᑎᒍᑦ ᑕᕝᕙ ᓄᓇᒥᐅᑕᐅᖏᑦᑐᒥᒃ ᐊᑐᒐᒃᓴᖃᑐᐃᓐᓇᕐᓂᒃᑯᑦ ᐃᓅᖕᒋᓐᓇᕈᓐᓇᖏᓐᓇᑉᑖ... ᐃᓛᒃ ᐃᓚᖕᒐᒍᑦ ᓄᓇᒥᐅᑕᓂᒃ ᖃᐅᔨᒪᑦᑎᐊᕆᐊᖃᕋᑉᑕ. ᑖᒻᓇ ᑐᒡᓕᕆᔮ ᐅᖃᐅᓯᖅ ᐅᖃᐅᓯᖃᑦᑎᐊᕐᓂᖅ ᐅᖃᐅᓯᖅ ᓲᕐᓗ ᑎᒍᒥᐊᖕᒋᓐᓇᕐᓗᒍ ᐊᑐᕐᓗᒍ ᓄᑕᖅᑲᑉᑎ'ᓄᓪᓗ... ᓄᓇᑕᖅᑲᕗᑦ ᐅᖃᐅᓯᖃᖃᑕᐅᑎᖃᑦᑕᕐᓗᒋᑦ ᑖᒻᓇᓗ ᐱᖕᒐᔪᒋᔮ ᐅᓂᒃᑳᕗᑦ, ᐅᓂᒃᑳᕗᑦ ᐊᓯᐅᖁᓇᒋᑦ ᐊᒪᓗ ᓯᑕᒪᒋᔮ ᐃᓕᖅᑯᓯᖅ ᐅᕝᕙᓘᓐᓃᑦ ᐱᖅᑯᓯᖅ... ᑳᒃᑯᐊ ᓲᖃ ᖃᑉᓗᓈᑐᑦ ᐅᕙᒻᓄᑦ ᐅᖃᖅᑕᐅᓚᐅᕐᒪᑕ... ᐃᓕᖅᑯᓯᖅ ᑖᒻᓇ ᐅᖃᐅᓯᐅᔪᒥᓇᖅᒪᖔ ᐱᖅᑯᓯᕐᓘᓐᓃᑦ ᓇᑦᓕᐊᑭᐊᖅ ᐅᕝᕙᓘᓐᓃᑦ ᐊᑕᐅᑦᑎᒃᑯᑦ ᐊᑐᕈᓐᓇᖅᓱᒋᒃ. ᑳᒃᑯᐊ ᑎᒍᒥᐊᖅᑕᐅᖁᔭᐅᖏᓐᓇᖅᓱᑎᒃ ᐊᒻᒪ ᓯᕗᒻᒧᑦ ᓲᕐᓗ ᓄᓇᖃᖏᑉᐸᑕ ᐅᖃᐅᓯᖃᖏᑉᐸᑕ ᐅᓂᒃᑳᖏᓐᓂᒃ ᐳᐃᒍᖅᐸᑕ ᑐᓴᐅᒪᖏᑉᐸᑕ ᐊᒻᒪᓗ ᐃᓕᖅᑯᓯᖃᖏᑎᓪᓗᒋᑦ ᑕᕝᕙ ᖃᑉᓗᓈᖑᖅᐳᑦ. ᑕᐃᒪᓐᓇ ᐃᓱᒪᒻᒪᑕ. ᖃᑉᓗᓈᖑᕈᒪᖏᓐᓇᒥᒃ ᐃᓕᖅᑯᓯᑦᑎᐊᕙᖃᖅᑎᓪᓗᒋᑦ ᐸᐸᔭᕆᐊᖃᖅᑕᖏᓐᓂᑦ ᓇᓗᓇᐃᖅᓯᓯᒪᔪᑦ ᑳᒃᑯᓇᓂ ᓯᓚᑕᒪᓂᒃ...ᖃᓄᖅ ᐃᓱᒪᕐᒪᖔᖅᐱᑦ ᑳᒃᑯᐊ ᒥᒃᓵᓄᑦ ᐅᕝᕙᓘᓐᓃᑦ ᐅᖃᐅᓯᒃᓴᖃᕐᒪᖔᖅᐱᑦ....

ᐊᐅᐱᓛᕐᔪᒃ: ᑖᒻᓇ ᖃᓄᑭᐊᖅ ᐅᖃᐅᓯᕆᓇᔭᖅᓗᐊᖅᐸᖅ. ᐱᖅᑯᓯᕗᑦ ᓴᒃᑯᒻᒪᕆ...ᐅᕙᖕᒐᓕ ᐃᓅ'ᓗᖕᒐ ᐱᖅᑯᓯᕋ ᓴᒃᑯᒻᒪᕆᓚᐅᖅᓯᒪᓐᓂᖅᑯ ᐃᓚᖕᒐ ᐃᒪᓐᓇ ᐅᖃᐅᔾᔭᐅᖃᑦᑕᓚᐅᕐᐸᑕ ᐃᒃᓯᕐᔪᐊᕐᓂᒃ ᑕᑯᖕᒐᖃᑕᐅᔪᕈᓘᒐᒪ ᐃᒪᓐᓇ ᐱᖃᑎᒋᒻᒪᕆᒃᓱᒋᑦᑐ ᓲᖃᐃᒻᒪ ᒪᓕᖁᔭᐅ'ᒪᑕ ᒪᓕᖕᓂᐊᕋᑉᑎᒍᑦ ᐅᖃᐅᔾᔪᖅᑕᐅᕙᒃᓱᑕᓗ ᐃᓄᐃᖒᖅ ᐊᑐᖅᑕᖕᒐᑦ ᐱᐅᖏᑦᑐᐊᓘ'ᒪᑦ ᐃᒪᓐᓇᐃᓕᔭᐅᖃᑦᑕᓚᐅᕐᒪ ᐱᐅᖏᓐᓂᖕᒐ ᖃᐅᔨᒪᖏᒃᑲᓗᐊᖅᓱᒍ ᐃᓅᓂᕋ ᐊᑐᖅᓱᒍ

ᐅᒃᐱᕈᓱᑦᑎᐊᕋᒪ ᐅᖃᖅᑐᓂᒃ ᓱᓇᐅᕝᕙ ᑕᒻᒪᕐᓂᖅᖢᖓᑦᑕᐅᖅ ᐅᒃᐱᕈᓱᒃᑐᖓ ᐃᓅᓂᕗᑦ ᐱᐅᙱᑦᑑᓇᓱᒋ'ᓗᒍ. ᑕᒡᕙ ᑕᐃᒪᓐᓇ ᐃᓕᖅᑯᓯᕗᓪᓗ ᐊᑐᕈᐃᖅᖢᑎᒍᑦ ᐃᓕᖅᑯᓯᕆᔭᕗᑦ ᐃᓄᒃᑎᒍᑦ ᑕᒫᓂ ᓱᓇᖃᙱᑦᑐᕈᓘᒋᐊᖅᑐᓂᒃ ᑕᐃᒪᓐᓇᐃᑦᑐᙳᓚᐅᕐᓂᕋᒪ ᖃᑉᓗᓈᓪᓗ ᐃᓕᖅᑯᓯᐊ ᖃᐅᔨᒪᓇᒍ ᐱᑦᖁᓯᐊ ᐊᑐᙱᔅᖢᒍ ᐃᓅᑉᓗ ᐱᑦᖁᓯᐊ ᐃᓚᖓ ᐊᑐᕐᓚᒃᑲᓗᐊᖅᖢᒍ ᐃᓚᐃᓐᓇᑯᓗ ᐊᑐᕋᓯᓕᖅᖢᒍ ᑕᐃᒪᓐᓇᐅᓚᐅᕋᒪ ᓱᓇᖃᙱᑦᑐᒧᐊᕐᓂᖅᖢᖓ ᑭᖑᓂᐊᒍᑦ ᑐᑭᓯᓕᖅᑐᖓ ᐅᕙᒻᓂᒃ ᒪᑯᐊ ᐃᒡᓗᐃᓪᓗ ᓱᓇᑐᐃᓐᓇᐃᑦ ᐊᑭᓕᖅᑐᒐᒃᓴᐃᑦ ᑕᒪᒃᑯᐊ ᓱᓇᑐᐃᓐᓇᙳᓕᖅᖢᑎᒃ ᐱᔭᕆᐊᖃᖅᑕᕗᓪᓗ ᑕᒪᒃᑯᐊ ᐃᓕᓐᓂᐊᕐᓃᑦ ᓱᓇᑐᐃᓐᓇᐃᑦ ᑕᒪᔾᔮᙳᓕᖅᖢᑎᒃ ᑕᒪᓐᓇ ᐃᖢᐊᕆᓯᐃᖅᑖᓗᒋᒐᑉᑯ ᖃᓄᑦᓕ ᐱᓂᐊᓕᕋᓗᐊᖅᑯᖓ ᐃᓯᒪᖃᑦᑕᓕᕋᒪ ᐃᓅᓂᕋ ᐊᑐᖅᖢᒍ ᑕᐃᒪ ᑕᒪᒃᑯᐊ ᐊᓈᓇᒪᓗ ᐊᑖᑕᒪᓗ ᐊᑐᖅᐸᓚᐅᖅᑕᖏᑦ ᐊᖑᓇᓲᑎᕈᓗᐃᑦ ᓴᓇᕐᕈᑏᑦ ᖁᓪᓖᑦ ᐃᓐᓂᑦᑕᑦ ᑕᒪᒃᑯᐊ ᓴᓇᓕᓚᐅᖅᓯᒪᕙᒃᑲ. ᓴᓇᒐᒃᑭᑦ ᓴᓈᓂᒃᑲᒃᑭᑦ ᑕᐃᒪᓐᓇ ᐃᓐᓂᑕᖃᓚᐅᕐᒪᑦ ᐊᖏᓂᖅᓴᒥᒃ ᐆᒪᙵᑦ. ᒪᐅᖓ ᐃᓂᑖᑦᑎᐊᖅᖢᒋᑦ ᑕᒪᒃᑯᐊᑦ ᒪᓃᓪᓗ ᑕᑦᖁᕇᓪᓗ ᐊᑐᖅᐸᓚᐅᖅᑕᒃᑲ ᕿᕕᐅᑦᑕᓪᓗ ᓂᕕᖓᖅᓯᖅᖢᒋᑦ ᓂᕕᖓᕙᓚᐅ'ᒪᑕ ᐃᓐᓂᒥ ᐸᓂᖅᓯᖅᖢᑎᒃ. ᑕᒪᒃᑯᐊ ᐃᔨᒋᓕᕋᒃᑭᑦ ᒪᓐᓇ ᕿᐊᓵᖅᑐᐊᓗᒃᑐᖅ ᒪᓂᒡᔪᒃᑐᖅᑯᖓ. ᕿᐊᔪᐊᓘᓴᖅᑐᑐᑦ ᐅᕝᕙ ᕿᐊᖅᑲᐅᙱᑦᑐᖓ. ᑐᑭᓯᓕᖅᑐᖓ ᓱᓇᐅᕝᕙ ᑐᑭᓯᓐᓇᖏᑦᑐᒥᒃ ᑭᙶᒫᔭᓗᒋᓕᖅᑕᕋᓗᐊᕋ ᐃᓅᓂᕋ. ᑕᒪᔾᔭ ᓴᓇᕙᓪᓕᐊᓕᓚᐅᖅᐸᒃᑲ. ᑕᒡᕙ ᑕᐃᒪᓐᓇ ᕿᒪᒋᐊᖃᙱᑕᕕᖅᑯᑦ ᐃᓅᓂᕆᓚᐅᖅᑕᕗᑦ ᓄᓇᖃᖅᑳᕐᓂᑰᔪᒍᑦ ᐱᖅᑯᓯᕗᑦ ᐊᑐᕆᐊᖃᖅᑕᕗᑦ. ᖃᑉᓗᓈᓪᓕ ᐱᖅᑯᓯᐊ ᐊᑐᓕᕋᑉᑎᒍᑦ ᐃᓚᖓ ᕿᒪᔾᔮᔪᖕᓃᖅᖢᑎᒍᑦ ᐊᑐᕐᓂᐊᖅᑕᕋᓗᐊᕗᑦ ᑭᓯᐊᓂ ᐃᓅᓂᖅ ᐊᖏᓂᖅᓴᐅᙱᓐᓇᕆᐊᓕᒃ ᓄᓇᑉᑎ'ᓂ ᐃᓅᓂᕆᔭᕗᑦ ᐱᐅᔪᐊᓘᒻᒪᕆᐅᖕᒪᑦ ᐃᓅᓂᖅ ᐊᑭᕋᖅᑐᕐᓂᖃᖁᔭᐅᓇᓂ

ᐱᕋᔭᒃᑐᖃᖁᔭᐅᓇᓂ ᑕᐃᒪᓐᓇᐃᑦᑑᓚᐅᕋᓗᐊ'ᒪᑦ. ᓄᓇᓗ ᐃᓄᖃᕐᓂᕋᖅᑕᐅᕙᒃᓱᓂ ᑕᐃᒪᖖᒑᓗ ᑐᓴᐅᒪᔭᕗᑦ ᐃᓄᖃ'ᒪᓐᖕᒎᖅ ᓄᓇ ᐱᑦᑎᐊᖅᐸᖕᓂᐊᖅᐸᕗᑦ ᐃᒪᓐᓇᐃᓕᐅᖅᑕᐅᕙᓚᐅᕋᑉᑕ. ᑕᐃᒪ ᐅᓂᒃᑳᓚᐅᖅᐳᖓ ᐊᖓᑦᑯᖅ ᑕᐃᒻᓇ ᐅᑦᑯᓯᒃᓴᓕᖕᒥ ᒪᓕᖁᔭᐅᔪᓂᒃ ᒪᓕᙱᓐᓇᒥ ᐃᓅᔪᖕᓇᐃᓚᐅᖅᑐᖅ ᐊᖓᑦᑯᐊᓘᒐᓗᐊᖅ. ᓯᖁᒥᒃᑎᒐᒥ ᐃᓄᐃᑦ ᒪᓕᒐᒻᒪᕆᕕᓂᖏᓐᓂᑦ ᑕᐃᒪᓐᓇᐅᓚᐅᖅᑯᖅ. ᓇᓪᓕᖅᐸᑦ ᐊᑦᕌᒎᖅᐸᑦ ᐃᓯᒪᒃᓯᖁᔭᐅᔫᒐᓗᐊᖅ ᓈᓚᒍᒪᙱᓐᓂᕐᒥᓐᓂ ᐃᖕᒥᓂᒃ ᐱᑎᑦᑐᖅ. ᑕᒡᕙ ᑕᐃᒪᓐᓇᐃᓚᐅᕋᑉᑕ ᑕᐃᑉᓯᒪᓂ ᐃᓚᖓ ᐃᓱᐊᕐᓂᖓ ᑕᒪᓐᓇ ᐊᑐᕆᐊᖃᖅᑕᕗᑦ ᓯᓕᐅᒐᓗᐊᖅ ᓄᑕᖅᑲᑉᑕᓗ ᖃᐅᔨᒪᔭᕆᐊᖃᖅᓱᓂᐅᒃ.

ᑕᒪᓕᒃ: ᐄ...ᑐᑭᓯᓐᓇᑦᑎᐊᖅᑐᒥᒃ ᐅᖃᖅᑐᑎᑦ...

ᐊᐅᐱᓛᕐᔪᒃ: ᓄᓇᖃᖅᑳᕐᓂᑰᔪᒍᑦ ᓄᓇᐃᖅᑕᐅᓇᓯᒃᓯᒪᓂᕋᑉᑕ ᓯᓈᓗ ᐅᓇ ᑮᓇᐅᔭᒃᓵᓗ ᐅᓇ ᓴᓇᐅᒐᒃᓵᓗ ᐅᓇ ᑕᒪᒃᑯᓂᖓ ᐋᖅᒃᓵᖅᑕᐅᓇᓯᓕᕋᑉᑕ ᖃᑉᓗᓈᓂᑦ. ᑕᒡᕙ ᐅᓗᕆᐊᓇᙱᑦᑎᐊᖅᓱᓂ ᐅᖃᖅᐸᒃᑑᓗᐃᑦ ᐃᓚᖏᑦ ᐅᓗᕆᐊᓇᖅᓯᔪᒫᖅᐳᑦ ᑕᐃᑲᓂ ᐱᓂᐊᕐᓂᖅᐸᑦ ᐅᓗᕆᐊᓇᖅᑐᒃᑰᓕᕈᒫᖅᑐᒃᓴᐅᔪᒍᑦ ᑖᕙᓂ. ᐃᓄᒃᑎᒍᓪᓕ ᐃᓄᓪᓚᕆᒃᑎᒍᑦ ᐅᓗᕆᐊᓇᖅᑐᖅᓯᐅᓗᐊᓚᐅᖅᑰᙱᑦᑐᒍᑦ ᓄᓇᑉᑎ'ᓂ ᑕᒫᓂ ᐅᓗᕆᐊᓇ'ᒥᔫᒐᓗᐊᑦ ᒪᓕᒐᖕᒐᑦ ᓯᖁᒥᒡᓗᒍ... ᐃᓚᖓᒍᑦ...

ᑕᒪᓕᒃ: ...ᓄᓇ ᖃᐅᔨᒪᑦᑎᐊᕋᑉᓯᐅᒃ ᖃᐅᔨᒪᑦᑎᐊᓚᐅᕋᑉᓯᐅᒃ ᐆᒪᔪᓪᓗ ᑕᒪᒃᑯᐊ...ᐅᓗᕆᐊᓇᖅᑐᖃᓗᐊᓚᐅᙱ-....

ᐊᐅᐱᓛᕐᔪᒃ: ᐅᓗᕆᐊᓇᖅᑐᖃᓚᐅᙱᑦᑎᐊᖅᓱᓂ ᖃᐅᔨᒐᑉᑕ ᑎᐱᖃᑦᑎᐊᖅᓱᑎᒃ ᑎᐱᖕᒋᑦ ᓇᐃᒪᑦᑎᐊᓚᐅᖅᓱᒍ ᐃᒡᓗᓂᒃ ᒪᑯᓂᖓ ᓇᐃᒪᓚᐅᙱᓐᓇᑉᑕ ᑕᐃᑉᓯᒪᓂ ᐃᓅᓃᓐᓇᖅ ᑭᓯᐊᓂ ᓯᓚᐃᓇᕐᓗ ᓇᐃᒪᒐᑉᑕ ᐱᐅᔪᐃᓐᓇᐅᓚᐅ'ᒪᑦ ᓄᓇᓗ ᓯᓚᓗ ᑕᒡᕙ ᖃᓐᓂᕐᓂᐊᕐᓂᕌᖕᒐᑦ ᐅᑭᐊᒃᓵᒃᑯᑦ ᐊᐳᑎᓯᖕᓂᐊᓗᖕᒥᒃ ᓇᐃᒪᓐᓇᖅᐸᓚᐅᖅᑐᖅ ᓇᐃᒪᓐᓇᑦᑎᐊᖅᐸᓚᐅᖅᑐᖅ

ᒪᖁᕐᔪᐊᕐᓂᐊᕐᓂᕌᖕᒐᓪᓗ ᐃᒪᖅᓱᖕᓂᐊᓗᖕᒥᒃ ᓇᐃᒪᕗᒃᖢᑕ ᑕᐃᑉᓱᒪᓂ ᒫᓐᓇᓕ ᓇᐅᒃ ᐱᑕᖃᕈᐃᖅᑐᖅ ᓇᐃᒪᔪᖕᓃᖅᑐᒍᑦ ᓇᐃᒪᓗᐊᒍᑦ ᓈᓪᒪᙱᑦᑐᓂᒃ ᑕᐃᒪᓐᓇᐃᓕᔪᒍᑦ. ᓄᓇᕗᑦ ᓴᓗᒪᑎᑦᑕᓇᐊᓕᒃ ᐊᐅᓚᑦᑕᓇᐊᖃᖅᑕᕙᓂᖅᑎᒍᑦ ᓇᓗᓇᖅᑑᙱᑦᑎᐊᓕᖅᑑᒐᓗᐊᖅ ᑭᓱᐊᓂ ᖃᑉᓗᓈᑦ ᐊᒥᓱᓪᒪᓇᐊᓘᒐᒥᒃ ᓵᓚᒃᓴᓕᖃᑦᑕ'ᒪᑕ.

ᑕᒪᓕᒃ: ᐄ ...

ᐊᐅᐱᓛᕐᔪᒃ: ᐃᖅᑭᓖᑦ ᑕᐃᒃᑯᐊ ᑕᐃᑉᓱᒪᓂ ᐃᓱᒪᒋᕙᓚᐅᙱᑕᒃᑲ ᓲᖃᐃᒪᑦᑕᐅᖅ ᐊᒃᓱᕈᕋᒥᒃ ᓄᓇᖃᖅᑳᕐᓂᑰᒐᒥᒃ ᖃᑉᓗᓈᓂᒃᑕᐅᖅ ᐃᑲᔪᖅᑕᐅᓚᐅᕋᑎᒃ ᐊᔪᙱᑦᑎᐊᓚᐅᕋᓗᐊᕐᒪᑕ ᑕᐃᑉᓱᒪᓂᐊᓗ ᐃᓕᒃᑎᑐᑦᑕᐅᖅ ᐅᕙᑎᓪᓗ ᑕᐃᒪᓐᓇᑉᑕᐅᖅ. ᑕᒡᕙ ᐃᓱᒪᖃᑦᑕᖅᑐᖓ ᐃᖅᑭᓕᑦ ᐱᐅᓯᖕᒋᓐᓂ ᖃᐅᔨᒪᙱᑦᑕᕋᓗᐊᒃᑲ ᓄᓇᖃᖅᑳᕐᓂᑯ'ᒥᒐᒥᒃ ᓄᓇᒃᑎᒃ ᐊᓐᓂᓇ'ᒪᔾᔪᒃ ᐅᕙᒍᓪᓗ ᐃᓅᒃᑎᒍᑦ ᐃᖢᐊᖅᑐᒥᒃ ᑐᑭᓱᒪᖃᑎᒌᒃᓯᒪᑦᑎᐊᕐᓗᑕ ᐊᑐᖅᑕᕗᑦ ᐊᔾᔨᒌᔾᔮᕐᓂᙱᑦᑑᒐᓗᐊᑦ ᐃᓚᖓᒍᑦ ᐊᔾᔨᒌᖃᑦᑕ'ᒪᑦ ᓇᓗᓇᖏ'ᒪᑦ ᐃᑲᔪᖅᑎᒌᑦᑎᐊᕈᑉᑕ... ᓄᓇᕗᑦ ᐱᓱᒪᓂᖅᓴᐅᓇᔭᖅᑰᖅᑕᕗᑦ -ᑕᕋᓗᐊᕗᑦ ᑕᐃᒪᓐᓇ ᐃᓱᒪᖃᑦᑕᖅᑐᖓ. ᖃᑉᓗᓈᓂ ᐃᓱᒪᑕᖃᕐᓂᐊᕈᑉᑕ ᐊᐅᓚᑕᐅᓂᐊᕈᑉᑕ ᓄᓇᕗᑦ ᓯᖁᑉᑎᒐᐅᑐᐃᓐᓇᕐᓂᐊᖅ ᖃᑯᒍᐊᓗᒃ.... ᓯᖁᑉᑎᒐᐅᕙᓪᓕᐊᓕ'ᒪᑦ ᑮᓇᐅᔾᔪᖕᒥᒃ ᐱᔪᒪᒍᑦ....

ᑕᒪᓕᒃ: ᐄ.... ᑕᒡᕙ ᓯᑕᒪᖕᒋᑦ ᓲᖃ ᐅᖃᐅᑎᔭᐅᒐᒪ ᑖᒃᑯᐊ ᓯᑕᒪᐅᖕᒪᑕ ᑭᓱᐊᓂ ᐃᓗᐊᓂ ᖃᑉᓗᓈᑐᑦ ᑎᑎᕋᖅᓯᒪᓂᖕᒐ ᐅᑯᐊ ᖃᑉᓗᓈᑐᑦ ᑎᑎᕋᖅᓯᒪᓚᐅᕐᒪᑕ ᐃᓄᒃᑐᑦ ᑐᑭᖃᑦᑎᐊᖅᖢᑎᒃ ᑐᑭᖃᑦᑎᐊᖅᑰᖅᖢᑎᒃ ᐃᓄᒃᑐᑦ ᑎᑎᕋᖅᑕᒃᑲ ᖃᑉᓗᓈᑐᑦ ᑎᑎᕋᖅᓯᒪᔪᒥᑦ ᐅᕙᓂ ᐅᖃᐅᓯᖃᖅᖢᓂ ᑐᑭᓕᐅᕈᓐᓇᖅᑕᒻᓂᒃ ᑭᓱᐊᓂ ᐊᑕᐅᓯᕐᒥᒃ ᐅᖃᐅᓯᒃᓴᖃᕐᒪᖕᒑᖅ ᖃᐅᔨᒪᙱᓐᓇᑉᑯ ᐃᒪᓐᓇᐃᖕᒪᑦ... ᓲᕐᓗ ᐅᖃᖅᑲᐅᒐᕙᑦ ᐊᓈᓇᕙᑦ ᐊᑐᖅᓯᒪᔮᓐᓂᒃ ᖁᓪᓕᕐᒥᒃ

ᐊᑯᓂ ᐊᑐᙱᑦᖄᖅᑐᑎᑦ ᐊᑐᓕᒃᑲᓐᓂᖅᑐᒍ ᑕᒻᕙ ᑖᓐᓇ ᑐᑭᓕᓇᔭᖅᑖ ᐊᑐᓕᒃᑲᓐᓂᕋᓱᖃᑦᑕᕐᓂᖅ ᐅᕝᕙᓘᓐᓃᑦ...ᓲᕐᓗ ᐅᓇ ᐅᑎᖅᑐᖅ ᑕᒪᒃᑯᓄᖓ. ᒪᑭᑦᐸᓪᓕᐊᔾᔪᑕᐅᔪᖕᓇᖅᑐᓂ ᒪᓐᓇ ᓲᕐᓗ ᐃᓕᓐᓂᐊᖅᑎᑦᑎᓚᔭᖅᑐᓂ ᓲᕐᓗ ᓄᓇᖅᑲᑎᒌᑦ ᐅᑯᐊ ᑕᒪᒃᑯᐊ ᓯᑕᒪᐃᑦ ᐃᓕᑕᕆᑦᑎᐊᖅᐸᒋᑦ ᐊᒻᒪ ᑲᒪᒋᓗᓂᒋᑦ...ᓲᕐᓗ ᐊᑐᕐᓗᒋᓐᖒᖅ ᓴᙱᑦᐸᓪᓕᐊᔪᖕᓇᖅᑐᑦ. ᓄᓇ ᐊᑐᕐᓗᒍ ᓴᙱᑦᐸᓪᓕᐊᔪᖕᓇᕐᒪᑦ ᐅᖅᑲᐅᓯᖅ ᐊᑐᕐᓗᒍ ᐊᑐᐃᓐᓇᕋᓱᒡᓗᒍ ᓴᙱᓂᖅᓴᐅᔪᖕᓇᕐᒪᑦ ᐊᑐᙱᓗᒍ ᓲᕐᓗ ᒪᑯᓄᖓ ᐅᕙᖓᓗ ᖃᑉᓗᓈᖑᓗᐊᖅᑐᖓ ᑕᒪᒃᑯᓄᖓ ᐃᓄᒃᑐᑦ ᐅᖃᕋᓱᖃᑦᑕᖅᑐᖓ ᑐᑭᔨᙱᒃᑲᓗᐊᖅᑎᓪᓗᒋᑦ ᓲᖃ ᓇᒡᓕᒋᑉᓗᒋᑦ ᐃᓅᒐᒥᒃ ᐅᒡᒍᐊᕈᒫᕋᓱᒋᑉᓗᒋᑦ ᓲᖃᓘᓐᓃᑦ ᓄᑕᕋᒃᑲ ᓇᖕᒥᓂᖅᑯᑎᒃᑲ ᐅᒡᒍᐊᖅᓯᒪᖕᒪᑎᒃ ᐃᓄᒃᑑᕐᕕᒋᑦᑎᐊᓚᐅᙱᓐᓇᒃᑭᑦ ᓲᖃ ᐃᓄᖕᓂ ᐱᕈᙱᓐᓇᒥᒃ ᐅᖃᓪᓚᖃᑎᒃᓴᖃᙱᓐᓇᒪ ᐅᕙᖓ ᐃᓄᒃᑑᕈᖕᓇᖅᑐᑐᐊᖑᓚᐅᕋᒪ ᑕᐃᑲᓂ.

ᐊᐅᐱᓛᕐᔪᒃ: ...ᐄ...

ᑕᒪᓕᒃ: ᐅᓂᒃᑳᕗᑦ ᐅᓂᒃᑳᖅᑕᐅᑎᓪᓗᒋᑦ ᑭᓯᐊᓂ ᓴᙱᔪᖕᓇᕐᒪᑕ ᐳᐃᒍᖅᑕᐅᙱᓗᑎᒃ ᖃᐅᔨᒪᔭᐅᓗᑎᒃ ᑐᓴᐅᒪᔭᐅᓗᑎᒃ ᐅᓂᒃᑳᖅᑕᐅᓂᒃᑯᑦ ᑭᓯᐊᓂ ᐊᒻᒪ ᐃᓕᖅᑯᓯᖅ ᐊᑐᕐᓗᒍ ᖃᐅᔨᒪᔭᐅᑎᓇᓱᒡᓗᒍ ᑕᒻᕙ ᐊᑐᓇᐊᖅᑲᓕᖅᐸᑦ ᓯᓇᒥᒃ ᓴᓇᕐᕈᑎᓕᐅᖅᓯᒪᔭᕕᑦ ᐊᔾᔨᖑᓂ ᑕᐃᒪ ᑕᑯᓯᒪᒐᓗᐊᖅᐸᒍ ᐃᑉᔪᐊᕋᓱᒍᖕᓇᖅᑐᓂᐅᒃ ᓄᓇᒦᑉᐸᑦ ᐊᔪᓕᖅᐸᑦ. ᑕᐃᒪᓐᓇ ᑐᑭᖃᖅᑐᑦ ᐅᑯᐊ. ᑖᓐᓇ ᕿᑎᐊᓃᑦᑐᖅ ᐅᖅᑲᐅᓯᕐᒥᒃ ᐊᑕᐅᓯᕐᒥᒃ ᓇᓗᒐᒪ.... ᐊᑐᐃᓐᓇᕋᓱᖕᓂᖅ... ᐅᕝᕙᓘᓐᓃᑦ ᐊᑐᐃᓐᓇᕋᓱᖕᓂᒃᑯᑦ ᓴᙱᒃᑎᒍᖕᓇᕐᓂᖅ... ᑎᑎᕋᙳᐊᑐᐃᓐᓇᖅᑕᕋ ᐃᓛᒃ ᑕᑭᔫᒐᓗᐊᖅ ᐊᑐᐃᓐᓇᕋᓱᖕᓂᒃᑯᑦ ᓴᙱᒃᑎᒍᖕᓇᖅᑐᑦ ᐅᕝᕙᓘᓐᓃᑦ ᐊᓯᐅᑦᑕᐃᓕᒍᖕᓇᖅᑐᑦ...ᐅᓇ ᓄᓇ ᐊᓯᐅᒍᖕᓇᙱᑦᑑᒐᓗᐊᖅ ᑭᓯᐊᓂ ᖃᐅᔨᒪᓂᕗᑦ ᓄᓇᐅᑉ ᒥᒃᓵᓄᑦ ᐊᓯᐅᒍᖕᓇᖅᑐᓂ

ᐊᑐᐃᓐᓇᕋᓱᙱᒃᑯᑉᑎᒍᑦ....
ᐊᐅᐱᓛᕐᔪᒃ: ᓴᙱᓂᖃᕋᔭᕐᓂᕐᒥᒡᓕ ᐅᕙᖓ ᑎᑎᕋᖅᐸᑦ
ᑐᑭᓯᓂᖅᓴᐅᓇᔭᖅᑰᖅᐸᕋ...
ᑕᒪᓕᒃ: ᐄ....
ᐊᐅᐱᓛᕐᔪᒃ: ...ᐃᓅᓂᕗᑦ...
ᑕᒪᓕᒃ: ...ᐄ....
ᐊᐅᐱᓛᕐᔪᒃ: ...ᒪᑯᐊ ᐊᓯᐅᑦᑕᐃᓕᓗᒋᑦ ᐅᑯᐊ...ᐊᑐᕐᓗᒋᑦ.
ᐊᑐᕈᖕᓇᕋᑉᑎᒍᑦ ᓴᙱᓂᖃᕐᓗᑕ ᐃᓄᒃᑎᑐᑦ ᐃᓚᖓ
ᐊᑐᙱᒃᑲᓗᐊᕐᓗᒍ ᖃᐅᔨᒫᖠᑐᐃᓐᓇᕐᓗᒍ ᐊᑐᕆᐊᖃᖅᐸᑦ
ᐊᑐᕈᖕᓇᕋᔭᕐᓗᒍ ᑕᐃᒪᓐᓇᓕ ᐃᓱᒪᓱᖅᑐᖓ....
ᑕᒪᓕᒃ: ᐄ...ᓲᕐᓗᒎᖅ ᐅᖃᐅᓯᕆᑐᐃᓐᓇᙱᓗᒍ ᐊᑐᕐᓗᒍ...
ᐊᐅᐱᓛᕐᔪᒃ: ᐊᑐᕐᓗᒍ, ᐄ...ᐅᖃᐅᓯᕆᑐᐃᓐᓇᙱᓗᒍ
ᐊᑐᕐᓗᒍ...ᐅᖃᐅᓯᕆᑐᐃᓐᓇᖅᖢᒍ ᐅᒃᐱᕐᓇᖅᑑᒐᓗᐊᖅ
ᖃᐅᔨᒪᓂᙳᕈᖕᓇᙱ’ᒪᑦ. ᑭᓯᐊᓂ ᐊᑐᖅᖢᒍ
ᖃᐅᔨᒪᓂᙳᖃᑦᑕ’ᒪ....
ᑕᒪᓕᒃ: .... ᐅᑯᐊᓘᓐᓃᑦ ᐊᔾᔨᒌᕐᓚᒃᑑᒃ ᐅᑯᐊᒃ.... ᓲᕐᓗ...?
ᐊᐅᐱᓛᕐᔪᒃ: ᐃᒡᓗᓕᓂᕐᒥᑦ ᖃᒡᒋᓕᐅᕐᓂᕐᒥᑦ...
ᑕᒪᓕᒃ: ᐄ...ᐃᒪᓐᓇ ᐊᑐᐃᓐᓇᕋᓱᖕᓂᖅ ᑕᒡᕙ ᓯᑕᒪᓄᒃ
ᐅᑯᓄᖓ ᐃᒡᓗᑐᖃᐅᓚᐅᕋᓗᐊᖅᑎᓪᓗᒋᑦ ᑕᒡᕙ ᖃᒡᒋᙳᖅᐳᖅ
ᐊᒥᓱᑦ...
ᐊᐅᐱᓛᕐᔪᒃ: ...ᑲᑎ’ᒪᑕ ᐊᑕᐅᑦᑎᙳᑦᑎᑕᐅ’ᒪᑕ...ᐄ...
ᑕᒪᓕᒃ: ᐄ, ᑲᑎᒡᕕᑕᐅᑦᑎᐊᖅᒪᑕ...
ᐊᐅᐱᓛᕐᔪᒃ: ᐄ...
ᑕᒪᓕᒃ: ᐄ...
ᐊᐅᐱᓛᕐᔪᒃ: ᑖᑉᓱᒪ ᐊᑕᐅᓯᙳᖅᑎᑕᖏᑦ ᐃᒡᓗᐊᓗᒃᑖᑉ
ᑖᑉᓱᒪ...
ᑕᒪᓕᒃ: ᑕᐃᒪᓐᓇ ᑐᑭᓕᐅᕐᓂᐊᙱᓐᓇᓯᒋᓚᐅᖅᐸᒃᑲ ᑭᓯᐊᓂ
ᐅᓇ ᑕᑯᒃᑲᓐᓂᕋᑉᑯ...
ᐊᐅᐱᓛᕐᔪᒃ: ᐄ, ᑕᑯᒃᓴᐅᕌᓂᒃᑭᕗᖅ...ᐄ...

ᑕᒪᓂᒃ: ᑐᑭᓕᐅᖅᐸᕌᕋᖕᓂ ᐅᓇ ᑎᑎᕋᐅᔭᕋᕕᐅᒃ...
ᓯᑕᒪᐅᓂᖕᒋᑦ ᑕᒡᕙ ᐅᑯᐊᓪᓗ.... ᐃᓱᒪᒃᓴᖅᓯᐅᕈᑎᒃᓴᑦᑎᐊᕙᐃᑦ.
ᖁᕕᐊᒋᔭᐅᓂᐊᕐᒥᔦᑦ ᑕᐅᓇᓂ ᐊᕐᕕᐊᓂ ᑕᖁᔭᐅᒃᐸᑕ...
ᐱᓕᕆᔨᐅᖃᑎᕇᑦ ᑕᑯᓂᐊᕐᒪᕆᑦ ᐊᒻᒪ ᑭᓗᕆᐅᑉ
ᐊᐱᖅᑯᑎᕆᔭᖕᒋᑦ ᑖᒃᑯᐊ ᑐᓴᐅᒪᖅᑰᖖᒋᒻᒪᑕ ᑐᓴᐅᒪᓯᒪᖖᒋᒻᒪᑕ
ᑖᒃᑯᓂᖖᒍᑦ ᓯᑕᒪᐅᔪᓂᒃ ᓲᖃ ᐃᓕᓐᓂᐊᕐᕕᖕᒐᓂ
ᐃᓕᓐᓂᐊᖕᒎᖅᑕᖕᒋᑦ. ᑕᐃᒪ ᑐᓴᕆᐅᕐᓂᐊᖅᑐᒃᓴᐅᓕᖅᐳᑦ.
ᓱᓇᐅᒡᓗ ᐃᓄᖕᓄᑦᑕᐅᖅ ᐊᑐᕐᓂᖃᖅᓗᓂ...
ᐊᐅᐱᓛᕐᔪᒃ: ᓱᓇᒥᒃ.... ᐱᕈᕐᕕᐅᑉ?
ᑕᒪᓂᒃ: ᐋᒃᑲ. ᐃᓛᒃ ᐱᕈᕐᕕᓕᕆᔨᒃᑯᓐᓂ
ᑕᑯᔭᐅᔪᖕᓇᕈᒫᖅᑐᑦᑕᐅᖅ ᑎᑎᖅᑲᑦ...ᐄ...ᐃᓕᓐᓂᐊᖃᑎᒋᔭᕋ
ᑭᓗᕆ ᐊᐱᕆᓚᐅᕐᒪᑦ ᐅᑯᐊ ᐃᓱᒪᒃᓴᖅᓯᐅᕈᑎᖕᒪᕆᑦ
ᓄᓇᖃᖅᑳᖅᑎᓂ ᐱᓕᕆᖃᑎᖃᕐᒪᑦ ᐃᓕᓐᓂᐊᖃᑎᖃᕐᒪᑦ.
ᐊᒃᓱᕉᑎᖃᖅᓗᓂᓗ ᓲᕐᓗ ᐃᓄᐃᓪᓗ ᐃᖅᑭᓛᓪᓗ ᑲᓇᑕᒥ
ᐱᓗᐊᖅᑐᒥ ᓇᓂᓗᒃᑖᕐᓘᖕᓃᑦ ᓄᓇᖃᖅᑳᖅᑎᐅᖃᑎᕇᑦ ᖃᓄᖅ
ᒪᑭᑦᐹᓪᓕᕈᖕᓇᓇᐊᒃᓴᖕᒋᓐᓂᒃ ᐃᑲᔪᖅᑎᕇᖕᓂᒃᑯᑦ. ᑕᐃᒪᓐᓇ
ᐃᓱᒪᖃᑦᑕᕐᒪᑦ ᐅᑯᐊ ᐃᓄᖕᓄᑦ ᑐᑭᖃᔭᕐᒪᖔᑕ ᐊᐱᕆᔫᖕᒐ.
ᖃᐅᔨᒪᖖᒋᓐᓇᒪ ᐊᐱᕆᕙᒋᑦ...
ᐊᐅᐱᓛᕐᔪᒃ: ᐄ...
ᑕᒪᓂᒃ: ᐄ, ᑖᒃᑯᐊ ᑐᑭᖃᑦᑎᐊᖅᑰᖅᑐᑦ ᑐᑭᖃᕆᔭᖕᒋᑦ ᐃᓄᖕᓄᑦ
ᑭᓯᐊᓂ ᐃᓄᓪᓚᒃᑖᕐᓄᑦ ᐃᓄᒃᑎᑐᑦ ᑐᑭᖃᔭᕐᒪᖔᑕ ᐊᐱᕆᔪᖅ
ᐊᐱᕆᖕᒪᖕᒐ. ᑕᐃᒪ ᐃᓕᓐᓂᐊᖅᑐᓕᕆᔨᒃᑯᑦ ᓛᓇᒃᑯᓪᓘᖕᓃᑦ
ᑕᒃᑯᒃᐸᒋᑦ ᐃᓱᒪᒃᓴᖅᓯᐅᕈᑎᒋᒃᑲᓐᓂᕈᖕᓇᕐᓂᐊᕐᒥᔭᖕᒋᑦ.
ᐃᓕᓐᓂᐊᖅᑐᓕᕆᔨᒃᑯᑦ ᓄᑕᖅᑲᓂᒃ ᑲᒪᖕᒪᑕ ᐃᓕᓐᓂᐊᖅᑐᓂᒃ
ᒪᒃᑯᒃᑐᓂᓪᓗ ᐱᕈᕐᕕᖕᒥᑕ ᓲᕐᓗ ᐊᑯᓂᕐᒥᐅᑕᕐᓂᒃ
ᐃᓕᓐᓂᐊᕐᕕᐅᓂᖅᓴᐅᔪᖅ.
ᐊᐅᐱᓛᕐᔪᒃ: ᐄ....
ᑕᒪᓂᒃ: ...ᑕᐃᒃᑯᐊ ᐃᓄᑐᖃᕐᓂᒃ ᐃᓕᓐᓂᐊᖅᑎᑦᑎᔨᖃᕐᓗᑎᒃ
ᐃᓄᑐᖃᕐᓂᒃ ᐊᑯᓂᕐᒥᐅᑕᐃᑦ ᐃᓚᖕᒋᑦ

ᐃᓕᓐᓂᐊᕐᕕᒥ ᐅᕝᕙᓘᓐᓃᑦ ᒐᕙᒪᒥ ᐱᓕᕆᓗᐊᒧᑦ
ᐱᕕᕐᑲᖅᑎᑕᐅᓗᐊᓚᐅᖅᓯᒪᙱᓐᓂᖏᓐᓂᒃ ᐃᓄᑐᕐᑲᕐᓂᑦ
ᐃᓕᓐᓂᐊᑦᑎᐊᕆᐊᒃᓴᖅ ᑕᒡᕙ ᐃᓄᑐᕐᑲᙳᖅᐸᓪᓕᐊᓕᖅᓗᑎᒡᓗ
ᑖᓇ ᑕᒪᑐᒪᓂ ᐱᓕᕆᔪᖅ. ᐃᓄᑐᕐᑲᕐᓂᒃ ᑎᑭᑦᑎᓗᓂᒎᖅ
ᐱᓕᕆᕐᑲᑎᕐᑲᕐᑲᑦᑕᕐᓗᑎᒃ ᐃᓐᓇᕐᓂᐅᒐᓗᐊᖅ ᑭᓯᐊᓂ
ᒪᒃᑯᖕᓂᖅᓴᓂᒃ ᐊᑯᓐᓂᕐᒥᐅᑕᒐᓚᖕᓂᒃ.

ᐊᐅᐱᓛᕐᔪᒃ: …ᐄ…

ᑕᒪᓕᒃ: ᑖᒻᓇ ᑖᑉᓱᒧᖕᒐᑦ ᑐᙵᕕᒃᓴᒥᒃ ᔪᓚᐃᒥ
ᐅᕐᑲᕆᐊᖅᑐᕐᓂᐊᖅ ᕐᑲᓄᖅ ᓯᕗᓂᕐᒧᑦ ᑖᒻᓇ
ᐋᖅᑭᒃᑕᐅᔪᖕᓇᕐᒪᖔᖅ ᐋᖅᑭᖕᒐᑦᑎᐊᕈᖕᓇᕐᒪᖔᖅ
ᓯᕗᓂᕐᒧᑦ…ᐄ…

ᐊᐅᐱᓛᕐᔪᒃ: ᑖᒻᓇᓕ ᐃᓱᒪᒋᓲᓇᔭᕋ ᐃᓚᒌᑦᑎᐊᕐᓂᖅ
ᓯᕗᓪᓕᖅ ᐅᕐᑲᐅᓯᕆᕐᑲᑦᑕᐃᓐᓇᕋᑉᑯ ᓯᕗᓪᓕᖅᐹᖕᒍᔭᕆᐊᖅᑲ’ᒪᑦ
ᐃᓚᒌᑦᑎᐊᕐᓂᖅ ᐅᕐᑲᕐᑲᑎᒌᑦᑎᐊᕐᓂᐅᔪᖕᓇ’ᒪᑦ
ᐃᓚᒌᑦᑎᐊᕈᑎᒃ ᕐᑭᓂᕐᑲᑎᒌᑦᑎᐊᕈᖕᓇ’ᒪᑎᒃ ᐃᓗᐃᑦᑐᒥᒡᓗ
ᐃᓗᐊᖅᑐᒥᒡᓗ ᕐᑭᓂᑦᑎᐊᕈᖕᓇ’ᒪᓂᒃ ᐃᓚᒌᑦᑎᐊᕐᓂᒃᑯᑦ
ᑭᓯᐊᓂ. ᐃᓚᒌᑦᑎᐊᙱᒃᑯᑉᑕ ᓂᙵᐅᒪᔾᔪᑎᕐᑲᑦᑕᕈᑉᑕ
ᐊᕕᒃᓯᒪᔪᕈᓘᓇᔭᕋᑉᑕ ᑖᒻᓇ ᐃᓚᒌᑦᑎᐊᙱᓐᓂᖅ
ᐊᑐᖅᑕᐅᕐᑯᙱᑕᕋᓗᐊᕋ ᐊᔪᕐᓇᙱᑉᐸᑦ ᐃᓚᒌᑦᑎᐊᕐᓂᖅ
ᐱᒋᐊᕈᑎᒃᓴᑦᑎᐊᕙᐅᕗᖅ. ᑐᙵᕕᒃᓴᒥᒃ ᕐᑭᓂᕈᖕᓇ’ᒪᑕ
ᓇᓂᓯᔪᖕᓇ’ᒫᑦ…ᑕᐃᒪᓐᓇ ᐃᓱᒪᓲᖕᒍᔪᖕᒐ…

ᑕᒪᓕᒃ: ᐱᓕᕆᕕᕐᑲᕐᑲᑎᒌᙱᒃᑲᓗᐊᕈᑎᒡᓗ
ᐃᑲᔪᖅᑎᒌᒍᖕᓇᕐᒪᑕ…

ᐊᐅᐱᓛᕐᔪᒃ: ᐄ, ᐃᕐᑲᔪᖅᑎᒌᒍᖕᓇ’ᒪᑕ…ᐄ. ᑕᒪᓕᒃ: ᑕᐃᒪᓐᓇ
ᐃᓱᒪᕐᑲᑦᑕᖅᑐᖕᒐ ᐅᕐᑲᐅᓯᑎᑦ ᐅᑯᐊ ᑎᑎᕋᖅᑕᐅᑎᓪᓗᒋᑦ
ᑕᑯᔭᐅᒃᐸᑕ ᐃᒪᓐᓇ ᐊᑕᐅᓯᕐᒧᐊᖕᒐᓗᐊᙱᑐᑎᒃ ᓲᕐᑲ
ᐊᔾᔨᙱᑦᑐᓄᑦ ᐊᑐᕈᖕᓇᕐᒫ…

ᐊᐅᐱᓛᕐᔪᒃ: ᐄ….

ᑕᒪᓕᒃ: ᐃᑲᔫᑎᕐᑲᕐᒪᑕ…ᐅᕙᒻᓄᓪᓘᓐᓃᑦ ᐃᓅᓯᒻᓂ

ᐃᑲᔪᖅᑕᐅᓯᒪᓕᖅᐳᖓ. ᐃᓱᒪᒃᓴᖅᓯᐅᕈᑎᒋᓕᖅᑐᒋᑦ... ᑖᒻᓇ ᓄᓕᐊᓅᑦᑎᐊᕐᓂᖅ ᐊᒃᓱᒻᒪᕆᐊᓗ ᖁᕕᐊᓇᖅᑐᓂ ᐃᑉᐱᖕᓇᖅᑐᓂ ᐊᑐᓕᕈᒪᓇᖅᑐᓂᓗ. ᐊᑐᖅᑕᕘᒐᓗᐊᖅ ᑭᓯᐊᓂ ᐃᓛ'ᓂᒃᑯᑦ ᐃᓱᒪᒋᓗᐊᙱᒃᑲᓗᐊᖅᑐᒍ ᐱᑦᑎᐊᕋᓱᒋᑉᓗᓂ ᓱᓇᐅᔾᔪ ᐱᑦᑎᐊᒃᑲᓐᓂᕈᖕᓇᕋᓗᐊᖅᑐᓂ.

ᐊᐅᐱᓛᕐᔪᒃ: ...ᐄ...

ᑕᒪᓕᒃ: ᐃᓚᒌᖕᓂᕐᓗ ᐃᓚᒌᒃᑑᔮᕋᓱᒋᒐᓗᐊᕈᑉᑕ ᓱᓇᐅᔾᔪ ᐃᓚᒌᑦᑎᐊᒃᑲᓐᓂᕈᖕᓇᖅᑐᑕ...

ᐊᐅᐱᓛᕐᔪᒃ: ...ᐄ...

ᑕᒪᓕᒃ: ...ᐄ.

ᒪᐃ 20ᐅᑎᓪᓗᒍ, 2010ᒥ

(ᐃᓚᖓ ᑖᒻᓇ ᑕᑭᓂᖃᖅᑐᓂ 6ᒥᓂᑎᓂᒃ ᐃᓚᖃᖅᑐᓂᓗ)

ᑕᒪᓕᒃ: ᑕᐃᒪ ᐊᐱᕆᒃᑲᓐᓂᕈᒪᓕᓚᐅᕐᒪ ᑕᐃᒃᑯᐊ ᐃᒃᐸᒃᓴᒥᑦ ᐅᓂᒃᑳᖅᑕᑎᒃ ᐃᓱᒪᒃᓴᖅᓯᐅᕈᑎᒋᑉᓗᒋᑦ ᖃᒡᒋᕐᓗ ᑐᑭᖃᒃᑲᓐᓂᕋᓱᒋᑉᓗᒍ ᑖᒃᑯᓄᖓᑦ ᐃᓱᒪᒃᓴᖅᓯᐅᕈᑎᒋᔭᐅᓚᐅᖅᑐᓂᒃ ᓄᓇᖃᖅᑳᖅᑎᓂ ᑕᐃᒪ ᖃᒡᒋᕐᓂᒃ ᐊᑐᑦᓯᒪᒪᒐᕕᒃ ᐊᐱᕆᔪᒪᓚᐅᖅᑭᑦ ᑕᐃᒪ...ᖃᒡᒋᐅᑉ ᒥᒃᓵᓄᑦ ᐃᒪᓐᓇ ᓲᖅ...ᖃᒡᒋᖃᖅᑐᐃᓐᓇᐅᓚᐅᙱᒻᒪᑕ ᐅᕝᕙᓘᓐᓃᑦ ᐊᖂᒍᓗᒃᑖᖅ ᐊᑐᓚᐅᙱᒻᒪᑕ ᓲᖅ ᓱᓇᒥᒃ ᐱᔾᔪᑎᖃᖅᑐᑎᒃ ᖃᒡᒋᓕᐅᖅᐸᓚᐅᕐᒪᖔᑕ ᑐᓴᐅᒪᔭᒃᑯ ᐊᑐᖅᓯᒪᔭᒃᑯᑦ ᐅᓂᒃᑳᕈᖕᓇᕈᕕᑦ...ᐄ...ᑖᒃᑯᐊ ᐃᓱᒪᒋᓚᐅᖅᑭᑦ...

ᐊᐅᐱᓛᕐᔪᒃ: ᑖᒻᓇ ᖃᒡᒋᓕᐅᕐᓂᖅ ᖃᓄᖅ ᑐᑭᖃᓪᓚᕆᖕᒪᖔᖅ ᐅᖃᑦᑎᐊᕈᖕᓇᙱᑕᕋᓗᐊᕋ ᓇᓗᔫᔭᕐᓂᕐᓚᒃᓗᒍ. ᑕᒪᒃᑯᐊ ᕿᓚᐅᓯᕆᔪᑦ ᐱᔪᖕᓇᕐᓂᖕᒋᑦ ᐱᓯᕐᓂᓪᓗ ᑕᒪᒃᑯᐊ ᐃᓐᓇᐅᓂᖅᓴᑦ ᐊᖓᔪᒃᑳᑦ ᖃᒡᒋᐅᕙᓚᐅᖅᑰ'ᒥ'ᒪᑕ ᑕᐃᒃᑯᐊ. ᑕᒡᕙᓕ ᐅᕙᒍᑦ ᖃᒡᒋᐅᓚᐅᖅᑐᒍᑦ ᐃᑦᑐᕋᓗ ᐃᑦᑑᒃᑲ ᑖᒃᑯᐊ ᐅᕙᒍᓪᓗ ᐊᑖᑕᒃᑯᒃᑲ ᐃᓚᒌᒻᒪᕆ'ᒪᑕ ᓇᖕᒥᓂᖅ ᐊᓈᓇᒪ

ᐊᒃᑲᒋ’ᒪᒍ ᑕᐃᖕᓇ ᐃᑦᑐᕋ ᑕᐃᒪᓐᓇᐃᑦᑑᓂᖓ ᓇᖕᒥᓂᖅ ᕿᓚᐅᓯᐅᖅᓗᓂ ᐃᑦᑐᖅᑯᑦ ᓴᓇ’ᑐᓂ ᑕᒫᓂ ᐅᑭᐊᒃᓵᒻᒪᕆᒃᑯᑦ ᓄᕙᒻᐸᒦᐸᓘᔪᒃᓴᐅᔪᖅ ᐊᒻᓇ ᓯᑯᓴᕋᐃᑦᑑ’ᒪᑦ ᐊᕐᕕᓕᒡᔪᐊᖅ. ᑕᒫᓂᐅᔪᒃᓴᐅᔪᖅ ᕿᓚᐅᓯᐅᓕᓚᐅᖅᓯᒪᔪᖅ ᐃᑦᑐᖅᑯᑦ ᓯᓇᐅᕝᕙ ᐅᑭᐅᖅᐸᑦ ᑕᕆᐅᒥ ᑲᑎᕝᕕᒃᓴᕆᓂᐊᕋᑉᑎᒍᑦ ᕿᓚᐅᑎ. ᑕᒡᕙ ᑕᐃᒪᓐᓇᐃᑦᑐᒥᒃ ᖃᐅᔨᓕᓚᐅᖅᓯᒪᔪᖓ ᑕᐃᑲᓂ.

ᑕᒪᓕᒃ: ᑲᑎᒡᕕᐅᓂᐊᖅᓗᓂ ᖃᒡᒋᓕᐅᖅᐸᓚᐅᖅᓗᑎᒃ...

ᐊᐅᐱᓛᕐᔪᒃ: ᐄ, ᑲᑎᒡᕕᐅᓂᐊᖅᓗᓂ...

ᑕᒪᓕᒃ: ᓂᕈᑐᓂᖅᓴᒥ ᐃᓂᒥ ᐃᓂᖅᑲᑦᑎᐊᕐᓂᐊᕐᒪᑕ?

ᐊᐅᐱᓛᕐᔪᒃ: ᐄ ᐊᒥᓲᙳᕐᓂᐊᕐᒪᑕ ᐃᓅᐃᑦ ᓄᓇᖅᑲᑎᒌᓪᓚᕆᙱᑦᑐᑦ ᐃᓚᖅᑲᑎᒌᙱᑦᑐᑦ ᑐᓴᐅᒪᒍᑎᒃ ᑲᑎᖕᓂᐊᕐᒪᑕ ᑕᒡᕗᖓ ᖃᒡᒋᓕᐅᖅᓯᒪᔪᒧᑦ. ᑕᐃᒪᓐᓇᓕ ᑲᑎᒡᕕᐅᓚᐅᖅᓯᒪᕗᒍᑦ. ᐃᓛᒃ ᐸᕐᓇᕈᑎᖅᑲᖅᐸᕇᖅᓗᑎᒡᓘᓐᓂᐅ’ᒪᑕ. ᑕᐃᒪ ᐊᖓᒐ ᐃᑦᑐᕐᒪ ᐃᕐᓂᖓ ᒧᒥᔪᓯᓂᐊ’ᒪᓐᖒᖅ ᒧᒥᔪᓯᓂᐊ’ᒪᑦ ᑕᒡᕙ ᐃᑦᑐᖅᐳᑦ ᕿᓚᐅᓯᐅᓕᓚᐅᕐᓂᖅᑯᖅ. ᑕᒡᕙ ᐅᕙᒍᑦ ᐃᓄᑑᒐᓗᐊᖅᓗᑕ ᖃᒡᒋᐅᙱᒃᑲᓗᐊᖅᓗᑕ ᐅᑭᐊᒃᑯᑦ ᐊᑖᕐᓂᐊᑖᓵᖅᓗᑕ. ᑖᒃᑯᐊ ᕿᓚᐅᑎᖏᓪᓗ ᒧᒥᖅᑐᐊᓗᐃᑦ ᐃᓚᒃᑲ ᐃᓚᒋᔭᐃᓐᓇᕈᓗᒃᑲ ᐊᒥᓲᑯᓗᙱᓚᐅᖅᓗᑎᒃ ᐸᕐᓇᒃᐸᕇᖅᑐᒍᖅᑲᐃ? ᑕᐃᒪᓐᓇᐅᔪᒃᓴᐅᔪᖅ. ᑕᒡᕙᓗ ᑖᒻᓇ ᓂᖏᐅᖅᑯᑦ ᐊᐅᓚᔭᕙ’ᒥᒐᑉᑯ ᐊᓇᐅᑕᕐᒥᒃ ᑕᒡᕗᖓ ᖃᒃᓯᖓᒡᕕᐊᓄᑦ ᒪᐅᖓ ᐃᑎᐊᓪᓚᒃᓗᒍ ᐃᖏᐅᖅᐸᒃᑐᖅ. ᐃᓚᖏᓪᓗ ᐃᖏᐅᕆᐊᕌᖓᒥᒃ ᑖᓐᓇ ᒪᓄᒃᑎᒃ ᕿᓗᐊᓪᓚᒃᓗᒍ ᐃᖏᐅᖅᓗᑎᒃ ᐊᕋᐃᑦ ᑕᐃᒪᓐᓇ ᑕᐃᒃᑯᐊ ᖃᐅᔨᖃᑦᑕᓚᐅᖅᓯᒪᔭᒃᑲ...

ᑕᒪᓕᒃ: ᓲᑭᐊᖅ ᑕᐃᒪᓐᓇᐃᓕᐅᖅᓗᑎᒃ...

ᐊᐅᐱᓛᕐᔪᒃ: ᓲᑭᐊᖅ ᐱᐅᓯᐅᓚᐅᕐᒥ’ᒪᑦ ᑖᒻᓇ ᐊᓇᐅᑕᕐᒥᒃ ᐃᓪᓕᕆᔪᖅ ᓱᓇᒧᒃᑭᐊᖅ ᐃᓚᒧᖅᑲᐃ ᐃᕐᓂᕐᒧᓪᓘᓐᓂᑦ ᑐᓴᓚᐅᙱ’ᓇᑉᑭᑦ. ᑭᓯᐊᓂ ᑕᑯᓂᒃᑯᑦ ᐅᓂᒃᑳᕈᖕᓇᕋᒪ.

ᑕᒪᓕᒃ: ᐃᒪᓐᓇᐃᓕᐅᖅᓱᑎᒡᓗ...(ᐊᒡᒐᑉᑯᑦ ᒪᓄᒻᓂᒃ ᐅᓄᖕᒐ ᐊᒥᓯᙳᐊᖅᓱᖕᒐ).

ᐊᐅᐱᓛᕐᔪᒃ: ᒪᓄᒃᑎᒃ ᐅᓇ ᓂᐱᖃᑦᑎᐊᕈᒪᒧᖅᑲᐃ? ᕿᒥᙳᔪᒪᙱᒧᑦ ᑕᒡᕙ ᑕᐃᒪᓐᓇᐃᓪᓕᐊᓪᓚᒃᓱᒍ. ᑕᐃᒪᓐᓇᐅᕙᓚᐅᕐᒪᑕ. ᓂᖕᒋᐅᖅᑯᑦ ᑕᐃᒪᓐᓇᐃᑦᑑᓚᐅᖅᓯᒪᕗᒃᑕᐅᖅ. ᑕᐃᒪᓗ ᑕᒡᕙᓂ ᐊᑖᖅᓱᑕ ᑕᕆᐅᕐᒧᐊᕋᑉᑕ ᒪᓕᓕᖅᓱᑎᒡᓗ ᐃᓄᐃᑦ ᑎᑭᑦᑐᐊᓘ’ᒪᑕ ᖃᒡᒋᐅᓕᖅᓱᑕ ᐅᕙᒍᓪᓗ ᐃᑦᑐᖅᑯᓪᓗ ᑕᕆᐅᕐᒥ. ᐃᖕᒋᐅᖅᑐᐊᓗᖕᓂᒃ ᑐᓵᖃᑦᑕᓚᐅᖅᑐᖕᒐ ᐊᔾᔨᒌᙱᑦᑐᓂᒃ ᐃᓚᖕᒋᑦ ᑐᓴᕐᓂᖅᑐᒻᒪᕆᐊᓘᓚᐅᖅᐸᒃᓱᑎᒃ. ᐃᕕᐅᑎᔫᒃᑕᐅᖅ ᑕᐃᒃᑯᐊ ᐃᕕᕇᒃ ᒪᑦᕈᒃ ᑕᑯᓚᐅᖅᓯᒪᒐᑉᑭᒃ ᑕᐃᒻᓇ ᐱᖃᑖ ᐊᖕᒐᓗᐊᓗᖕᓂᒃ ᐳᑭᐊᓗᖕᓂᒃ ᓂᔾᔮᓗᖕᓂᒃ ᐊᑐ’ᒪ ᐊᖕᒐᑦᑰᒐᒥ. ᑕᒡᕙ ᐅᓂᒃᑳᖃᑦᑕᓕᖅᑐᒃ ᐃᕕᕇᒃ ᑖᒃᑯᐊᒃ ᖁᕕᐊᒌᒃᓱᑎᒃ ᓇᖕᒋᖅᑐᒃ. ᑕᐃᒃᑯᐊ ᓂᔾᔮᓗᐃᑦ ᐃᓄᖕᓄᑦ ᐊᒃᑐᐊᔭᐅᓴᙱᑦᑐᑦ ᐊᐅᓚᔮᖅᑐᔮᖃᑦᑕᓚᐅᖅᓯᒪᔪᑦ ᑕᒪᓐᓇ ᐊᐅᓚᓯᑦᑎᐊᖅᑕᕋ...

ᑕᒪᓕᒃ: ᓄᑕᕋᐅ’ᓗᑏᑦ?

ᐊᐅᐱᓛᕐᔪᒃ: ᐄ, ᒥᑭᔪᕈᓘᓚᐅᖅᑐᖕᒐ ᑳᓕᖅᑎᒻᒪᕆᒋᔭᒻᒪᕆᐊᓗᖅᑰᑕᕋ ᓯᖁᓚᓂᖅ ᕿᓚᐅᑎᓂᒃ ᐊᖕᒐᑦᑰᔾᔪᑕᐅᓂᖅᑕᐅᕙᒌᒃᑐᒐᓗᐊᖅ ᐊᖕᒐᑦᑰᔾᔪᑕᐅᙱᑦᑐᖅ ᖁᕕᐊᓱᒡᑕᐅᔪᖅ ᐱᓯᒡᓗ ᑐᓴᖅᓴᐅᓕᖅᓱᐊᓕᖅᓱᑎᒃ ᐃᓚᒌᒍᑎᒃᑲᓐᓂᐅᓵᑦᑎᐊᓚᐅᖅᑐᖅ. ᐱᖃᓐᓇᓅᒃ ᑕᐃᒪᓐᓇ ᕿᑎᒃᓱᑎᖅᑲᐃ. ᑕᐃᒪᓐᓇᓗᐊ ᐅᓂᒃᑳᕈᓐᓇᖅᑕᕋ. (ᖃᒥᙵᓚᐅᖅᑳᖅᑐᓂ ᐃᓚᒃᑲᓐᓂᖕᒐ ᑖᒻᓇ ᑕᑭᓂᖅᑲᖅᑐᓂ ᐃᑲᕐᕋᕐᒥᒃ ᐊᑕᐅᓯᕐᒥᒃ ᐃᓚᕐᑳᕐᔪᒃᓱᓂᓗ)

ᑕᒪᓕᒃ: ᖃᒡᒋᕐᒥᒃ ᐅᖃᐅᓯᖃᖅᑲᐅᒐᕕᑦ ᑕᐃᒃᑯᐊ ᖃᒡᒌᑦ ᓯᖁᓚᓂᐊᖅᑐᓄᑦ ᕿᓚᐅᔾᔭᕐᓂᐊᖅᑐᓄᑦ ᓴᓇᔭᐅᕙᓚᐅᕐᒪᑕ ᐃᓄᐃᑦ ᑲᑎᕝᕕᒋᓂᐊᕐᓗᒋᑦ...ᐃᓄᒑᓗᐃᑦ...ᐱᓯᕐᓂᒃ ᐅᖃᐅᓯᖃᖅᑲᐅᑎᓪᓗᑎᑦ ᑖᒻᓇ ᖃᒥᒃᑲᑉᑯ ᐱᓰᓪᓕᑭᐊᖅ...ᓰᖃ ᐅᖃᖅᑲᐅᒐᕕᑦ ᐱᔪᑦ ᐃᓅᖃᑎᒌᑦᑎᐊᖅᐸᓪᓕᕈᑕᐅᕙᓚᐅᕐᒪᑕ

ᐃᒃᐱᕆᑉᓗᒋᑦ ᐃᓅᕐᑲᑎᒌᑦ ᑖᑉᑯᐊ ᕐᑲᓐᒌᐅᑉ ᐃᓗᐊᓂ ᑐᓵᒐᒥᒃ ᐱᓯᕐᓂᒃ...ᐱᓯᕐᓂᒃ ᐅᓂᑉᑳᒃᑲᓐᓂᕈᖕᓇᖅᐱᑦ?

ᐊᐅᐱᓛᕐᔪᒃ: ᐄ, ᐱᓰᑦ ᑐᑭᓯᐊᕌᓂᙱᒻᒥᔭᕋᓗᐊᒃᑲ ᐃᓚᖕᒋᑦ. ᐃᓚᖕᒋᑦ ᑐᑭᓯᐊᔭᒃᑲ ᓴᙱᓕᓅᒃᑐᐊᓘ’ᒥ’ᒪᑕ ᕐᑲᐅᔮᒪ’ᓗᒋᑦ. ᐃᓚᖕᒋᑦ ᑕᐃᒎᓯᓇᙱᑕᑉᑎ’ᓂ ᑕᐃᒎᓯᕐᑲᕐᑲᑦᑕ’ᒥ’ᒪᑕ ᑕᐃᒃᑯᐊ ᐃᓄᑐᖅᑲᑦ ᓇᓗᓇᕈᑎᒋᕐᑲᑦᑕᖅᐹ ᑖᒻᓇ. ᑕᐃᒎᓯᑦᓚᒃᑖᕗᑦᓕ ᑕᐃᔭᐅᔭᕌᖕᒐᑕᕐᑲᐃ ᑐᑭᓯᐊᑦᑎᐊᖅᑕᕋᓗᐊᕙᑦ. ᐱᓰᑦ ᑕᒪᒃᑯᐊ ᐃᓕᓐᓂᐊᕈᑎᒻᒪᓇᐊᓗᒋᓚᐅᖅᑕᒃᑲᓖ ᑕᐃᒃᑯᐊ ᐱᓯᖅᑐᑦ ᑕᐅᑐᙱᑕᕋᓗᐊᒃᑲ ᐊᑖᑕᒪ ᐊᑐᕌᖕᒐᒋᑦ ᐱᓰᑦ ᐊᑖᑕᒐ ᐃᖕᓇ ᐃᖕᒋᐅᕋᔪᓚᐅᕐᒪᑦ ᐅᑉᓛᒃᑯᑦ ᐃᓐᓇᖕᒐ’ᓗᓂ. ᑕᒡᕙ ᐊᑕᐅᓯᓗᐊᖅ ᑕᐃᒻᓇ ᐊᒥᓰ’ᓗᓂ ᒪᑭᒪᔾᔪᑎᒋᓚᐅᖅᑕᕋ ᐊᖑᑎᒻᒪᓇᖕᒍᖅᓴᔾᔪᑎᒋ’ᓗᒍᓗ ᐅᕐᑲᐅᑎᓚᐅᙱᒃᑲᓗᐊᖅᓱᓂᖕᒐ ᐃᒪᓐᓇᐃᓂᐊᖅᑯᐆᖅᑕᐅᙱᒃᑲᓗᐊᖅᓱᖕᒐ ᑐᑭᓯᐊᑦᑎᐊᖅᓱᒍ ᑕᐃᖕᓇ. ᓰᒻᖕᒎᖅ ᐃᒻᓇ ᐱᓯᕋᓗᐊᖕᒐ ᑕᖕᒐᔪᕐᓘᑉᑭᐊᖅ ᐱᓯᐊᒎᖅ ᑕᐃᒪᓐᓇ ᐊᑖᑕᒐ ᐅᕐᑲᖅᐸᓚᐅᖅᑐᖅ. ᑭᓯᐊᓂ ᕐᑲᓄᖅ ᐱᒋᐊᕈᑖᓂᒃ ᐳᐃᒍᖅᓯᒪᑦᑎᐊᖅᓱᒍ. ᓯᕗᑭᑦᑐᑯᓗᖕᒥᒃ ᑖᒻᓇ ᐱᒻᒪᓇᖕᒍᖅᓴᔾᔪᑎᒋᓚᐅᖅᑕᕋ ᐳᐃᒍᖅᐸᙱᑕᕋ ᓰᓕ ᓯᕗᑭᑦᑐᑯᓘᒐᓗᐊᖅᑎ’ᓗᒍ. ᑕᒡᕙ ᐂ ᐃᒪᓐᓇ ᑖᒻᓇ ᑕᐃᓕᓇᕙ’ᒥ’ᒪᒍ.... “ᐊᐃᔮ’ᐊ ᓄᓗᕋᐅᓯᒐ ᑐᖕᒑ ᐅᐱᕐᖕᒑ ᓂᐸᑦᔭ ᐅᕐᓂᒋᔨᕐᑲᙱᓇ ᐊᔭᐃ’ᔭᔭ” ᑖᒻᓇᓕ ᐊᑐᖅᐸᓚᐅ’ᒪᒍ ᑕᐃᒪ ᐃᒪᓐᓇ ᑕᐅᑐᙳᐊᖅᐸᓚᐅᕋᑉᑯ...ᕐᑲᐃᕐᑯᔨᒍᒪ ᐃᓅᕐᑲᑎᒻᓄᑦ ᐅᖕᒐᓯᒃᐸᑦ ᓄᓗᕋᕋᔭᕋᑉᑯ ᕐᑲᐃᓇᔭ’ᒪᑦ. ᑕᐃᒪᓐᓇᐃᓕᐅᙱᑦᑑᒐᓗᐊᕐᓕ ᒥᒃᐸᖅᓱᓂ ᓇᑦᑎᖅ ᓰᕐᓗ ᕐᑲᐃᕐᑯᔨ’ᓗᓂᐅᒃ ᐃᓯᒪᒥᒍᑦ ᓄᓗᕋᖅᑐᑐᑦᑕᐅᖅ ᑕᐃᒪ’ᓇ. ᐊᒃᓯᕈᖅᑐᒻᒪᓇᐊᓘᕐᑲᑦᑕᓚᐅᖅᑐᑦ ᓇᓗᓇᙱᓚᖅ ᑕᐃᒪ... “ᐊᐃᔮ’ᐊ ᓄᓗᕋᐅᓯᒐ ᑐᖕᒑ ᐅᐱᕐᖕᒑ ᓂᐸᑦᔭ ᐅᕐᓂᒋᔨᕐᑲᙱᓇ ᐊᔭᐃ’ᔭᔭᔭ”, ᑕᐃᒪᐃᓕᕙᓚᐅ’ᒪᑦ ᓇᑦᑎᕉᖅ ᕐᑲᐃᓂᐊᕐᓚᖅᑎ’ᓇᒍ ᓄᓗᕋᖅᐸᒃᑕᕋᓗᐊᕐᒋᑦ. ᑕᐃᒪᓐᓇ ᑐᑭᕐᑲᖅᑎᕐᑲᑦᑕᖅᑕᕋ ᑖᒻᓇ. ᑕᐃᒪ’ᓇᐅᔮᖅᓱᓂᓗ. ᑕᒡᕙ ᑕᐃᒪᓐᓇᐅ’ᒪᑦ

ᒪᐅᓕᓇᐅᕋᒪ ᐃᓛᓕ ᐃᒃᑮᓕᖅᖢᖓᓗ ᐃᑎᒐᐃᔭᓕᖅᖢᖓᓗ ᑕᐃᒪᓐᓇ ᕿᒪᐃᔪᒪ'ᓗᖓ ᐃᓱᒪᕈᓗᓕᕋᓗᐊᕌᓗᖓ ᓇᑦᑎᖅ ᖃᐃᓂᐊᖅᑰᖅᑐᖅ ᕿᒪᒃᑯᑉᑯ ᐃᒪᓐᓇ ᐃᓱᒪᓕᕋᓗᐊᕋᒪ. ᑕᐃᒻᓇ ᐱᓯᖅ ᐃᑦᖃᐅᒪᓕᖅᐸᓚᐅᖅᑕᕋ ᑕᐃᒪᓐᓇᐃᑦᑑᕙᓚᐅᖅᑐᖓᓕ. ᑭᓯᐊᓂ ᐊᓯᒃᑲ ᖃᓄᖅ ᖃᐅᔨᒪᖖᒋᑕᕋᓗᐊᒃᑲ ᑕᐃᒪᓐᓇᐃᑦᑐᖃᖃᑦᑕᖅᑐᒃᓴᐅ'ᒪᔪᑦ ᐱᓯᕐᓄᑦ ᑕᐃᒪ'ᖓᑦ ᓄᑕᕋᐅᓂᕐᒥᖕᓂᑦ. ᐱᓰᑦ ᑕᒪᒃᑯᐊ ᐃᑲᔪᖅᑐᒻᒪᕆᐊᓗᐃᑦ ᑐᑭᓯᕚᓪᓕᕐᓇᖅᑐᐊᓗᐃᑦ. ᐱᕚᓪᓕᕈᑎᒋᓚᐅᖅᑕᕗᓪᓕ ᑕᐃᑉᓱᒪᓂ. ᖃᑉᓗᓈᓪᓕ ᐱᖅᑯᓯᖕᒋᓐᓂ ᖃᐅᔨᒪᓚᐅᖖᒋᓐᓇᑉᑕ ᐃᓄᐃᓐᓇᕐᓂ ᐱᕈᖅᓴᓚᑉᑕ ᐱᕚᓪᓕᖅᓯᒪᔾᔪᑎᐊᓗᒋᓚᐅᖅᑕᕗᑦ. ᑕᒪᔅᓴᑦᑕᐅᖅ ᐃᓕᓯᒪᔭᐅᕐᑯᔭᕋᓗᐊᒃᑲ ᐃᓚᖕᒥᑦ ᒫᓐᓇ ᑕᒪᒃᑯᓄᖓᑦ ᐃᓕᓐᓂᐊᖅᑐᓄᑦ ᐱᓰᑦ ᐱᒻᒪᕆᐊᓘ'ᒪᑕ ᐱᒻᒪᕆᒃᔪᐊᕌᓗᐃᑦ. ᑕᐃᒪ ᑕᐃᖕᓇ ᐊᖑᑎᖖᒍᕐᓂᐅᑉ ᓂᐱᓕᐊᖕᒋᓐᓂ ᓂᐱᕐᑯᑎᖅᑲᕋᒪ ᖁᖓᔭᔭᐅᑉᖒᖅ ᐱᓯᐊ ᐊᑐᖅᑖᓂ ᐱᕐᑯᑎᒋᒐᑉᑯ ᓄᓕᐊᖓ ᐃᓅᑎ'ᓗᒍ ᓱᓕ. ᑕᐃᒻᓇ ᑐᓴᕐᓂᖅᑐᒻᒪᕆᐊᓗ ᑐᑭᓯᓐᓇᑦᑎᐊᖅᑐᖅ ᖁᖓᔭᔭ ᐱᓯᓕᐅᕐᓂᖅ ᐊᔪᖖᒋᑦᑐᒻᒪᕆᐊᓗ ᖁᖓᔭᔭᐅᓚᐅᖅᑐᖅ...

ᑕᒪᓕᒃ: ᐊᕐᕕᓕᒡᔪᐊᕐᒥᐅᑕᖅ...?

ᐊᐅᐱᓛᕐᔪᒃ: ᐄ. ᑕᐃᒪᓐᓇ ᑭᐅᔪᖕᓇᖅᑕᕋ ᑖᒻᓇ ᐊᐱᖅᑯᓰᑦ.

ᑕᒪᓕᒃ: ᐄ, ᐃᓅᖅᑲᑎᑮᒍᑕᐅᓂᖕᒋᓐᓂ ᐅᖃᖅᑲᐅᒐᕕᑦ ᖃᒡᒋᐅᑉ ᐃᓗᐊᓂ ᓱᓇᐅᕝᕙᑦᑕᐅᖅ ᐃᓅᓯᖅᑲᑦᑎᐊᕈᑕᐅᓐᓂᖅᖢᑎᒃ ᓲᕐᓗ...

ᐊᐅᐱᓛᕐᔪᒃ: ᐃᓚᖓ ᐱᐅᓂᖓ...ᑭᓯᐊᓂ ᐃᕕᓈᒃᐸ'ᒥ'ᒪᑕᒎᖅ ᐃᕕᓈᖕᓂᖅ ᑖᒻᓇ ᐅᖃᐅᓯᓇᑦᑎᐊᕐᓂᖅ ᐊᔪᖅᑕᕋᓗᐊᕋ ᑭᓯᐊᓂᒃᑕᐅᖅ ᐃᑲᔪᕐᓂᓕᐅᖅᑰᖅᑐᖅ. ᑲᖖᒍᓇᖅᑐᐊᓗᖕᒥᒃ ᑕᐃᒍᐃᔫᒐᓗᐃᑦ ᐃᕕᖅᓯᔭᕋᖓᒥᒃ ᐊᑭᒥᖕᓂᒃ. ᐃᓄᖕᓄᓪᓗ ᑕᒡᕙᓂ ᑐᓵᔪᓗᒃᑖᕌᓗᖕᓄᑦ ᑐᓴᖅᑕᐅᓂᐊᖅᖢᓂ ᐱᓯᒃᑯᑦ ᐃᕕᓈᒃ ᑖᒃᑯᐊᒃ. ᖃᐅᔨᒪᔭᐅᖖᒋᒃᑲᓗᐊᕐᓗᓂ ᑖᒻᓇ ᐱᕋᔭᒃᑕᕐᓂᖓ ᓴᑦᕿᑎᑕᐅᓂᐊᖅᑐᖅ ᐃᕕᕐᒥᓂ ᐱᓯᒃᑯᑦ. ᑖᒻᓇ ᐱᕚᓪᓕᕈᑕᐅᓯᒪᓇᓱᒋᕙᒃᑕᕋ ᑭᖑᖕᒧᑦ ᐱᕋᔭᒃᑕᐃᓕᓂᐊᖅᑯᖅ

ᐃᕕᖅᑕᐅᕌᓗᕐᕋᕐᓂᐊ’ᒥ’ᒪᖅᑲᐃ ᐃᓱᒪᔪᖅᑲᖅᓯᒪᔪᒃᓴᐅᔪᖅ ᐃᓛᒃ ᐅᕙᖕᒐᓕ ᐃᓱᒪᑐᐃᓐᓇᖅᑯᖕᒐ. ᑖᒻᓇ ᐱᐅᓗᐊᙱᑦᑑᒐᓗᐊᖅ ᐃᕕᕐᑲᕐᓂᖅ ᑕᐃᒪᓐᓇ ᐅᕐᑲᕈᖕᓇᖅᐸᕋ ᑖᒻᓇ.

ᑕᒪᓕᒃ: ᐄ, ᐃᒃᐸᒃᓴᖅ ᐊᐱᕆᖅᑲᐅᒐᒃᑭᑦ ᐃᓕᖅᑯᓯᕐᓗ ᐱᖅᑯᓯᕐᓗ ᐊᔾᔨᒌᖕᒪᖕᒑᑏᒃ ᐊᔾᔨᒌᙱᒻᒪᖕᒑᑎᒃ, ᐊᔾᔨᒌᕐᓚᒃᑎᕐᖢᒋᑦ, ᑕᐃᒪᑦᑕᐅᑭᐊᖅ ᐅᕐᑲᐅᓯᖅ ᐅᓇ ᐱᐅᓯᖅ. ᐱᐅᓯᖅ, ᐱᖅᑯᓯᖅ, ᐃᓕᖅᑯᓯᖅ ᑖᒃᑯᐊ ᐊᑕᓕᕇᒃᑎᓪᓗᒋᑦ ᐊᔾᔨᒌᒃᐸᑦ?

ᐊᐅᐱᓛᕐᔪᒃ: ᐊᔾᔨᒌᐸᓗᕈᓘᓇᓱᒋᔮᒃᑲ ᑭᓯᐊᓂᓕ ᐊᔾᔨᒌᙱᑦᑐᓂᒃ ᑕᐃᒎᓯᖅᑕᓕᐅᒐᓗᐊᖅ ᐱᖅᑯᓯᕐᓗ ᐃᓕᖅᑯᓯᕐᓗ...

ᑕᒪᓕᒃ: ᐱᐅᓯᕐᓗ?

ᐊᐅᐱᓛᕐᔪᒃ: ᐄ, ᐱᐅᓯᕐᓗ. ᑖᒃᑯᐊ ᐊᔾᔨᒌᐸᓗᒐᓱᒋᔭᒃᑲ. ᑕᒡᕙ ᐱᐅᓯᕋ ᐊᑐᖅᖢᒍ ᐃᒡᓗᒪ ᐃᓗᐊᓂ ᐱᓕᕆᕙᒃᑲᒪ ᒪᑯᐊᓗ ᐊᓐᓄᕌᕕᓂᕈᓗᐃᑦ ᓄᑕᖅᑲᒪ ᐊᓐᓄᕌᖕᒋᑦ ᐊᑐᕌᖕᒐᒥᔾᔪ ᓇᒧᑐᐃᓐᓇᖅ ᐃᒋᐅᖅᑲᖅᖢᒋᑦ ᓇᑎᕐᒧᑦ ᐃᓱᒫᔭᕈᕐᓃᖅᖢᑎᒃ ᐱᐅᓯᕆᙱᑖᓗᒋᒐᒃᑯ ᑖᒻᓇ ᐃᖢᐊᕆᙱᑕᒻᒪᕆᐊᓗᒐ. ᐊᒻᒪᓗ ᓯᓚᒥ ᓱᓇᑐᐃᓐᓇᐃᑦ ᖃᒍᑏᓪᓗ ᓯᑭᑑᓪᓗ ᑕᒫᓂᑐᐃᓐᓇᖅ ᕿᒪᒃᑕᐅ’ᓗᑎᒃ ᐊᒻᒪ ᐃᖢᐊᕆᙱᑕᒻᒪᕆᐊᓗᑦᑲ. ᑭᓯᐊᓂ ᑐᑦᕐᑯᕙᕆᐊᕐᓗᒋᑦ ᐃᒡᓗᐸ ᓴᓂᐊᓄᑦ ᑭᒡᓕᖕᒐᓄᑦ ᐊᑉᕐᑯᑕᐅᙱᑦᑐᒥ ᐃᓕᐅᖅᑲᕆᐊᖅᑲ’ᒥ’ᒪᑕ ᑕᒡᕙ ᐅᕐᑲᓚᐅᖅᑯᖕᒐ ᐃᒡᓗ ᐃᓯᕐᓂᐊᓵᕐᓗᒍ ᓯᓚᑖ ᓴᓗᒪᑦᑎᐊᖅᐸᑦ ᐋᑦᕐᑭᐅᒪᑦᑎᐊᖅᐸᑦ ᑕᐃᒪ ᐱᑦᕐᑯᓯᕐᑲᑦᑎᐊᖅᑐᑦ ᐃᒡᓗᐸ ᐃᓗᐊᓂ ᐃᓄᒃ ᑖᒻᓇ. ᑕᐃᒪᓐᓇᐃᑦᑑᔪᖅ ᑖᒻᓇ. ᑕᒡᕙ ᐱᓯᒃᑳᖕᒐᐸᑕ ᓇᓂᑐᐃᓐᓇᖅ ᓄᓇᓕᖕᓂ ᓄᓇᓕᐊᓛᓂ ᐃᓄᖕᓂ ᐃᓚᖕᒋᓐᓂ ᓇᓂᑐᐃᓐᓇᖅ ᕿᔪᐊᕐᔪᕈᓗᐃᑦ ᓱᓇᑐᐃᓐᓇᐃᑦ ᑕᒫᓃᕐᑲᑦᑕᖅᑐᑦ. ᑕᒡᕙ ᐃᒡᓗᐊ ᒪᓕᒃᑐᖅᑕᐅᖅ ᑖᒃᑯᓇᓂ ᓯᓚᑖᓃᑦᑐᓂᒃ. ᑕᐃᒪᓐᓇ ᐅᕐᑲᕈᖕᓇᖅᑕᒃᑲ...

ᑕᒪᓕᒃ: ᐄ.... ᑐᑭᓯᓐᓇᑦᑎᐊᖅᑐᖅ. ᑖᒻᓇ ᐅᕐᑲᐅᓯᖅᑕᐅᖅ ᐃᒃᐸᒃᓴᒥᑦ ᐃᒃᐸᒃᓵᓐᓂᒥᓪᓕ ᐃᓱᒪᒃᓴᖅᓯᐅᕈᑎᒋᑉᓗᒍ

ᐃᓅᓯᖅ...ᓲᕐᓗ ᑖᒻᓇ ᓄᑕᕋᖅ ᐱᕈᖅᐸᓪᓕᐊᔪᖅ ᓲᕐᓗ ᓯᓚᑐᓗᓂᐅᒋᐊᖃᕐᒪᑦ ᓯᓚᑐᒍᓂ ᐅᓗᕆᐊᓇᖅᑐᓂᒃ ᐅᓗᕆᐊᓐᖏᑦᑐᓂᒃ ᖃᐅᔨᒪᑦᑎᐊᕐᓂᐊᖅᑐᖅ ᐃᓅᓯᖃᑦᑎᐊᕐᓗᓂ ᓲᕐᓗ ᖃᓄᑭᐊᖅ ᐋᓐᓂᖅᑕᐅᓐᖏᓗᓂᔫᓐᓃᑦ ᐃᒦᖅᑕᐃᓕᓗᓂᔫᓐᓃᑦ ᑕᒪᒃᑯᓇᓂ.... ᓯᓚᑦᑐᖅᐸᓪᓕᐊᓗᓂᓗ ᐊᒻᒪ ᐃᓕᓂᐊᖅᑎᑕᐅᓂᒃᑯᑦ ᐃᓕᓐᓂᐊᕐᕕᖕᒥ ᐊᖏᕐᕋᒥᓂᓗ ᓯᓚᑦᑐᕈᑎᒃᓴᖃᕆᐊᖃᕐᒪᑦ ᓲᕐᓗ ᓯᓚᑦᑐᕐᓂᕐᒥᒃ ᐃᓛᒃ ᐃᓅᓯᖅ ᐃᓅᓯᑦᑎᓐᓂ ᐃᓅᓯᖃᑦᑎᐊᕐᑯᑉᓗᑕ ᓲᕐᓗ ᓯᓚᑐᓂᖅ ᓯᓚᑦᑐᖅᐸᓪᓕᐊᓂᖅ ᑖᒻᓇ ᐊᑐᕋᓱᒋᓕᖅᓱᒍ ᐃᓱᒪᒃᓴᖅᓯᐅᕈᑎᒋᓚᐅᖅᓱᒋᑦ ᐅᖃᐅᓯᑎᑦ ᐃᒃᐸᒃᓴᒥᑦ ᐱᓗᐊᖅᑐᒥ...ᖃᓄᖅ ᑕᒪᓐᓇ ᐃᓱᒪᒋᕕᐅᒃ?

ᐊᐅᐱᓛᕐᔪᒃ: ᑕᒡᕙᓕ ᐅᕙᒻᓂᒃ ᐅᓂᒃᑳᕈᖕᓇᖅᑯᖓ ᖃᐅᔨᓯᒪᔭᒻᓂ ᐅᖃᖃᑦᑕᕋᑉᑕ ᐃᓚᐃᑎᒍᑦ ᓄᑕᕋᖅᓯᐅᑎᑕᖃᓚᐅ’ᒪᑦ ᒥᑭᔪᒻᒪᕆᖕᓂᒃ ᐅᖃᐅᓯᕐᓂᒃ ᐅᖃᕆᐅᖅᓴᔾᔪᑎᓂᒃ. ᑕᐃᒪᐃᑦᑐᖃᓚᐅ’ᒪᑦ. ᓯᓚᑦᑐᖄᖓᑕ ᐊᖏᓕᖅᐸᓪᓕᐊᔭᖄᖓᑕ ᓴᓐᖏᓂᖅᓴᒥᒃ ᑐᓴᓚᐅᖅᓯᒪᓐᖏᑦᑕᒥᓂᒃ ᑐᓂᕙᓪᓕᐊᔭᐅᓪᓗᑎᒃ ᑕᐃᒪᓐᓇᐃᓲᓐᖑᒐᑉᑕ ᑭᓯᐊᓂᒃ ᑕᒪᒃᑯᐊ ᓈᒻᒪᓐᖏᑦᑐᓕᐅᕈᑎᑦ ᐅᓗᕆᐊᓇᖅᑑᓚᓗᐃᑦ ᑕᐅᑐᖕᓂᒃᑯᑦ ᐱᔪᒪᓂᒃᑯᑦ ᐃᒃᓱᒍᓯᖕᓂᒃᑯᑦ ᐊᒃᑐᖅᑕᐅᖀᓲᓯ’ᒪᑕ ᐱᒋᐊᖅᑕᐅᓯ’ᒪᑕ ᑕᒡᕙᓕ ᐊᓅᓇᓕᓗ ᐊᑖᑕᓕᓗ ᐅᓗᕆᐊᓇᖅᑐᒥᒃ ᑐᓴᕐᕕᒋᓚᐅᓐᖏᔅᓱᒋᒃ ᐱᕋᔭᖕᓂᕐᒥᒃ ᐱᐅᓐᖏᑦᑐᒥᒃ ᑕᑯᕝᕕᒋᓚᐅᖅᓯᒪᓐᖏᑖᒃᑲ ᑭᓯᐊᓂ ᐊᓯᐊᓄᐊᖅᓱᖓ ᐊᒃᑲᒻᓃᔅᓱᖓ ᐊᑯᓂᐊᓗ ᐊᒃᑲᒐ ᓇᔪᖅᓱᒍ ᓄᑲᖅᓯᖅᐹᖑᓚᐅᖅᑐᒥ ᑕᑯᔭᕆᐊᖅᑲᓐᖏᑕᒻᓂᒃ ᑕᑯᓚᐅᖅᓯᒪᔪᖓ. ᑭᓯᐊᓂ ᐱᔭᕆᐊᖅᑲᓐᖏᑦᑐᖅ ᖃᐅᔨᒪᑲᐅᑎᒋ’ᓗᒍ ᐊᑖᑕᒪ ᐅᖃᐅᓯᐊ ᒪᓕᒃᓱᒍ ᑕᒡᕙ ᑕᒍᒐᑉᑯ ᑭᖑᓂᐊᒍ ᐳᐃᒍᖅᐸᓐᖏᓕᖅᓱᒍ ᐱᔭᕆᐊᖅᑲᓐᖏᑦᑐᖅ ᖃᐅᔨᒪᑦᑎᐊᖅᓱᒍ ᐳᐃᒍᕐᓂᖅ ᐊᔪᕐᓇᑦᓗᐊᕕᒃᑐᖅ ᐱᔪᒪᓐᖏᒃᑲᓗᐊᖅᓱᒍ ᓈᒻᒪᒍᐃᕐᓇᖅᑐᖅ

ᖃᐅᔨᒪᑦᑎᐊᕋᓗᐊᖅᖢᒍ. ᑕᒡᕙ ᑖᒻᓇ ᐃᖢᐊᖕᒋ’ᒥᔪᖅ ᓇᖕᒥᓂᖅ ᓯᓚᑦᑐᖅᑳᕋᑎᒃ ᐊᖕᒐᔪᖅᑳᕆᖕᒋᑕᒥᓂᒃ ᓇᒧᑐᐃᓐᓇᖅ ᑕᑯᑦᑕᖅᖢᓂ ᑎᒍᓯᕙᓪᓕᐊ’ᒪᑕ ᐱᔭᕆᐊᖃᖕᒋᑕᒥᓂᒃ ᑕᐃᒪᖕᒐᓗᒃᑖᖅ ᒫᓐᓇᒧᑦ ᐱᓗᐊᖅᑰᓕᖅᑐᖅ ᑖᒻᓇ.

ᑕᒪᓕᒃ: ᐃᓄᒋᐊᒃᑐᓃᓕᖅ...

ᐊᐅᐱᓛᖅᔪᒃ: ᐄ, ᐃᓄᒋᐊᒃᑐᓃᓕᕋᒥᒃ.... ᑭᓯᐊᓂᒃ ᐃᓖᔭᕆᔭᐅᖕᒋᑦᑑᒐᓗᐃᑦ ᐃᓂᖅᑎᑕᒐᐅᖕᒋᓗᐊ’ᒪᑕ ᓇᖕᒥᓂᖅ ᓄᑕᕋᕆᖕᒋ’ᓇᒥᐅᒃ ᐃᓂᖅᑎᑭᖕᓇᖅᑕᕋᓗᐊᓂ ᑭᓯᐊᓂ ᐃᒃᐱᒋᓗᐊᖕᒋᑖ ᐃᒃᐱᒋᖃᑎᒋᓗᐊᖕᒋᑖ. ᑕᐃᒪ ᑖᒻᓇ ᐅᖃᐅᓯᕆᓚᐅᖅᐸᕋ ᐃᒫᖅᑑᒃ ᒪᕐᕉᒃ

ᑕᒪᕐᒥᒃ ᐱᓐᓇᕆᓗᒋᒃ ᐱᖃᑖ ᓄᑕᕋᕆᓗᒍ ᓇᓪᓕᐊ ᐱᒋᐊᖃᐅᑕᐅᓇᔭᖅᐸ ᐃᒪᓐᓇᐃᓕᓚᐅᕋᒪ ᐃᒃᐱᒋᓂᐊᓗᕐᒥᒍᑦ ᓄᑕᖅᑲᓂ ᐱᒋᐊᖃᐅᑕᐅᓇᔭᖅᑖ ᓇᒃᓕᒋᓂᖕᒐᓄᑦ. ᖁᔭᓈᑐᐃᓐᓇᖕᒋᑕᕋᓗᐊᓂ ᑖᒻᓇ ᐃᕐᓂᕆᖕᒋᑕᓂ. ᑭᓯᐊᓂ ᐃᒃᐱᒋᓂᖕᒐ ᐊᑕᓗᐊᖕᒋᒻᒪᑦ ᑕᒡᕗᖕᒐ ᓱᓇᑐᐃᓐᓇᖅᑕᐅᖅ ᐃᒃᐱᒋᓂᖅ ᐃᓚᒋ’ᓗᒍ ᐊᖕᒐᔪᖅᑳᕈᓗᒃ ᐊᑕᔪᒻᒪᕆᐊᓘ’ᒪᑦ ᓄᑕᖅᑲᒧᑦ ᑕᒪᔾᔭᑦᑕᐅᖅ ᑕᒪᓐᓇ ᐅᔾᔨᕆᒋᐊᖃᑦᑎᐊᖅᑕᕗᑦ.

ᑕᒪᓕᒃ: ᐄᑦᑎᐊᖅ....

ᐊᐅᐱᓛᖅᔪᒃ: ᑕᒪᔾᔭ ᑕᐃᒪᐃᑦᑑᓕᖅᑯᒍᑦ ᒫᓐᓇ ᐊᑐᐃᓐᓇᕐᓂᐊᖅᑰᓕᖅᖢᓂᓗ ᑕᒪᔾᔭ ᓄᑕᖅᑲᕗᑦ ᐱᖃᑎᑖᖅᐸᓕᖅᑐᑦ ᐃᖕᒥᓂᒃ ᐃᓱᒪᖅᓱᖅᑎᓪᓗᒋᑦ ᐅᕙᒍᑦ ᖃᐅᔨᓚᐅᖅᑎ’ᓇᑕ ᐅᕙᒍᑦ ᐊᖕᒐᔪᖅᑳᑎᒍᑦ. ᑕᒡᕙ ᖃᐅᔨᓚᐅᖕᒋᔾᖢᑎᒃ ᐱᖃᑎᑖᖄᖕᒐᑕ ᐃᓱᒪᓐᓇᖅᑐᒻᒪᕆᐊᓗ ᐃᓐᓇᐅ’ᓗᓂ ᑕᒡᕙᖄ ᐱᖃᑎᒌᓐᓇᕐᓂᐊᖅᐹ ᐊᕕᖕᓂᐊ’ᒥᔮ ᐃᒪᓐᓇ ᐃᓱᒪᓐᓇᖅᑐᒻᒪᕆᐊᓗ ᐅᕙᒻᓄᑦ ᑐᑭᓯᐅᒪᖕᒋᓐᓇᒃᑭᑦ ᖃᓄᐃᑦᑑᓂᖕᒐ ᑖᒻᓇ ᐃᓅᑉ ᐊᕐᓇᐅᑉ ᐊᖕᒍᑎᑉᓅᓐᓃᑦ ᑭᓯᐊᓂ ᖃᖕᒐᖕᒍᖅᑎ’ᓗᒍ ᐱᖃᑎᒌᒍᖕᓃᖅᖢᑎᒃ ᐋᓐᓂᖅᑕᐅᔪᒻᒪᕆᐊᓘᖃᑦᑕᖅᑐᒍᑦ ᐊᖕᒐᔪᖅᑳᑎᒍᑦ ᑖᒻᓇᓕ ᐃᓄᒋᐊᖅᑑᓚᐅᖕᒋᒻᒪᑕᓕ ᐃᓅᒻᒪᕇᑦ ᑕᐃᑉᓱᒪᓂ

ᐊᑐᖅᑕᐅᓚᐅᙱ’ᒪᑦ. ᑭᓯᐊᓂᓕ ᐊᖓᔪᖅᑳᑉ ᐱᖁᔨᒫᖓᖓᑦ ᑖᒻᓇ ᒪᓕᓚᐅᕋᑦᑎᒍᑦ.

ᑕᒪᓕᒃ: ᐄ....

ᐊᐅᐱᓛᕐᔪᒃ: ᑭᓯᐊᓂ ᐱᑦᑕᐃᓕᒋᑦᑎ ᐅᖃᙱᑦᑐᒍᑦ ᑭᓯᐊᓂ ᑐᑭᖓ ᐅᖃᐅᓯᕆᑐᐃᓐᓇᖅᑕᕗᑦ ᒫᓐᓇ.

ᑕᒪᓕᒃ: ᐄ....

ᐊᐅᐱᓛᕐᔪᒃ: ᑕᒪᔾᔭᓗ ᑕᒪᒃᑯᐊ ᒫᓐᓇ ᐅᓗᕆᐊᒋᓪᓚᕆᓕᖅᑕᒃᑲᓕ ᐅᓗᕆᐊᒋᓂᖅᐹᕆᔭᒃᑲ ᐃᓅᓯᕆᓗᐊᓚᐅᙱᓐᓇᒃᑭᑦ ᑕᐃᑉᓱᒪᓂ. ᒪᑯᐊ ᐸᓂᖃᖅᖢᑎᒃ ᐃᕐᙳᑕᑯᓗᖃᖅᖢᑎᒃ ᓂᕕᐊᒃᓵᑯᓗᐃᑦ ᑕᒪᔾᔭ ᐊᖏᔪᑯᓘᓕᖅᖢᑎᒃᓗ ᐃᓚᖏᑦ ᓱᓕ ᐃᓐᓇᕈᖅᑎᒃ ᑕᐃᒪᓐᓇ ᐱᓕᕆᐊᖑᔪᑦ ᑐᓴᓚᐅᖅᐸᒃᑲ ᑎᒍᓇᓱᑐᖅ ᐅᓇ. ᑖᒻᓇ ᐃᖢᐊᙱᑦᑐᖅᔪᐊᒻᒪᕆᐊᓗ ᑲᑉᐱᐊᓇᖅᑐᒻᒪᕆᐊᓗᒃ ᐃᓐᓇᐅᙱᓗᓂ ᐱᓕᕆᐊᖃᙱᒻᒪ ᐃᓐᓇᕈᓗᖕᒧᑦ, ᑲᑉᐱᐊᓇ’ᒪᑦ. ᑕᒡᕙ ᐅᕙᖓ ᐅᓗᕆᐊᒋᒻᒪᕆᒃᑕᕋ ᑖᒻᓇ..

ᑕᒪᓕᒃ: ᐃᓅᓯᑯᓗᖏᑦ ᓱᕋᒍᖕᓇᖅᒪᑦ...

ᐊᐅᐱᓛᕐᔪᒃ: ᐄ, ᓱᕋᒍᐊ’ᒪᑕ. ᒥᐊᓂᕆᔭᐅᑦᑎᐊᕆᐊᖅᖢᓂ ᓄᑕᕋᑯᓗᒃ ᓂᕕᐊᒃᓯᐊᑯᓗᒃ ᐊᖑᑎᒥ ᐊᖑ’ᒥᑦ ᐃᓐᓇᕐᒥᑦ ᖁᕕᐊᒋᔭᐅᒍᓂ ᐅᖃᑦᑐᕆᒃᓴᐅᔾᔭᐅᒍᓂ ᑭᐅᔪᒪᓂᐊᖅᑐᖅ ᑕᒡᕙ ᐃᓱᒪᒋᔭᐅᓕᖅᑐᐊᕐᓂᖓ ᖃᐅᔨᙱᑦᑐᖅ ᓇᐅᒻᒪᕆᒃ ᖁᕕᐊᓱᒃᑐᖅ ᓱᓕ. ᑕᒡᕙ ᐱᒋᐊᖅᑕᐅᓂᐊᖅᑐᕕᓂᖅ ᖃᑯᒍᑭᐊᖅ ᐃᓐᓇᕈᓗᖕᒥᑦ ᐱᔾᔪᑎᐅᓇᓂ. ᐃᓐᓇᕐᓕ ᐅᖃᐅᑎᙱᒃᑲᓗᐊᕐᓗᒍ ᖃᐅᔨᔭᖕᓇ’ᒪᑦ ᖃᓄᖅ ᐃᓯᒪᖃᖅᑐᖃᖅᐸᑦ. ᐃᓐᓇᕐᒥᖕᒎᖅ ᑕᐃᒪᓐᓇ ᓵᖕᒐᖅᓴᖅᑲᑦᑕᖅᐸᑕ ᖃᓄᐃᒥᖕᒥᑕᕐᓕ ᐅᕙᖓ. ᑕᒪᔾᔭ ᐅᓗᕆᐊᒋᒻᒪᕆᒃᑕᕋ ᐃᓕᓐᓂᐊᕐᕕᖕᒥ ᓈᒻᒪᒍᐃᕿᑕᐅᖅᑲᑦᑕ’ᒥᔪᖅ ᓇᓗᓇᙱᑦᑐᖅ. ᐃᔪᕆᙱᑕᒃᑲ ᐊᔪᕐᓇ’ᒪᑦ. ᑕᐃᒪ ᐅᖃᖅᑲᐅᒐᒪ ᐊᒃᑲᒻᓂᑦ ᐱᔭᕆᐊᖃᙱᑕᒻᓂᒃ ᑕᐅᑐᒃᑲᒪ ᐳᐃᒍᕐᓂᖅ ᐊᔪᓕᓚᐅᖅᑕᕋ ᐱᔭᕆᐊᖃᙱᑦᑐᖅ ᖃᐅᔨᒪᒐᓗᐊᖅᖢᒍ. ᑕᒪᔾᔭᐅᙱᓇᖅᑐᐊᓘ’ᒪᑕ ᓱᓕ ᑕᒪᒃᑯᐊ.

ᑭᓯᐊᓂ ᑲᙳᓯᒃᑎᐊᓘᓪᓗᑎᒡᓗ ᐃᒃᑯᐊ ᑕᒪᒃᑯᐊ ᓴᙱᔪᒥᒃ ᐅᖃᐅᔾᔪᕆᐊᖃᙱ’ᒪᑕ ᓯᓚᑦᑐᖅᑳᖅᑎ’ᓇᒋᑦ ᓄᑕᖅᑲᑦ. ᑭᓯᐊᓂ ᓯᓚᑦᑐᖅᐸᑕ ᓯᓚᑐᔫᓕᖅᐸᑕ ᖃᐅᔨᒪᓕᖅᐸᑕ ᓴᙱᔪᒥᒃ ᐅᖃᐅᔾᔪᖃᑦᑕᕆᐊᓕᐅᒐᓗᐃᑦ ᑐᑭᓯᑉᑲᕐᓗᒋᑦ. ᑕᒪᔾᔭ ᐊᑕᐅᓰᙱᔅᖢᖕᒐ ᒪᒥᓴᐃᔪᓂᒃ ᐃᓚᐅᓯᒪᒐᒪ ᐃᓚᖕᒋᑦ ᐊᖕᒋᔪᒻᒪᕆᐊᓗᖕᒥᒃ ᖁᕕᐊᓱᙱᓐᓂᕋᖃᑦᑕᖅᑐᑦ ᐊᕐᓇᐃᑦ ᓄᑕᕋᐅᓂᕐᒥᓂᒃ ᖁᕕᐊᓇᙱᑦᑐᐊᓗᖕᒥᒃ ᐊᑐᖅᑎᑕᐅᓕᕐᓂᖅᖢᑎᒃ ᑲᙳᓇ’ᒪᑦ ᐃᓕᕋᓇ’ᒪᑦ ᐅᖃᖅᑕᐃᓖᓐᓈᓗᒃᖢᑎᒃ ᐃᓗᒥᐅᑕᕆᔮᑦ. ᑭᓯᐊᓂ ᒪᒥᓴᕐᓂᒃᑯᑦ ᐅᖃᓕᑕᐃᓐᓇᖃᑦᑕᖅᑐᐊᓗᐃᑦ. ᒪᒥᓴᐃᓂᖅ ᑖᒻᓇ ᐃᑲᔪᖅᑐᒻᒪᕆᐊᓘᒐᓗᐊᖅ...

ᑕᒪᓕᒃ: ᓇᑦᕿᖅᓱᕐᓂᖅ...?

ᐊᐅᐱᓛᕐᔪᒃ: ᐄ, ᓇᑦᕿᖅᓱᕐᓂᖅ...

ᑕᒪᓕᒃ: ...ᓲᑭᐊᖅ ᓇᑦᕿᖅᓱᕐᓂᖅ ᐅᖃᐅᓯᐅᕙᓚᐅᖅᐸ? ᐃᒪᓐᓇ ᐋᖅᑭᐅᒪᑎᑦᑎᒃᑲᓐᓂᖅᑰᖅ?

ᐊᐅᐱᓛᕐᔪᒃ: ᐄ, ᐃᓄᖕᒥᒃ...ᐃᓄᐃᓪᓕ ᑕᐃᑉᓱᒪᓂ ᑎᕆᒍᓱᒃᐸᓚᐅᕐᒪᑕ ᐱᑦᑕᐃᓕᔭᖃᖅᐸᓚᐅ’ᒪᑕ. ᐃᓄᒃ ᐱᔭᕆᐊᖃᙱᑕᒥᓂᒃ ᐱᓕᕆᒍᓂ ᐃᓱᒫᓗᓕᕐᓗᓂ ᓘᓐᓃᑦ ᐱᓂᐊ’ᒪᑦ ᐅᕝᕙᓘᓐᓃᑦ ᐋᓐᓂᐊᓕᕐᓗᓂ ᓇᓕᑐᐃᓐᓇᖕᒋᑦ. ᑕᐃᒪ ᐅᔭᕋᒃ ᑕᐃᒻᓇ ᑎᑎᕌᕐᔪᓚᐅᖅᐸᕋ ᑐᑭᖕᒐ ᑕᐃᒪᓐᓇ ᑕᐃᒪ ᑕᐃᒻᓇᐅᕗᖅ. ᑖᒻᓇ ᑕᒡᕙ ᑭᓯᐊᓂ ᐊᓃᖅᑎᓗᓂ ᓇᑦᕿᖅᓱᕐᓗᓂ ᐃᓄᒃ ᓇ’ᒥᓂᖅ ᐱᕋᔭᖕᓂᕆᓚᐅᖅᑕᒥᓂᒃ ᐅᖃᓪᓚᒡᓗᓂ ᐲᕈᖕᓇ’ᒪᑕ ᑕᐃᒃᑯᐊ. ᐃᑲᔪᖅᑕᐅᓂᐊ’ᒥᒐᒥ ᐃᓚᒥᓂ ᐃᒪᓐᓇᐃᑦᑐᑰᕆᐊᖃᕋᕕᑦ ᐃᒪᓐᓇᓘᓐᓃᑦ ᐱᔭᐅᓐᓂᖅᑯᑎᑦ ᐃᓱᒪᑦᑐᔭᐅᓐᓂᖅᑯᑎᑦ ᐃᒪᓐᓇᔅᖢᒃ ᐱᔭᐅᓚᐅᕐᓂᖅᑯᑎᑦ ᐃᒪᓐᓇᓕᐅᖅᑕᐅᔪᖕᓇᕋᑉᑕ ᐊᖕᒐᔪᖅᑳᑉᑎ’ᓂ ᑕᒡᕙ ᑖᒻᓇ ᐊᑐᙱᓕᖅᑕᕗᑦ ᒫᓐᓇ. ᐅᑎᕋᔭᖅᐸᑦ ᐃᖢᐊᕋᔭᖅᑐᖅ. ᐃᖢᐊᕆᓇᔭᖅᑕᕋᓕ ᐅᑎᖅᓯᒪᓇᔭᖅᐸᑦ ᐃᓄᒃᑐᑦᓚᒃᑖᖅ. ᑕᐃᒪᓐᓇ

ᑕᐅᑐᙳᐊᕈᑎᒋᖃᑦᑕᖅᐸᕋ ᐃᓕᓐᓂᐊᕐᕕᒃᑕᖃᕆᐊᖃᖅᑐᑦ ᐃᓄᒃᑐᐃᓐᓇᖅ. ᑕᐃᒪ ᑖᓇ ᐸᓴᒋᓕᖅᐸᕋ ᐱᓇᓱᒍᖕᓇᕋᔭ’ᒪᖔᑦ ᐋᖅᑭᖕᓂᕈᓂ ᑕᐃᒃᓱᒥᖓᑦ ᑕᐃᒪ ᐃᓗᓪᓕᖅᑐᕋᔭ’ᒪᖔᑦ ᐃᓄᐃᑦ ᐃᓕᖅᑯᓯᓪᓚᕆᐊᓂ...ᐃᑲᔪᖅᑐᖅᑕᕋ ᑕᐃᑲ ᐃᑲᔪᖅᑐᒻᒪᕆᒃᑕᕋ.

ᑕᒪᓕᒃ: ᐄ...ᖃᓄᖅ ᐃᓱᒪᒋᙳᐊᖅᐱᐅᒃ ᑖᒻᓇ ᓲᕐᓗ ᐃᒡᓘᓕᕐᒪᑦ ᐊᐅᓚᓕᕐᒪᑦ ᖃᓄᐃᑦᑐᖃᕋᔭᖅᐸ ᐃᓗᐊᓂ?

ᐊᐅᐱᓛᕐᔪᒃ: ᑖᒻᓇ ᐅᖃᕐᓂᖅ ᐊᔪᖅᑕᕋᓗᐊᕋ ᐊᐱᖅᑯᑎᒃᑯᑦ ᑭᓯᐊᓂ ᓴᖅᑭᑦᑐᖅᐸᓪᓕᐊᓕᕋᔭᖅᑯᖅ ᐊᐱᖅᓱᖅᑕᐅᓂᒃᑯᑦ....

ᑕᒪᓕᒃ: ᐄ...ᐄ...

ᐊᐅᐱᓛᕐᔪᒃ: ᖃᐅᔨᒪᒻᒪᕆᙱᒃᑲᓗᐊᕐᓗᓂᓕ ᓇᖕᒥᓂᖅ ᐱᖃᖅᑐᖅ ᑖᒻᓇ ᐊᐱᖅᓱᕋᔭ’ᒪᑦ ᐃᓄᖕᓂᒃ ᖃᐅᔨᒪᔪᓂᒃ. ᐊᐱᖅᓱᕐᓂᒃᑯᑦ ᐊᔾᔨᒌᙱᑦᑐᓂᒃ ᐃᓚᖏᑦ ᓇᓗᔭᕋᓗᐊᕗᑦ ᐊᓯᑉᑕᓗ ᐃᓐᓇᑐᖃᑉ ᐊᓯᑉᑕᑉᑕᐅᖅ ᐋᖅᑭᒃᑐᖕᓇᒥ’ᒪᒍ. ᐃᓄᒃ ᐊᑕᐅᓯᐅᒍᓂ ᐱᐊᓂᔾᔮᙱ’ᒪᑦ. ᑭᓯᐊᓂ ᐃᑲᔪᖅᑎᒌᒡᓗᑎᒃ ᓴᖅᑭᑎᑦᑎᕙᓪᓕᐊᓇᔭ’ᒪᑕ. ᓄᖑᓚᐅᙱᓐᓂᖓᓐᓂ ᐃᓄᑐᖅᑲᐃᑦ ᐃᓄᑐᖃᐃᑦ ᑕᒪᓐᓇ ᐱᔭᕆᐊᖃᕋᓱᒋᖃᑦᑕᓕᕋᑉᑯ...

ᑕᒪᓕᒃ: ᐄᑦᑎᐊᖅ...

ᐊᐅᐱᓛᕐᔪᒃ: ᑕᐃᒪ ᑭᐅᑦᑎᐊᕐᓂᖅ ᐊᔪᖅᐸᕆᑦ. ᖃᓄᖅ ᐃᓱᒪᕆ’ᒪᖔᒻᓂᒃ ᐊᐱᕆᒐᓗᐊᕋᕕᑦ ᑭᓯᐊᓂ ᐊᐱᖅᓱᖅᑕᐅᓂᒃᑯᒃ ᐃᓗᓪᓕᖅᑐᖅᐸᓪᓕᐊᔪᖕᓇᕋᑉᑎᒍ.

ᑕᒪᓕᒃ: ᐄ.... ᐄ...ᑕᐃᒪᖃᐃ ᔩᓚᐃᒥ ᑖᓇ ᐊᐱᕆᑦᑎᐊᕆᐊᕈᒫᖅᐹᑎᑦ. ᑕᒪᒃᑯᐊ ᓲᕐᓗ ᑕᐅᑐᖅᑰᖅᑕᒥᓂᒃ ᐃᓱᒪᐅᔭᕆᔭᒥᖕᓂᒃ ᐅᓂᒃᑳᕐᓗᓂ ᐊᐱᕆᑦᑎᐊᕆᐊᕈᒫᖅᐹᑎᑦ.

ᐊᐅᐱᓛᕐᔪᒃ: ᐄ. ᑖᒻᓇ ᐊᐱᖅᓱᖅᑕᐅᓂᒃᑯᑦ ᑭᓯᐊᓂ ᓴᖅᑭᑉᐸᓪᓕᐊᔪᖕᓇ’ᒥ’ᒪᑦ. ᑭᐅᓂᖅ ᐊᔪᖂᖓᑉᑎᒍᑦ ᑭᐅᖃᑦᑕᔾᔮᙱᑕᕗᑦ.

ᑕᒪᓕᒃ: ᐄᑦᑎᐊᖅ.

ᐊᐅᐱᓛᕐᔪᒃ: ᑭᐅᓂᖅ ᐊᔪᙱᒃᑯᑉᑎᒍ ᑭᐅᓇᓱᖃᑦᑕᕋᔭᕋᑉᑎᒍᑦ...

ᑕᒪᓕᒃ: ᐄᑦᑎᐊᖅ...ᐊᒻᒪ ᑭᖑᓪᓕᖅᐹᒥᓘᓐᓃᑦ

ᐅᓇ ᐊᐱᖅᑯᑎᒋᔪᒪᔭᕋ ᐅᓇ ᐃᒃᐸᒃᓴᖅ ᓲᖃ ᓄᓇᖃᖅᑳᖅᑎᓂᖕᒐᖅᓯᒪᔪᒥᒃ ᐅᓂᒃᑳᕐᕕᒋᓚᐅᕋᒃᑭᑦ ᑭᓗᒋᒥᖖᒑᖅᓯᒪᔪᒥᒃ. ᑕᐃᒃᑯᐊ ᓄᓇᖃᖅᑳᖅᑏᑦ ᐃᖅᑭᓖᓪᓗ ᐃᓄᐃᓪᓗ ᐱᓕᕆᖃᑎᒌᒍᖕᓇᕐᓂᖕᒋᓐᓂᒃ ᐅᓂᒃᑳᕌᕕᑦ ᐅᓂᒃᑳᕌᕐᔪᓚᐅᕋᕕᑦ ᐃᓕᖅᑯᓯᒃᓴᑦᑎᐊᕙᐅᖕᒪᑦ ᐃᑲᔪᖅᑎᒌᖕᓂᖅ.... ᐊᑐᖅᓯᒪᔭᕐᓂᒃ ᐅᓂᒃᑳᕈᖕᓇᕐᒪᖕᒑᖅᐱᑦ ᐃᖅᑭᓕᕐᓂᒃ ᐱᓕᕆᖃᑎᖃᖅᖢᑎᒃ ᓲᕐᓗ ᑕᐃᖕᓇ ᐅᑐᖅᑲ’ᔪᐊᖑᓂᕋᖅᑕᐅᔪᖅ ᐊᔅᐴᖖᒍᐊᖕᒐ ᑕᑯᓚᐅᖅᑕᕋ ᐃᓄᑐᖃᐃᓪᓗ ᐊᓯᖕᒋᑦ ᐋᑐᕚᒥ ᐱᓕᕆᖃᑎᒋᓚᐅᕋᕕᒋᑦ ᖃᓄᐃᑦᑐᓂᒃ ᐃᓛᒃ ᖃᓄᐃᑦᑐᓂᒃ ᐱᓕᕆᐊᖃᓚᐅᕐᒪᖕᒑᑉᓯ ᐅᕝᕙᓘᓐᓃᑦ ᐊᑐᖅᓯᒪᔭᕐᓂᒃ ᑕᒪᒃᑯᐊ ᒥᒃᓵᓄᑦ...

ᐊᐅᐱᓛᕐᔪᒃ: ᖃᓄᒻᒪᕆᒡᓘᓐᓃᑦ ᐳᐃᒍᖅᑕᒃᑲ ᑲᑎᒡᕕᓕᕆᓂᕐᒥ ᐅᖃᓪᓚᑦᑎᑕᐅᖃᑦᑕᕋᑉᑕ ᖃᓄᐃᑦᑐᖅ ᖃᓄᖅ ᐃᓱᒪᖃ’ᒪᖕᒑᑉᑎ’ᓂᒃ ᖃᓄᕐᓗ ᐱᕈᖅᐸᓪᓕᐊᕕᑕᓕ ᓄᓇᑉᑎ’ᓂ ᖃᑉᓗᓈᖃᓚᐅᖅᑎ’ᓇᒍ. ᓱᓇᒥᒃ ᐊᑐᒐᖅᑲᖅᖢᑕ ᖃᓄᐃᑦᑐᓂᒃ ᒪᑯᓂᖕᒐᑦ ᐊᐱᖅᓱᖅᑕᐅᓱᕋᓗᐊᖅᑐᒍᑦ. ᑭᓯᐊᓂ ᐊᑐᖅᑕᒃᑲ ᑕᐃᒃᑯᐊ ᐃᑉᔪᐊᖖᒋᓐᓇᖅᖢᒋᑦ ᒪᓖᓐᓇᖅᖢᒋᑦ ᐅᖃᓪᓚᒐᓯᒃᐸᓚᐅᕋᒪ. ᑕᐃᒃᑯᐊᓗ ᑕᑯᓚᐅᖖᒋᑕᒃᑲᓕ ᑕᐃᒃᑯᐊᑐᖄᓗᐃᑦ ᐅᒃᐱᕆᔭᒃᑲ ᑕᑯᓚᐅᖖᒋᒃᑲᓗᐊᖅᖢᒋᑦ ᐅᒃᐱᕆᒐᑉᑭᑦ ᓱᓕ’ᒪᑕ. ᑕᐃᒃᑯᐊ ᑐᓴᐅᒪᔭᒃᑲ ᐃᓚᓕᐅᑎᕙᒃᖢᒋᑦ ᐅᖃᐅᓯᒻᓄᑦ. ᑕᐃᒪᓐᓇᐃᑦᑑᖃᑦᑕᓚᐅᖅᑯᖕᒐ...

ᑕᒪᓕᒃ: ᐄ...

ᐊᐅᐱᓛᕐᔪᒃ: ᑭᓯᐊᓂ ᖃᐅᔨᒪᓂᕋ ᓇᐃᑦᑐᑯᓘ’ᒪᑦ ᐊᔪᕐᓇᖅᓯᖃᑦᑕᖅᑐᖅ ᐅᖃᒃᑲᓐᓂᕈᒪᒐᓗᐊᖅᖢᓂ. ᑕᐃᒪᓕ ᑭᖑᓂᐊᒍᑦ ᐃᓱᒪᒋᖃᑦᑕᓕᓚᐅᖅᐸᒃᑲ ᐃᖅᑭᓖᑦ...ᑐᓴᐅᒪᓪᓗᒋᑦ ᐃᖅᑭᓖᑦ...ᓲᕐᓗ..ᖃᓄᖅ ᐃᑉᑯᐊ...ᐅᓇᑕᕈᒪᓂᖕᒋᓪᓗ ᓈᒻᒪᖖᒋᓐᓂᖕᒋᑦ ᐃᓱᒪᒋᖃᑦᑕᓚᐅᖅᓯᒪᔭᒃᑲ. ᑭᓯᐊᓂᓕ ᐃᓚᖕᒋᑦ ᑕᑯᓚᐅᖃᑦᑕᓕᕋᒃᑭᑦ ᐃᓄᑦᑎᐊᕙᒻᒪᕆᐊᓘᓐᓃᑦᑕᐅᖅ ᐃᓚᖕᒋᑦ. ᑕᐃᒃᑯᓂᖕᒐᓪᓗ ᐱᑐᖄᓗᖕᒥᓂᒃᑕᐅᖅ ᐊᑐᕈᒪᔪᑦ

ᐅᒡᒍᐊᖅᑐᑦ ᐃᓚᖏᑦ ᑕᐃᒪᓐᓇ ᑐᑭᓯᕙᓕᖅᖢᒋᑦ. ᑭᓯᐊᓂ ᐃᓄᒃᑎᒍᓪᓗ ᐃᖅᑭᓖᓪᓗ ᐱᐅᓯᑐᖃᖅᑎᒃ ᐅᒡᒍᐊᕆᔭᕋᓗᐊᖓᑦ ᐊᑐᙱᓕᕋᒥᔾᔪᒃ. ᑭᓯᐊᓂ ᐊᔾᔨᒌᒻᒪᕆᒃᑑᔭᙱᑦᑐᑦ ᐅᑭᐅᖅᑕᖅᑐᒦᓗᐊᓚᐅᙱᒻᒪᑕᓕ ᐃᖅᑭᓖᑦ ᓇᐹᖅᑐᓕᖕᒦ'ᓇᒥᒃ ᓄᓇᖃᐃ ᑕᒪᓐᓇ ᒪᓕᒃᖢᒍ ᐊᔾᔨᐅᙱᓗᐊᕌᕐᔪᒃᑐᖅ ᐃᓚᖓᒍᑦ ᐃᓅᓯᑦᑎᓐᓂ. ᐃᓚᖓᒍᑦ ᐊᔾᔨᑦᑎᐊᖃᑦᑕᖅᑑᒐᓗᐃᑦ. ᐅᕙᒍᓪᓕ ᐅᑭᐅᖅᑕᖅᑑᒐᑉᑕ ᓇᐹᖅᑐᖃᙱᓐᓇᑉᑕ ᐃᓄᓪᓚᕆᒃᑎᑐᒻᒪᕆᒃ ᐱᒐᑉᑕ ᖃᐅᔨᒪᓂᖃᑉᑕ.

ᑕᒪᓕᒃ: ᖃᓄᐃᑦᑐᓂᒃ ᐊᔾᔨᒌᖕᓂᕐᓂᒃ ᐊᔾᔨᒌᙱᓐᓂᕐᓂᒃ ᐅᔾᔨᕆᕕᑦ?

ᐊᐅᐱᓛᕐᔪᒃ: ᖃᓄᐃᑦᑐᓂᓪᓘᓐᓃᑦᑭᐊᖅ ᐳᐃᒍᖅᑕᒃᑲ ᐅᔾᔨᕆᓚᐅᖅᑕᑲ ᑕᒡᕗᓇ...ᓇᐅ...ᐅᓇ (ᑎᒃᑯᐊᖅᖢᓂ ᐊᑭᓐᓇᕐᒧᑦ) ᑎᖕᒥᐊᙳᐊᕐᓗ ᓇᒃᑐᕋᓕᙳᐊᖅᑲᐅᓇᐃ?

ᑎᕆᒐᓂᐊᙳᐊᙳᖅᑰᖅᑐᕐᓕ ᑖᒻᓇ ᑲᔪᖅᑐᖅ... ᐱᒥ...ᑕᐃᒃᓱᒪᓂ ᑎᒍᔭᐅᓯᒪᕕᖕᒥ ᑖᒃᑯᐊ ᐅᔾᔨᕆᔭᒻᒪᕆᐊᓗᒋᓕᓚᐅᖅᑕᒃᑲ ᑕᐃᒃᑯᐊ ᑕᑯᑎᑕᐅᓚᐅ'ᒥᒐᒪ. ᑖᒻᓇ ᑎᒍᔭᐅᓯᒪᕕᐅᔫᑉ ᐃᓚᖓ ᐅᖃᖅᕕᒃᑕᖃᖅᓂ'ᒥ'ᒪᑦ ᓈᒻᒪᙱᑦᑐᓕᐅᕈᑉᑕ ᓴᐃᒻᒪᒃᓴᕕᒃᑕᖃᖅᒥ'ᒪᑦ ᑖᒻᓇ ᑎᕆᒐᓐᓂᐊᙳᐊᖅ ᑕᒡᕗᓂᒎᖅ ᑕᑯᔭᐅᓚᐅᖅᓯᒪᖕᒪᑦ ᖃᐃᖅᑐᒥ. ᑕᐃᒪ ᐃᖢᕐᕆᓗᐊᙱᒃᑲᓗᐊᖅᖢᓂ ᖃᐃᖅᑐᖅ ᓴᖅᑭᔭᑦᑎᐊ'ᒪᑦ ᑕᐃᑲᓂ. ᑕᐃᑲᓂ ᑖᑉᓱᒪ ᓇᔪᓚᐅᖅᑕᙵᒎᖅ ᑎᕆᒐᓂᐊᑉ. ᑕᐃᒪᓗ ᒪᒥᓴᕝᕕᐅᓕᖅᖢᓂ ᑕᐃᒃᑯᓇᙵᑦ ᐃᖅᑭᓕᕐᓂᑦ. ᑕᐃᒪᓐᓇᐃᑦᑐᒥᒃ ᑕᑯᑎᑕᐅᓚᐅᕋᒪ ᐃᒃᐱᒋᔭᒻᒪᕆᐊᓗᒋᓚᐅᖅᑕᕋ...

ᑕᒪᓕᒃ: ᐄ...ᓄᓇᒥᐅᑕᓂᒃ ᐃᑲᔪᖅᑎᖃᕐᓂᖏᓐᓂ ᐊᔾᔨᒌᒍᑎᖃᕆᕗᑦ...

ᐊᐅᐱᓛᕐᔪᒃ: ᐄ, ᐃᒃᐱᒋᕙᕋ ᓄᓇᒥᐅᑕᓂᒃ ᐃᑲᔪᖅᑎᖃᕐᓂᖓᓂ ᐃᓄᒃᑎᑐᑦᑕᐅᖅ ᑕᐃᑉᓱᒪᓂ. ᑭᓯᐊᓂ ᐃᓚᖓᒍᑦ ᐊᔾᔨᒋᙱᐊᕐᔪᖅᑲᑦᑕᖅᑑᒐᓗᐊᖅ ᓇᐹᖅᑐᖃᖅᓂᖓᖃᐃ

ᐱ’ᓗᒍ. ᐃᓚᖓᒍᑦᓗ ᐊᔾᔨᒌᑦᑎᐊᖃᑦᑕᖅᑐᑦ...(ᐃᓪᓚᖅᑐᖅ)

ᑕᒪᓕᒃ: ᓲᕐᓗ ᓇᐹᖅᑐᓂᒃ ᓇᐹᖅᑐᖃᖅᖢᑎᒃ ᑕᑭᔪᓂᒃ ᑐᐱᓕᐅᕈᓐᓇᖅᖢᑎᒃᓗ ᐊᖏᔪᐊᓗᖕᓂᒃ ᐅᕝᕙᓘᓐᓃᑦ ᓴᓇᔪᖕᓇᕐᒪᑕ...

ᐊᐅᐱᓛᕐᔪᒃ: ᓴᓇᔪᖕᓇᕐᒪᑕ ᓴᓇᔪᖕᓇᕐᓂᖏᓐᓂᑦ...

ᑕᒪᓕᒃ: ᐃᓄᒃᑐᑦᑕᐅᖅ ᐃᓅᖃᑎᒌᑦᑎᐊᕈᓯᖃᖅᑑᑦ?

ᐊᐅᐱᓛᕐᔪᒃ: ᐄ, ᐃᓅᖃᑎᒌᑦᑎᐊᕈᑎᓕᐊᓗᐃᑦᑕᐅᖅ ᖃᐅᔨᐊᓂᖖᒋᑕᕋᓗᐊᒃᑲ ᒥᑭᔪᑯᓗᖕᒥᒃ ᑐᑭᓯᐊᕐᔪᕝᕕᒋᖃᑦᑕᖅᑕᒃᑲ ᐅᖃᐅᓯᖏᑦᑎᒍᑦ...

ᑕᒪᓕᒃ: ᐃᓚᒌᒍᓯᖃᖅᖢᑎᒃ...

ᐊᐅᐱᓛᕐᔪᒃ: ᐄ, ᐃᓚᒌᒍᑎᖃ’ᒥᔪᑦ.... ᑕᒪᐃᓐᓇᓗ ᐅᖃᑦᓚᕝᕕᒋᔭᕌᖓᒃᑭᑦ ᑐᓵᔮᑉ ᐅᖃᐅᓯᕋ ᐃᓄᒃᑎᑑᑦ ᖃᑉᓗᓈᑎᑑᓕᖅᑕᐅᖃᑦᑕ’ᒥ’ᒪᑕ. ᑕᐃᒪᓕ ᐅᖃᑦᓚᖕᓂᕆᔭᕋ ᐱᒻᒪᕆᐊᓗᒋᔭᐅᒑᖓᑦ ᖁᐊᖅᓵᖅᑑᔮᖃᑦᑕᖅᑐᖓ...

ᑕᒪᓕᒃ: ᐃᖅᑭᓕᕐᓂᑦ ᐅᐱᒋᔭᐅᓗᐊᒍᑦ...?

ᐊᐅᐱᓛᕐᔪᒃ: ᐄ, ᐅᐱᒋᔭᐅᔫᔭᕐᖤᒻᒪᕆᒃ...ᐃᓚᖏᓐᓂᑦ ᐃᓚᖏᑦ ᖃᓄᐃᓕᖖᒋᑦᑑᒐᓗᐃᑦ. ᑕᐃᒪᓐᓇᐃᑦᑐᑐᖅᑲᐅᔪᖓ ᒪᒃᑯᒃᖢᖓ ᐊᒃᑲᒋᓚᐅᖅᑕᕋ ᐅᖃᐅᔾᔨᒋᕙᓚᐅᖅᑕᕋ ᐅᖃᐅᓯᒃᑲᒎᖅ ᓴᖖᒋᔪᐊᓘ’ᒪᑕ. ᖃᐅᔨᒪᖖᒋᑦᑐᖓ ᖃᓄᖅ ᓴᖖᒋᖕᒪᖕᒑᒻᓂᒃ ᖃᐅᔨᒪᖖᒋᑦᓗᐊᕕᒃᑐᖓ ᐳᐃᒍᖅᓴᕋᐃᑦᑐᑯᓘᒐᒪ....

ᑕᒪᒃᑯᐊ ᐱᔭᕆᐅᖅᓯᔾᔪᑎᐊᓗᐃᑦ ᓄᑕᕋᐅᓂᑉᑎ’ᓂ ᐊᑐᓚᐅᖅᑕᕗᑦ ᓱᓇᑐᐃᓐᓇᕈᓗᐃᑦ ᑲᑉᐱᐊᓇᖖᒋᑦᑐᑦ ᓯᓚᑦᑐᖅᐸᓪᓕᐊᓂᖓ ᒪᓕᒃᓗᒍ ᓴᖖᒋᒃᑎᒃᐸᓪᓕᐊ’ᒪᑕ ᑖᑉᑯᐊ ᑖᕗᖓ ᑐᓴᖅᐸᓪᓕᐊᓂᐊᖅᑕᕗᑦ ᑕᐃᒪᓐᓇᐃᑦᑑᓚᐅᖅᑯᒍᑦ...

ᑕᒪᓕᒃ: ᐃᖅᑭᓖᑦ ᒧᒥᕈᓯᖏᑦ ᐃᓄᐃᑦ ᒧᒥᕈᓯᖏᓂᑦ ᐊᔾᔨᐅᖖᒋᑦᑐᒻᒪᕇᓐᓃ?

ᐊᐅᐱᓛᕐᔪᒃ: ᐄ, ᐊᔾᔨᐅᒋᖖᒋ’ᒥᔭᒃᑲ...

ᑕᒪᓕᒃ: ᖁᕕᐊᓇᖅᖢᑎᒃ...ᑕᑯᑉᓗᒋᑦ...?

ᐊᐅᐱᓛᕐᔪᒃ: ᐄ, ᐃᒃᐱᖕᓇᖅᑐᐊᓗᐃᑦᑕᐅᖅ ᑕᑯ’ᓗᒋᑦ.

(ᐃᒡᓚᖅᑐᖅ) ᑖᒻᓇ ᐊᐅᓚᓂᖕᒐ ᐃᒃᐱᒋᖖᒋᑕᕋᓗᐊᕋ ᓂᐱᖕᒋᑦ ᑐᑭᓯᐊᖖᒋᒃᑲᓗᐊᖅᑐᒋᑦ ᐃᒃᐱᒋᔭᒻᒪᕆᐊᓗᒃᑲ ᓂᐱᐊᓗᖕᒋᑦ.

ᑕᒪᓕᒃ: ᐊᐅᓚᓂᖕᒐ ᑎᒡᓗᖕᓂᖕᒐ ᓱᒃᑲᓗᐊᖅᑑᔫᖅᐸ?

ᐊᐅᐱᓛᕐᔪᒃ: ᐄ, ᓱᒃᑲᓗᐊᖅᑐᑦ ᐃᓅᒃᑎᑑᖖᒋ'ᒪᑕ ᑐᑭᓯᐊᖖᒋᓚᐅᖅᐸᒃᑲ ᐅᔾᔨᕆᓗᐊᖖᒋᑕᒃᑲ. ᑭᓯᐊᓂ ᓂᐱᐊᓗᖕᒋᑦ ᑐᑭᓯᐊᖖᒋᑕᕋᓗᐊᕆ'ᒥᔭᒃᑲ ᐃᒃᐱᒋᔭᒻᒪᕆᐊᓘᒃᑲ...

ᑕᒪᓕᒃ: ᐊᓐᓄᕌᕈᓯᖕᒋᓪᓕᑭᐊᖅ...?

ᐊᐅᐱᓛᕐᔪᒃ: ᐊᓐᓄᕌᓗᐊᖕᒋᓪᓗ.... ᐊᓐᓄᕌᓯᒪᓪᓗᑎᒃ ᐃᓚᖕᒋᑦ ᑕᐃᒪ ᐊᔾᔨᒌᖖᒋᕈᓘᔭᕐᒥ'ᒪᑕ ᒧᒥᖅᑐᑎᒃ. ᐃᒪᓐᓇ ᓄᓇᒥᐅᑕᕐᓂᒃ ᑕᑯᒃᓴᐅᖖᒋᑦᑐᒥᑦ ᓇᔪᖅᑕᐅᔫᔭᕆᓕᖅᑲᑦᑕᖅᑕᒃᑲ...ᐃᓚᖕᒋᑦ...

ᑕᒪᓕᒃ: ᐋᑐᕚ ᑭᒡᓕᖕᒐᓃᖅᑐᑕ ᓯᖕᒎᕆᕐᑐ ᑖᒻᓇ ᓯᖕᒎᕆᖅ...ᑕᐃᒃᑯᐊ ᓇᐹᖅᑐᑦ ᕕᕗᐊᕆᖕᒍᓕᖓᖕᒐᑦ ᐅᐱᕐᖔᖖᒍᖅᐸᓪᓕᐊᖅᑲᑦᑕᕐᒪᑦ ᕕᕗᐊᕆᒥ ᑕᐃᑲᐃ ᑕᐃᒃᑯᐊ ᓇᐹᖅᑐᑦ ᐃᒻᒥᖅᐸᓪᓕᐊᖅᑲᑦᑕᕐᒪᑕ ᕿᕿᓂᑰᖅᑳᖅᑐᓂ ᑖᒻᓇ ᒫᓂᖅᑲᖅ ᑕᒡᕙ ᓵᕐᓗ ᐱᕈᖅᐸᓪᓕᐊᓂᐊᓕᕐᒥᒃ ᑖᑉᑯᐊᑦ ᓇᐹᖅᑐᑦ ᐃᒻᒥᖅᐸᓪᓕᐊᓲᖕᒍᖕᒪᑖ...

ᐊᐅᐱᓛᕐᔪᒃ: ᐄ...

ᑕᒪᓕᒃ: ᑕᐃᒪ ᐃᑦᑎᖕᒐ...

ᐊᐅᐱᓛᕐᔪᒃ: ᐃᑦᑎᖕᒐ, ᐄ...

ᑕᒪᓕᒃ: ᐃᒪᖕᒐ ᐲᖅᑕᐅᔪᖕᓇᖅᑐᓂ ᒪᒪᖅᑐᓕᐅᖅᑕᐅᔪᖕᓇᖅᑐᓂ ᐱᐅᔪᐊᓘᖕᒪᑦ. ᑕᐃᒪᖕᒐᓂᑐᖅᑲᖅ ᑕᐃᒃᑯᐊ ᐃᖅᑭᓖᑦ ᑕᐃᒪᓐᓇᐃᑦᑐᓕᕆᕙᓚᐅᕐᒪᑕ ᖃᑉᓗᓈᓪᓘᓐᓃᑦ ᐃᑦᕿᓕᓂ ᐃᓕᓐᓂᐊᓚᐅᕐᒪᑕ ᑕᒪᒃᑯᓇᓃ...ᓯᖕᒎᕆᖅ ᑕᑯᔭᖅᑐᖅᑎᑕᐅᓚᐅᕐᒪᑦ ᐃᑦᕿᓖᑦ ᖃᓄᖅ ᐱᕙᓚᐅᕐᒪᖔᑕ ᖃᑉᓗᓈᖃᓚᐅᖖᒋᑎᓪᓗᒍ ᓱᓇᒥᒃ ᖃᑦᑕᖃᓚᐅᕐᒪᖔᑕ ᑕᐃᒪ ᕿᔪᒎᖅ ᓇᐹᖅᑐᖅ ᓇᑲᓯᒪᑐᐃᓐᓇᖅᑐᓂ ᐃᑎᖅᓴᓕᐅᖅᓯᒪᑉᓗᓂᓗ ᑕᐃᒪᓐᓇᐃᑦᑐᒥᒃ ᐃᒪᕐᒥᒃ ᐃᓪᓕᕆᔭᐅᖕᒪᑦ ᐅᔭᖅᑲᓂᓪᓗ ᐊᖕᒋᕐᓚᒃᑐᓂᒃ ᐆᓇᖅᑐᓂᒃ ᐃᑯᐊᓚᒃᑐᒦᑎᑕᐅᖅᑳᖅᑐᑎᒃ ᑕᒡᕙ

ᐅᕗᖓ ᐃᓕ’ᓗᒍ...
ᐊᐅᐱᓛᕐᔪᒃ: ᐃᒪᖓᓄᑦ...?
ᑕᒪᓕᒃ: ᐋ, ᐃᒪᖓᓄᑦ, ᑕᒡᕙ ᐳᔫᓕᖅᑐᓂ. ᑕᐃᒪᓐᓇ ᖃᓛᖅᑎᓕᖅᑐᒍ ᑖᒻᓇ ᐃᒪᖓ ᑕᐃᒪ ᓯᐅᖁᐅᔮᖅᑐᙳᓕᖅᑐᓂ ᑕᐃᒪ ᐃᒪᖓ ᐲᑦᑎᐊᕐᒪᑦ. ᑕᐃᑉᓱᒪᓂᒎᖅ ᓯᖒᕆᖅ ᐅᖃᓚᐅᖅᑐᖅ ᑕᐃᑉᓱᒪᓂ ᑕᒃᐹᓂ ᑕᐃᒪᓐᓇ ᑕᕆᐅᓕᐅᖅᐸᓚᐅᕐᓂᕐᒪᑕ ᑕᕆᐅᖃᙱᑎᓪᓗᒋᑦ ᓂᕿᓄᑦ. ᑕᕆᐅᕐᒥᒃ ᐃᒪᕐᒥᑦ ᑕᐃᒪᓐᓇᒎᖅ ᐱᖃᑦᑕᓚᐅᖅᑑᒐᓗᐃᑦ. ᑕᐃᑲᓂ ᒧᒥᖅᑐᐊᓘᖕᒪᑕ ᐃᖅᑭᓖᑦ ᑕᐃᒪ ᐊᕐᓇᖅ ᐃᓚᖓ ᐃᒪᓐᓇ ᐃᖅᑭᓕᖅᓯᐅᑎᒻᒪᕆᐊᓗᖕᒥᒃ ᐊᑐᖅᑐᖅ ᐃᒪᓐᓇ ᓂᐊᖁᕐᒥᐅᑕᖃᖅᑐᓂ ᑕᐃᒪᓐᓇᐃᑦᑐᒥᒃ ᑕᑯᕋᓐᓂᖅᑐᓂᓗ ᓯᖒᕆᒧᑦ ᐅᐸᒋᐊᖅᑐᖅ ᑕᒡᕙ ᓯᖒᕆᖅ ᐅᕙᒻᓂᒃ ᑐᓵᔨᖃᕐᒪᑦ ᑕᐃᒪ ᑐᓵᔨᒋᔭᒪᓂᐊᕐᒥᖓ ᐃᓱᒪᓕᖅᑐᖓ ᖃᓂᒡᓕᒋᐊᕋᓱᒃᑐᒍ ᓯᖒᕆᖅ. ᓱᓇᐅᕝᕙ ᐃᖅᑭᓕᖅ ᑕᐃᖕᓇ ᐃᖅᑭᓕᐅᒐᓗᐊᖅ ᐃᖅᑭᓕᕐᒥᒃ ᐊᓈᓇᖃᖅᑐᓂ ᐃᓄᖕᒥᒃ ᖃᒪᓂ’ᑐᐊᕐᒥᐊᑕᕐᒥᒃ ᐊᑖᑕᖃᕐᓂᖅᑐᓂ. ᑕᐃᑲᓂᒎᖅ ᖃᒪᓂ’ᑐᐊᖅᓯᐅᖏᓐᓇᖅᑐᖅ ᐊᐅᔭᒃᑯᑦ ᐃᓄᒃᑑᕈᖕᓇᖅᑐᓂᓗ...ᐃᓄᒃᑑᕐᕕᒋᔭᖅᑐᖅᑖ. ᓲᕐᓗ ᓘᓐᓃᑦ ᑕᑯᓕᓵᖅᑭᑦ ᑕᐅᓇᓂ ᐋᑐᕚᒥ...
ᐊᐅᐱᓛᕐᔪᒃ: ᐃᖅᑭᓕᖅ...?
ᑕᒪᓕᒃ: ᓲᕐᓗ ᑕᐃᑉᓱᒪᓂ ᐋᑐᕚᒥ ᐅᕙᒻᓂᒃ ᖃᐅᔨᒪᙱᑎᓪᓗᒋᑦ ᐅᐸᒐᒃᑭᑦ ᐅᐸᒃᑲᑉᑭᑦ...
ᐊᐅᐱᓛᕐᔪᒃ: (ᐃᒡᓚᖅᑐᖅ...)
ᑕᒪᓕᒃ: ᐊ ᑕᐃᒪ, ᖃᑉᓗᓈᑐᐃᓐᓇᐅᓇᓱᒋᒐᕕᙵ ᑕᒡᕙ ᑐᓵᔨᖃᕆᐊᖃᕐᓂᒻᓂᒃ ᐃᓱᒪᙱᓐᓇᒪ ᓲᕐᓗ ᖃᓄᐃᓕᐅᕐᓂᐊᕐᒪᖔᖅᐱᑦ ᐃᓱᒪᑳᓪᓚᓕᖅᑐᑎᒃ ᐅᕙᖓ ᐃᓄᒃᑑᖅᑐᖓ....ᑕᐃᒪᓐᓇᑦᑎᐊᖅᑕᐅᖅ ᑭᓯᐊᓂ ᐃᖅᑭᓕᑦᓚᒃᑖᖅ. ᐃᖅᑭᓕᖅᓯᐅᑎᓂᒃ ᐊᓐᓄᓵᖅᓯᒪᙱᒃᑲᓗᐊᖅᐸᑦ ᐃᓅᓇᓱᒋᔭᒥᓇᖅᑕᕋᓗᐊᕗᑦ....
ᐊᐅᐱᓛᕐᔪᒃ: (ᐃᒡᓚᖅᑐᖅ)...ᐄ...

ᑕᒪᓂᒃ: ᐊᓈᓇᖓᑕ ᓴᓇᔭᕕᓂᖓᓂ ᐊᓐᓄᕌᕈᓯᕐᓂᒃ
ᐊᑐᖅᓯᒪᒪᒐᓗᐊᕐᒪᑦ....
(ᐊᑯᓂᒐᓚᒃ ᓂᐸᐃᑦᑐᖅ...)

ᐅᓇᑦᑕᐅᖅ ᐊᐱᖅᑯᑎᒋᔪᒪᓚᐅᖅᓱᒍ ᐳᐃᒍᖅᑲᐅᒐᒃᑯ...ᐊ... ᐱᖓᓰᓕᖓᖓᒪᑕ ᑕᐃᒃᑯᐊ ᐃᓅᖅᑲᑎᒌᖕᓂᖅ ᐅᕝᕙᓘᓐᓃᑦ ᐃᓚᖅᑲᕐᓂᖅ...ᐊ...ᑮᓇᐅᔭᓕᕆᓂᕐᒧᑦ ᐱᕐᑯᑎᖅᑲᑦᑎᐊᕐᓂᕐᒨᓐᓃᑦ ᐊᒻᒪ ᐃᓅᓯᖅᑲᑦᑎᐊᕐᓂᖅ ᑖᒻᓇ ᐃᓅᓯᖅᑲᑦᑎᐊᕐᓂᕐᒧᑦ ᐃᓅᖅᑲᑎᒌᖕᓂᕐᒧᑦ ᐊᔾᔨᒌᖖᒋᓐᓂᖏᓐᓂᑦ ᐊᔾᔨᒌᖕᓂᖏᓐᓂᑦ ᐅᓂᒃᑳᕌᕐᔪᒍᖕᓇᖅᐱᑦ?

ᐊᐅᐱᓛᖅᔪᒃ: ᐄ, ᐃᓅᓯᖅᑲᑦᑎᐊᕐᓂᕐᒧᑦ ᐃᓅᖅᑲᑎᒌᖕᓂᕐᒧᑦ ᐊᔾᔨᒌᕐᓚᕈᓅᖕᒥᔪᑦ ᑕᐃᒃᑯᐊ ᐊᔾᔨᒌᕈᓅ’ᒥᔫᒃ... ᐃᓅᓯᖅᑲᑦᑎᐊᕐᓂᕐᒧᑦ ᐃᓅᖅᑲᑎᒌᖕᓂᕐᒧᑦ...ᑭᓯᐊᓂ ᐃᓄᒃ ᐊᑕᐅᓯᖅ ᖃᑉᓯᓂᑭᐊᖅ ᐊᖓᔪᖅᑲᕐᓗᓂ ᓄᑲᖅᑲᕐᓗᓂᓘᓐᓃᑦ ᐃᓄᑦᑕᐅᓛᖑᒍᓂ ᐃᓅᑦᑎᐊᕐᓂᖓ ᑕᐃᓇᔭᕋᑉᑎᒍᑦ ᑕᒪᕐᒥᒃ ᑖᑉᑯᐊ ᖃᑉᓯᒃᑭᐊᖅ ᑕᐃᒪ ᐃᓄᑦᑎᐊᕙᐅᒃᐸᑕ ᑕᐃᒪ ᐃᓅᖅᑲᑎᒌᑦᑎᐊᕐᓂᕐᒥᒃ ᑕᐃᓇᔭᕋᑉᑎᒍᑦ. ᑕᐃᒪᓐᓇᓕ ᐅᓂᒃᑳᕈᖕᓇᖅᐸᒃᑲ ᑕᐃᒃᑯᐊ ᐃᓅᖅᑲᑎᒌᑦᑎᐊᕐᓂᖏᑦ ᐃᓅᑦᑎᐊᕐᓂᖏᑦ...

ᑕᒪᓂᒃ: ...ᓵᕐᒧ ᐃᓅᓯᖅᑲᑦᑎᐊᖅᑐᖅ ᑖᒻᓇ ᐃᓅᑦᑎᐊᖅᑐᖅ...

ᐊᐅᐱᓛᖅᔪᒃ: ᐄ, ᐃᓅᑦᑎᐊᖅᑐᖅ...

ᑕᒪᓂᒃ: ᐃᓅᑦᑎᐊᕈᓂᓗ ᑖᒃᑯᐊ ᐃᓅᑦᑎᐊᖅᑐᐃᓐᓇᐃᑦ ᐃᓅᖅᑲᑎᒌᑦᑎᐊᓕᖅᓱᑎᒃ...

ᐊᐅᐱᓛᖅᔪᒃ: ᐄ, ᐃᓅᖅᑲᑎᒌᑦᑎᐊᖅᑐᑦ ᑕᒻᕙ...

ᑕᒪᓂᒃ: ᐄ, ᑐᑭᖅᑲᑦᑎᐊᖅᐳᖅ...

ᐊᐅᐱᓛᖅᔪᒃ: ᐄ, ᐃᓅᑦᑎᐊᕐᒥᒃ ᑖᑉᑯᐊ ᐃᓅᖅᑲᑎᒌᑦᑎᐊᖅᑯᑦ ᑕᒻᕙ ᐊᕕᒃᓯᒪᖖᒋᑦᑎᐊᖅᑐᑦ. ᑕᒻᕙ ᑖᒻᓇ ᐱᔪᒪᒻᒪᓇᖅᑲᑦᑕᖅᑕᒐᓗᐊᕐᒐ ᐊᔾᔪᓇᖖᒋᑉᐸᑦ ᓴᖖᒋᓂᖅᑲᕐᓂᖅᓴᐅᓂᐊᕋᑉᑕ...ᐃᓅᖅᑲᑎᒌᑦᑎᐊᕈᑉᑕ... ᐊᑭᕋᖅᑑᑎᕈᓗᒃᑯᑉᑕ ᑐᓴᖅᑲᑦᑕᐅᑎᓕᕈᑉᑕ

ᓂᙵᒃᐸᓪᓕᐊᑐᐃᓐᓇᓕᕿᔭᕿᑉᑕ. ᑕᒡᓗ ᐊᑖᑕᒐ ᐅᖃᖅᐸᓚᐅᖅᑐᖅ ᓄᑲᕇᑦᑎᐊᕐᓂᐊᖅᐳᓯ ᐃᓅᖃᑎᒌᑦᑎᐊᕐᑯᔨᔫᒐᓗᐊᖅ. ᐃᓐᓇᐅᓕᕈᑉᑕ ᓄᑲᕇᑦᑎᐊᓕᕈᑉᑕ ᐃᖃᔪᖅᑎᒌᑦᑎᐊᓂᖅ ᐊᔪᙱᓐᓂᖅᓴᐅᓕᕐᓂᐊᕿᑉᑕ ᓂᕐᑭᒧᑦ....

ᑕᒪᓕᒃ: ᓄᑲᕇᖕᓂᕐᒥᒃ ᐃᓕᓐᓂᐊᖅᑳᕐᓗᑎᒃ ᓄᓕᐊᖃᓕᕈᑎᒃ ᐅᐃᖃᓕᕈᑎᒃ ᐅᐃᖃᑦᑎᐊᕐᓂᕐᒥᒃ ᓄᓕᐊᖃᑦᑎᐊᕐᓂᕐᒥᒃ ᐊᑐᓕᕐᓗᑎᒃ....

ᐊᐅᐱᓛᕐᔪᒃ: ᐄ, ᐊᑐᓕᕐᓗᑎᒃ...ᓯᓚᑦᑐᕿᔭ’ᒪᑕ, ᓯᓚᑦᑐᖅᐸᑕ ᑭᓯᐊᓂ. ᓯᓚᑦᑐᖅᐸᑕ ᑕᒪᒃᑯᐊ ᓱᓇᓗᒃᑖᑦ ᐊᑐᕆᐊᖃᖃᑦᑕᖅᑐᑦ ᖃᐅᔨᒪᓕᕿᔭ’ᒪᔾᔪᒃ....ᓄᑕᕿᖅᓯᐅᑕᐅᔭᐃᓐᓇᐅᖅᑳᖅᖢᑎᒃ ᑕᐃᑲᓂ ᐱᕈᖅᐸᓪᓕᐊᑎ’ᓗᒋᑦ ᓯᓚᑦᑐᖅᐸᓪᓕᐊᓂᖓ ᒪᓕᒃᖢᒍ ᐊᔪᕆᖅᑐᖅᐸᓪᓕᐊᓂᐊᖃᐃ ᑕᐅᑐᒃᖢᒍ. ᓴᙱᔪᓂᒃ ᑕᐃᒪ ᐅᖃᐅᓯᕐᓂᒃ ᑐᓴᓚᐅᙱᑕᒥᓂ ᑐᓂᔭᐅᕙᓪᓕᐊᓕᖃᑦᑕ’ᒪᑕ. ᐃᓚᖏᑦ ᓇᒧᑐᐃᓐᓇᖅ ᐅᖃᕆᐊᖃᙱᒻᒪᑕ ᑕᐃᒃᑯᐊ ᖃᐃᑕᐅᔪᑦ.... ᓇᒧᑐᐃᓐᓇᖅ ᓈᒻᒪᙱᑦᑐᖅ ᐅᖃᕈᑉᑎᒍᑦ ᐅᓇᑕᕈᑕᐅᓕᑐᐃᓐᓇᕆᐊᖃ’ᒪᑦ ᐃᓱᒪᒃᑯᑦ ᐊᑭᕿᖅᑑᑕᐅᓕᕿᔭ’ᒪᑕ....

ᑕᒪᓕᒃ: ᐄ....ᐊᒻᒪ ᐃᓅᖃᑎᒌᑦᑎᐊᓂᖅ ᐃᓅᓯᓕᒫᕐᒧᑦ ᐊᑐᖅᑐᖅ...

ᐊᐅᐱᓛᕐᔪᒃ: ᐄ, ᐊᑐᖅᑐᖅ ᐃᓅᓯᓕᒫᕐᒧᑦ....

ᑕᒪᓕᒃ: ᐃᓐᓇᐅᒐᓗᐊᕈᒪ ᓱᓕ ᐊᑐᕆᐊᖃᖅᑕᕿ...

ᐊᐅᐱᓛᕐᔪᒃ: ᐄ...ᐃᓐᓇᐅᒐᓗᐊᕐᓗᓂ ᐊᑐᑐᐃᓐᓇᕆᐊᖃᖅᑖ...

ᑕᒪᓕᒃ: ᓂᖓᐅᖃᙱᑦᑐᖓ ᓱᓕ, ᐃᓛᒃ ᓂᖓᐅᒃᓴᖃᖂᕿᓗᐊᖅᖢᖓ...ᐱᑦᑎᐊᖅᑎᕇᖕᓂᕐᒥᒃ... ᐅᑯᐊᖃᓕᕈᒪᓗ ᐃᕐᖑᑕᖃᓕᕈᒪᓗ...ᐅᑯᐊᓗ ᓄᓕᕆᓂᐊᖅᑕᒃᑲ...ᒪᑯᐊ ᓲᕐᓗ ᐃᓅᖃᑎᒌᒍᓯᕗᑦ ᐃᓚᒌᒍᓯᕗᑦ ᓲᕐᓗ ᐱᕈᖅᐸᓪᓕᐊᔪᖅ...

ᐊᐅᐱᓛᕐᔪᒃ: ᐄ, ᐱᕈᖅᐸᓪᓕᐊᔪᖅ ᐄ...ᐱᕈᖅᐸᓪᓕᐊᔪᖕᓇᖅᑐᒍᑦ ᑕᐃᒪᓐᓇ ᐃᓅᑦᑎᐊᕐᓂᕐᒥᒃ ᓴᖅᑭᔮᙱᑦᑑᒐᓗᐊᒥᒃ

ᐱᑕᖃᓇᐊᖃᕋᑉᑕ ᐃᒃᐱᒋᑉᑎᒍᑦ ᐃᓱᒪᑉᑎᒍᑦ.
ᐱᕈᖅᓯᐊᑯᓗᒃ ᓱᓇᑐᐃᓐᓇᐃᑦ ᓄᓇᕋᑯᓗᒃ ᐃᒪᖅᑲᙱᒃᑯᓂ
ᐱᕈᖅᐸᓪᓕᐊᔾᔫᙱ'ᒪᑦ. ᐅᕙᒍᑉᑕᐅᖅ ᐃᓅᓯᖅᑲᑦᑎᐊᙱᒃᑯᑉᑕ
ᐃᒪᖅᑲᑦᑎᐊᙱᑐᑐᑦ ᓈᒻᒪᒍᐃᕋᔭᖅᑐᕈᓘᖕᒥᒐᑉᑕ ᐃᓱᒪᑉᑎᒍᑦ.
ᐊᔾᔨᒌᒃᑎᖅᑲᑦᑕᖅᑖᒃᑲ ᐱᕈᖅᓯᐊᕐᓗ ᐃᓄᒡᓗ ᑖᒃᑯᐊᒃ...
ᑕᒪᓕᒃ: ᐄᑦᑎᐊᖅ.... (ᓄᖅᑲᖕᒐᓚᐅᐱᓪᓚᒃᑐᖅ) ᑕᒪᒃᑯᐊ
ᑕᒪᒃᑯᓇᓂ ᐱᓇᓱᐊᕈᓯᕐᒥ ᓂᐱᑎᐅᖅᑕᑉᑎᓐᓂ ᓈᓚᒡᓗᖕᒐ
ᑎᑎᕋᖅᐸᓪᓕᐊᔪᒪᔪᖕᒐ ᖃᑉᓗᓈᑑᓕᕐᓗᒋᓪᓗ ᐊᒻᒪ
ᖃᑉᓗᓈᑐᑦ ᐃᓄᒃᑐᑦ ᐅᖅᑲᐅᓰᑦ ᐊᔾᔨᒌᙱᓐᓂᖕᒋᓐᓂᒃ
ᓇᓗᓇᐃᖅᓯᒃᑲᓐᓂᕐᓗᖕᒐ ᑕᒪᐅᓇ....
ᐊᐅᐱᓛᕐᔪᒃ: ᐄ...
ᑕᒪᓕᒃ: ...ᐊᒻᒪ ᐃᓱᒪᓚᐅᖅᑐᖓ ᐃᓕᓐᓂᐊᕐᓂᒻᓄᑦ ᑕᒡᕙ
ᑎᑎᕋᓇᐊᖅᑲᓕᕋᒪ ᓴᓇᒥᐊᖅᑲᓕᕋᒪ ᑭᖑᓪᓕᖅᐹᓇᓂᐊᖅᑕᒻᓂᒃ...
ᑕᒪᒃᑯᐊ ᓂᐱᑎᐅᖅᑕᒃᑲ ᑕᒪᑐᒧᖓᑦ ᐊᑐᕈᖕᓇᕐᒪᖔᒃᑭᑦ,
ᑎᑎᕋᖅᓯᒪᔭᒻᓂᒃ ᑐᓂᓗᑎᓪᓗ...
ᐊᐅᐱᓛᕐᔪᒃ: ᐄ...
ᑕᒪᓕᒃ: ᑭᓱᐊᓂ ᐃᓛᓐᓂ ᑎᑎᖅᑲᑦ ᓴᙱᒋᙱᓐᓇᕕᒋᑦ...
ᖃᓄᐃᓇᓂᓗ...
ᐊᐅᐱᓛᕐᔪᒃ: ᐄ, ᖃᓄᐃᙱᑦᑐᖅ....
ᑕᒪᓕᒃ: ᐄ, ᑭᓱᐊᓂ ᓈᒻᒪᒃᑐᒃᑯᑦ ᐱᓕᕆᔪᒪᒐᒪ ᐃᒪᓐᓇ
ᓈᒻᒪᒋᑦᑎᐊᕐᓗᒍ, ᓈᒻᒪᒋᑦᑎᐊᕈᕕᐅᒃ ᑖᒻᓇ ᓈᒻᒪᒋᓂᐊᕋᑉᑯ...
ᐊᐅᐱᓛᕐᔪᒃ: ᐄ.
ᑕᒪᓕᒃ: ᐊ.... ᑕᐃᒪ ᐃᓕᓐᓂᐊᖅᑐᓕᕆᔨᓂ
ᑕᑯᔭᐅᔪᖕᓇᕐᓂᐊᖅᐳᓂᓗ ᑕᐃᒃᑯᐊ ᓯᕗᓂᒃᓴᒧᑦ
ᐋᖅᑭᒐᓱᖕᓂᐊᕐᒪᑕ...
ᐊᐅᐱᓛᕐᔪᒃ: ᐄ...
ᑕᒪᓕᒃ: ᐃᓕᓐᓂᐊᕐᕕᖕᓂ...ᐊ...ᐲ...ᓱᓚᑦᑐᖅᓴᕐᕕᒡᔪᐊᒻᓂ
ᒪᓕᒐᖃᐅᕐᒪᑕ ᐃᒪᓐᓇ ᐱᑦᑎᐊᕐᓂᕐᒧᑦ...
ᐊᐅᐱᓛᕐᔪᒃ: ᐄ...

ᑕᒪᓂᒃ: ᑭᓯᐊᓂ ᑎᑎᖅᑲᓂᒃ ᓲᕐᓗ ᒪᓕᒐᐃᑦ ᑎᑎᕋᖅᓯᒪᒐᓗᐊᖅᑎᓪᓗᒋᑦ ᐃᓚᖕᒐᒍᑦᑕᐅᖅ ᑎᑎᖅᑲᑦ ᐊᔾᔨᖅᓇᖅᐸᖕᒪᑕ ᐱᑦᑎᐊᕋᓱᖕᓂᕐᒧᑦ...

ᐊᐅᐱᓛᕐᔪᒃ: ᐄ...

ᑕᒪᓂᒃ: ᑕᐃᒪᓐᓇ ᓯᓚᑦᑐᖅᓴᕐᕕᒡᔪᐊᒥᑦ ᐃᓕᑕᕆᔭᐅᓂᖅᑲᖅᑎᑕᐅᓯᒪᒐᕕᑦ ᑖᒃᑯᓇᖖᒐᑦ ᐃᒡᕕᑦ ᐅᕙᒻᓂᑦ ᖁᑦᑎᖕᓂᖅᓴᐅᕌᓂᒃᑐᑎᑦ ᑖᒃᑯᓇᓂ ᖃᑉᓗᓈᓂ ᐃᓕᑕᕆᔭᐅᓯᒪᒐᕕᑦ ᑖᒻᓇ (ᓇᓗᓇᐃᒃᑯᑕᕐᔪᐊᖅ ᑎᒃᑯᐊᖅᖢᒍ) ᐱᔾᔪᑎᒋᓪᓗᒍ...ᐊᒻᒪᓗ ᐃᓄᑐᖅᑲᐅᓃᑦ ᐃᓕᑕᕆᔭᐅᓃᑦ ᐃᓄᖕᓂᑦᑕᐅᖅ ᐱᔾᔪᑎᒋᓗᒍ ᑖᒻᓇ ᐅᕙᑉᑎᓐᓄᑦ ᐃᓱᒫᓗᖕᓇᖖᒋᑦᑑᒐᓗᐊᖅ ᑭᓯᐊᓂ...ᐋ... ᖃᓄᖅ...ᐃᓱᒫᓗᖕᓇᖅᑐᖅᑲᕋᔭᕐᒪᖕᒫᖅ ᐅᖅᑲᕋᔭᖅᐱᑦ? ᐃᒪᓐᓇ ᐱᖅᑯᖖᒋᑕᖅᓂᒃ ᓂᓪᓕᐊᑦᑕᐃᓕᖖᒋᓚᑎᑦ?

ᐊᐅᐱᓛᕐᔪᒃ: ᐄ...ᑖᒻᓇ ᐊᐱᖅᓲᑏᑦ ᓇᓗᔭᕋᓗᐊᕋ ᑭᐅᓂᖅ ᑭᓯᐊᓂ ᐃᓚᖕᒐᒍᑦ ᖃᐅᔨᒪᒻᒪᕆᖖᒋᒃᑲᓗᐊᖅᖢᖕᒐ ᑕᒻᒦᔭᕐᓂᐊᖅᑐᖕᒐ ᓇᓗᓇᖖᒋᑦᑐᖅ ᖃᑉᓗᓈᓂ ᐊᐱᖅᓱᖅᑕᐅᖅᑲᑦᑕᖅᓯᒪᔪᕈᓘᒐᒪ ᐊᒥᓱᑲᓪᓛᓗᖕᓂᑦ. ᐅᒡᓚᖅᐸᒃᖢᑎᒃ ᐅᕗᖕᒐ ᑐᓴᕈᒪᔪᑦ ᐃᓄᐃᑦ ᖃᓄᐃᑦᑑᕙᓚᐅᖅᐸᑦ ᖃᓄᖅ ᐊᖕᒐᑦᑰᕙᓚᐅᖅᐸᑦ ᐋᓐᓂᐊᖅᑐᖅᑳᖕᒐᑦ ᖃᓄᐃᑦᑑᕙᓚᐅᖅᐸᑦ ᑕᒪᒃᑯᐊᓗ ᐊᐱᖅᑯᓯᐅᓯᒪᖅᑲᑦᑕ’ᒪᑕ. ᑕᐃᒪ ᑕᒪᒃᑯᐊᓗ ᓴᓇᕐᕈᑎᕈᓗᐃᑦ ᓱᓇᑐᐃᓐᓇᐃᑦ ᑭᓯᐊᓂ ᑕᐃᒪ ᐅᕙᒻᓄᑦ ᐅᕙᖕᒐᐅᓇᔭᖖᒍᐊᕋᓗᐊᖅᖢᓂ ᐅᓇᐅᓂᕋᖅᑕᐅᒫᖕᒐᑦ ᐃᖢᐊᕆᖖᒋᑕᒻᒪᕆᐊᓗᒋᒐᑉᑯ. ᓲᕐᓗ ᐅᕙᑉᑎ’ᓂᖕᒫᖅᑐᖅ ᑮᓇᐅᔭᓕᐅᕈᑕᐅᓕᖅᖢᓂ ᖃᑉᓗᓈᓂ ᑕᐃᒪᓐᓇᐃᑦᑑᔭᕆᖅᑲᑦᑕᕋᑉᑯ. ᑕᕝᕙ ᐃᖢᐊᕆᖖᒋᒻᒪᕆᒃᑕᕋ ᑖᒻᓇ. ᖃᑉᓗᓈᕐᓗ ᐊᐱᖅᓱᑐᐃᓐᓇᕈᓂ ᐃᓄᐃᑦ ᐱᖅᑯᓯᐊᓄᑦ ᑮᓇᐅᔭᓕᐅᕆᐊᖅᑲᖖᒋ’ᒪᑦ ᑖᑉᓱᒪᖖᒐᑦ ᐊᐱᖅᑯᓯᕆᔭᒥᖕᓂᑦ ᐅᓇᖕᒫᖅ ᐃᓄᒃ ᑐᓂᐅᖅᑲᐃᔪᖅ ᑮᓇᐅᔭᓕᐅᕐᓂᖅᓴᐅᔭᕆᐊᖅᑲᕋᓗᐊ’ᒪᑦ. ᑕᕝᕙ ᑖᒻᓇ

ᐃᖢᐃᒋᖃᑦᑕᖅᑕᕋ...

ᑕᒪᓕᒃ: ᐄ, ᐄᑦᑎᐊᖅ...ᐃᓅᔾᔪᑎᒃᓴᖃᑦᑎᐊᕐᓗᓂ ᑮᓇᐅᔭᖃᑦᑎᐊᕐᓗᓂ ᐃᓱᒪᒃᓱᕐᓇᕐᓂᖅᓴᐅᖕᒪᑦ...ᐊᒻᒪ...ᐄ...

ᐊᐅᐱᓛᕐᔪᒃ: ᐄ...

ᑕᒪᓕᒃ: ᑭᓇᐅᔭᖃᑦᑎᐊᖅᑎᓪᓗᒋᑦ ᐊᒥᖅᑳᑦᑎᐊᕆᐊᖃᕐᒪᑕ...

ᐊᐅᐱᓛᕐᔪᒃ: ᐄ, ᐅᖃᐅᑎᖃᑦᑕᖅᑖᓗᒋᓕᖅᑕᕋᓗᐊᒃᑲ ᖃᑯᑎᒃᑯᑦ ᐃᓚᖏᑦ ᑕᒡᕙ ᑮᓇᐅᔭᓕᐅᕈᑎᒋᓂᐊᖅᑕᐃᑦ ᐃᒡᕕᑦ ᖃᐅᔨᒪᓪᓚᕆᙱᑕᐃᑦ ᐅᕙᒻᓂᙶᖅᑐᖅ ᐃᒪᓐᓇᐃᓕᖅᑲᑦᑕᖅᑖᓗᒋ’ᒥᔭᒃᑲ, ᓱᑰᙱᖦᖢᒋᑦ ᐅᖃᐅᑎᑦᑎᐊᖅᖢᒋᑦ. ᓇᐅᒎᖅ ᑮᓇᐅᔭᓕᐅᕈᑎᒋᔾᔮᙱᑕᓂ ᐃᒪᓐᓇᐃᓕᖅᑲᑦᑕᖅᑐᑦ ᐅᒃᐱᕆᔭᕋᓗᐊᒃᑲ ᓇᓗᓇᑐᖅ ᖃᓄᒻᒪᕆᒃ. ᐃᒃᐸᒃᓵᓐᓂ ᑭᖑᓪᓕᖅᐹᒥᒃ ᓱᓇᑯᓗᑭᐊᖅ ᐃᒻᓇ ᔮᐸᓃᓯᑯᓘᖅᑰᓚᐅᖅᑐᖅ ᐊᖑᑎᑯᓗᒃ ᖃᐅᔨᒪᖅᑰᖅᑕᕋᓗᐃᑦ ᑕᒡᕙᓃᓚᐅᕐᓂ’ᒪᑦ ᖃᒪᓂ’ᑐᐊ’ᒥᙶᖅᑰᓚᐅᖅᑑᒐᓗᐊᖅ ᖃᐃᒐᒥ ᓴᓇᕐᕈᑎᓂᒃ ᑐᓴᕈᒪᔪᖅ ᔮᓂ ᐱᖅᑲᑎᒋ’ᓗᓂᐅᒃ ᑕᒪᐅᖓ ᐃᖏ’ᓗᓂ ᐅᖅᑲᖅᖢᓂ ᓇᒧᓗᒃᑖᕉᖅ ᓄᓇᓗᒃᑖᓄᑦ ᐃᖏᑦᕋᓯᒪᒐᒥ...

ᑕᒪᓕᒃ: ᐄ...

ᐊᐅᐱᓛᕐᔪᒃ: ᑕᒡᕙ ᑕᐃᒃᑯᐊ ᓴᓇᕐᕈᑎᕈᓗᐃᑦ ᐊᕐᕕᐊᕐᒥᐅᓂᑦ ᑮᓇᐅᔭᓕᐅᕈᑕᐅᖁᔭᐅᓪᓗᑎᒃ ᐅᖃᐅᔾᔭᐅᓚᐅᖅᓯᒪᒐᒪ. ᐅᓂᒃᑳᕌᖓᒃᑭᑦ ᑐᑭᖏᑦ. ᐃᒪᓐᓇ ᐅᒃᐱᕆᔭᐅᑦᑎᐊ’ᒪᑕ ᑕᐃᒃᑯᓂᖓ, ᑕᑯᑎᖦᖢᒍ ᐊᐱᕆᓕᖅᐸᕋ ᖃᑉᓯᓂᒃ ᑮᓇᐅᔭᓕᐅᖅᑎᓐᓂᐊᖅᐱᖓ ᐊᐱᕆᕙᕋ... ᑮᓇᐅᔭᓕᐅᖅᑎᔾᔮᙱᑖᖓᒎᖅ... ᑮᓇᐅᔭᓕᐅᔾᔮᙱᓐᓇᒪᒎᖅ ᑕᐃᒪᓐᓇᐃᓕ’ᒪᑦ ᑭᐅᕙᕋ ᓄᓇᓗᒃᑖᕐᒥ ᐃᖏᑦᕋᕋᕕᑦ ᑮᓇᐅᔭᓕᐅᖅᑐᒻᒪᕆᐊᓘᖅᑯᕋᕕᑦ ᓇᒧᓗᒃᑖᖅ ᐃᖏᕐᕋᓂᕋᖅᖢᑎᑦ ᐅᖃᕋᕕᑦ ᑕᒡᕙ ᑮᓇᐅᔭᖅᑖᕆᐊᖃᖅᑯᖓ ᐊᐱᖅᓱᕈᖕᒪ, ᐃᒪ’ᓇᐃᓕᕙᕋ. ᑕᐃᒪᓐᓇ ᐱᔪᒪᙱᒃᑯᕕᑦ ᑕᑯᑎᓐᓂᐊᙱᑕᒋᑦ ᐅᖃᓪᓚᖕᓂᐊᖏᑕᒃᑲ ᐊᑎᖏᑦ ᐃᒪᓐᓇᐃᓕᒐᑉᑯ

ᐊᖏᑐᐃᓐᓇᖅᓱᓂ. ᑕᐃᒪ ᐅᖃᓪᓚᒃᑎᙱᓕᓚᐅᖅᐸᖁ. ᑕᐃᒪᓇ ᐱᔾᔪᑎᒋᔭᖁ ᐊᔾᔨᑭᓗᒐ ᐅᖃᐅᔾᔭᐅᓚᐅᖁᒪ ᐊᔾᔨᒃᑲᔫᖅ ᐊᒥᓲᙳᖅᑎ'ᓗᒋᑦ ᓂᐅᕕᐊᒃᓴᙳᖁᔭ'ᒪᑕ ᐃᒪᓐᓇᐃᓕᔭᐅᒐᒪ ᐃᓱᒪᒃᓴᖅᓯᐅᓚᐅᙱᓐᓇᒪ ᑕᕝᕙᑦᓚᒃᓯᓐᓇᖅ ᐊᖏᑲᐅᑎᒋᓚᐅᖁᒪ. ᑕᐃᒪ ᑎᖕᒥᓲᖃᖅᕕᖕᒥ ᓄᓕᐊᖁᓗ ᑕᒃᐱᑲᓃᕐᓱᓄᒃ ᖃᑉᓗᓈᖅ ᓂᐅᕕᓚᐅᖅᑐᖅ ᐊᔾᔨᑭᓗᖕᒥᒃ ᐊᑕᐅᓯᖅᒥᒃ 20ᑖᓚᖃᖅᑎ'ᓗᒍ ᑕᕝᕙ ᑎᖕᒥᓲᖃᖅᕕᐅᑉ ᓂᐅᕕᖅᕕᑯᓗᐊᓂᑦ ᑕᕝᕙᙵᑦ...

ᑕᒪᓂᒃ: ᐄ...

ᐊᐅᐱᓛᖅᔪᒃ: ᑕᐃᒪ ᑕᐃᒪᓐᓇᐃᓚᐅᕆᕗᒍᒃ. ᐅᕙᖓᓕ ᓇᐅᒃ ᑮᓇᐅᔭᓕᐅᙱᔅᓱᖓ...

ᑕᒪᓂᒃ: ᑐᓂᔭᐅᙱᑦᑐᑎᑦᓘᓐᓃᑦ ᓯᕗᑦᓕᖅᒥ...?

ᐊᐅᐱᓛᖅᔪᒃ: ᓇᐅᒻᒪᕆᒃ...ᓇᐅᒃ.... ᓱᖁᑎᒋᙱᓕᖅᑕᖁ ᑕᐃᒪ ᐃᓱᒪᒋᔭᕆᐊᖃᙱᑦᑐᖅ....

ᑕᒪᓂᒃ: ᐄ...ᐄᖑᒐᓗᐊᖅ ᑕᒪᒃᑯᓄᖓ ᐃᓚᒋᔭᐅᖕᒪᑦ...

ᐊᐅᐱᓛᖅᔪᒃ: ᐄ...

ᑕᒪᓂᒃ: ᐊᑐᖅᓯᒪᔭᐃᑦ ᐃᓚᒋᔭᐅᖕᒪᑦ...ᐋ.... ᑕᐃᒪ ᓂᐱᓕᐅᖅᓯᒪᓂᕗᑦ ᐱᓇᓱᐊᕈᓯᖅᒥ ᓈᒻᒪᒃᓯᒪᓚᐅᖅᑑᒐᓗᐊᖅ...?

ᐊᐅᐱᓛᖅᔪᒃ: ᐄ.

ᑕᒪᓂᒃ: ᓈᒻᒪᒋᑉᓗᒎ?

ᐊᐅᐱᓛᖅᔪᒃ: ᓈᒻᒪᒃ- ᖃᓄᐃᒋᙱᑕᖁ...

ᑕᒪᓂᒃ: ᑕᖃᒋᙱᔅᓱᒍ ᑕᖃᓕᕈᑎᒋᙱᔅᓱᒎ...

ᐊᐅᐱᓛᖅᔪᒃ: ᐄ! ᖃᓄᐃᒋᙱᑕᖁ.... ᑭᓯᐊᓂ ᖃᐅᔨᒪᙱᓐᓂᐊᓗᒐ ᑕᕝᕙᐅᖃᑦᑕ'ᒪᑦ ᐃᓱᐊᙱᔾᔪᑎᑐᐊᖁ ᐅᕙᒻᓄᑦ (ᐃᒡᓚᖅᓱᓂ). ᖃᐅᔨᒪᒃᑲᓐᓂᕈᒪ ᑕᐃᒃᑯᐊᑐᖃᕕᓂᐊᓗᐃᑦ ᐅᓂᒃᑳᖃᑦᑕᖁᔭᖅᑕᒃᑲ ᐃᓚᖏᑦ. ᑕᐃᒃᑯᐊ ᐊᖑᓚᐅᙱᓐᓇᒃᑭᑦ ᖃᑉᓗᓈᖃᓕᖅᑎ'ᓗᒍ ᐃᓅᓂᑯᕈᓘᒐᒪ....

ᑕᒪᓂᒃ: ᐊᒻᒪ ᓯᕗᓂᖅᒧᑦᓕᑭᐊᖅ ᑖᒃᑯᐊ ᓂᐲᑦ ᖃᐅᔨᒪᔪᑎᑦ

ᐊᑐᖅᑕᐅᓂᐊᕐᒪᑕ ᐃᓕᓐᓂᐊᖅᑐᓕᕆᔨᓃ...
ᐊᐅᐱᓛᕐᔪᒃ: ᐄ...
ᑕᒪᓕᒃ: ᐋ ᑕᐃᒪ...ᑎᑎᕋᖅᑕᒃᑲᓂᒍ ᑎᑎᕋᖅᑕᒻᓂᒃ
ᑐᓂᕐᑲᑦᑕᕐᓂᐊᖅᔪᑏᑦ...
ᐊᐅᐱᓛᕐᔪᒃ: ᐄ...
ᑕᒪᓕᒃ: ᐊᑐᖅᑕᐅᓂᐊᖅᐸᑕᒍ ᐊᐱᕆᔭᐅᕐᑲᑦᑕᕐᓂᐊᖅᑐᑎᑦ
ᐃᓕᓐᓂᐊᖅᑐᓂᕆᔨᓃ...
ᐊᐅᐱᓛᕐᔪᒃ: ᐄ, ᐊᐃ...
ᑕᒪᓕᒃ: ᐄ...ᐊᐱᕆᔭᐅᖅᑳᕐᔪᑏᓐ...
ᐊᐅᐱᓛᕐᔪᒃ: ᐄ...
ᑕᒪᓕᒃ: ᐅᕐᑲᐅᑎᓂᐊᖅᐸᒃᑲ ᑎᑎᕋᖅᓯᒪᓂᐊᕐᒪᑦ ᓂᐱᓗᑦ...
ᕐᑲᓄᒃᑲᓐᓂᑭᐊᖅ ᐊᑐᖅᑕᐅᓂᖕᒋᓐᓄᑦ ᐊᑐᖅᑕᐅᓂᒃᓴᖕᒋᓐᓄᑦ
ᐃᓱᒪᕕᑦ?
ᐊᐅᐱᓛᕐᔪᒃ: ᕐᑲᓄᑭᐊᖅ...ᐃᓱᒪᒋᓚᐅᖖᒋᓐᓇᒃᑯ
ᐊᑐᖅᑕᐅᓂᒃᓴᖕᒋᓐᓂ ᑭᓯᐊᓂ ᒫᓐᓇ ᑕᒡᕙ ᐃᓱᒪᑲᐅᑎᒋᔭᕋ
ᑭᐅᔾᔪᑎᒋᑐᐃᓐᓇᕐᓂᐊᖅᑕᕋ. ᐃᔪᐃᑦᑑᒃᐸᑕ ᑎᑎᖅᑲᑯᑦ ᑐᓴᕈᒪ
ᐊᑐᖅᑕᐅᓂᐊᖅᑐᓂᒃ ᑐᓴᕋᔭᕈᒪ ᑎᑎᕐᑲᒃᑯᑦ. ᓈᒻᒪᖖᒋᓐᓂᖕᒐ
ᑐᑭᓯᒍᑉᑯ ᐱᕐᑯᔨᓐᓇᔭᖖᒋᑦᑐᖕᒐ. ᓈᒻᒪᖕᓂᐊᖅᑰᖖᒋᑦᑐᖕᒐ
ᑕᒻᒪᕋᔭᖅᔪᖕᒐ ᑭᐅᓚᐅᕐᓂᕋᑉᑭᑦ ᐃᒪᓐᓇ ᑐᑭᓯᓇᔭᕋᒪ...
ᑕᒪᓕᒃ: ᐄ...
ᐊᐅᐱᓛᕐᔪᒃ: ᑕᐃᒃᑯᐊᒍ ᐊᓯᖕᒋᑦ ᑕᒪᒃᑯᐊ ᓯᕗᓂᕐᒧᑦ
ᓈᒻᒪᒐᔭᕐᓂᖅᐸᑕ ᐱᑦᑕᐃᓕᒃᓘᖖᒋᑦᑎᐊᖅᑐᖕᒐ
ᐊᑐᖅᑕᐅᒐᓗᐊᖅᐸᑕ ᕐᑲᓄᐃᒋᖖᒋᔪᒋᑦ
ᐃᓚᔭᐅᕙᑦᓕᐊᔪᖖᓇ'ᒪᑖ. ᐅᕐᑲᐅᓯᓇᖖᒋᑕᕋᓗᐊᒻᓂᒃ
ᐊᖕᒋᓕᖅᑎᑕᐅᓇᔭ'ᒪᑕ ᐅᒃᐱᕆᔭᐅᑦᑎᐊᕈᑎᒃ
ᐃᓕᑕᖅᓯᒪᔭᐅᔪᑎᒃ. ᐃᓕᑕᖅᓯᒪᔭᐅᖕᒋᒃᑯᑎᒃ
ᐊᑐᖅᑕᐅᖖᒋᒃᑲᓗᐊᖅᐸᑕ ᕐᑲᓄᐃᒋᖖᒋᑕᒃᑲ.... ᑕᐃᒪᓐᓇ
ᐃᓱᒪᕐᑲᐃᓐᓇᖅᑯᖕᒐ.
ᑕᒪᓕᒃ: ᐄ...

ᐊᐅᐱᓛᕐᔪᒃ: ᐃᓛᓐᓂ ᐅᖃᓪᓚᕈᓘᖄᓗᖔ ᑭᖑᖕᒧᑦ ᐅᕙᒻᓂ ᐊᐃᑦᑖᖑᓕᖅᐸᒃᑐᖓ ᑕᒻᒪᐃᔭᖅᓱᖓ ᐅᖃᓪᓚᒃᑐᐊᓘᖅᑰᖅᑐᖓ ᐃᓯᒪᓕᓯᕋᒪ.

ᑕᒪᓕᒃ: ᐄ...

ᐊᐅᐱᓛᕐᔪᒃ: ᑕᒻᒪᐃᔭᕋᓯᐊᙱᑦᑐᕈᓘᒐᓗᐊᖅᑐᖓ ᖃᐅᔨᒪᓂᕋ ᓇᐃᑦᑐᑯᓘᖃᑦᑕ'ᒪᑦ...

ᑕᒪᓕᒃ: ᐄ...ᑕᐃᒪ ᔪᓚᐃᒥ ᑕᒪᐅᖓ ᐅᑎᕐᓂᐊᕋᒪ ᓖᓇᓗ ᑕᒫᓃᑎᓪᓗᒍ ᐋᖅᑭᒃᑕᒻᓂᒃ ᑕᑯᑎᑦᑎᐊᓛᖅᓱᑎᑦ ᖃᓄᐃᓕᖓᓕᕐᒪᖔᑕ ᐅᑯᐊ ᓂᐲᑦ...

ᐊᐅᐱᓛᕐᔪᒃ: ᐄ...

ᑕᒪᓕᒃ: ᐱᓕᕆᐊᕆᓕᕐᓗᒋᑦ ᑎᑎᖅᑲᙳᕐᓗᒋᓪᓗ ᖃᓄᒃᑲᓐᓂᖅ ᐃᓯᒪᒋᔭᖅᑲᒃᑲᓐᓂᕈᕕᑦ ᐅᑎᕈᒪ ᓂᑉᐸᓕᐊᔭᖕᓇᕐᓂᐊᖅᓱᑎᑦ....

ᐊᐅᐱᓛᕐᔪᒃ: ᐄ...

ᑕᒪᓕᒃ: ᐄ...ᑕᐃᒪᓐᓇ ᐊᑐᖅᑕᐅᑐᐃᓐᓇᕐᓂᐊᙱᑦᑑᒐᓗᐃᑦ ᐃᒪᓐᓇ ᐃᓕᓐᓂᐊᖅᑯᑐᓕᕆᔨᓂ ᒫᓐᓇ ᐃᓯᒪᒃᓴᖅᓯᐅᕈᑎᒃᓴᑐᐃᓐᓇᐃᑦ...

ᐊᐅᐱᓛᕐᔪᒃ: ᐄ, ᐄᓛᒃ...

ᑕᒪᓕᒃ: ᑭᓯᐊᓂ ᔩ (ᖃᓇᑕᖅ) ᐃᓄᒃᑐᑦ ᓈᓚᒍᖕᓇᖅᓱᓂ ᑕᕐᓇᔭᐅᓯᐅᖅᓯᒪᔭᒥᒃ ᑭᓯᐊᓂ ᐱᓕᕆᖅᑎᖏᑦ ᐃᓚᖏᑦ ᑕᐃᒃᑯᐊ ᐊᖓᔭᖅᑳᖏᓪᓗ ᐃᖅᑲᓗᖕᒥᐅᔭᒃᓴᐅᔭᖅ ᖃᑉᓗᓈᑎᑐᐃᓐᓇᖅ ᐅᖃᓕᒫᕈᖕᓇᕐᒪᑖ.

ᐊᐅᐱᓛᕐᔪᒃ: ᐄ...

ᑕᒪᓕᒃ: ᑕᐃᒪ ᑕᒡᕙᓇ ᐃᑲᔪᕈᒪᓚᐅᖅᑭᑦ ᑖᒻᓇ ᐱᓕᕆᐊᕆᓗᒍ ᓇᖕᒥᓂᖅ ᖃᑉᓗᓈᑑᖅᓗᒍ ᐃᑲᔫᑎᒋᓂᐊᕐᒪᒋᑦ ᐊᒻᒪ ᐅᖃᐅᓯᑎᑦ ᖃᐅᔨᒪᔭᐅᓂᖅᓴᐅᓂᐊᕐᒪᑕ. ᐅᕙᖓ ᐊᑭᓕᖅᑕᐅᙱᑦᑎᐊᕐᓗᖓ ᑕᒪᑐᒧᖓ ᑭᓯᐊᓂ ᐃᓕᓐᓂᐊᕐᓂᒧᑦ ᐱᐊᓂᒍᑎᒋᓇᓯᓪᓗᒍ...

ᐊᐅᐱᓛᕐᔪᒃ: ᐄ...ᐃᐊ...

ᑕᒪᓕᒃ: ᑕᐃᒪᓐᓇ ᐃᓯᒪᔪᖓ...

ᐊᐅᐱᓛᕐᔪᒃ: ᐄ...

ᑕᒪᓕᒃ: ᑭᖕᒍᓂᖕᒐᒍᑦ ᐅᖃᓕᒫᒐᓕᐅᖅᑕᐅᓂᐊᖅᐸᑦ ᐃᓱᒪᔪᖕᒐ ᐃᓚᑎᑦ ᐃᒡᕕᑦᓗ ᓲᕐᓗ ᐃᒡᕕᐅᖕᒋᑉᐸᑦ ᐃᓚᒋᔭᕐᓄᑦ ᑐᓵᖕᒐᖕᒑᕐᓗᒍ ᑮᓇᐅᔭᖅ...

ᐊᐅᐱᓛᕐᔪᒃ: ᐄ...

ᑕᒪᓕᒃ: ᑮᓇᐅᔭᓕᐅᕈᑕᐅᖕᒋᑦᑎᐊᕐᓗᓂ ᐊᓯᖕᒋᓂᑦ...

ᐊᐅᐱᓛᕐᔪᒃ: ᐄ.

ᑕᒪᓕᒃ: ᑕᐃᒪᓐᓇ ᓈᒻᒪᒋᕕᐅᒃ...

ᐊᐅᐱᓛᕐᔪᒃ: ᐄ, ᓈᒻᒪᒋᔭᕋ.

ᑕᒪᓕᒃ: .... ᓲᖃ ᑮᓇᐅᔭᖅ ᓂᕿᑎᑐᑦ ᐃᓱᒪᒋᖃᑦᑕᕐᒥᔭᕋ ᑕᒡᕙ ᓂᕿᖃᐃᓐᓇᕋᓱᒧᑦ ᐃᓄᑐᖃᕐᓄᑦ ᑐᓂᓯᖁᔭᐅᖃᑦᑕᖅᓯᒪᒐᑉᑕ ᐱᕈᖅᐸᓪᓕᐊᑎ'ᓗᑕ ᑕᓗᕐᔪᐊᓂ...

ᐊᐅᐱᓛᕐᔪᒃ: ᐄ...

ᑕᒪᓕᒃ: ᐊᒡᔭᕐᓯᕝᕕᒋᖃᑦᑕᖅᖢᒋᑦ.... ᑕᐃᒪᓐᓇ... ᓲᕐᓗ ᐅᑉᓗᒥ ᑮᓇᐅᔭᐃᑦ ᐊᑐᕐᓂᖅᓴᐅᑎᓪᓗᒋᑦ ᓂᕿᓗ ᑮᓇᐅᔭᐃᓪᓗ ᐊᑐᖅᑎᓪᓗᒋᑦ. ᑕᐃᒪ ᓂᕕᐅᕙᕕᓂᖅ ᓂᐱᓕᐅᖅᓯᒪᓚᐅᕋᑉᑯ ᐊᖕᒋᕐᕋᖕᒐᓂ 100 ᐅᖕᒐᑖᓂ ᐅᑭᐅᖃᓕᖅᑎᓪᓗᒍ ᑕᐃᒪ ᐃᓕᖅᑯᓯᓕᕆᔨᓂᖖᒑᖅᓯᒪᔪᓂᒃ ᑮᓇᐅᔭᓂᒃ ᐊᑭᓕᖅᑕᐅᓚᐅᖅᑑᒐᓗᐃᑦ ᐃᓄᑐᖃᐃᑦ ᑭᓯᐊᓂ 50ᑖᓚᐅᑐᐃᓐᓇᐅᓚᐅᕐᒪᑦ. ᑖᒻᓇ ᒥᑭᓗᐊᕐᓂᖕᒐ ᖃᐅᔨᒪᑦᑎᐊᖅᖢᒍ ᐅᕙᖕᒐ. ᐃᑲᔪᖅᑎᒋᔭᒻᒪᕆᐊᓗᒋᓚᐅᖅᓯᒪᒐᑎᒍᑦᑕᐅᖅ ᑕᐃᒪ ᖃᓂᖕᒐᓂ ᐃᒡᓗᖃᓚᐅᖅᓯᒪᒐᕐᑕ ᐊᓂᒐ ᐃᓅᔪᖕᓃᓚᐅᖅᑎᓪᓗᒍ. ᐊᐱᕆᒃᑲᓐᓂᖅᑕᕋ ᓱᓇᒥᒃ ᐱᔾᔪᑎᔪᖕᓇᕐᒪᖕᒑᑉᑯ ᖃᑉᓗᓈᑦ ᓄᓇᖕᒐᓂᑦ...ᑯᑉᔭᓂᒎᖅ...

ᐊᐅᐱᓛᕐᔪᒃ: ᐄ...

ᑕᒪᓕᒃ: ᐊᑖᑕᒐ ᐃᖃᓗᒃᓯᐅᖅᑎᐅᖕᒪᑦ ᐊᐱᕆᔭᕋ ᓇᑭᒃᑭᐊᖅ ᑯᑉᔭᑦᑎᐊᕙᖕᓂᒃ ᒪᑦᑎᑕᐅᑎᑦᑎᐊᕙᖕᓂᒃ ᑕᓗᕐᔪᐊᖅᓯᐅᑕᐅᔪᖕᓇᖅᑐᓂᒃ ᓇᓂᓯᔪᖕᓇᕐᒪ ᐊᐱᕆᒐᑉᑯ ᐊᑖᑕᒐ. ᐅᐃᓂᐸᐃᖕᒥᒎᖅ ᑕᐃᒪ ᐊᒻᒪ ᐃᒪᓐᓇᑦᑐᓂᒃ

ᖃᓄᐃᓂᖏᑦ ᓇᓗᓇᐃᖅᑐᑦᑎᐊᖅᓱᓂᑦ ᐊᑖᑕᒪ...
ᓇᒃᓯᐅᑎᓚᐅᖅᑕᒃᑲ...
ᐊᐅᐱᓛᕐᔪᒃ: ᐄ...
ᑕᒪᓕᒃ: ᑐᔪᖅᓱᓂᑦ ᑎᑎᖅᑲᖅᓯᐅᕐᕕᒃᑯᑦ...ᐋ....
ᐊᐅᐱᓛᕐᔪᒃ: ᑕᒪᒃᑯᐊᓕ ᐃᓱᒪᒋᖃᑦᑕᖅᑕᒃᑲ ᓂᕕᐅᖓᒃ ᑕᐃᒪ ᐅᓂᒃᑳᕋᕕᐅᒃ ᓱᓕᔪᒥᒃ ᐊᑐᓚᐅᖅᑕᒥᓂᓪᓗ ᑐᓴᐅᒪᔭᒥᓂᓪᓗ ᐃᓐᓇᑐᖅᑲᕈᓗᐃᑦ ᑐᓂᓯᓇᓱᐊᖅᑲᑦᑕ'ᒪᑕ...ᒫᓐᓇᐅᓕᖅᑐᖅ... ᐱᒻᒪᕆᐊᓘᑎ'ᓗᒍ ᒪᑭᔾᔪᑕᐅᔪᓐᓇᖅᑎ'ᓗᒍ ᑐᑭᓯᐊᔭᐅᒍᓂ ᐊᑐᖅᑕᐅᒍᓂ...ᐊᑭᑭᓗᐊᖅᑲᑦᑕᕐᓂᖕᒐ ᐅᕙᖕᒐ ᑕᐅᑦᑎᐊᓕᖅᑕᒐ ᑕᒪᓐᓇ...
ᑕᒪᓕᒃ: ᐄᑦᑎᐊᖅ...
ᐊᐅᐱᓛᕐᔪᒃ: ᓱᓇᒍᓘᔭᕐᒧᑦ ᐃᒥᐊᓗᖕᒧᑦ ᐋᖕᒐᔫᕐᓇᖅᑐᒧᑦ ᐊᑐᔾᔫᖖᒋᑕᕗᑦ ᐃᓐᓇᕈᓗᒃᑎᒍᑦ...
ᑕᒪᓕᒃ: ᐄᑦᑎᐊᖅ...
ᐊᐅᐱᓛᕐᔪᒃ: ᓄᓕᐊᑉᑕ ᓄᑦᑲᑉᑕ ᑕᒡᕙ ᐊᔪᖖᒋᔾᔭᑎᒃᓴᖕᒐᓂᒃ ᓂᖅᑭᒃᓴᖕᒐᓂᒃ ᐊᐅᓪᓛᕈᑎᒃᓴᑉᑎ'ᓂᒃ ᑕᒡᕙ ᐱᓇᓱᒍᑎᒋᔭᕗᑦ ᐃᓐᓇᕈᓗᒃᑎᒍᑦ. ᑕᐃᒪᓐᓇᐃᑦᑑᑎ'ᓗᒍ ᒥᑭᒥᓗᐊᖅᑲᑦᑕᖅᑕᒃᑲ ᑕᐃᒪ ᐱᒻᒪᕆᐊᓗᖕᒥᒃ ᐊᐱᖅᓱᖅᑕᐅᔪᑦ...
ᑕᒪᓕᒃ: ᐄ...ᐃᑲᔫᑎᖃᕐᓂᖕᒐᓗ ᐊᒥᓱᒻᒪᕆᐊᓗᖕᓄᑦ...
ᐊᐅᐱᓛᕐᔪᒃ: ᐄ...ᑕᒪᔾᔭ ᓄᓇᕗᖃᓕᕗᑉᑕ ᐱᔭᐅᓇᓱᒃᑲᓗᐊᓕᖅᑯᖅ ᐃᓚᖓ...
ᑕᒪᓕᒃ: ᐄ...ᑕᐃᒪ ᐊᖃᒍ ᐅᓪᓛᒃᑯᑦ ᓂᐱᓕᐅᖖᒋᒃᑲᓗᐊᕐᓗᓄᒃ ᓄᓕᐊᑦ ᐅᑎᕐᓂᐊᕐᒪᑦ...
ᐊᐅᐱᓛᕐᔪᒃ: ᐄ...
ᑕᒪᓕᒃ: ᐊᒻᒪ ᐊᐅᓚᖖᒋᓐᓂᒻᓂᒃ ᐅᓪᓚᓗᐊᖅᑐᕐᓂᐊᖅᐳᖖᒐ...
ᐊᐅᐱᓛᕐᔪᒃ: ᐄ...
ᑕᒪᓕᒃ: ᓴᓇᑦᑕᐃᓕᐅᖂᓂᒃᐸᑦ ᓴᓇᖖᒐᐅ'ᒥ ᐅᓪᓛᒃᑯᑦ ᐊᐅᓪᓚᕐᓂᐊᕋᒪ...ᐊᐅᓚᓚᐅᖖᒋᓐᓂᒻᓂᒃ ᐅᓪᓚᕐᓂᐊᕋᒪ...
ᐊᐅᐱᓛᕐᔪᒃ: ᐄ...

ᑕᒪᓂᒃ: ᐊᒻᒪ ᑭᖑᓂᖓᒍᑦ ᐊᐱᖅᑯᑎᒃᓴᖅᑲᖅᓂᕈᕕᑦ ᐃᓱᒪᒋᔭᖅᑲᖅᓂᕈᕕᑦ ᐅᖅᑲᓘᑎᒐ ᔮᓂᒧᑦ ᑐᓂᔪᖕᓇᖅᑕᖃ...

ᐊᐅᐱᓛᖅᔪᒃ: ᐄ...

ᑕᒪᓂᒃ: ᐅᖅᑲᓗᖅᑯᔨᔪᖕᓇᖅᑐᓂ ᐊᑭᖅᑲᙱᑦᑐᒥᒃ ᐅᖅᑲᓘᑎᖅᑲᖃᒪ ᖅᑲᑉᓗᓈᑦ ᓄᓇᖓᓂ ᑕᒡᕙᓂ ᐋᒃᑲᐅᒐᓗᐊᖅ ᑕᐅᓇᓂ ᑕᐅᓇᙵᑦ ᐊᑭᖅᑲᙱᑦᑎᐊᖅᑐᒥᒃ ᐅᖅᑲᓗᒍᖕᓇᖃᒪ. ᑕᖅᑭᒪᑖᖅ ᐊᕙᑎᑐᖅᑐᒥᒃ ᐊᑭᓖᖅᑲᑦᑕᖃᑉᑕ ᐅᖅᑲᑦᓚᒃᑎᑦᓗᑕᓗ ᐅᖓᓯᒃᑐᒧᑦ ᓈᓴᖅᑕᐅᙱᑦᑎᐊᖅᑐᓂ. ᐊᕙᑎ ᑖᒻᓇ ᓈᒻᒪᒃᑐᓂ ᓱᓇᑐᐃᓐᓇᖅᒧᑦ ᐅᖅᑲᓘ'ᒧᑦ ᑖᒻᓇ ᓈᒻᒪᕆᒐᑉᑎᒍᑦ ᐅᐃᒐᓗ... ᐅᑯᐊ ᑐᑭᓯᕙᓪᓕᐊᓇᓱᓕᖅᓗᒥᑦ ᓈᓚᒃᐸᓪᓕᐊᓕᖅᑎᓪᓗᖓ ᑕᐃᒪ ᓈᓚᒃᑎᓪᓗᖓ ᑎᑎᖃᖅᐸᓪᓕᐊᖅᑲᑦᑕᖃᒪ ᑕᐃᒪ ᐃᓱᒪᒃᓴᖅᓯᐅᕈᑎᒋᒃᑲᓐᓂᓕᖅᓗᒥᑦ ᑕᐃᒪᖅᑲᐃ ᓇᐃᑦᑑᒐᓗᐊᖅᒥᒃ ᖅᑲᐅᔨᕘᑦᓕᕈᑎᒃᓴᖅᑲᖅᓂᐊᖅᑐᒃᓴᐅᕗᖓ ᐊᐱᖅᑯᑎᒋᓂᐊᖅᑕᖃ....

ᐊᐅᐱᓛᖅᔪᒃ: ᐄ...

ᑕᒪᓂᒃ: ᖅᑲᓄᐃᒃᓴᙱᒃᑯᕕᑦ....

ᐊᐅᐱᓛᖅᔪᒃ: ....ᖅᑲᓄᐃᒃᓴᙱᑦᑐᖓ.

ᒪᐃ 21ᖑᑎᓪᓗᒍ, 2010ᒥ

(ᐃᓚᖓ ᑖᒻᓇ ᑕᑭᓂᖅᑲᖅᑐᓂ 26ᒥᓂᑎᓂᒃ ᐃᓚᖅᑲᖅᑐᓂᓗ. ᐅᖅᑲᑦᓗᓇᒃᓴᐅᔭᖅᑳᖅᑐᓄᒃ ᓂᐱᓕᐅᕈᑎ ᐃᑭᒃᑲᓐᓂᕈᒪᓂᖃᓕᖅᑐᒍ ᐳᐃᒍᕈᒪᙱᒧᑦ ᐅᖅᑲᐅᓯᑦᑎᐊᕙᖓᓂᒃ.)

ᑕᒪᓂᒃ: ᑕᐃᒪ ᑕᐅᓇᓂ ᖅᑲᑉᓗᓈᑦ ᓄᓈᓂ ᑕᑯᓯᒪᓂᖅᓂᒃ ᐊᑉᖅᑯᒻᒥ ᐊᒻᒪ ᐃᓱᒪᒋᓚᐅᖅᑕᖅᓂᒃ ᓄᓇᒧᑦ ᐅᓂᒃᑳᒃᑲᓐᓂᐊᖅᔪᒍᖕᓇᖅᐱᐅᒃ?

ᐊᐅᐱᓛᖅᔪᒃ: ᐄ, ᑕᐃᒪ ᐅᖅᑲᐅᓯᕆᓚᐅᖅᑕᖃᓗᐊᖃ ᒫᓐᓇ ᐃᓚᒋᐊᒃᑲᓐᓂᐊᖅᔪᒃᑕᖃ ᐃᓚᖓᓂᒃ ᓴᖅᑭᑎᒃᑲᓂᐊᖅᔪᒐᓯᒃᑕᖃ. ᓄᓇᒃᑰᕈᑎᒃᑯᑦ ᐃᖏᖅᖃᔾᔪᔾᔭᐅᓚᐅᖅᓯᒪᒐᒪ ᐅᑉᓗᓗᒃᑖᖅ

ᑐᕌᑐᒧᑦ ᑕᒃᐸᐅᖓᒎᖅ. ᐃᖅᑭᓖᑦ ᓄᓇᖓᑦ, ᐃᖅᑭᓖᓪᓅᑭᐊᖅ ᐃᒃᑯᐊ ᓄᓇᖓᑦ ᖃᑉᓗᓈᖅᑕᖃᐅᖅᑑᒐᓗᐊᖅ. ᑰᑉ ᓯᓈᓂ ᑲᑎᒪᒐᑉᑕ ᑰᒑᓘᑉ ᓯᓈᓂ ᓄᓇᑦᑎᐊᕚᓗᖕᒥ. ᑕᒃᐸᐅᖓ ᐃᖏᕐᕋᔾᔪᔾᔭᐅᒐᒪ ᓄᓇᓕᖕᓄᐊᕋᑉᑕ ᓄᓇᓖᓪᓕ ᑕᒪᒃᑯᐊ ᑎᑭᓚᐅᖅᖢᒋᑦ ᓄᓇᓕᒃᔪᐊᖑᖖᒋᓐᓂᖅᓴᐃᑦ. ᓄᓇᓕᒃᔪᐊᒻᒪᕆᐊᓗᖕᒥᒃ ᐊᑯᓂᖓᑎᒎᖅᑐᐊᓘᓕᕋᑉᑕ ᐊᖅᑯᑎᒃᓴᑦ ᒪᑯᐊ ᐱᐅᔪᐊᓘᓚᐅᖅᑐᑦ ᐊᑉᕐᑯᓵᖅᐸᓕᖅᖢᑎᒍᑦ ᓄᓇᐃᑦ ᓄᓇᕋᐃᓪᓗ ᑕᒪᒃᑯᐊ ᐱᕈᑦᑎᐊᖅᑐᑦ ᓴᓇᑦᑎᐊᖅᓯᒪᔪᑦ ᑕᑯᒥᓇᖅᑐᑦ ᑕᐃᒪᓐᓇ ᐊᑉᕐᑯᓵᖅᐸᓕᖅᖢᑎᒍᑦ....ᐃᒻᖏᓕᖅᖢᖓ "ᑕᐃᑉᓱᒪᓂᐊᓗᒃ ᖃᑉᓗᓈᖃᓚᐅᖖᒋᓐᓂᖓᓂᒃ ᖃᑉᓗᓈᕐᓂ ᐊᑦᑎᓕᕆᐊᖑᖖᒋᓐᓂᕐᒥ ᓄᓇᑦᑎᐊᕙᐅᓚᐅᖅᑐᒃᓴᐅᔪᑎᒃ ᐱᐅᓯᑐᖃᐃᑦ ᐊᑐᑦᑎᐊᓚᐅᖅᑕᕋᓗᐃᑦ ᒫᓐᓇᓕ ᐊᑐᕈᖕᓃᖅᑐᖅ", ᐃᒪᓐᓇ ᐅᖃᐅᔾᔭᐅᖖᒍᐊᓕᖅᖢᖓ ᐅᕙᑉᑯᑦ ᐃᓱᒪᒃᑯᑦ ᐅᖃᐅᔾᔭᐅᖖᒍᐊᓕᖅᖢᖓ "ᑕᒡᕙ ᐃᓱᒪᒋᔭᐅᓯᐃᑐᐊᕈᑎᒃ ᐱᕈᖅᓯᐊᑦ ᑲᒪᒋᔭᐅᖖᒋᑐᐊᖅᐸᑕ ᑕᑯᒥᓇᐃᑦᑐᒻᒪᕆᐊᓘᓕᕋᔭᖅᑐᑎᑦ" ᐃᒪᓐᓇᐃᓕᖖᒍᐊᖅᑕᐅᓕᕆ'ᓗᖓ. ᑕᒡᕙ ᑕᐃᒪᐃᓚᐅᖅᖢᓂ ᐃᓚᒻᓂ ᐃᓚᒋᔭᒻᓄᑦ ᓄᑕᖅᑲᓄᑦ ᕿᕕᐊᖖᒍᐊᓕ'ᒥᒐᒪ ᑕᑯᓕ'ᒥᔭᒃᑲ ᐃᓅᒐᓗᐃᑦ ᐅᑯᐊ ᐃᓅᒐᒪ ᑭᖑᕚᓇᒐᒃᑭᑦ ᐃᓅᒐᒪ. ᖃᑉᓗᓈᖑᖖᒋ'ᓇᒪ ᖃᑉᓗᓈᖑᖖᒋᑦᑐᑦ ᐃᓄᓪᓚᕆᑦ ᐅᑯᐊ. ᐃᓄᒃᑐᑦ ᐊᔪᓕᖅᑐᑦ. ᐃᓅᒍᑎᒃ ᐃᓅᒍᕕᑦ ᑕᐃᑉᓱᒪᓂ ᐃᓅᓂᕆᓚᐅᖅᑕᕕᑦ ᐊᑐᕋᓯᒃᑯᖕᓂ ᐃᓅᓂᓪᓚᑖᑦ ᓴᖅᑭᔮᕋᔭᖅᑲᐅᔪᖅ. ᐱᑕᖃᕈᐃᖅᑐᖅ. "ᐃᓱᒪᒋᔭᐅᔪᖕᓇᐃᕈᕕᑦ ᑕᑯᒥᓇᖖᒋᑦᑐᒻᒪᕆᐊᓘᓕᕋᔭᖅᑐᑎᑦ". ᐃᒪ'ᓇᐃᓕᖖᒍᐊᓕᕆᕗᖓ. ᓄᓇ ᐊᔾᔨᑐᐃᓐᓇᑉᑲᓕᕆ'ᓗᒍ ᑖᒻᓇ ᐃᓱᒪᒋᖅᑲᐅᔭᕋ. ᑕᐃᒪᓐᓇᐃᑦᑐᓂᒃ ᑕᒡᕙ ᐃᓱᒪᑖᓚᐅᖅᓯᒪᔪᖓ. ᑕᐃᒪᓐᓇᐃᓕᒋᐊᖃᖖᒋᓐᓂᕆᔭᕗᓪᓗ ᐅᕙᒍᑦ ᐊᖓᔪᖅᑳᖑᔪᒍᑦ ᐊᒃᓱᕈᕆᐊᖃᖅᑯᒍᑦ ᑖᒻᓇ ᓴᑦᕿᒃᐹᓪᓕᖅᑑᔭᓚᐅᖅᖢᓂ ᑭᓯᐊᓂ ᐊᒃᓱᕉᑎᓇᓱᒃᑲᓗᐊᖅᖢᒍ ᐊᔪᖅᓇᑦᑎᐊᖅᑐᖅ ᒥᐊᓂᕆᓂᖅ

ᓇᒧᙵᖅᑕᕈᓘᔭᖄᖓᑕ ᓄᑕᕋᕆᓚᐅᖅᑕᕗᑦ ᑕᐃᒃᑯᐊ. ᑕᒪᔾᔭ ᑕᐃᒪᐃᑦᑑᒐᑉᑕ ᐃᓅᒐᑉᑕ ᐃᓄᖕᓂᒃ ᓯᕗᓕᖅᑲᕋᑉᑕ ᖃᑉᐳᓈᖅᑲᓚᐅᙱᑎᑦᑐᒍ ᐊᔪᙱᑦᑐᐊᓗᖕᓂᒃ ᓯᕗᓕᖅᑲᕋᑉᑕ. ᓴᙱᔪᐊᓘᓚᐅᕐᓂᕐᒪᑕ ᓱᓇᒥᐊᕐᒥᒃ ᐱᓇᓲᑎᖅᑲᕋᑎᒃ ᑕᐃᒃᑯᐊ ᑕᒪᐃᑦᑑᓚᐅᕋᓗᐊᕐᒥ’ᒪᑕ. ᐃᓅᓂᑉᑎ’ᓄᑦ ᐅᑎᕆᐊᖅᑲᖅᑐᒍᑦ ᓇᖕᒥᓂᖅ ᐱᕈᖅᓴᔭᕆᐊᖅᑲᕋᑉᑕ ᓇᖕᒥᓂᖅ ᖃᒡᕙᖅᐸᑦᓚᐊᒋᐊᖅᑲᕋᑉᑕ ᐊᐅᓚᑕᐅᑐᐃᓐᓇᙱᓗᑕ ᐱᔭᕆᐊᖅᑲᕋᓗᐊᕋᑉᑕ ᐃᓄᒃᑎᒍᑦ ᓄᓇᑉᑎ’ᓂ. ᓄᓇᕗᑦᓗ ᑕᒪᓐᓇ ᒥᐊᓂᕆᑦᑎᐊᕐᓗᒍ ᑕᒡᕙ ᐅᓇ ᐃᓚᒋᖅᑲᑕᐅᔮ ᓄᓇᕗᑦ ᒥᐊᓂᕆᔭᐅᓂᖓᓂᒃ. ᓄᓈᓗᒃ ᐃᓱᒪᖅᑲᖅᓂᖓᓂᒃ ᐃᓄᖅᑲᖅᓂᖓᓂᒃ ᐅᓗᕆᐊᓇᕐᓂᖓᓂᒃ ᐃᒪᓐᓇ ᑐᑭᓯᕚᑦᓯᕈᑎᒋᓚᐅ’ᒥᔭᕋ ᑭᖕᒍᓂᐊᒍᑦ ᐊᑐᖅᐸᓚᐅᖅᑕᕋᓕ ᓄᓇᒧᑦ ᑎᑭᓚᐅᖅᓯᒪᙱᑕᑉᑎ’ᓄᐊᕌᖓᑉᑕ ᑲᒥᑦᓛᕐᓗᖓ ᐃᒪᓐᓇ ᑲᒥᖅᑲᙱᓗᖓ ᐅᕙᓃᑦᑕᐃᓇᐅᓗᖓ ᓯᓚᒧᑦ ᐊᓃᕐᑯᔭᐅᙱᓪᒪᕆᒃᐸᓚᐅᖅᑐᖓ ᓄᓇᒨᖅ ᖁᐃᓇᒃᐸ’ᒪᑦ ᐃᓄᖕᒥᑦ ᑎᑭᑕᐅᓕᓵᖔᒥᒃ ᐃᒪ’ᓇᐃᔭᐅ’ᓗᖓ ᐊᖓᔪᖅᑳᓪᓂᑦ. ᓄᓇᒨᖅ ᖁᐃᓐᓇᒃᑐ’ᒪᑦ ᖁᐃᓐᓇᒃᑎᑦᑎᒍᒪᒨᖅ ᐃᓅᓯᑭᓈᔅᓴᕐᓂᐊᕋᒪ. ᐃᒪᓐᓇᐃᓕᔭᐅ’ᓗᖓ. ᑕᒪᒃᑯᐊᓗ ᐃᓄᒃᓯᐃᑦ ᐃᓄᒃᓯᑐᖅᑳᓗᐃᑦ ᐅᕐᕈᑎᕐᑯᔭᐅᓇᑎᒃ ᐅᓗᕆᐊᓇ’ᒥ’ᒪᑕᒨᖅ ᐃᓅᓯᒃᓴᖁᖅ ᓯᕐᑯᒥᑐᐃᓐᓇᕆᐊᖅᑲ’ᒥ’ᒪᑦ ᐃᒪᓐᓇᐃᓕᐅᖅᑕᐅᑦᑎᐊᕆ’ᓗᖓᓕ ᑐᑭᓯᐊᑦᑎᐊᖅᖢᒍ ᐊᑐᙱᑦᓯᖅᑕᕗᑦ ᑕᒪᒃᑯᐊ ᐊᑐᙱᑦᓯᖅᑕᕋᓗᐊᕗᑦ ᓖᓐᓇ ᐃᓚᖕᒋᑦ ᐊᑐᕆᐊᖅᑲᖅᑕᕘᓚᓗᐊᖅ ᐊᔪᙱᒃᑯᑉᑕ. ᑕᐃᒪᓐᓇ ᐅᓂᒃᑳᕈᖕᓇᖅᑯᖕ ᐅᒃᐱᕆᔾᓂᓪᓕ ᖃᐅᔨᒪᔾᓂᒃ.

ᑕᒪᓕᒃ: ᐋ...

ᐊᐅᐱᓛᕐᔪᒃ: ᐅᐱᓐᓇᖅᑐᐊᓗᐃᑦ ᑕᒃᑯᐊ ᑭᖑᖕᒧᑦ ᐊᑐᙱᓕᖅᖢᒋᑦ ᐊᑐᓚᐅᖅᓯᒪᑦᓗᒋᑦ ᑕᐃᑲᓂ ᑭᖑᓂᐊᒍᑦ ᐊᑐᙱᓕᖅᖢᒋᑦ ᐅᐱᓐᓇᖅᑐᐊᓘᒐᓗᐃᑦ. ᐃᓂᒃᓴᖅᑖᑦᑎᐊᕐᓂᖅ ᐊᔪᕐᓇᖅᑐᖅ ᖃᐳᓈᑦᑐᑦᓗ ᑐᑭᓯᐊ’ᓇᓂ ᓈᓪᒪᙱᕐᖢᑎᑦᓗ

ᖃᑉᓗᓈᑦ ᐃᓚᖏᑦ ᐊᑐᖁᔭᖏᑦ ᐃᓅᓯᕐᒧᑦ ᓈᒻᒪᒍᐃᕐᓇᖅᑐᑦ ᐃᒪᓐᓇᐃᑦᑑ’ᒪᑕ ᐃᓂᒃᓴᖅᑖᑦᑎᐊᓂᖅ ᐊᔪᕐᓇᖅᑐᒻᒪᕆᐊᓗ ᐃᓐᓇᐅᓕᖅᖢᓂ ᒫᓐᓇᐅᓕᖅᑐᖅ ᑕᐃᑉᓱᒪᓂᓕ ᐃᓂᖅᓴᖅᑖᑦᑎᐊᕐᓂᖅ ᐊᔪᕐᓇᓚᐅᖖᒋᑦᑐᕕᓂᐅᒐᓗᐊᖅ ᐃᓄᓪᓚᕆᐅ’ᓗᓂ ᑕᒡᕙ ᐊᔾᔨᒋᙱᑖᓗᐊ ᑖᒻᓇ ᑖᒻᓇᓗ ᐊᑐᖅᖢᒍ ᐊᑐᓚᐅᖅᑕᕗᑦᓗ ᑕᐃᑉᓱᒪᓂ...ᑕᐃᒪᓐᓇ ᐅᖃᕈᖕᓇᖅᑯᖓ ᐅᕙᖓᓕ ᐅᒃᐱᕆᔭᕋ. ᐊᓯᒃᑲᓗ ᑐᑭᓯᙱᑉᐸᑕ ᖁᔭᓇ. ᑖᒃᑯᐊ ᐅᖃᐅᓯᕆᔭᒃᑲ ᐃᑦᖃᐅᒪᔭᐅᓇᔭᕈᑎᒃ ᖃᓄᖅ ᐊᒃᓱᕈᕐᓇᖅᑐᐊᓗᒃᓯᐅᓕᕈᓂ ᐃᖕᒥᓂᒃ ᕿᒥᕐᕈᓕᕈᓂ ᐅᖃᐅᓯᒃᑲ ᐃᓚᖏᑦ ᓴᑦᕿᓐᓇᔭᖅᑐᑦ ᓂᐱᖃᙱᒃᑲᓗᐊᕈᒪ ᐅᕙᖓᒻᒪᕆᒃ. ᑕᐃᒪᓐᓇ ᐅᓂᒃᑳᕈᖕᓇᖅᑯᖓ. ᓱᓕᕗᖓ. ᓱᓕᔪᖓ ᐅᕙᒻᓂᒃ ᐅᒃᐱᕆᔪᖓ....

ᑕᒪᓕᒃ: ᐄ. ᒪᖁᖕᓂᐊᓵᖅᑎᓪᓗᒍᓗ ᓇᐃᔪᖕᓇᒻᒪᕆᓚᐅᖅᐱᓰ...?

ᐊᐅᐱᓛᕐᔪᒃ: ᐄ, ᓇᐃᒪᕙᓚᐅᖅᑐᒍᑦ ᐃᒪᖅᓱᖕᓂᐊᓘᖏᒃ. ᑭᓯᐊᓂ ᐅᒃᐱᕆᔭᐅᖅᑰᙱᑦᑐᖅ ᑖᒻᓇ ᐅᖃᐅᓯᕆᓕᓵᙱᑕᕐ ᖃᖓᑲᓪᓚᒃ ᑲᑎᒪᓪᓗᑕ ᐅᖃᐅᓯᕆᓚᐅᖅᓯᒪᖏᔭᕐ. ᑭᓯᐊᓂ ᐅᒃᐱᕆᔭᐅᓗᐊᓚᐅᙱᑦᑐᖓ ᖃᐅᔨᒪᓚᐅᖅᑐᖓ. ᓴᒡᓗᙱᑦᑐᖓ ᓇᐃᒪᓐᓇᖅᐸᓚᐅᖅᑐᖅ. ᑎᐱᖓ ᓇᐃᒪᓐᓇᖅᑐᖅ ᐊᐳᑎᓱᖕᓂᐊᒡᓗ ᐃᒪᖅᓱᖕᓂᐊᓗᒡᓗ. ᒫᓐᓇᓗ ᓇᐃᒪᔪᖕᓇᐃᖅᑐᒍᑦ.

(ᓂᐸᐃᓚᐅᐱᓪᓚᒃᖢᓂ)

ᑕᒡᕙᓗ ᑐᒃᑐ ᐊᓇᖏᑦ ᑕᐃᒪ ᐸᓂᓗᐊᙱᑦᑕᕌᖓᑕ ᐸᓂᕐᓚᒃᑲᓗᐊᕐᓗᑎᒃ ᑕᒡᕙ ᐊᑖᑕᒐ ᑎᒍᒍᓂᒋᑦ ᑐᒃᑐᑦ ᑕᑯᒃᓴᐅᙱᓚᖅ ᐊᓇᖓᑦ ᑕᑯᑐᐃᓐᓇᖅᖢᒍ. ᓇᐃᕚ ᑕᒡᕙ ᓱᓕᒎᖅ ᑎᐱᖃᑦᑎᐊᖅᑐᐊᓘᖕᒪᑦ ᑕᒡᕙ ᖃᓂᒃᑐᒃᓴᐅᓗᐊᖅᑯᕉᖅ ᑕᒫᓂ ᑎᐱᖓ ᓄᖑᙱ’ᒪᑦ ᑖᒻᓇ ᐊᓇᖓ ᑕᐃᒪᓐᓇᐃᑦᑑᓚᐅ’ᒥᔪᖅ. ᓱᓇᑐᐃᓐᓇᕐᓗ ᓴᐅᓂᖅ ᓴᐅᓂᕕᓂᖅ ᓄᓇᒥ ᐊᖅᑯᓵᕈᓂᐅᒃ ᐊᖅᑯᓵᕈᑉᑎᒃᑯᒃ ᓴᐅᓂᑐᖃᓗ ᑐᒃᑐᑉ ᓴᐅᓂᖓ ᓄᓇᒧᑦ ᒪᖑᓕᖅᑐᖅ ᐃᓗᐊᓄᐊᓂᖅᑐᖅ

ᐱᑐᕐᑳᓘᓕᕐᒪᑦ ᑎᒍᓗᓂᐅᒃ ᐃᒡᓗᐊᓂ ᓵᑎᓐᓂᐊᖅᑕᖓ ᐃᓂᐊᓄᑦ ᐃᓕᒃᑲᓐᓂᖦᖢᓂᐅᒃ. ᑕᕐᑲᔪᐊᓘᕐᑲᑦᑕᒥ’ᒪᑕᒎᖅ ᐊᑕᐅᓯᑦᑕᐃᓐᓇᕐᒥᒃ ᐃᓂᕐᑲᓕᕌᖓᒥᒃ ᐃᒡᓗᐊᓄᙴᖅ ᓵᑎᒋᐊᕐᑲ’ᒥ’ᒪᑦ...

ᑕᒪᓕᒃ: ᐄ...ᐃᓄᐃᑦ ᓴᐅᓂᖏᓪᓗ...?

ᐊᐅᐱᓛᕐᔪᒃ: ᐋᒃᑲ ᑐᒃᑐᑉ ᓴᐅᓂᖏᑦ... ᑐᓂᙳᐃᖅᓯᕆᐊᕐᑲ’ᒪᑕᒎᖅ ᑕᕐᑲᐃᖅᓯᕆᐊᕐᑲ’ᒪᑕ. ᑐᑭᓯᐅᒪᓚᐅᙱᑕᕋ ᑕᐃᒪᓐᓇ ᑕᑯᕐᑲᑦᑕᖅᖢᒍ ᑭᖑᓂᐊᓗᐊᒍᑦ ᑐᑭᓯᓕᖅᑕᕋ ᓱᓇᐅᕝᕙ ᓱᓕᔪᖅ. ᑕᐃᒪ’ᓇᐅᓐᓂᖅ. ᑕᒪᔾᔭ ᐊᑐᓚᐅᖅᑖᓗᒃᐳᑦ ᓄᓇᒥ ᑕᒫᓂ ᐊᑐᙱᓕᖅᑕᕗᑦ ᒫᓐᓇ.

ᑕᒪᓕᒃ: ᐄ...ᐃᒡᓘᑉ ᐃᓗᐊᓃᕐᑲᑦᑕᕐᓂᑉᓯᓐᓄᑦ ᐊᒻᒪ ᓄᓇᖅᑰᕈᑎᕐᑲᓕᓂᖓᓄᑦ...

ᐊᐅᐱᓛᕐᔪᒃ: ᐄ ᓱᓇᖅᙱ’ᒪᑦ ᕐᑲᑉᓗᓈᑎᑐᑦ ᐱᑕᕐᑲᓚᐅᙱ’ᒪᑦ ᐃᓄᓪᓚᕆᑦ ᒪᓕᒐᖓᑦ ᒪᓕᓚᐅᕋᑦᑎᒍᑦ.

ᑕᒪᓕᒃ: ᐄ...

ᐊᐅᐱᓛᕐᔪᒃ: ᑕᒪᕐᒥᒃ ᒪᓕᕐᑯᔭᐅᙱ’ᒥᔪᑦ ᐃᓚᖏᑦ ᒪᓕᒐᕐᔪᐊᒻᒪᕆᐊᓘ’ᒪᑕ ᒪᓕᒐᕐᔪᐊᕌᓘᓂᖓᓂᒃ ᑕᐅᑐᕐᑲᑦᑕᖅᑕᒃᑲ ᒪᓕᒐᕐᔪᐊᒻᒪᕆᐊᓘ’ᒪᑕ ᐅᓗᕆᐊᓇ’ᒪᑕ. ᓯᕐᑯᒥᒃᑲᓗᐊᕈᑉᑎᒍᑦ ᑕᒡᕙᐃᓐᓇᑲᐅᑎᒋ ᐅᓗᕆᐊᓇᖅᑐᒃᑰᓕᕐᕋᔭᕐᕋᑉᑕ ᑎᒥᑉᑎᒍᑦ. ᑕᐃᒪᓕ ᐃᓱᒪᕐᑲᑦᑕᖅᑯᖓ ᐱᐅᙱᑦᑐᕈᓗᐃᑦ ᐅᕐᑲᙱᑦᑐᖓ ᕐᑲᑉᓗᓈᑦ ᒪᓕᒫᓗᖏᑦ ᒪᓕᒐᕐᔪᐊᕌᓗᕐᑲ’ᒥ’ᒪᑕ ᑐᓴᐅᒪᒐᒪ ᒪᓕᒫᓗᖏᑦ ᐊᓕᓚᔪᒃᑯᑦ ᑭᓯᐊᓂ ᐊᑐᖅᑕᐅ’ᒪᑕ ᐃᓕᐅᖅᑲᒐᐅᔪᑦ ᐊᓕᓚᔪᒧᑦ. ᑕᐃᒪᓕ ᐊᓄᕌᖅᐸᑦ ᒪᓕᒫᓗᐊ ᑎᒃᑕᐅᒃᐸᑦ ᓯᓇᕐᑲᕈᐃᔭᕋᖅᖢᓂ...

ᑕᒪᓕᒃ: ᐄ...

ᐊᐅᐱᓛᕐᔪᒃ: ᐃᓅᑉᓕ ᒪᓕᒫᓗᐊ ᐊᓄᕌᖅᑐᐊᓘᒐᓗᐊᖅᐸᑦ ᑎᒃᑕᐅᔾᔮᙱᓚᖅ ᓂᐊᕐᑯᑉ ᐃᓗᐊᓃᖦᖢᓂᓗ ᐆᒪᑎᒦᖦᖢᓂᓗ. ᑖᑉᑯᐊᖑ’ᒪᓂᒃ. ᓂᐊᕐᑯᑉᑎ’ᓂ ᐃᓱᒪᕐᑲᕐᓂᕋᖅᑕᐅᕗᒍᑦ ᐅᒃᐱᕈᓱᒃᑐᒍᑦ ᐃᓗᑉᑎᒍᑦ ᐅᒃᐱᕐᓂᑐᐃᓐᓇᕆᔭᕗᑦ ᐃᓄᒃᑎᒍᑦ.

ᓂᐊᖁᑉᑎ'ᓂ ᐃᓱᒪᖃᕋᓗᐊᖅᑐᒍᑦ ᖃᓇᑕᑉᑎ'ᓂ ᐆᒪᑎᑉᑎ'ᓂ ᐃᓱᒪᖃᖅᑰ'ᒥᔪᒍᑦ. ᐃᓅᒃᑎᒍᓪᓕ ᑲᐱᐊᓯᓕᕌᖓᑉᑕ ᐅᓇ ᐃᖢᐃᓕᖅᐸᓚᐅ'ᒪᑦ ᓴᑦᖃᐴᖅ ᓴᑦᖃᕗᑦ ᐃᖢᐊᓕᖅᑐᐊᓘ'ᓗᓂ ᐆᒪᑎᕗᓪᓗ ᐊᐅᓚᓕᖅᖢᓂ ᑎᒡᓕᓕᖅᖢᓂ ᑲᐱᐊᓯᓕᕌᖓᑉᑕ. ᐅᕘᓇᑐᐃᓐᓇᖅ (ᓂᐊᖁᒃᑯᑦ) ᐃᓱᒪᖃᕈᑉᑕ ᐆᒪᑎᕗᑦ ᐃᒃᐱᖕᓇᖃᑦᑕᕋᔭᙱᑦᑐᖅ. ᖃᑉᓗᓈᑦ ᐃᓚᖓᒍᑦ ᑕᒻᒫᖅᔪᒃᓯᒪᖅᑰ'ᒥᔪᑦ ᑕᒡᕘᓇ. ᓱᓕᔫᒐᓗᐃᑦ ᐃᓱᒪᖃᕋᑉᑕ ᐅᖁᓂ ᓂᐊᖁᖅᒥ. ᐅᖁᒍᓪᓕ ᐃᓅᒃᑎᒍᑦ ᐃᓱᒪᖃᕋᑉᑕ ᐅᖁᓂ ᐅᖃᓚᐅᙱᑦᑐᒍᑦ ᒫᓂ ᓴᑦᖃᑉᑎ'ᓂ ᐃᓱᒪᖃᖅᑐᒍᑦ. ᑖᒻᓇ ᐅᖁᒻᓂᖔᑐᐃᓐᓇᖅᑰ'ᒪᑦ ᐅᒃᐱᖅᓇᙱᑦᑑᒐᓗᐊᖅ ᐅᖁᖓᓕ ᐅᒃᐱᓇᓂᐊᖅᑕᕋ ᐅᖁᒻᓂᒃ.

ᑕᒪᓕᒃ: ᓲᖃᖃᐃ ᓴᖅᑲᖅᒥᖒᖅᓯᒪᔪᖅ ᐃᓱᒪᒧᐊᖅᐳᖅ...

ᐊᐅᐱᓛᖅᔪᒃ: ᐄ...ᐃᓱᒪᒧᐊᖅᐳᖅ ᑲᑎᖃᑦᑕᖅᑑᒃ...

ᑕᒪᓕᒃ: ᐅᖁᖒᖅᓯᒪᑉᓗᓂ (ᓴᖅᑲᖅᒥᑦ) ᑕᐃᒪ ᖃᐅᔮᔾᔪᑎᒥᖂ... ᖃᓇᑕᖓᒍᑦ...

ᐊᐅᐱᓛᖅᔪᒃ: ᐄ...ᑕᒪ'ᓇᐅᔮᓇ- ᑕᐃᒪ'ᓇᐅᓇᓱᒋᔭᕋ. ᑕᒪᓕᒃ: ᑖᓪᓕᕋᖅ ᑕᐃᒪ ᐅᖅᓱᖅᑑᖅᒥ ᑕᐃᒪ ᐊᖅᕕᕕᓂᐅᑉ ᓄᓕᐊᖓ ᐅᖃᐅᑎᓚᐅᖅᓯᒪᖕᒪᖓ 2005ᖑᑎᓪᓗᒍ ᓂᐱᓕᐅᓚᐅᖅᓯᒪᒐᑉᑯ ᐅᖃᓚᐅᖅᑐᖅ ᓄᓇᒦᑎᓪᓗᒋᓐᖒᖅ ᐊᖑᑏᑦ, ᐊᖑᑏᑦ ᐊᓄᓇᒥᒃ ᓇᐃᒪᑐᐃᓐᓇᖅᓂᒃᑯᑦ ᓇᓗᓇᐃᑦᓯᖃᑦᑕᓚᐅᖅᓂᖏᓐᓂ...

ᐊᐅᐱᓛᖅᔪᒃ: ᐄ...

ᑕᒪᓕᒃ: ᑖᒻᓇ ᑐᓴᐅᒪᑦᑎᐊᖅᑕᕋ ᑖᓪᓕᕋᖅᒥᑦ ᐅᒃᐱᓇᑦᑎᐊᖅᖢᒍ. ᐊᐱᓇᔭᕋ ᐊᕐᓇᐃᑦ....ᐊᕐᓇᐃᑦ ᑕᐃᒪᓐᓇ ᓲᖃ ᐊᖑᑎᓂᒃ ᐅᖃᐅᓯᖃᓚᐅᕐᒪᑦ ᐊᕐᓇᐃᑦᑕᐅᖅ ᑕᐃᒪᓐᓇ ᓯᓚᓕᓇᔾᖕᓇᕐᒪᖔᑦ ᐊᐱᓇᒐᑉᑯ ᐅᖃᖅᖢᓂ ᑭᓇᑐᐃᓐᓇᐴᖅ ᑎᒫ ᐊᔾᔨᒃᑲᔭᖅᖢᓂ ᑭᓯᐊᓂ ᐊᖑᑏᑦ ᐊᐅᓪᓛᖅᓯᒪᐃᓐᓇᖃᑦᑕᕐᓂᖏᓐᓄᑦ ᓯᓚᒦᓯᐅᖏᓐᓇᕐᓂᖏᓐᓄᑦ ᑕᐃᒪᓐᓇᐃᓕᐅᕈᖕᓇᕐᓂᖏᒃᒍᑦ ᐱᒃᑯᓂᖅᓴᐅᔪᖅ. ᐊᕐᓇᐃᑦ ᓲᕐᓗ ᑐᐱᐅᑉ ᐃᓪᓘᑉ ᐃᓗᐊᓂ ᓄᑦᖃᓂᒃ ᑲᒪᑉᓗᑎᒃ

ᒥᖅᓱᖅᖢᑎᒡᓗ ᓯᓚ ᖃᐅᔨᓴᕋᓱᒃᑲᓗᐊᕐᓗᒍ ᑕᒡᕙ ᐊᖑᑎᓅᑦ ᐊᐱᕆᓂᖅᓴᐅᕙᓚᐅᖅᑐᑦ. ᐊᖑᑎᑎᑐᓐᖕᒨᖅ ᐊᖑᓇᓱᖃᑕᐅᖃᑦᑕᖅᐸᑦ ᐊᔪᙱᓐᓇᔭᖅᖢᓂ ᑎᒥᖕᒐᒍᑦ ᐊᔪᙱᑦᑑᒐᓗᐊᖅ ᑭᓯᐊᓂ ᐊᑐᙱᓪᒪᒍ...ᐄ...ᑕᐃᒪᓐᓇ ᑐᓴᐅᒪᔭᕋ...

ᐊᐅᐱᓛᖅᔪᒃ: ᑕᐃᒪᓐᓇᓪᓚᕆᒃ. ᑕᐃᒪᓐᓇᐃᑦᑐᒍᑦ ᖃᐅᔨᒪᑦᑎᐊᖅᑕᕋ ᑖᒻᓇ. ᐊᕐᓇᖅ ᓄᓕᐊᖅ ᐅᕙᓂ ᓄᓇᓕᖕᓂᒥ ᖃᐅᔨᑦᑎᐊᖅᑐᒻᒪᕆᐊᓘ'ᒥᔪᖅ ᐅᕙᒍᑦ ᖃᐅᔨᒪᙱᑕᑉᑎᓐᓂ. ᑕᐃᒪᓐᓇᐃᑦᑐᖅ. ᐊᖑᑦ ᐊᐅᓪᓚᖅᑕᕋᒥ ᓱᓇᑐᐃᓐᓇᕐᓂᒃ ᐊᑉᖂᓴᖅᑎᓯᒪᒪᒐᒥ ᓇᖏᐊᕐᓇᖅᑐᐊᓗᒃᑯᑦ ᑲᑉᐱᐊᓇᖅᑐᒃᑰᖅᓯᒪᒪᒐᒥ ᓯᓚᑐᓂᖅᓴᐅᔮᖅᑯᖅ ᐊᖑᑦ ᖃᐅᔨᑦᑕᕋᒥ ᐊᑐᖅᓯᒪᒪᒐᒥᐅᒃ ᖃᓄᐃᑦᑐᑐᐃᓐᓇᐃᑦ ᓇᖏᐊᕐᓇᖅᑐᕐᓗ ᑕᒻᒪᕐᓇᖅᑐᕐᓗ ᐅᓗᕆᐊᓇᖅᑐᕐᓗ ᓄᓇᒥ ᐊᑐᖅᓯᒪᒪᒐᒥᐅᒃ...

ᑕᒪᓕᒃ: ᐄ...

ᐊᐅᐱᓛᖅᔪᒃ: ᐊᕐᓇᖅ ᐊᑐᓚᐅᙱᓐᓇᒥ ᖃᐅᔨᒪᙱᔾᔪᑎᒋᕚ. ᐊᕐᓇᖅ ᐃᓱᒪᑭᓐᓂᖅᓴᐅᖃᑦᑕᙱᑦᑑᒐᓗᐊᖅ ᐊᐅᓪᓚᖅᑕᙱᓐᓇᒥ ᖃᐅᔨᒪᙱᓐᓂᖅᓴᐅ'ᒪᑦ. ᐃᒡᓘᑉ ᐃᓗᐊᓂ ᓄᓇᓕᖕᓂ ᐃᓅᖃᑎᒥᓂ ᖃᐅᔨᒪᓂᖅᓴᐅᔫᒐᓗᐊᖅ ᐊᖑᑎᒥᐅᓂᖅᓴᖅ...

ᑕᒪᓕᒃ: ᑕᒡᕚᓇ ᐃᑲᔪᖅᑎᕇᑦᑎᐊᕆᐊᖃᖅᑐᒎᑦ...ᐊᕐᓇᐃᓪᓗ ᐊᖑᑏᓪᓗ...

ᐊᐅᐱᓛᖅᔪᒃ: ᐄ...ᐄ...ᑕᐃᒪᓐᓇᐃᓚᐅᖅᑐᒍᑦ, ᑕᐃᒪᐃᑉᐳᒍᑦ...

ᑕᒪᓕᒃ: ᓴᙱᓐᓂᖁᑦ ᐊᔾᔩᖕᒋᑎᓪᓗᕆᑦ ᓴᙱᔫᔪᖕᓇᖅᑐᒍᑦ ᑲᑎᖕᒐᓗᑕ...

ᐊᐅᐱᓛᖅᔪᒃ: ᐄ...ᒫᓐᓇ ᑕᐃᒪᐃᙱᑦᑐᐊᓘᓕᕋᑉᑕ ᐅᖃᐅᓯᕆᖅᑲᐅᕙᕋ ᑐᕐᑑᓕᐊᕐᓂᕋ ᑕᐃᒪ. ᐃᒪᓐᓇᐃᑦᑑᓕᕋᑉᑕ ᓴᙱᓂᖃᕈᖕᓇᖅᑰᕐᒪᑕᓘᓐᓃᑦ ᑲᑉᐱᐊᓇᖅᑐᒧᑦ ᑕᑯᒃᓴᐅᙱᑦᑐᒧᑦ ᐃᓚᖕᒋᑦ. ᒪᑯᓄᖕᒐᕐᓘᑎᑦ ᓱᓇᕐᓘᑎᐊᓗᖕᓂᒃ ᐱᓕᕆᓗᐊᓕ'ᒪᑕ ᓵᓚᒋᔭᐅᓯᒪᓕᖅᑐᑦ....

(ᓂᐸᐃᕌᕐᔪᓚᐅᖅᑳᖅᖢᓂ...)

ᑕᒡᒐ ᑖᒻᓇ ᑕᑯᔭᕆᐊᖃᖅᑕᕋᓗᐊᕗᑦ. ᐊᒃᓱᕉᑎᕆᖃᑦᑕ'ᒥᔭᕋ ᐅᓇ ᑕᐃᒻᓇ ᐃᖕᒋᕐᕋᓂᕆᓚᐅᖅᑕᕋ ᐊᑉᖁᓪᓗ ᑕᒪᓐᓇ ᐱᕈᖅᓱᐊᖅᑕᖃᐅᕐᓂᖕᒐ ᑕᐃᒃᑯᐊᓗ ᐃᓄᐃᑦ ᑕᐃᑉᓯᒪᓂᐅᓚᐅᖅᑐᑦ ᑳᒃᑯᐊ ᑕᒡᒐ ᑐᑭᓯᐅᒪᔭᕆᐊᖃᕋᓗᐊ'ᒥᔭᕗᑦ ᑳᒃᑯᐊ ᒪᒃᑯᒃᑑᑎᓪᓗᑕ ᐃᓅᓯᕐᒧᑦ ᐋᖅᑭᒃᐸᓪᓕᐊᔾᔪᑕᐅᔪᖕᓇ'ᒥ'ᒪᑕ ᐃᓱᒪᒧᑦ....

ᑕᒪᒃᑯᐊᓪᓗ ᕿᖅᑯᐊᕈᓗᐃᑦ ᕿᖅᑯᐊᕈᓗᐃᑦ ᖃᐅᔨᒪᔭᑎᑦ ᑕᑎᐅᕐᒥ?

ᑕᒪᓕᒃ: ᐄ...

ᐊᐅᐱᓛᕐᔪᒃ: ᑕᒪᒃᑯᐊ ᐃᓚᖕᒋᑦ ᑕᑭᔪᐊᓘᕙ'ᒪᑕ ᖁᕕᐊᓇᖅᐸᓚᐅ'ᒥ'ᒪᑦ ᑕᑎᐅᑉ ᓯᓈᓂ ᐃᐱᕋᐅᑕᖖᒍᐊᕆ'ᓗᑎᒍᑦ ᐱᓇᓱᒃᐸᓚᐅ'ᒥᒐᑉᑎᒍᑦ. ᑕᒡᒐ ᐃᓚᑉᑎ'ᓂ ᐊᖕᒐᔪᖅᑳᑉᑎ'ᓂ ᖃᐅᔨᔭᐅᑐᐊᕈᑉᑕ ᓱᑰᖅᑕᐅᓂᐊᖅᑐᒍᑦ ᐱᖖᒍᐊᕆᖁᔭᐅᓇᓂ. ᐊᓄᕆᑦᑎᖅᐸ'ᒥ'ᒪᑕ ᐊᓄᕆᒥᒃ. ᓯᓚ ᐃᓄᖃᕐᓂᐊᓗᐊ ᐅᒃᐱᕐᓇᖅᑐᖅ ᑕᑯᒃᓴᐅᖖᒋᑦᑑᒐᓗᐊᒥᒃ ᐱᖁᑎᒋᒐᒥᐅᒃ ᑕᒪᓐᓇ ᐱᖖᒍᐊᕆᔭᐅᖁᖕᒋ'ᒥ'ᒪᒍ ᕿᑦᖁᐊᖅ ᑖᒻᓇ. ᑕᐃᒪᓐᓇᐃᑕᐅᕙᓚᐅ'ᒥᔪᑦ.

ᑕᒪᒃᑯᐊᓗ ᓯᐅᕋᐃ ᑐᐊᐸᐃᑦ ᑲᑎᓪᓗᒋᑦ ᐃᒋᓪᓗᒋᑦ ᐃᒫᓄᑦ ᑕᑯᒥᓇᖅᑐᐊᓗᒥᒃ ᐃᒫᓄᑦ ᑐᑦᑕᓕᕌᖕᒐᒥᒃ ᖁᕕᐊᓇ'ᒪᑦ. ᑕᐃᒪᓐᓇᐃᓕᐅᖁᔭᐅᖖᒋᑦᑎᐊᒻᒪᕆᒃᑭ'ᓗᑕ ᓯᓚᓗᒃᑎᑦᑎᓂᐊ'ᒥᒐᑉᑕᒎᖅ. ᑕᒪᔅᓴ ᐊᑐᓚᐅᖅᑕᕗᑦ ᓄᑕᕋᐅᓂᑉᑎ'ᓂ ᐅᓂᑉᑳᖃᑦᑕᖅᐸᒃᑲ. ᓯᓚᓗᖁᔭᐅᓇᓂ ᓯᓚᓗᖖᒍᕐᓂᐊ'ᒥ'ᒪᖖᒎᖅ ᑖᒻᓇ ᐊᑐᖅᑲᐅᔭᕗᑦ. ᑕᐃᒪᓕ ᒫᓂᓕ ᓇᐃᒪᖃᑦᑕᖅᑯᒍᑦ ᐃᓱᕆᐊᖅᑐᐊᓘᓕᕌᖕᒐᑦ ᐅᐱᕐᖕᒑᒃᑯᑦ ᐊᐅᔭᒃᑯᑦ ᐃᓱᕆᐊᕌᓗ ᑕᒪᓐᓇᐅᓕᕌᖕᒐᑦ ᑕᐃᒪ ᓇᐃᒪᕙᒃᑯᒍᑦ ᐊᒃᓱᑦ ᓇᐃᒪᔮᓗᒃᐳᑦ ᒫᓂ ᐊᐳᑎᓱᖕᓂᓗ ᓯᓚᓗ ᓇᐃᒪᔪᖕᓇᐃᒻᒪᕆᒃᑕᕗᑦ.

ᑕᒪᓕᒃ: ᐊ... ᐃᖅᑭᓖᑦ ᑐᓴᐅᒪᒐᒃᑭᑦ ᒪᓕᒐᖃᕐᒪᑕ

ᐅᔭᕋᕐᒥᒡᓘᓐᓃᑦ ᓇᓂᓯᒃᐸᑕ ᓄᓇᒥ ᐱᐅᕆᓗᒍ ᑕᐃᒪᓐᓇ ᐃᒃᐱᐊᕐᔪᖕᒥᐅᑕᕆᑐᐃᓐᓇᙱᓗᒍᒎᖅ ᑐᓂᓯᕙᒌᕐᓗᓂ ᑎᐹᑭᒥᒡᓘᓐᓃᑦ ᑕᒡᕙ ᑎᒍᔪᓐᓇᖅᕈᓂᐅᒃ...

ᐊᐅᐱᓛᕐᔪᒃ: ᐄ...

ᑕᒪᓕᒃ: ᐄ.... ᑕᐃᒪᓐᓇ ᐃᓄᐃᑦ ᒪᓕᒐᕐᑲᕐᓚᓚᐅᖅᐸᑦ ᑕᒪᐃᓐᓄᑦ ᐅᖕᖓᓗ ᐃᓚᐃᓐᓇᙱᓐᓄᑦ ᓄᓇᐅᑉ ᐱᕐᑯᑎᖏᓐᓄᑦ...?

ᐊᐅᐱᓛᕐᔪᒃ: ᑕᐃᒪᓐᓇ ᖃᐅᔨᒪᓗᐊᙱᑦᑕᒃᑲ ᑳᒃᑯᐊ ᑭᓯᐊᓂ ᐅᖃᖅᑐᑦ ᐊᑖᑕᒪᓗ ᐅᖃᖅᐸᓚᐅᖅᑐᑦ ᑲᓐᓄᔭᕉᖅ ᓇᓂᒍᑉᑯ ᕿ’ᒥᒻᖕᒎᖅ ᑲᔪᖅᑑᑉ ᒥᑦᖁᐊᓄᑦ ᐊᑭᓕᕆᐊᖅᑲᖅᑕᖅ.

ᑕᒪᓕᒃ: Hᐄ...

ᐊᐅᐱᓛᕐᔪᒃ: ᑎᒍᓂᐊᕈᑉᑯ ᓄᓇᒥᑦ ᑕᑲᓐᓇ ᐊᐅᐸᓗᒃᑐᖅ. ᓇᓂᒍᑉᑯ ᐱᑖᕆᓂᐊᕈᑉᑯ ᕿ’ᒥᕐᒥᒃ ᑲᔪᖅᑑᑎᖅᑲᕈᒪ ᕿ’ᒥᑉ ᑲᔪᖅᑐᑉ ᒥᑦᖁᐊ ᐊᑭᓕᐅᑎᓐᓂᐊᖅᐸᕋᒎᖅ. ᑕᒡᕗᓇᓗᐊᖅ ᑐᓴᐅᒪᔭᕋ ᑖᒻᓇ. ᑕᒪᔅᔫᙱᑦᑐᐊᓘᒐᓗᐊᑦ. ᐱᑕᖅᑲᐅᖅᑐᖅ ᓇᓗᓇᙱᑦᑑᒐᓗᐊᖅ. ᑕᒪᔅᔭ ᑕᐃᒪᓐᓇ ᑐᓴᖅᕈᒥᑦ ᐃᑦᖃᓖᓪᓗ ᔭᓗᓇᐃᒥ ᐃᑦᖃᓕᕐᒥᒃ ᐅᓂᒃᑳᖅᑲᑕᐅᖅᑲᑦᑕᓚᐅᕋᒪ ᐃᓯᒪᑕᕆ’ᓗᑎᒍᓪᓗ. ᐃᓚᖏᑦ ᐃᓅᒃᑎᑑᑦᑎᐊᖅᑲᑦᑕᖅᑐᑦ ᑕᐃᑉᓯᒪᓂ ᑐᓴᐅᒪᔭᒃᑲ. ᐃᓚᖏᑦ ᐋᒃᑲᐅᒐᓗᐊᑦ.

ᑕᒪᓕᒃ: ᓲᖅᑲ ᓄᓇᒥᒃ ᑲᒪᑦᑎᐊᕋᓱᒃᕈᑎᒃ ...ᐃᓕᖅᑯᓯᖅᑲᕐᒪᑕ...

ᐊᐅᐱᓛᕐᔪᒃ: ᐄ...

ᑕᒪᓕᒃ: ᖃᑉᓗᓈᑑᙱᒻᒪᑕ. ᖃᑉᓗᓈᑦ ᐊᑐᑐᐃᓐᓇᕋᓯᒃᐸᒃᓗᑎᒃ.

ᐊᐅᐱᓛᕐᔪᒃ: ᖃᑉᓗᓈᑐᑐᐃᓐᓇᑦᑎᐊᓪᓚᕆ’ᒪᑕ ᑮᓇᐅᔫᓗᒃ ᐱᔪᒪᓂᑯᐊᓗᒃ. ᐅᑯᐊᓪᓚ ᓄᓇᖅᑲᖅᑳᖑᔪᑎᒋᑦ ᑮᓇᐅᔭᖅ ᐱᑦᑕᐃᓕᙱᑦᑕᕋᓗᐊᒍᑦ ᐃᒃᐱᕆᓚᐅᙱᓐᓇᐸᑎᒋᓪᓕ. ᑭᓯᐊᓂ ᐃᓅᓯᖅᑲᑎᐊᖅᓂᖅ ᓄᓇᓗ ᒥᐊᓂᕆᑎᐊᖅᓂᕐᒐ ᑖᒻᓇᓗ ᐊᒃᓯᕈᕐᑎᓗᐊᕆᒐᑉᑎᒍᑦ.

ᑕᒪᓕᒃ: ᑖᒻᓇᖅᑲᐃ ᕿᒻᒥᐅᑉ ᑲᔪᖅᑑᑉ ᒥᖅᑯᖓ ᑲᓐᓄᔭᕐᒧᑦ ᐊᔅᓯᖅᑲᖅᓚᒃᐸ ᓇᑯᕈᓯᖅᑐᖅᓂᖅᒥᒃ...

ᐊᐅᐱᓛᕐᔪᒃ: ᓇᑯᕈᓯᖅᑐᐃᔫᖅ?

ᑕᒪᓕᒃ: ᐄ...

ᐊᐅᐱᓛᕐᔪᒃ: ᐋᒪᐃ ᐅᖅᑲᕈᖕᓇᑦᓚᓂᖖᒋᑕᕋ. ᐄᖑᔪᒃᓴᐅᔪᖅ ᐄᖑᑐᐃᓐᓇᓂᐊᓕᒃ.

ᑕᒪᓕᒃ: ᓲᕐᓗ ᐋᖅᑭᒃᑕᐅᔪᒪᒃᐸᑦ ᐊᖓᒃᑯᒥᒃ ᑕᕝᕙ ᓇᑯᕈᓯᑐᖅᑯᔭᐅᓚᐅᖅᒪᑖ...

ᐊᐅᐱᓛᕐᔪᒃ: ᐄ...ᐃᓄᒃ ᐋᓐᓂᐊᖅᐸᑦ...ᐄ...

ᑕᒪᓕᒃ: ᐊᒻᒪᓗ ᓲᕐᓗ ᐃᑲᔪᖅᑎᒋᔭᑉᑎ'ᓄᑦ ᐃᓚᓐᓂᐊᖅᑎᑦᑎᔨᒋᔭᑉᑎ'ᓄᑦ ᑐᓂᓯᓲᖑᒐᑉᑖ...

ᐊᐅᐱᓛᕐᔪᒃ: ᐄ...

ᑕᒪᓕᒃ: ᐃᑲᔫᑎᒃᓴᓐᓄᐊᖏᓐᓂᒡᓘᓐᓃᑦ ᑕᐃᒪᓐᓇ ᖁᔭᓐᓇᒦᕈᑎᒃᓴᖃᖅᑯᔭᐅᔫᔭᖅᓱᑕ ᑖᓐᓇ ᑲᓐᓄᔭᖅ ᐊᑐᖅᓂᖓᓂᒃ ᐱᐅᓂᖓᓂᒃ ᐊᒻᒪ ᓄᓇᐅᑉ ᐆᒪᓂᖓᓂᒃ ᑕᕝᕙ ᓇᑯᕈᓯᖅᑑᔮᖅᐸ?

ᐊᐅᐱᓛᕐᔪᒃ: ᐄ...ᓇᑯᕈᓯᖅᑐᐃᓂᐊᖅᑯᖅ. ᑕᕝᕙ ᐃᒪᓐᓇᐃᑦᑑᕗᒍᑦ ᐃᒪᓐᓇᐃᑦᑑᖕᒥᔪᒍᑦ ᖃᐅᔨᒪᔭᕋ. ᓄᑕᕋᖃᕐᓗᖓ ᓄᑕᕋᑦᑲ ᐃᓅᓂᖅ ᐊᔪᖅᐸᑖ ᑐᖅᑯᖃᑦᑕᐃᓐᓇᖅᐸᑕ ᒥᑭᓗᑎᒃ ᐃᓄᖕᒥᒃ ᐃᓐᓇᑐᖃᕐᒥᒃ ᐃᓄᑐᖃᐅᓕᖅᑐᒥᒃ ᖃᐅᔨᒪᔭᖃᕈᒪ ᐱᒻᒪᓂᐅᒋᓇᔭᕈᑉᑯᓗ ᑖᓐᓇ ᐊᓐᓄᕌᒃᓴᖅᓯᕝᕕᒋᔪᖕᓇᖅᑕᕋ ᐊᓐᓄᕌᖓᓂᑦ ᑐᒃᓯᕋᕈᖕᓇᖅᑐᖓ. ᖃᐃᑦᑎᒃᐸᑦ ᐊᓐᓄᕌᕐᒥᓂᒃ ᐊᑭᓕᕆᐊᕐᔪᕆᐊᖃ'ᒥᒐᒪ. ᑕᐃᒪᓐᓇᐃᑑᓯᒪᕗᖓ ᒪᕐᕉᖕᓄᑦ ᐅᓇᓗ (ᐃᖑᑕᒥᓄᑦ ᑎᒃᑯᐊᖅᓱᓂ) ᑖᓐᓇ ᐊᓐᓄᕌᒃᓴᖅᓯᓚᐅᖅᓱᒍ ᐅᓕᑲᑦᑕᐅᑉ ᐊᓐᓄᕌᖓᓂᒃ ᑐᒃᓯᕋᖅᓱᖓ ᐅᕙᒻᓂᒃ. ᐃᖑᑕᕋᓗ ᑕᐃᒻᓇ ᐃᒃᐸᒃᓴᖅ ᑕᒫᓃᓚᐅᖅᑐᖅ ᓇᐅᔮᕐᒥᐅᑕᖅ ᖃᒃᓴᑦᑐᐊᖅᑕᐅᖅ ᐊᑖᑖ ᐊᓐᓄᕌᒃᓴᖅᓯᓚᐅᖅᓱᒍ. ᑕᕝᕙ ᑕᐃᒪᓐᓇᐃᓯᒪᕗᖓ ᒪᕐᕈᖕᓂᒃ ᐃᓄᖕᓄᑦ ᐃᖑᑕᒻᓄᑦ.

ᑕᒪᓕᒃ: ᐄ...ᐊᓐᓄᕌᖏᓐᓂ ᑐᒃᓯᕋᖅᓱᑏᑦ...?

ᐊᐅᐱᓛᕐᔪᒃ: ᐄ...ᑐᒃᓯᕋᖅᓱᖓ ᑐᒃᓯᕋᖅᕕᒋᔭᒃᑲ.

ᑕᒪᓕᒃ: ᓲᖁᓗ ᕿᐱᕆᓗᒍᓘᕝᕙ ᐊᓐᓄᕌᓇᓗᒍᓘᕝᕙ?

ᐊᐅᐱᓛᕐᔪᒃ: ᐊᓐᓄᕌᓪᓚᒃᑖᖕᒍᓗᓂ ᐅᕝᕙᓘᓐᓃᑦ ᒥᑭᔪᑯᓗᖕᒥᒃ ᐊᓐᓄᕋᑯᓗᐊᑕ ᐃᓚᖕᒐ ᐲᕐᓯᔪᖕᓇᕐᐸᑕ ᐲᕐᓯᒃᐸᑕ ᖃᓄᐃᒋᔭᐅᙱᖦᖢᓂ. ᐃᓗᐃᑦᑑᖁᕐᐸᒍᓗ ᖃᓄᐃᒋᔭᐅᙱᖦᖢᓂ ᐃᒪᓐᓇᐃᑦᑐᖅ. ᐊᑭᓕᐊᕐᔪᕆᐊᖅᑳ'ᒥᒐᑉᑯ...

ᑕᒪᓕᒃ: ᑮᓇᐅᔭᒥᒡᒎᓐᓃᑦ ᓂᕿᒥᒡᒎᓐᓃᑦ?

ᐊᐅᐱᓛᕐᔪᒃ: ᓱᓇᒥᑭᐊᖅ ᓱᓇᑐᐃᓐᓇᓪᓚᕆᖕᒥᒃ ᐊᑐᖅᑕᖕᒐᓂᒃ ᐊᑐᖅᓂᐊᖅᑕᖕᒐᓂᒃ...

ᑕᒪᓕᒃ: ᓈᒻᒪᒋᔭᖕᒐᓂᒃ ᓲᖁᓗ...

ᐊᐅᐱᓛᕐᔪᒃ: ᓈᒻᒪᒋᔭᖕᒐᓂ. ᓈᒻᒪᒋᔭᖕᒐᓂ ᐅᖅᑲᙱᒃᑲᓗᐊᖅᐸᑦ ᐊᐱᕆᙱᒃᑲᓗᐊᖅᓗᒍ ᐱᔫᑦᓗᐊᖅᑕᖕᒐᓂᒃ ᖃᐅᔨᒪᒍᒃᑎᒃ ᑐᓂᓇᔭᖅᑕᖕᒋᑦ. ᑕᐃᒪ ᐊᑖᑕᒐ ᐊᐱᕆᓕᓚᐅᖅᓯᒪᖕᒥᒐᑉᑯ ᓲᖅ ᐊᑭᓕᕆᐊᖃᖅᐸ? ᐊᑭᓕᖅᓯᒪᙱᒃᑯᓂᒎᖅ ᐊᓐᓄᕌᖅ ᐃᓕᕋᓱᒃᑯᓂ ᓴᙲᓗᐊᕋᔭ'ᒥ'ᒪᑦ. ᑐᑭᖅᑲᑦᑎᐊᖅᑎ'ᒥᔮ. ᐅᒃᐱᕆᔭᕋ.

ᑕᒪᓕᒃ: ᐄ...

ᐊᐅᐱᓛᕐᔪᒃ: ᑭᓯᐊᓂᒎᖅ ᐊᑭᓕᖅᓗᒍ ᖁᔭᓂᐊᕋᒥ ᐊᓐᓄᕌᖅ ᑖᒻᓇ ᐊᓐᓄᕌᑐᐃᓐᓇᕈᓗᒃ ᓴᙱᓂᖃᖅᓂᐊ'ᒪᑦ. ᑕᒪᔾᔮᓗᐃᑦ ᐱᒻᒪᕆᐊᓘᒐᓗᐃᑦ ᒪᑯᐊ ᐃᓛᒃ...

ᑕᒪᓕᒃ: ᐄᓛᒃ...

ᐊᐅᐱᓛᕐᔪᒃ: ᖃᐅᔨᒪᔪᐊᓗᐃᑦ ᑕᒪᔾᔭ ᐅᕙᒻᓂᑦ ᖃᐅᔨᒪᓂᖅᓴᐃᑦ ᑕᖅᑲᒪ ᐃᓄᐃᑦ ᐃᓚᖕᒋᑦ ᐅᖅᑲᙱᑐᐃᓐᓇᖅᑐᑦ ᐅᕙᒻᓂᑦ ᖃᐅᔨᒪᓂᖅᓵᓗᐃᑦ ᑕᑦᖃᒐᐅ'ᒪᑦᑕ ᓇᓗᓇᙱᑦᑐᖅ. ᐅᕙᖓᓕ ᓯᓚᐃᑦᑑᒐᒪ ᖃᐅᔨᒪᓂᑐᐊᑯᓗᒃᑲ ᐅᖃᐅᓯᑎᓇᓱᒃᑲᑦᑕᖃᒃᑭᑦ. ᖃᐅᔨᒪᓂᑐᐊᑯᓗᒃᑲ ᐊᑐᖅᖢᒋᑦ...

ᑕᒪᓕᒃ: ᐄ....

(ᓂᐸᐃᕌᕐᔪᓚᐅᖅᑳᖅᓗᓂ...)

ᓴᖅᑭᑎᑦᑎᒐᕕᑦ ᑕᐃᑉᓱᒪᓂᒥᑦ ᓲᖁᓗ ᖁᔭᓈᖅᑕᐅᓚᐅᖅᑐᓂᒃ ᑐᓴᐅᒪᙱᑉᐸᑕ ᑕᐃᒪ ᐊᑐᖅᓯᒪᓂᒃᑯᑦ ᑕᑯᓯᒪᓂᒃᑯᑦ ᖃᐅᔨᒪᔾᔫᙱᑦᑎᐊᖅᖢᑎᒃ ᑕᑯᔭᒃᓴᖃᖅᕕᖕᒥ ᑕᑯᒐᔭᖅᑐᐊᖅᖢᑎᒃ

ᐃᒃᐱᕆᓗᐊᖖᕆᓗᕆᑦ...

ᐊᐅᐱᓛᕐᔪᒃ: ᐄ...

ᑕᒪᓕᒃ: ᐃᓕᖕᓂᑦ ᐃᒃᐱᕆᑎᑕᐅᑦᑎᐊᖅᓯᒪᖕᒪᑕ ᐊᒥᓱᖕᕆᑦ...

ᐊᐅᐱᓛᕐᔪᒃ: ᐄ...

ᑕᒪᓕᒃ: ᑖᒻᓇ ᖃᐅᔨᒪᑦᑎᐊᖅᑕᖁ...ᐃᓄᐃᑦᓗ ᖃᑉᓗᓈᑦᓗ ᐃᖅᑭᓛᑦᓗ ᑕᒪᓗᒃᑖᑦ ᑖᑉᑯᐊᑦ...ᐃᓄᑐᖅᑲᐃᑦ ᒪᒃᑯᒃᑐᑦ ᓄᑕᖅᑲᑦ. ᐃᑲᔫᑎᓛᑦ.

ᐊᐅᐱᓛᕐᔪᒃ: ᐄ...

ᑕᒪᓕᒃ: ᐃᑲᔫᑎᖃᖅᒪᑕ. ᐃᑲᔪᖁᕕᑦ ᑕᐃᒃᑯᐊ ᓂᑉᓕᐊᖖᕆᑉᐸᑕ ᓲᕐᓗ ᐃᓛᒃ ᐃᑲᔪᕈᖕᓇᖁᓗᐊᖅᓱᑎᒃ ᓂᑉᓕᐊᖖᕆ’ᒪᑖ...

ᐊᐅᐱᓛᕐᔪᒃ: ᐄ...

(ᑕᒡᕙ ᐃᓱᐊ)

English Interview Transcripts

MAY 15, 2010

(*length of segment: 9:29 minutes*)

Tamalik: It is running now.

Aupilarjuk: I want to say a few things now. I have mentioned these things in the past when we were at meetings together with the Department of Education in Arviat. I think I have something to add to the thoughts I have previously offered on education, but this relates to an approach to education in general. I am aware that the ideas may not be applied directly, but I offer some thoughts for their consideration. Through my recorded voice I wanted to give the people working in education more to think about. I am going to speak from a personal perspective first. This is how I will lay out the information.

We were never large numbers of people living together back then. A community would consist of a collective of relatives. If people did not have many relations, if we happened to be very few in number, we would be living together in a small group. This was how it was all through the summer and all through the winter. Now I will speak of my parents, my mother and my father. Their names were familiar to people everywhere; they were very well known. My father was Hiutinnuaq and my mother was Kumakhiut—this is what they were called by the people. The eldest of my sisters was named Qiqut and she is no longer alive. She is next in age to me. Next to her was our brother called Uqsukittuq and he is also no longer alive now. Next to him is a girl, my sister, who currently resides in Iqaluit and her name is Puupupuuq, although she has other names that she also goes by.[1] Then there is my younger brother named Kakiarniut and we two are the only living [brothers].[2] We also had one other younger brother—younger to both Kakiarniut and myself—and named Nanurluk, but he is no longer alive. The youngest of our family is my sister named Tijittiaq and she is alive. This was our family group, and we were living on our own on the land where there were no other people. It was fine. It did not seem to be problematic as long as we were not hungry. This was the way it was for us back then.

I meant to say something else before this part—I seem to have jumped ahead. I was talking about a time when my younger siblings were all still alive, and so I am going to back up further to explain something from this time. As I came into this world and started to notice many things, as I became aware, my father was a very strong guide for my character. And yet, I was not aware how much influence he had on me over the years. This idea that I am about to explain is something I very much want to see used as a conceptual foundation. I share these ideas with the intention that they are understood as a base. I see them personally as an appropriate foundation. Of course there are other ideas to be considered, too. And so, my father strived to train me toward *ilaqattiarniq* [being relatives in a healthy way], *nukaqattiarniq* [role modelling respectful/responsible behaviour to younger siblings], and he expected me to help them. He'd counsel me, saying not to be in conflict with them as eventually they will be my support in times of need. I should not be angry with them and regard them fondly instead. I should help without reserve so they will grow to help me more and more. This is something he worked with me to understand clearly, and so it was that my father educated me. Now it seems we are not using this approach any longer, but this is my own foundation from my father. And so, once he established this outlook for me, next in the progression of lessons he began to teach me about the right way to be with a wife. I did not know about having a wife nor had I ever had a thought about it at the time he spoke to me about it. Yet long after that time, I began to understand the reasoning. I realize now that he was making a foundation for me, creating a future foundation. If I am in good relation to my wife, she will help me well, and I will be her helper, and my younger siblings will be helpful. We will all be united and thereby be in a stronger position. Later on in life, I began to understand this. This is the way we were, so it was. But nowadays it is not like that anymore as the children are brought up to maturity only in the schools. The Inuk way I have described is well known to older people; they are well familiar with it based on their experience. If it was to be used again, our school-aged children would be more unified, more harmonious, and more successful. From there, they will be more reticent to try things that they should not, and more likely to turn toward the things that are good for them. I feel that this will be the effect of this kind of approach because it was so for us when *ilagiittiarniq* [strong family foundations] was taught and spoken about by our parents as we grew to maturity. It was so for me personally, and looking back, I have noticed these things that I speak about. Sometime down the road when I was able to hunt, but I didn't know everything yet, and when I couldn't sleep over yet, but I could catch hares and ground squirrels and ptarmigans, [my father] would tell me things about various dangers, precautions, and hunting practices. Still, I was not aware that he was educating me. Yet it was to prepare me, yes, for when I was able to go farther away, and he trained me for that future experience. And so it was like that, and by and by I was able to go farther away and he would point out things that were dangerous. He taught me about the ways to approach different animals such as seals and caribou. He advised me how to handle aggression in animals—all the things I needed for my training were brought into my awareness through his words. And still, I did not know the full extent that those words were my training. I never forgot a word—they would always come to memory when I would catch an animal. His words would be more vivid, and very recognizable in one aspect or another. This is how we were. And so in the progression of my training, once these first lessons were established, close behind was the subject of having a wife. I had no thoughts of having a wife at the time that he would occasionally mention some aspect of marriage. I did not give it much thought, as I was young and had no thoughts about having a wife. And yet, here was another example of how his logic made sense to me later. When I was capable of going out hunting on my own and I knew well all the dangers and precautions, and even in a raging blizzard I was sure not to get lost; when I was able to hunt and provide, my father could see that I was ready to have a wife for a helper and partner in life. He apparently knew all along what his strategy was, and I did not see it. Only long after it all I looked back and understood. He had assessed that I was ready to have a woman helper in my life because I was able to hunt far away and sleep overnight. This I could only see in retrospect. And so, I want these things that I have spoken about to be incorporated into the school system. They should be written out. They are very accessible and can be learned easily. They are good. They are not subversive. They are good. They are applicable to life, even if some aspects are not applied. So there it is: this is what I am trying to convey. I have brought this up before when we would meet in Arviat. Now I am adding to what I have said before through this narrative. I will continue on in a minute.

Tamalik: Yes...

(*camera off, then on again after a break*)

(*length of segment: 5:12 minutes*)

Aupilarjuk: Now I would like to add more to my narrative. It comes directly from my experience, by way of my father, and through me. I am recording this so that I can share it with others.

And so at some point, my father started to suggest I take a wife. He was not urging me to hurry, but he indicated that he felt I was ready. He told me clearly in a way that was understandable to me and I did not feel embarrassed at the suggestion. At that time, I did not think about having a wife, but I realize now that having a wife would mean having children and my wife would be the foundation for all of that. She was to be my good and well-fitted foundation for my life. I was not to look elsewhere so that we would bring up our family well from our home together. I realized later that my wife and children were to come and be the centre of my life. And so [my father's] words made sense to me later on, that my wife would be the first priority as long as we are alive. Today I still view her as the basis of my life, even though she has been consistently ailing of late. I long for her; I love her. This is how I am. So I was trained through his counsel although I was not aware that I was being trained.

He also gave instructions of all kinds—for example, food preparation and looking out for people who are in need by giving them something. These various teachings, although they came later in the process of my education, were brought out gradually in my training. My father told me to give to those in need. He also said not to use animals in jest in any way, because he said animals can hear everything. He told me this in a way in order to build fear in me. He told me many things about how to treat animals. They hear everything so I must never tease them in any way. He would say that and that they are only for food. My father was my guide in all these matters. He'd also say if a person had a grudge against me I should never try and fight back. That is what he told me. I should act agreeable and focus instead on looking after my own affairs. This is how he insisted I was to act. This is another example of how I did not understand his rationale at the time. It was after, long after, that I began to understand why he told me these things. My father has not been too long passed on, but his words do come up to me at times still, for example, when something sudden happens in the communities. [His words] are not lost still.

On the other hand, my mother's words are few. They are much fewer than my father's words. My father was my stern educator for

every aspect of life. And now, as I review the words he spoke to me, I remember them, I recall them. They have not a hint of deceit in them, not a single word. This is how it is. So this is what I wanted to add to make the point that a foundational way of viewing [education] is to understand the essential relationships between husband and wife, of having and caring for children, of being relatives together in a healthy way, and of having enough provisions for life, including fiscal management. I do not want these themes to be separated because we could be in trouble sometime along the way. If we do run into material struggles, but we are relatives to each other in a good way, and we are united in our approach, we will be that much more able to cope. This is how I envision this working. Don't get me wrong, I do not wish trouble to happen. I only imagine that if it was possible, that if it did happen, that it would help us in those circumstances. I have tried to convey the message that now that we have Nunavut, now that we have achieved Nunavut, we need to understand how healthy family relations and a network of mutual support are going to bring the strength in gradually. This is how I imagine it. If we are divided and we are in conflict with one another, we will be less capable, as I see it in my mind's eye. Well, it's what I have thought, yes...it is probably true.
Tamalik: Yes...(*camera off for a while, then on again*)
(*length of segment: 37:19 minutes*)
Aupilarjuk: In our family, our brothers and sisters were nine all together. We lived together on the land in our *iglu* and the girls were: Qiqut, Puupupuuq, and Tijittiaq. Those were the girls. They all got husbands based on my father's and mother's wishes for a specific person. We all got wives based on their wishes, too. It was never of our own accord. This was our firm foundation—our parents—and because this was the basis of life, our only response was to agree. This is how we are. We were obliged to take a wife or husband according to their directions. Myself and all my sisters were like this. If this idea were to return nowadays it would do no harm. However, I do not know whether it will ever return. We are different now as we use

qablunaaq [white person] ways and customs, too, in some ways and it appears as though we will continue to use them into the future. This is quite evident. This is my life as it is now. And so it was back in the day that we lived as an isolated family on the land on our own that we did encounter great health challenges at times. We did not have medical practitioners or any kind of [manufactured] medicine. We would think about what to do, trying to figure out a solution, and my mother and my father would suggest to us that perhaps we did something we were not supposed to do. We were scrutinized for wrongdoings by our parents—but not by the naked eye. They searched by using a ritual called *qilaniq*.[3] Using this method they seemed to really identify the reasons. If you do not see it for yourself, it is like blind faith. But because I experienced them to be accurate, I began to believe them. I am not entirely positive but it seems that they were generally accurate and people would recover from certain kinds of sickness using that approach. This is how we lived, as we were often alone and travelling here and there to try and survive. My father always moved around so he could catch enough meat. When the season passed, he would go to where the fish were, and try to get caribou, and then to the sealing places. This is how he was. This was the way it used to be for us. That was a very good life we had—us younger ones, the next generation to them, left that way entirely and in fact we are not able to return. This is how we had been. My father is buried afar in a place where there are no people, and my mother is buried in a place with no people—they are alone out there. They are there because we were nomadic. Had we been associated with town life then perhaps they would have been buried in the town area. This is how we are. And so, as we look first for a foundation, even if my words are not followed, someone will find a primary foundation to create from. Not through me, not from me. Someone can find something to use for we do need to think in terms of a conceptual foundation. We need to acquire one. For if we do not have a foundation first and we just proceed of our own accord we will no doubt come across recurring unhappy circumstances. This is how

I think it will turn out. How we should think about it is from a high place, from a conceptually elevated position. It is as if I go up to an elevated place and think from that position. If I am not elevated, then my thinking will just be normal thoughts. Even if I am not high up but if I just think about the idea of viewing from an elevated place, I will gradually start receiving inspiring thoughts of all kinds. This is what I use to ponder my options. And of children—we need to be good foundations for them as the parents. Within our homes—for example, as mothers with our children—we need to be the foundation for their lives. This idea I know is somewhat hard to implement as Inuit are now gathered into crowded communities and people are bombarded with so many distractions and temptations from the qablunaaq way. Even with this situation, we can use this thinking strategy of creating a vantage point from which to view all things and assess whether they are appropriate or not. From an elevated position we need to search and review and assess "What is this?" and "What will it produce?" We will recognize the answers in our mind's eye. I have promoted this practice to others and I have tried to practise it myself but with some degree of failure. And in the background there are all the words spoken by my mother and my father, words of caution, words about self-restraint. I did not understand those words at first. Gradually though, afterwards, they began to make sense, especially when you transgress a prohibition, the reason for the warning comes so loud and clear. So there you have it, my poor parents—that was their situation. There were no boats back then or much of anything. We had harpoons and fish, spears, and bows and arrows. They didn't use the bow and arrow for hunting caribou but rather for catching ptarmigan because we had so little means. It was fine though. It was always a happy life. This is how we were. My father got us to use the *kakivak* [fish spear] and *pitiksit* [bow and arrow] and *unaaq* [harpoon] because he did not have a *qajaq* [kayak]. I witnessed how he had nothing because there was no wood available to use. This is how we were back then. Yet we were brought up well by our parents. Though my father went through very hard times, he had a firm foundation in his wife and they were partners in it and she supported him through it. I believe this was his strength. If he did not have a supportive partner, if he did not have a good foundation, he would have gotten frustrated and lost his temper. This is how he would have been. And yet now this is how people are—frustration and violence is evident because they do not have a firm foundation in place. We have to assess this carefully. What is this? Which way around do I need to go? We can recognize this in our mind's eye. And our school-aged children do not want to learn, perhaps from having used things they should not have. I'm not sure—I cannot speak to that. I can only guess that it is due to that. They are drawn to the thing that is fun and desirable and that is the strength they come to depend on. If they have a good foundation they could recognize what is good for them and what is not, and would not make the kinds of choices they do now. This is how I think about these things. Learning new things is a very positive experience. It is very difficult, too, and can be very tiring, and yet it benefits one's life so greatly. It is aimed at supporting one's future and contributes to self-reliance. This is what I feel about education.

I was an advisor at meetings for the Department of Education over a period of some years and I would go to Arviat for gatherings. You yourself would come to the meetings in Rankin Inlet. So it was. And all through this process I have spoken out about how a wife must be the foundation, and I take it that they believe it, but I perceive that what I am saying does not get the full attention it requires. And yet, perhaps, they are inching slowly toward understanding and recognizing it. This is my situation. As it is not fully appreciated, I wonder, "Is it an undesirable position that is coming from my words?" The way I see it from my own experience is that if I was not good to my wife I would be angry and violent and get myself into all kinds of mischief through my frustration. This is how I would be—I know this well. Because I don't want others to be like that, I say that a wife needs to be understood as a foundation, along with our children in our homes, and in this way we will have a lot of strength. As I think about these things and speak out, I know that on some level they already exist in practice and that the *qablunaat* [white people] have a system no doubt that is consistent with these thoughts, although perhaps it's just that I cannot see that myself. And so, as I speak up with these ideas, what was I going to say about that now…? I have lost my train of thought. (*pause*) Oh, it's like this: this is what I think about often. The qablunaat have *maligait* [laws, principles, injunctions, spiritual teachings, "what to follow"]. Although they are qablunaat, they have maligait, too. Undoubtedly, some are very good, indeed; it is just that I do not know about them. And Inuit have maligait that are also very good, indeed, and are also real maligait. If we could only recognize both streams of maligait we could draw from what is appropriate of them for various circumstances. If one was looking at one system, say the Inuk way, but it did not fit a certain situation we would then draw upon the qablunaaq way if we know that system well. This is how we could be. This is what I reflect upon constantly. If both ways were brought together we would possibly have more strength. If we were to use the Inuk way exclusively and not use any of the qablunaaq way, there would not be any cause for concern; however, if we do not use the Inuk maligait at all we end up running into the qablunaaq ways in certain circumstances so this also requires that we are well versed in what those maligait are. This is what I think about a lot.

I am lost for things to say right now. If I am asked questions, I will be able to answer them. If I don't have an answer, then I will obviously not be able to answer you.

Tamalik: Can you talk about the *ilagiittiarusiit* [guidelines for having good family relationships] and also that of *nuliariittiarusiit* [having good marriage relationships]? What were the maligait for healthy family and marital relations?

Aupilarjuk: Yes, I can speak on that. My father's first oral injunctions related to being in strong and healthy relationships with our younger siblings. As I mentioned previously, it is through being a good role model to younger siblings that they grow up to be helpful to you. This is how he would tell me it would be. And well after that time but before I was even thinking about having a wife, he would counsel me on how to be good to a wife. I didn't understand fully what he was saying at all. It was later on that I understood him. He'd say with a strong family system I will always have help from my family if I came upon misfortune. If my family does not remember me with any negative associations, if I never gave them anything bad, no cause for retaliation or anger, then their feelings of love and bonding will always be expressed toward me when I am no longer able-bodied. That's the true meaning of *ilagiittiarniq*. And he'd speak about *nuliariittiarniq* [strong, healthy marital relations]. My father never said that a wife should be a foundation—this notion of wife as *tunngavik* [the basis] for my life is my own idea. He instructed me that I would never stray from the wife I would have. I should never look to be with other women than my wife. If I ever get angry with my wife, we would not be able to live in unity. That is what he told me and I believe this truly. And so this is how it is. This is what I have to say about that part.

Tamalik: I wonder what the women were told of how to be with their husbands? How were they instructed so as to be in harmony?

Aupilarjuk: I have heard some things about it but I do not know everything about it because I am not a woman. What I do think I know well is a man's experience, although not in its entirety. I know that women were instructed on this and I remember hearing my mother-in-law, my wife's mother, speaking to her. She said she should listen to what her husband says, that she should listen to me. And also she said that if there is ever an unfortunate situation where her husband mistreats her she should not speak about this to her husband's relatives because there would surely be retaliation between the relatives and it would cause families to be divided. Some of the information can be distorted or even a downright lie can be spread and thought of as true if [the listeners] do not know for themselves. This is what I heard from my wife that women were told about. Also, if they become aware of bad words or if they hear them, they are to abstain from repeating them to their relatives or elsewhere because this can become the cause of conflict. And if the partner is a woman, then she must be really helpful to her husband and listen to him. This is what the women were told to be like. However, both my wife over there, and I myself were in fact instructed identically. I was told by my father to be helpful to my wife in her chores. I was told that women can become tired with a lot of chores. He was very insistent in this instruction and I am following his injunction by helping her in every way in the house. What causes couples to split up is a partner straying. This is the cause for marital discord everywhere, whether Inuk or qablunaaq, but of course it does not apply to animals.

Tamalik: A couple of days ago you had spoken about three aspects that work together—*inuuqatigiingniq* [being people together], *inuusiq* [life, personal character], and the third concept, [which is not so readily named but is summed up as] *pijjutiksaqarniq* [having provisions for life], *kiinajaqarniq* [making money], *niqiqattiarniq* [having meat/food, having plenty to eat]. Can you explain inuusiq to me?

Aupilarjuk: Yes, I think about *inuusiqattiarniq* [having good inuusiq]. Yes, inuusiqattiarniq is not easily attained. This I know, we are very fragile. We see things and have thoughts and desires. These are the three aspects of our makeup—you are made up like that, and I am, and all of my counterparts. We have these aspects, but we are not conscious of them. We see things, we have desires and thoughts. When these aspects work in combination they are very formidable, indeed, because now I must obtain the object that I resisted. And in attaining it, I embark on an unhappy path, one that I would look back on in retrospect and exclaim regret over. This can cause families to break apart, once a relative finds out—we will be held in contempt and not thought of positively. This is what this tendency can lead to as inuusiq is very difficult to maintain. This I know. Even though you know what is the right way, it can be extremely hard to apply. I believe I developed this philosophy through direct experience. It is good to do right and move forward as it is so delicate a balance. I can only speak from personal experience as when my wife and I first got together I could see all kinds of distracting temptations. I would think about them and this challenge was always present, but I did not give in to any urges. Now that I am an elderly man I know for sure that I will not ever lose out to these challenges. This is due to a faithful path throughout adversity. This is what I can say from my own experience. I was rooted in a strong belief in myself. If I had strayed and followed my desire, my wife would have had such unhappy thoughts when she found out and she would have lashed out in anger and this is a very dangerous state. This is what I can say using my personal experience of it.

I do not believe that an understanding of these realities is applied within the education system. Some of these things that I am saying can form the basis for creating a good future, if we can work to understand how they apply. If we are only going to take what is easy to accept—the lighthearted and playful—and apply it, then we will never move toward true understanding.

I know this from a particular experience I had. I'm not sure how many we were in our family, but we brothers were only men together for a total of three years. We had many small children. This was our situation: We had absolutely no help in our home from a woman. Here we were trying to hold it together as brothers and raise our children. We did so without experiencing hunger because I am a hunter. However, it was hard for clothing because I cannot sew. That was the hard part. When I turn my gaze to look back to this three-year period in my mind's eye when my wife was away in a hospital, I know that we went through that hardship in the right way. We did not seek to drag up unhappiness at the time or when our wives returned home. This is how we were. If we did not uphold the correct attitude then there would be suffering that would have emerged from this situation. It is from this experience that I concluded that the wife must be the foundation for life. As women they are very wise to the situations in community life, and they exceed us in awareness of the details of community dynamics. For us as hunters, we are not always in the community as we are out and about seeking out wildlife and we know well the hazards of the environment—only because we have experienced it directly, mind you...This is how we are.

Tamalik: Those rocks of yours have a lot of teachings for dealing with inuusiq, yes? They are a useful way [to discuss this theme]...

Aupilarjuk: This is something I think about a lot. I think that those that are in the early stages of childhood education should learn the lessons associated with inuusiq first and foremost. For example, "You will have this or that kind of life if you do this." And, "If you do this undesirable thing what kind of inuusiq will you have?" These are the important first lessons that need to be understood most clearly. It is also very difficult to properly understand the lessons—at least it was for me, when I was a young person—and yet, as I look back, the lesson is quite clear. When something suddenly happens at the community level, those old words of our parents re-emerge clearly.

[The children's] inuusiq needs to have a firm foundation, as there are many and diverse temptations that qablunaat come in contact with and are actively exploring. And if they have a good foundation first and then they experience these influences, they will have the means to navigate through the dangers in their lives. This is how I think about them. We ourselves were not educated in a school and—to use myself as an example—whenever I would go away somewhere, to Ottawa or another far place, I came to the realization that I would come upon death very quickly if I was on my own there. I may get lost, or fall down. Anything could happen and I would die because I was not aware and I had not learned how to be. Nowadays in Inuit land, if there was a horrendous blizzard or I went through some extreme danger, if I am properly educated, I would stay alive. I came to understand the content of a good education through a reflection of my own life's path. Yes, our children require a formal education...(*long reflective pause*). Once in a while I mention this to Inuit. I also used to be visited often by qablunaat before I became frail. They would come with all kinds of questions and they would want to hear what I had to say. I would say to them—if they had never gone to the Inuit homeland before—I'd say, "If you were in Inuit homeland and were away on the land and you got lost, you would simply perish!" I would even exhort them to get a real Inuk education beforehand. I had a strong sense that this person [I spoke with] was already highly knowledgeable in general. What I know, though, is that we need to have a strong education in both systems together: the Inuk way and the qablunaaq way. Without a qablunaaq education, it is very difficult to try and grasp what qablunaat ways are.

Tamalik: So there is *inuusiliriniq* [principles of inuusiq], and you put that first, and then is it that once they have a good foundation for inuusiq then *inuuqatigiittiarniq* [communal function and well-being] follows more eas—

Aupilarjuk: Yes! Living together harmoniously becomes easier when we have good inuusiq...

Tamalik: And then as they are *inuuqatigiittiaqtut* [a healthy collectivity], the acquisition of provisions for life is easier in turn...?

Aupilarjuk: It would make it easier for sure.

Tamalik: And that concept follows as a third one...?

Aupilarjuk: Yes. Everything follows if we have good inuusiq. Our body's needs, food, anything that we need can be more easily protected and managed, even money—anything! And if our relative is in need, we will be in a better position to assist them. If we do not have good inuusiq, we will squander our resources more quickly. This is how I view it. I know for sure that inuusiq is very hard to apply. Therefore, it has to be the first lesson they receive...in the school, that is. Yet, I do not know how they teach first lessons in the school system—I am pretty ignorant as to how they start them off.

Tamalik: How would/should they be?

Aupilarjuk: Pardon?

Tamalik: How would they be back when there was no school and you were growing up? What did you do, for example?

Aupilarjuk: My generation did not experience any formal education—I didn't really give any thought to what we experienced instead. The only thing I was aware of was that as long as I was not hungry or sick [all was well]—and that is all I was aware of. But for me, I already understood what behaviours lead to unhappiness, and some I would religiously avoid, in the manner I was trained. This is how I strived to be. And even with avoiding most temptations, some were very hard to contend with. Desire, seeing and thinking...those are there inside of us. This is not an external influence; it is within us, in our makeup of seeing/desiring/thinking.

Tamalik: If children were to see others with good inuusiq, they would acquire thoughts about having a good inuusiq and then have desires for themselves to have good inuusiq, yes?

Aupilarjuk: Yes. It is quite difficult. This I think I know a little bit. There are so very many temptations to be drawn toward and they are everywhere. Yet even with that situation, if a child has an inner sense of listening to their parents they will gradually and naturally become very clearly aware of what is dangerous and what is not harmful. I get the sense that it is now a free-for-all everywhere for children and they get into things with other children without their realizing it. When they are children they do not even sense that something they do will bring them grief as there is only the sense of what would be fun to do. This is very dangerous and we older generations do not have a means to supervise all of this effectively.

Tamalik: What do you think about pijjutiksaqarniq, *kiinaujaqarniq* [having money], and niqiqattiarniq [all together the notion of livelihood in the whole sense]?

Aupilarjuk: As we try to apply these things, they are also difficult to achieve. I know this from personal experience as I have tried to apply them myself and I have made it to this moment by always supplying my own means. But, for example, working...hmm, how to explain it? I was able to support myself through making carvings. If we were to apply the principles of having enough food and money—and we know that we always depend on money for certain things, and this is the way of the future—if one is not vigilant with their funds, they can run out just like it is with food. They can have an abundance at one time and then [the money] can disappear due to some things that are expensive. The money for life's provisions gets spent on—I can say this because I do not do this—card games and bingo and other such vices that we have that take all our money. And the money that was for getting some food would then be all gone. This is what I think happens. If I used them myself, I do not think I would do that. I want to have them to use and so I don't use them up. I see this clearly that the money is going to bingo, card games, and various such things, things to make people excited, and used for alcohol and other things, and in this way the money is depleted. You feel love for your relatives that do not have money and yet helping them becomes impossible. I have talked about the issues of money at more than one venue. I have called for the youth to be taught how money can be made to grow. This is what I want them to be made to understand, because it is fact now that we depend on money for most of our survival these days. This is what I can say about this and this reflection is my own thinking…They need to know how to avoid getting into debt as it can get so cumbersome that you never catch up to it, and when you don't have an income that debt just continues to grow bigger.

Tamalik: When they didn't have much money available and they were more in the meat economy, how was it that they made the meat last for the winter?

Aupilarjuk: You mean how were they not all eaten up?

Tamalik: I mean, how were they rationed?

Aupilarjuk: Well, it was through constant vigilance and awareness of the need for conservation because when the animals were hard to catch they really had to conserve for fear of hunger. When there were animals available, I'm not sure whether they really conserved or not. When animals became hard to find despite their very best efforts, that is when meat rations were very carefully monitored and they were so very careful not to use up what they had. We were expected to make good amounts of stores in the drying weather—for example, dried fish and dried meat—for us to have to eat in the winter. This was my first way of knowing. My parents would make dried meat and dried fish and when they were dry to the point of not going bad we would cache them under rocks for our winter's food supply; this was their way. They were not the only ones with this practice, it was the practice of all the ancestors; all of them did this. And then in the summer when the char were migrating up the river and the people were catching fish in stone weirs when the fish were plenty. Then the fish were carefully gutted, and some were prepared for winter storage and for food for their dog teams. For this purpose, the stone caches were used to store the fish. The guts needed to be removed because they will cause the fish to go bad easier if they are left in. There were different techniques, like *siriaqtaq* [fillets with bones removed, very lightly dried surface, moist inside] and *ku'jaqtitaq* [fish gutted and heads removed, hung by a hole in the tail to partially dry] and *nallaqtaq* [fillets laid on gravel or rock, skin side up, partially dried for stacking in cold storage] and *pipsi* [dried fillets attached by tail, hung to dry]. They had so many ways of preparing for storage.

Tamalik: You say nallaqtaq?

Aupilarjuk: That was when you would put them in storage before they were dry, so these ones called nallaqtaq were moist and cached quickly.

(*camera off for a while*)

(*length of segment: 11:33 minutes*)

Tamalik: It is on...

Aupilarjuk: It is only with being questioned that I feel more comfortable. We will always have some aspect of the question that we cannot answer, even with a question format, but to the extent that we can answer, we always try and give it what we can.

Tamalik: Yes...perhaps then, as you had expressed something of your thoughts before on growing up on meat, and having no money around, and though there was a trading post, money was not used much, or even at all, when you were a child. Yet, you know about money, and manage it well and save it and use it prudently, like you would meat...I am wondering if you could say a few short words about that...It was so fascinating when you spoke about it previously...

Aupilarjuk: We came into conscious awareness when there was no money at all and we never used it. Yet there was a trading post when I was aware; however, there were wooden tokens that were used in place of money. They were crafted of wood. This is what was in circulation when I became aware as a child. There were not any "one dollars" or "two dollars." And so it happened to be the way it was back then.

Tamalik: So they just had symbolic pieces of wood?

Aupilarjuk: Yes. This is what was my first encounter with currency. But later on, there appears what I think was worth two dollars. They were tokens with metal rims and paper centres. They were used by the traders at the post. I think they were two dollars—somehow I have that impression. Then after that I seem to recall that they got bigger (or maybe greater in value?). However, because I didn't know about them I cannot say for sure what I had observed from afar. This is how it was in my experience. And then I started to get some work. Whenever someone came along and told me to work at different things—for example, when qablunaat were going somewhere and I was told to help—I often just said yes. The very first job that I got was with the people that were said to be map makers (geographers?). They made and managed maps and I would carry their belongings by dog sled, but it occurs to me that I never received any money for this. Yet it became apparent that I did have some funds in the trading post and they would always let me buy a few small items once in a while. If I did get money from them, it was never told to me how much I received. If this were in today's reality, it would have been quite a lot of money for sure. But some of the traders had a certain kind of system back then. And through the map makers or the—No, I do not think they were map makers per se. They were called the *yoo-lai* [DEW Line].

As they had appeared on the scene I worked for them for an entire winter and stayed up all through the night without sleep as I fuelled their vehicles. This was how it was for me. Again, in today's value, this would have commanded quite a pile of money. Yet I only knew the token system and had never seen money before. Yet quite a while later when I was working for the priests for a long time, when the priests were set up in Repulse Bay, for one of our old priests, one of the last ones, I would do duties according to his bidding. One day when there was to be a day off the next day and I planned to check my fox traps, I told him, "I want to put some kerosene on my credit if that could be permitted, as I have some travelling to do tomorrow...." Then he responded to my request by saying there was no need to get it on credit as I already had money for which to pay for it with. It was from this point on that I then began to carry money in my pocket. This is what I experienced. Before this point I had not had any regular work and therefore I had never had the opportunity to see any real money. This is how I was. If back then was in today's terms I would have asked for money, but because I didn't know any better I simply agreed to do things. And so it was that I experienced this. And just like one would do for meat, I would try and make them last longer and not disappear. It was only a small amount of money; it was only ever a small amount. It was hard to get a large sum at any point. The traders just followed the rules they had. I don't believe that we were victims of crime; it's just that they were abiding by the rules of their own system.

Tamalik: Today with meat, having meat and being able to hunt and making money, you put these two together. This idea makes a lot of sense because today if someone did not have any money they could not get a Ski-Doo and could not even sustain a dog team without money to afford to feed the team. So it makes sense to say that the money system and hunting are two systems that are now conjoined. You mentioned that schoolchildren should have a foundation in which they learn all the skills of being in their environment, and in which they are supported to gain ever-increasing competencies in that sense, as well as a good basis for understanding finances.... You talked about these things before. What do you think...I mean, how...

Aupilarjuk: That is how I think of it. I think of it a lot in a way, although I am likely misguided in some ways as I do not really understand everything about money, but I do think about this all the time. I believe strongly that financial planning very much needs to be part of the curriculum. Money can so easily disappear even when someone is trying so hard to use it wisely. It is like the money gets grabbed away from us by some inappropriate uses and we just give it over! We have to think about not squandering money that needs to be better used for my own or my relative's essentials. We need to do this because even though we have relatives next door, they will not be giving us money, for example, for a snowmobile, or equipment, or a boat. We need to work hard for our own means, and save our own money. It is the same with meat, as no one is going to supply us with a source of meat. If our meat is good, we need to ration it carefully. This is the way to be. I have urged educators to teach students about money management, so they can have a good supply of money and be vigilant with their...well, to not be drawn to those things that will cause their money to disappear, not to be swayed by them because the money can go away fast and be very hard to find sources to acquire it again. This is the way it is now and it is very disturbing. I can tell you this based on my own life. I am not able to make any money anymore by doing my usual carvings, and so my only means is the meagre Old Age Pension. This is my situation. And yet, I try each time not to use it up on any inappropriate expenditures whatsoever. This is a principle I adhere to. I also try not to acquire any debt. These take such a long time to pay off when one does not have employment income and is not making money. These things like lights and telephones and other pesky services are climbing in their rates. And then there are all the various other things we use [money for] amongst ourselves. And if I do not pay the bill because I am not making money then when the bill comes again it will be that much bigger. This is something of a great concern that I have: How can we save and manage our money effectively? This needs to be part of the school curriculum. How can we make the money last, and what are appropriate expenditures? These need to be taught.

There will be more things to emerge in the future from the qablunaat system, both in terms of new expenses and other influences. Perhaps in the future there will be a time when we have to pay for our own medications. Some time in the future when, if we need them, the only way to acquire them could be through purchasing them ourselves. I imagine that this could be so, though hopefully not. We depend on transportation by airplanes and they are getting really expensive now. Food is also increasing in cost.

MAY 16, 2010

(*length of segment: 21:41 minutes*)

Tamalik: It is ready now...

Aupilarjuk: I am going to try and say a few more things. I will use my own experiences as a reference point, just from my experience. It won't be to say that this is what should be emulated, as it will not be useful to copy in any way—as I look back in time, even I cannot reproduce those same experiences myself. This was what I went through. My mother used to tell me about how I was born. I came into this life upside-down and I was delivered breech. And so apparently I was stuck in the birth canal for quite some time and this, my head, could not come out all the way. So apparently I was suffocating and I was born without breath. She said she placed me flat in front of her, I think it was her front, and it was in the summer. She could see that the surface above my heart was pulsing ever so slightly. Then my mother-in-law—that was before she had a husband yet, but it would be the one who would become my mother-in-law eventually—ordered that a small stone be brought inside, and so someone brought in a small stone, very little, and that little stone was placed on the surface above my heart by my mother. And so, when she laid it there she noticed that the pulsations were short and clear, and grew stronger, and developed a good momentum and then I began to cry aloud. And out of my mouth came some foamy mucus. And so there was a lot of discharge coming out and it flowed out and covered my face, and when it reached my eyes I apparently burst forth with a very lusty cry.[4] This is what she used to tell me. I was like that, born all that time ago without any breath. And so it was, except of course I was not aware of this because I was just a newborn. Then some time later, I did become aware and remember us moving from place to place in the summer, and I would pack items designated by my father. We would come across so many little lakes and small rivers and when we did, I would want to stop there, and I remember thinking to myself that they will surely not even stop their hard walking for a moment! And we would reach sandy places, and terrain with beautiful smooth-surfaced areas, and I would be thinking how great it would be to tarry in those areas and walk for pleasure, but I was never permitted. This is something I have not forgotten at all. This is how it was as I grew in my early days. When winter came, we would also travel and the snow would blow crossways at ground level, and sometimes the family would stop for a temporary camp. My father would begin to build an iglu, because of course a snow house was our only shelter. As the iglu emerged and there was some height to it, my mother, as usual, would *saujuq* [pack and smear snow in between the snow block gaps]. She would have her hood on but she would have it cocked half back. The iglu would be getting higher and she worked hard to saujuq. If her hood was not properly angled as she worked away, she had the habit of adjusting it to that proper balance. This is a very vivid memory of her that I have. And in these times one would get very thirsty, as we would not stop for tea all day long. There would be drinking water inside of a sealskin vessel. It was attached to our front parka and we would drink from this container all day. It would not ice over as it was [naturally] insulated. Those seals have so very many different uses, their pelts. And when our iglu was completed, just beyond a point inside, there would be an opening made. And then the belongings, the sources of heat, were brought in through the opening that signified the completion and the creation of a place to sleep over. The last little gaps were filled and then my mother would proceed to light the stone lamp, first of course having pounded some very rigidly frozen seal blubber into an oily substance. She would light it initially and everything would start to thaw. Some of the heating tools were tied in a bundle and she would beat the snow off of them, she would clean them off ever so precisely and then proceed to arrange the bed. That was a very joyful experience, when we were newly set up and the shelter began to get cozy and warm. And if there was any fish they would be laid out on the *innitaq* [drying rack above the stove] in order to defrost. This is what we did; this is how we were. We were to eat our meal when our father finished his work and came inside. This is how we used to be, how it was for us. And also I have a vivid impression which I seem to have skipped over. When the iglu that was made was for the purpose of travelling the ocean area, my father would quickly draw a signature symbol on the very last block inside of the iglu he built. It was in the shape of a seal. He always did that to the last block up there, perhaps because he never wanted to be without enough seal? I cannot say for sure, because he never spoke about it, but I suspect it was because he wanted to be successful when he went out to wait for the seals. He was consistent in this practice.

Tamalik: Depending on seals for life, as the people-of-the-seal…

Aupilarjuk: Indeed, we would wait for the seals, and seal was our only source of survival. And so it was, in the iglu, when we were settled for some time, we were advised to check up on the moon. They knew when to expect the full moon, and my siblings and I were told to look out for the moon. We would go out at night and notice, for example, when the new moon would appear. When it showed up as a little sliver we would go inside and report it to them, and one of them would race out and look up there and shout, "*Piqtuilutit, piqtuilutit!*"

["halt the blizzards!"] and they would take a little piece of snow from the outdoors and lay it on the *aki* [side table] inside the iglu. He never said what this represented. Yet in retrospect, I have reflected on it and believe that the piece of snow was symbolic of meat. Those were real maligait of the people. And when my father was finally home for a stretch of time, [my parents] would go outside together and my father's words would be, "*Anngutiksat tikiutilugit, anngutiksat tikiutilugit*" ["Cause the prey to arrive, cause the prey to arrive"], suggesting that this would make the hunt more successful. These were clear maligait that they followed. And so when they would go out to wait for seals in the morning, so it was that they included the ritual of *qaniuq*, having me follow along for a certain way as they were leaving. I would leave the iglu a ways, but not too far, and when we arrived at a little tongue-shaped snowdrift he would break off the tip with his harpoon, scoop it up, and hand it to me with the instructions to take it home, and so I would take it back home. And so when I brought it in, my mother would tell me to lay it on the aki. Evidently, [the snow] was symbolically a seal. The seal was symbolically caught. That was a very serious *maligaq*, so it was. And also when someone other than my father caught a seal and when it was getting cut open, we would do what we called *sanirairniq*, we children. We were each given a little morsel of meat for sanirairniq, and so I would hold the meat in my mouth and when I arrived home, I would give it to my mother, and she would take it by the long end and place it on the tip of the *qulliq* [stone lamp] flame, searing it ever so slightly and then cutting it into enough little bits so that every one of us was apportioned a taste. That too was a firm maligaq. It was something that we were very motivated to participate in as children because it was our ritual. It isn't a written word, it isn't a number, but it was truly the body's profound system for learning—these words of mine I share. We longed for and celebrated that experience, and thought of nothing in its stead. When our responsibilities were in front of us we thought of them exclusively. This is how I experienced it myself. Well, I am not alone in that same experience, many others have likely experienced it that way. I have passed over something about sanirairniq though. When she took the piece of meat that I was sucking in my mouth, she would take one of my feet and lift it briefly and then the thing I gave her would go on top of the flame and she would take another breath and pretend to inflate something. I figured that she was making that wee bit [of meat] into a full seal. And when she had put it on the top of the flame, she then sliced it into portions. That was the people's maligaq. This was my life when I was growing as a child and not yet hunting. And when [the hunters] arrived, when they came home, we would take my father's *ilaut* [snow skimmer] and his *havgut* [snow poker] and we would play seal hunt. We children would play outside like that and make pretend seal breathing holes [to emulate the hunt]. We would alternate being the seal that was approached [by the hunter]. That, too, was a really fun game. Sometimes someone wanted so badly for a seal to appear, but not a seal would come, and so that hunter would not catch seal! There was nothing else we thought about but this experience, at the time, as it was a full and balanced life. And yet, what it really did was prepare us for the future that we were entering into. This was my first and essential training. In the springtime, [the hunters] would be patiently waiting for seals, and back then they did not hunt very many white coats. I'm not sure why. There were plenty of them about, there they were, so plentiful. But they did not go after them much. When the adults were patiently waiting at the holes, that was a very serious and arduous process. Perhaps what drove them [in that season] was the need for oil for illumination and for food. When the sea was *pinnaruriaq* [when there was ice on it], they would gather oil and *najuumi* [store meat and oil in tied skin bags], and cache meat, and put their oil in their *qilajuaq* [tie bag], fixing it all so precisely so that it would not go bad because they needed it in the winter because it was their only source of light and warmth. When we were required to help we would gather rocks and flooring materials and materials for stuffing the gaps closed. It was a very boring task, but we were urged by my father to help out and if we didn't want to comply we were reprimanded by him. And looking back, I am aware that this was all an integral part of our education. As we were piling rocks for meat caching, they would point out what to notice about the process, as even the placement of rocks has many teachings to be understood.

Tamalik: The placement of rocks, hmm...

Aupilarjuk: Indeed! You would build a wall for the *najuaq* [tied bag] as such, and the oil must be placed up from the ground level, and it was placed upright so that it was not squashed down. It was a very particular method. And when they went through all that hard work, when they had enough supplies for the *kamik* [boot] soles from having hunted the *ugjuit* [bearded seal] that were basking, and they finally got a sufficient amount of their pelts for their kamik soles, they would dry them and take them up inland, so that they could further search for other clothing materials.

Tamalik: When you walked, you must have carried such heavy loads...

Aupilarjuk: Yes, our two parents did, indeed, as well as the dogs. And the mosquitoes were horrible at that time of year. My father in particular would carry very heavy loads. My mother would pack things, too. We siblings were given what was appropriate to our particular capacity at the time, for example, perhaps the bow and arrow set, and in some cases a token that was fairly light. We were required to assist in this manner. And then they would catch caribou, and perhaps there were not very many caribou, but the skins were well dried. They knew when there was [relatively] enough caught. I mean, perhaps you can always have more if there are more caribou to be had. However, the fishing waters by then were frozen over and they tried to make it down to the sea at that time. The places where we fished for climbers were the wide areas in the river close to the sea. And they would take the biggest caribou skins, called *qillaaq*, and they would become the containers for all the other skins, then they would leave the skins for pickup later. The acquisition was based precisely on the need for clothing. When I was old enough to hunt I remember my mother's method of sorting skins according to thin fur and thicker fur and she would designate each pelt to a particular person, whether daughter-in-law's or daughter's clothing, for example. There was such precision in this great practice of theirs, in my view.

Tamalik: Men and women worked together so well—the men would acquire skins through their role as hunters and the women would prepare the skins to make the clothing...

Aupilarjuk: They were like that—they helped each other well back then. It never occurred to me though that they were helping each other. But when you look back in time and know that those ways are not practised anymore, when you turn your gaze to that, you can understand how well they did collaborate. So this is the way we were. We lacked in various materials to survive but we certainly did not look for problems to dwell on. Our parents focused on the important things, on the things that were of practical importance. They focused on the education of their daughters and their sons. We did not think that we were being educated, but I grew to realize that we were their future and they prepared us to be capable through exposing us over and over to things we needed to see and know. I was able to experience that principle gradually as I was included in my father's caribou hunting on foot. Sometimes it was very tiresome and other times it seemed energizing. Through this practice, I became aware of what I needed to know. This of course was according to my capacity at any time while I was growing to maturity. And when we would get caribou, he would say, "It will come from this way," or, "It will not come from this way anymore," or, "It's going to come from this way now." He instructed me in these kinds of observations well before I needed to know on my own. He'd say, "It won't get cold," noting signs from the bodies of the animals, and because he was aware of this relationship through his observation and in that manner he could predict what was coming. And while I believed his assessment as proclaimed in his words I could never understand how he did it. But once I was out on my own, I grew to understand gradually how that relationship worked. While he was not with me his words were there. This is what I experienced. We were educated in advance about life by being shown things. This is the way it was for me. And so it was that I learned about treacherous situations and safety precautions, through his teachings. He would talk about the first formation of ice and little rivers and mighty rivers, as they were filling with water. Perhaps we had come across a certain river for the first time, yet he would know intimately what to expect of it. He would know exactly how deep it was and which parts were deepest. I discovered through him that the rivers have their own tides, that the water will be low at times. And so through his words I was able to assess these accurately on my own some time later. He would also explain safety precautions in relation to high places—for example, how to assess whether a mountaintop was stable or not. He covered every possible area of safety in my training. He also told me if it was dark and I was walking home but needed to overnight for some reason, and if I was on a hill, that some are shaped at such a steep angle and hard to view properly from, so he said do not just proceed to go down a steep hill in haste. He said to take a little rock and place it so that it rolls. The contour of the hillside would show in whether the rock rolled straight or whether it suddenly dipped out of view. If it went down and under then this way down was not to be taken. He apparently warned me about this in advance because it would be an easy thing to be fooled by. And if I did not have a rock handy for my use, if the wind was low, I could use my mitten in a similar fashion. And he told me if I was hunting caribou and the snow was drifting and there was wind, if I had a mitten—as we had mittens made of caribou leg skin—once I had sent out the shot—to do that a hunter would have to take their mitten off—I was to watch my mitt very carefully and fasten it temporarily to my *tiriksarvik* [belt to hold things]. If the wind blew my mitt away I would be without it! All of these items need to be carefully managed, as they are our source of empowerment. This is the kind of life I had as I was growing up. And the time came eventually when I was able to be out on my own. Anything unexpected can suddenly cause fear and be a great source of awe. Whether or not I ever experience one thing or another, I must always hold my instructions with great respect, he cautioned. He told me one day that he would, as of that particular moment, not ever speak out, even if I were to do something contrary to his wishes. He said from then on I would not ever be reprimanded, but I must forever hold his teaching with great respect. This is what he said to me. Once only from that time on did I, while knowing his words well, decide to not listen and I broke his words on that, I shattered the words through my experience. I can never forget this. It was when the lakes were newly frozen over, and in that state they are dangerous. And so this one lake was lightly frozen and dangerous—the lakes, when newly iced over, are not to be used to cross over. You can go around them safely, but often the way around includes an incline and it is very tiresome to climb. He would say in spite of any fatigue, take the long way around. And so, there we brothers were in that situation, and the whole landscape where we were was covered with lakes for as far as we could see. We were lost for a proper trail, myself and my younger brother, I think perhaps two of my younger brothers. As we were packing animal skins, I suggested to them that we could crawl to cross over by way of the lake ice, as our skins would not sink, and so if we were submerged in water we could use them to keep afloat. This is what I told them. And evidently even though we went through a very treacherous experience we did indeed succeed! That was the nature of my disobedience, so it was. I never forgot it, and it always comes to my memory even now. If he knew what it was I did, he would have indeed scolded me, but because he did not know, he was completely silent on it.

(*camera off*)

MAY 19, 2010

(*length of segment: 67:37 minutes*)

Tamalik: You say *iliqqusiq* [culture] is connected to *isuma* [thought] and *ikpingnia* [feeling], and to the person's *inuttiavauniq* [character]. This term *isuma*, I have thought about its meaning and implication, as one would—what isuma really is, for example—well, do you have thoughts on this…?

Aupilarjuk: Well, actually, I have not really thought about this until you asked me about it just now. I think I have a bit of knowledge on this as it is based on personal experience. It's my impression that iliqqusiq and *piqqusiq* [way of life, ways] are similar in nature and yet they also have slight differences. The outside of a home is a telltale sign. If the belongings of a person are strewn about on the outside of their home and in the way of entry you can assume that the inside of their home is similarly carelessly kept. I know this to be true from my own experience and observation based on my own piqqusiq. As a younger one I never had many possessions and therefore it was my nature not to leave possessions on the entry path. It was my practice to always have the outside of my home very tidy. Now I am no longer sufficiently able-bodied to practise this so it is merely now isuma—a thought pattern instead. This is how we older folks are, like this. I am not the only one who has noticed these things over a long period of time. There is another telltale sign of character—I heard this from an elder who is no longer alive. Say a person arrived to a community of people that he had never come to before, and his dog seemed really lively and it was nice looking and even had a proud air about it as the people come out to greet them. It may normally be thought that this man was a great hunter, but the reverse is to be understood as true. The dog was lively because it did not get walked vast distances by its owner. It had not been tired out and therefore it is very energetic. And so when a dog arrived at an iglu, if it was lowly, still, and even slightly depressed looking, it causes one to think that its owner was a very poor hunter. But no, it signifies that he was a very good hunter because the dog was tired out from going out constantly and so he was worn out. This is the truth. As I have just spoken about the terms *piqqusiq* and *iliqqusiq*, and this story relates to those concepts, too. And so we had these ways of knowing, without hearing anything vocalized. We were able to understand through our visual assessment to some degree. These various observations can be made in modern life, as I have reflected upon this and thought about it. A young person can appear to be very happy and can even appear skilful because they don't seem worried about anything—they give the impression that they are very successful. But then you discover that this is not true. They are like that because they are foolish, and so it is similar to the previous analogy. And also you may see a person who does not seem to say much, but underneath it he is concerned about his home life, thinking about how to be successful into the future, how to avoid trappings, and thinking, "What way shall I be in order to provide? What way shall I be in order for my children to be successful? What way shall I be in order to have enough material support?" as all of these things are now required for the life we have. These are my own specific concerns. I tell my younger family members about the ATV, since we now rely on them so much, whereas before we never used them at all. Even to go to a place very close by, my young relatives do not opt to walk—they would rather use the ATV. They are slaves to the ATV; they have become slaves of their own accord because they never prefer to walk. And what will happen if the vehicle breaks? This is a line of thinking that we have been given by our parents. Our children will not of their own accord be able to get another one unless we ourselves get one and they have one to borrow from us. This is the way my dependents are. Johnny is like that—he has nothing of his own. That vehicle is mine, it is my own, and if he uses it, he treats it as he pleases. There are so many that are like that, so many. We have to be educated while young on how to have money, how to look after belongings, how to have enough food, how to be relatives, these are the things we need to learn first off. These are the foundations of our life so that when we are independent we will have a better way and be stronger in ourselves. We all understand all of these things but we don't talk about them nearly enough.

Tamalik: Very much so…

Aupilarjuk: And so it is with these various things—like food, too. Some were extremely conservative with their food even when there was plenty. They managed their food so precisely even in times of plenty in order to be proactive about how quickly circumstances could change and leave them without means. The qablunaat are likely similar; they would have been similar. It would be according to the land—the Arctic compared to the land without long winters. I would surmise that this is the basis of the difference between qablunaat and Inuit systems although there are some similarities to be had, as well. This is how I think about it. I think I know Inuit somewhat because I am Inuk, and I do not know the qablunaaq ways of doing things—I only speak from observation in that regard.

Tamalik: Do you have any thoughts on principles for inuusiqattiarniq [having good inuusiq]? For example, we were told not to *isumaaluk* [worry]. Do you have any thoughts on what makes good inuusiq?

Aupilarjuk: Yes, these are clear. Doctors also say that we are not to worry; we are supposed to try to be happy. This is the truth. And we Inuit use this approach, too. Thinking too much and worrying can be detrimental to us by overcoming the body. If we lose our joy, then worry seems to take hold and grow quickly, and consequently we are broken down by way of our minds. The only way to deal with it is to constantly try to leave it behind. And those that worry a lot, even if they are young, and maybe even the youngest of their peers, often look more like the older ones because they have aged too fast by their constant worrying. Because this is in our nature we are told not to worry, and even though there is a cause for worry, it is better to have the attitude of knowing it will pass, and even though it is harder to be positive, try to grasp that instead. It is also the same with intimate partnerships, as I have spoken about from my past, it relates exactly to what I am saying here. But it is to be noted that practices can be quite varied though they all emanate from the same source. They share the same basis even though they are varied.

Tamalik: When people were told to *ittaq-* [go outside first thing in the morning], was the purpose of that for better living, too…?

Aupilarjuk: Yes, this is what we are to do. We were trained in advance about weather observance by anticipating that we would be asked about it upon entering our home. "Where's the wind coming from?" "How is the snow drifting?" "What are the stars doing?" These are all things we knew we would be grilled on by our father upon entering our home. This was our advance training to prepare us for when we would be travelling on our own. When it's dark you can see on occasion that the stars seem to quiver, kind of like their light flickers on and off. When that happens it is because there is the *i'ji* [deep cold] and there is strong wind. It is not that they are moved by the wind. The wind is affecting the atmosphere somehow and we say the stars are flickering, and then we name the direction the wind is coming from and the characteristics of that wind. There is a Nattilingmiut term we use for wind: *hupipkainiq*. This is when it quiets down suddenly and comes back in spurts. We would be asked whether it is doing this whenever we would enter. And so on occasion when we would report this condition it would be known that a strong blizzard was imminent and that it would include strong winds. This is what we were told. We didn't use these things (*pointing to a barometer on the wall*)—all these various instruments we now use to gauge the weather. Back then it was always based on their own independent knowledge, their personal knowledge.

Tamalik: And using their senses…?

Aupilarjuk: Yes, their sensory perception and visual observation.

Tamalik: Yesterday you said that when you look at text and enjoy it and understand it, the knowledge does not go inside that deeply…

Aupilarjuk: Into me, you mean?

Tamalik: Yes.

Aupilarjuk: Not being one who deals with paper, my own life experience is kept secure. Those are things that come from me and are my sources of knowing, those childhood experiences. Text can be truthful, too, but I also feel ambivalent toward it and the knowledge fades away gradually even though what I read had nothing mistaken in it. It is because I don't relate strongly to paper. Because of this I do want our children to be well trained in literacy so that they can have that ability for their future. I feel that my generation of older people see how hard it is to acquire this skill but it is also a reality of today as it is part of the qablunaaq system. I don't want my children to be disadvantaged like us and so we insist that they learn qablunaaq skills, too. But we also pity them when they seem too tired, or too cold—it is hard to push them when you feel that strong pity, and for me, I just let them be in some ways. If we make them worry too much and intimidate them, the children can become unwell…even the adults. The pressure on an adult can cause them to tell fibs if they are too intimidated. This is something to be very cautious of, the relationship between intimidation and lying.
Tamalik: Yes.
Aupilarjuk: Back some time ago around here I noticed some schoolchildren walking by. Some were oh-so small and didn't even have any mittens on and they were on their own, walking to school, and oh-so pitiful to see. They were not thinking of their own accord because they were overly intimidated—this is how I saw them. This child does not want to go to school, but is discouraged and intimidated and so they are on their unwilling trek to the school.
Tamalik: You had been fully educated without any paper, so how was it that you learned so very well?
Aupilarjuk: Well, our lives were utilitarian and geared toward food and finding animals and all that is related to that. It was my father who started me in my training—I learned from him by going along and following him. Then later I learned from my paternal uncle, not

this one (*pointing to a picture on the wall*). So I went with my uncle and learned things, too, but his manner was quite different from my father's. His rules were exhausting. And yet now I look back and see the strength of them, too. To this day I remember the pure exhaustion, but I also realize the value of their forward thinking, as my uncle was different from my father.

Tamalik: So then you were in an easier level with your father and progressed to a more difficult level…like how today in school, the different levels are progressed through and they get more challenging—one level is completed and a new level is entered that is more challenging…

Aupilarjuk: Yes, like that also.

Tamalik: And Inuit…your father made you a pathway so as to intentionally put you through something?

Aupilarjuk: Yes, like that…exactly like that. For example, in our childhood there were vocabularies that were child-oriented. These were words to start a child on language and develop an ear for it. And also when we adults were speaking, the children were not allowed to hear us back then. Some adults nowadays would say and complain, "Why the heck were we told to leave, anyway?" I have heard them say this. I myself know these things. It isn't "why the heck?" It is because we do not have the wisdom to be discerning of what things we hear, and we might repeat and spread them about inappropriately. And if we say those things that we do not understand we can be reacted to with shock or become a target for something bad. We can be victimized and that was a danger back then. We are considered foolish if our children repeat something that they have overheard as it can be a source of conflict. When they are wise enough, this is not the case, and it is okay then for them to listen in. This is what I know of how they did things. These rules may seem arduous, but when we are able to complete the learning we are moved to a more challenging level. In the school system I imagine it is similar.

Tamalik: Yes, it is like that…
Aupilarjuk: For walking and dealing with treacherous terrain we were exposed to a variety of experiences. We didn't learn about the most dangerous while we were yet of small minds; we were just told in absolute terms to avoid them when we were alone. Only as our capacity for things was reassessed were we taught gradually and introduced to this new and more challenging experience. This is how it was for me myself.
Tamalik: Yes…
Aupilarjuk: For everything, for building snow houses, everything we needed to know, we learned from our father. They never referred to it as *ilinniaq-* [learning]—the term we used was *pijariuqsatitau* [started on things] as a system of education.
Tamalik: So, for example then, for iglu building, what were you put through?
Aupilarjuk: I was guided in the craft of slicing blocks. You likely saw this as a child either on film or in person.
Tamalik: Yes…I used to see people, yes…
Aupilarjuk: And yet you likely did not notice the inner workings of the craft.
Tamalik: Yes.
Aupilarjuk: For sure you have knowledge of it through watching. But you likely did not notice…(*draws something on a piece of paper*). Here you will see it clearly and notice it clearly now. So here I cut a block from this part…and this block will be longer from where I removed it, all the way up…it is getting shorter as I go so that the block does not get stuck. Each block is progressively shorter than the previous one. This way no block gets stuck. This is what I was taught to do so that the cutting process moves along quickly. If I made each one the same size and removed them one by one they would get slightly stuck and then might break apart. But through this technique of making the original cut wider and the block consequently longer as I progressed across, each block would then be subsequently shorter.

Tamalik: Yes...(*wondering if the diagram is a bird's-eye view*). Is this the ground, the foundation...these the ones joined together across...?
Aupilarjuk: This? This (*drawing a circle around the original figure of the isosceles trapezoid*) is going to be the iglu. So this is going to be the iglu and I get my blocks from here...
Tamalik: Okay, so this is the floor...?
Aupilarjuk: Yes, this is the floor.... I am making blocks and taking them out. I am removing them as I make them and placing them here in a circle to form the wall.
Tamalik: Yes...yes, indeed, yes, I understand now...
Aupilarjuk: So in this fashion I remove the blocks. This one was longer and I removed it, and each subsequent one is shorter so that when the next is removed it doesn't stick. Those that have not learned properly will break their blocks as they pull them out.
Tamalik: So you watched your father as he made *igluit* [iglus]?
Aupilarjuk: Not just my father but my paternal uncle, too...as everyone varies somewhat in their techniques.
Tamalik: Really...?
Aupilarjuk: Some are so very fast and others not so fast.
Tamalik: At first were you not allowed to use the *pana* [snow knife] or were you allowed to try it out?
Aupilarjuk: I was able to use the pana as this was the only tool we had.... Now, if there was lots of snow and I made a series of blocks then I would call this *akinnaqtaq.* If, on the other hand, there was not enough snow for making such blocks, I would make an iglu using a different method and this is called *makpataq*, and the other is akinnaqtaq.
Tamalik: Okay, so makpataq and akinnaq—
Aupilarjuk: Aki'naqtaq.
Tamalik: Yes, aki'naqtaq...
Aupilarjuk: There is a third kind that is called *qiqsuqtaq*. Where there is scarcity of snow you would collect what you could and then pack it down by treading on it and making it hard. This then would be called a qiqsuqtaq—made when there is little iglu snow.

Tamalik: Hmm...

Aupilarjuk: These were the supports for life that I was aware of. My father had used all of these and I know them well also.

Tamalik: And how was makpataq made though?

Aupilarjuk: The makpataq was made when the snow was not deep enough but it was hard packed. It would be sliced off in advance and then lifted and that would be the block to form the wall of the iglu, and the next one, and so on.

Tamalik: So it was not called *auviksaq* [iglu block] in that case?

Aupilarjuk: No, not auviksaq, not in that sense. As the depth of snow is not sufficient for that. Even if you try, you find that the snow is not anywhere deep enough. I see that you believe this, but because you have not seen it your understanding is not complete—it is not knowledge for you yet. Only if you see it then it will become knowledge for you.

Tamalik: Yes, indeed...and I wonder how they made the *qaggiq* [celebration iglu]?

Aupilarjuk: Pardon?

Tamalik: Those large *qaggiit* [celebration igluit].

Aupilarjuk: Yes, I have not seen the qaggiit made very many times. We did have qaggiq with our parents. There were two snow houses built within reasonable proximity of each other as the idea was to join them eventually. So a superstructure was built over them, using the original *igluuk* [two iglus] by cutting through them. And so part of the original igluuk was removed and so together they made one great qaggiq. The space in the middle is the *akunnaaq*. That is what we had in Kuugaarjuk.

Tamalik: Yes...were you there also in 1982?

Aupilarjuk: Pardon?

Tamalik: In 1982, the *Inummarilirijikkut* [Inuit Cultural Institute]...?

Aupilarjuk: I don't think so. I don't think I was there. I did observe some people make a qaggiq before Christmastime. I cannot recall how many igluit we were...(*drawing a diagram*) There was one here and one there and one more here—I think we were four igluit all in proximity of one another...

Tamalik: Yes.

Aupilarjuk: And so this superstructure was built over the top and the joints would not drip as there was some melting and refreezing to seal. The superstructure provides a connected space for all the igluit. This is the great qaggiq that provides more space.

Tamalik: So these smaller igluit, the tops are kind of cut into? The tops are no longer a whole dome, right?

Aupilarjuk: Yes, they are removed. The cutaway is made and that part is removed. The superstructure is built through them when they are old igluit and they become very spacious in that way.

Tamalik: Yes, very big...

Aupilarjuk: I remember the one we had was made for the celebration of the birth of Christ.

Tamalik: Back then we were so many people in Kuugaarjuk in 1982, and it was so very high up and so very impressive, and I wondered, "How did they make this...?"

Aupilarjuk: Yes, they were so very spacious! The one I just described was made by bringing in some sleds and using them as ladders.

Tamalik: Wow...how resourceful Inuit are in these matters. Even that they devised different kinds of igluit.... That third one mentioned...makpataq? The one that is made with a shovel when the snow is scarce...?

Aupilarjuk: Qiqsuqtaq.

Tamalik: Yes, *qiq&uqtaq*...or *qiqsuqtaq*?

Aupilarjuk: Qiqsuqtaq. The snow is gathered and formed into blocks so as to make the iglu. Because there was so little snow they would use their shovel to carry snow from the surrounding areas and put it all in one pile, and the pile would get higher to the point of being sufficient to make blocks. This is how they were made in cases of sparse snow.

Tamalik: Yes.... What about in springtime when the snow is softer?

Aupilarjuk: In some cases, the snow is softer and the places of deeper snow become very hard. In springtime it is fine—we never ran into any condition that was impossible to handle. The only thing was that it was annoying when our home began to melt—it is the melting that is impossible to work with. As long as it was not melting conditions we could adapt our technique and make our snow home.
Tamalik: What was that one, not makpataq, not qiqsuqtaq...?
Aupilarjuk: It was akinnaqtaq that I mentioned previously...
Tamalik: Were akinnaqtaq and makpataq kind of similar then?
Aupilarjuk: They are similar in the sense of being made of cut blocks, but makpataq blocks are thin because the snow is shallow and the surface is hard. And so the block is simply sliced off horizontally and then pushed up and there's your block...
Tamalik: Yes...
(*pause*)

And now this question I want to pose is not about the topic of education. You recall the one whose mother is from Pangnirtung and her father was the co-op manager here—she is now in England going to school.... She works with First Nations peoples and had gone to school far off in the Indigenous peoples' school. You have probably heard of lots of different Indigenous peoples of the world, of the earth, and have seen some of them, and I know you have worked with First Nations groups in Ottawa, and have been involved in various projects with them. You would know how they are similar and different to Inuit. So anyway, I was speaking with—her name is Kilugi in Inuktitut—about the worldwide situation of Indigenous peoples. It seems their struggle is a similar one which relates to loss of homeland...
Aupilarjuk: Yes...
Tamalik: ...as the land is their sole source of life and they were overcome by a stronger force because of their land's resources and the things underneath the land. These were the reasons for their lands being appropriated. They became dependent and impoverished. But now there is a resurgence and it is global in nature and with a global

network of cooperation and sharing of experiences. People were not all assimilated even though there was a great effort to make them assimilate. They resisted firmly and remembered their humanity and their Indigeneity, felt it and carried it forward. And so the idea has been put forth that there are four main things that they grasp firmly.[5] These four they are struggling to hold on to and they need special attention and care amongst them toward their preservation. This first one is *nuna* [homeland]. The land needs care and to be occupied and used and travelled through and a continued source of livelihood.... Like what you said about your tools, how they do not cost money, they are all made from things from the land, and we need to know this technology. If we only use things not of the land, we cannot always thrive.... We need to know well the things about the land...or the notion that there is land knowledge that will always be relevant. The second one here is relating to *uqausiq* [language], being articulate, or, for example, holding on to language and using it with our children, too. Giving, for example, our children the language, too. And the third one here is *unipkaavut* [living histories]. Not losing our *unipkaat* [stories]. And the fourth one is iliqqusiq or piqqusiq.... So anyway, I explain these to you like this because this is how they were summarized to me, albeit in English. I am not sure if *iliqqusiq* or *piqqusiq* works better in this one category.... Perhaps both together convey the intention best. These are the themes that relate to resistance, and so, for example, if into the future, they don't have homeland, or language, or their stories are forgotten or not told/heard and without that notion of iliqqusiq, they become assimilated. That is the idea of the teaching, anyway. And because assimilation is not desired when they have a wholesome iliqqusiq of their own that they covet, these four themes have been identified.... So the question is, what do you think of these or whether you have any words to share in reflection...?

Aupilarjuk: I am not sure how to approach this. Our piqqusiq being let go of.... Well, for me as an Inuk I left one aspect of my piqqusiq totally because I was in the company of the first Inuit to have initial contact with the priests. I became part of their team because they told us to follow them and we obliged and we were told by them that the way of Inuit was bad. This is what I was told although I could never see the badness they mentioned. Because of my Inuk manner though, I was very devoted to those who spoke, and I realize that this was a mistaken response in assuming that attitude that our Inuk-ness was something bad. And so this was the beginning of our iliqqusiq not being used as much anymore, our Inuk iliqqusiq at that time. And so it became apparent that I was like something stripped of all it had—nothing left—as I did not know the qablunaaq iliqqusiq and did not use their piqqusiq, and I began to use Inuit piqqusiq only in part, just trying to keep some aspects alive. This was the way I was. I went into a place that had nothing and after a while I could understand this as I reflected on my life. These houses and all the trappings and the bills to pay, they are pervasive, and the obligations that follow, whether trying to get an education and all the other foreign ways. I have now come to be very uncomfortable with the result and even ask myself, "what am I to do now?" using my Inuk thinking. Then I thought about it and decided to make copies of those things that my mother and my father used to hunt and make things with, and the qulliq and *innittat* [drying racks]. I proceeded to make them and when I was done, there was a drying rack that was bigger than this one here (*pointing to a rack and stone lamp set up in his glass case next to his favourite chair*). I made an arrangement of these items, along with lamp wick moss and the *tapqut* [flame adjuster tool], those things I used to use, and the *qiviut-tat* [down fluff, indicator for seal breath] I hung on the rack the way they would be hung to dry out. And then I stared at my whole presentation here and my whole torso shuddered like one does when they have just cried. It was just that kind of release, though I had not in fact cried at all. From this experience I understood and became aware of how I grieved and longed for my other life, my Inuk-ness, *inuuniq*. I had gradually crafted those things. It was such that we should not have left those things, our ways of life as first peoples of the lands.

We need to use our piqqusiq. We now use the qablunaat piqqusiq in some regards, and it is evident that we will not leave that behind, it is certain that we will use some aspects of it. However, our inuuniq needs always to be bigger, in our homeland. Our inuuniq is absolutely beautiful. Inuuniq means there is not to be any strife, no crime—this is the way it was from long before. And the land is said to have beings. This is something we have heard from many a time past. There are beings in the land and we must act in right relation to them, this is what we were told, *pittiaqpangniaqpavut* [we will always act rightly toward them]. I have told this story before, where a shaman was in Utkusiksalik and did not follow the rules of the land there—and he died even though he was a powerful shaman! He had broken the true laws of Inuit land and this is what ensued. It is said, wait a year, a full cycle to make your own decisions about things, but he did not want to comply and thus he brought it upon himself. This was the way we were back then. We have to use the good teachings still and let our children know about them.

Tamalik: Yes...you have explained this so eloquently.

Aupilarjuk: We first peoples of the lands...they tried to appropriate our lands—for what? For lots of money and for making things. This is the reason that our lands are wanted by the qablunaat. They claim that there is no danger at all to the quest, and yet those things that are dangerous will emerge. If those things proceed, it is probable that there will be dangerous consequences in the far future. We Inuit, we older Inuit, never did anything to the land to incite danger, and yet it is to happen if the laws of the land are broken...in part...

Tamalik: You older generation know that land so well, and knew it so well back then, too, and know the wildlife...There was never a danger for—

Aupilarjuk: There was absolutely no danger at all that we encountered. We could even smell what was coming, unlike today, where we breathe inside of houses. Back then there was nothing but pure living and the scents of the atmosphere, the land, and the air. Even in the autumn when a snowfall was to come, we could smell that the snow was to come, it was a very distinct smell we knew, and when there was to be a great rainfall there was a water-like smell that was known back then. Nowadays, there is no such thing, we no longer smell from breathing in too many substances that are not healthy. This is the way we are now. We have to keep our land clean and it is our ancient right to govern. This is completely obvious now to us, but on the other hand there are so many qablunaat and their way overcomes everything.

Tamalik: Yes...

Aupilarjuk: I never thought about the First Nations people much before. But yet they, too, have struggled as first peoples of their lands and were unsupported by the qablunaat. As first peoples they were very independent, just like Inuit, just like we were. I have thought about how I do not know the First Nations' *piusiq* [habits, tendencies], but I know that they are like us—first peoples of their lands—and they cherish their homelands as Inuit do, too. On that basis we need to find ways of understanding each other. Although our strategies will obviously be very different from each other, there are some points of similarity to be found if we work to collaborate with the intention of governing our homelands. This is what I think. If we are going to be ruled by the qablunaat, if they are going to run things, it will mean the destruction of the lands in the future.... Even now, the lands are being degraded, all because of a terrible greed for money.

Tamalik: Yes...

(*pause*)

Those four themes that I was told about—there are four, and in the centre there is a term in English. All of these were written originally in English and they seemed to have good Inuktitut equivalent terms. I wrote them here in Inuktitut, but from the English terms, and all were translatable except one that was difficult to convey in a single concept, I don't know of one anyway, but it can be explained as.... It is like the experience you just told me about, of your mother's stone lamp and things that you had not used for a long time but then used them anew. This is the meaning of the term, maybe the idea of *atulikkannirasuqattarniq* [renewed/recommitted use/engagement] or...it is like this one returned by way of these ones. These [four] are sources of resurgence and education if the people give recognition to these aspects and take care of them.... Like if they use them, they can be their source of strength. If land is used, it makes people stronger; if language is used, and used indefinitely, it will have its own strength. If we do not use it, say to these little ones.... Even though I am a qablunaaq, I try to talk Inuktitut to them and sometimes they do not even understand, but I feel that love for them. They are Inuit and they will miss their language if they lose it. Even my own children, they tell me they regret that I did not use Inuktitut enough to them. But they did not grow up in Inuit lands, and so I did not have other people to speak it with, as I was the only speaker of the language where I was back then.

Aupilarjuk: Yes.

Tamalik: And the living histories, they are only strong if they are spoken, and not forgotten. They will be known and heard if they are spoken. And iliqqusiq needs to be used to be known when it is needed to be used, like the tools you made, if something is seen, it can be copied in the case of need, for example. This is the meaning of these themes. Yet that idea in the middle (called *renewal* in English), I am lost for a single term for it in Inuktitut...*atuinnarasungniq* [always using, continual use]...or *atuinnarasungnikkut sanngiktigungnarniq* [having strength by way of using it]...I just wrote this term out as a provisional idea—it is long and says something like "can be strong through continual application/use/access" or won't be lost. Of course, the land won't be lost (won't go anywhere, not misplaced)! But perhaps our intimate knowledge of the land may fade if we don't use it consistently....

Aupilarjuk: I think that if you said *sannginiqajajarniq* [potential source of vitality/strength] on the paper I would understand it best.

Tamalik: Yes.

Aupilarjuk: Our inuuniq (our inuuniq's potential source of strength, vitality)...

Tamalik: Yes.

Aupilarjuk: Not losing sight of these through using them.... Because if we use them we will have strength and vitality. We do not have to use every Inuk way that there is, but we need to know about them well, because if there is need for them it will be available to us.... I have thought about this very much.

Tamalik: Yes, like not just talking about using it but actually doing something, too, right?

Aupilarjuk: Use it, yes...don't just talk about it but apply it.... When things are talked about they are believable but they cannot become true knowledge. It is only by application that it becomes true knowledge.... (*long reflective pause, then I brought the two papers together, one with the qaggiq and the other with the four themes*)

Tamalik: Hey, these two are kind of similar.... These two...kind of...?

Aupilarjuk: [The thematic drawing] is the same as making igluit and making qaggiit...

Tamalik: Yes.... This trying to consistently use something...it applies to the four that were older igluit, and together they become the qaggiq!

Aupilarjuk: Yes, when they are brought together into one...yes...

Tamalik: Yes, they make a good space for gathering...

Aupilarjuk: They do...

Tamalik: Hmm...

Aupilarjuk: It is this superstructure that brings everything together into one...

Tamalik: I didn't know it could have such significance, but then this one had caught my eye...

Aupilarjuk: Yes, it is already in plain view as such, understandably...

Tamalik: This one here that you described at first and drew this first diagram.... And here are the four things in both diagrams...some inspiring things to ponder now. I am sure they will be greatly appreciated down in Arviat when they are seen, when the co-workers have a look at them, and Kilugi, as it was her original question.... I don't think they [the Department of Education] have heard of these four themes, as [Kilugi] had learned of them through her schooling. I think this will be new for them. Also, neat that it has an application to Inuit...

Aupilarjuk: For whom...? You mean Pirurvik?

Tamalik: No. Well, they will be looked at by the Pirurvik Centre people, too, of course, when in print, but it is the person I went to school with, Kilugi, that I refer to. It was her question to me, as she has thought about whether the themes resonate for other Inuit as she learned them from First Nations people that she had interactions with. She has an interest in Inuit and First Nations in Canada, in particular, but in also the worldwide Indigenous movement and network of people supporting Indigenous rights. She was thinking about how the themes worked for Inuit and she asked me. But I didn't know, so I asked you...

Aupilarjuk: I see...

Tamalik: Yes, it seems clear that they resonate in Inuktitut. She did think they would, but wondered if they had a special resonance for the older generation of Inuit like you, so she offered this thought for me to explore with you. Of course, the Department of Education or Leena [Evic] can look at this and think about it further, too. The Department of Education deals more with children and youth, while at Pirurvik, the programs address the [cultural] educational needs of the middle generation.

Aupilarjuk: Yes...

Tamalik: They have older Inuit as teachers and the middle generation who have been tied up in school or government work, that have not had good opportunities to learn from the older generation, and now they are themselves going to be the older generation.... Leena is working on this initiative. She said she will be bringing in Inuit elders and they will be working with younger "elders," you know, the middle generation.

Aupilarjuk: Yes...
Tamalik: It is this that she was going to talk to you about in July, discuss the future of that, the foundation that would be best to develop this upon into the future, yes...
Aupilarjuk: Well, I have thought about this subject. It is ilagiittiarniq that is first and I have always put that forth in my teachings. It has to be the priority, because it is the basis of talking things through. If they have good relationships, they will look for something together, and see the pitfalls and see the options for smooth ways; they can see this together only if their way of relating is right. The opposite of that is about carrying a grudge, and this will cause division. I really don't want this way of imbalanced relationships to be the pattern, if at all possible. The way of right/balanced relationships is a good way to start things. From that place, they can look for a true foundation and they will find it.... This is what I think about it.
Tamalik: Yes, even if people are not of the same workplace, they can collaborate well, too...
Aupilarjuk: Yes, indeed, they can collaborate well, too...
Tamalik: This is what I think, too, about when your words here are written out and available, not to be geared to one cause of sorts, because there is such a broad application in them...
Aupilarjuk: Yes...
Tamalik: They are so very helpful...even toward me in my own life, I have felt the benefit. As I have reflected on your words, this notion of harmony in an intimate partnership [nuliariittiarniq] has been very inspiring and so very touching. We do try and apply this but sometimes lose sight of it, too, and we think we are doing well, when in fact we can do a whole lot better.
Aupilarjuk: Yes...
Tamalik: And as for *ilagiingniq* [harmonious relationships], we can think we are doing well and yet we can be so much more fulfilled...
Aupilarjuk: Yes...
Tamalik: Yes.

MAY 20, 2010

(*length of segment: 6:34 minutes*)

Tamalik: I just wanted to ask a bit more about what you were talking about yesterday, as I have had a chance to think about it more—how the qaggiq has an application to those four themes put forward by First Nations, and because you have used the qaggiq in practice, I wanted to ask you about the qaggiq. Like, for example, they did not have continuous qaggiq or how they were not used throughout the season. What was their essential purpose in making qaggiq? If you can elaborate based on what you heard and what you have experienced...yes, that was my thought process...

Aupilarjuk: I cannot really speak to the real meaning of the qaggiq because I do not know everything there is to know about it. It was partly about the drummers and their skill and about the songs, as it was the older generations that decided to have the qaggiq made. We were a qaggiq together with my grandfather, actually both my grandfathers and us and my father, as we were all very close as a family. One grandfather was my mother's own paternal uncle, and I remember him making his own drum, well into the fall, like in about November, as Arviligřuaq [Pelly Bay] ices over quickly. It was around that time that he made his drum. Apparently that winter we would use the drum to gather on the sea ice. This is what I remember noticing back then.

Tamalik: So the qaggiq would be for gathering people...?

Aupilarjuk: Yes, for gathering the people...

Tamalik: And so structurally it was meant to provide more space?

Aupilarjuk: Yes, the Inuit would be many, some from other lands, some not related. They may have heard that there was to be a gathering in the qaggiq that was prepared. It was that kind of situation that we were preparing the gathering space for. Well, the efforts and preparations were directed toward that goal. I remember it was said that they hosted it so my maternal uncle, my grandfather's son, would become a good dancer, and it was with this intent that my grandfather made his drum. First, we were just our immediate family, no qaggiq, in the winter, just before we moved to the sea. I remember the relatives all dancing with the drum, just the family members who were quite few in number. Perhaps we were getting ready for the event. I think that was it. And I remember well my grandmother stuffing a baton into her parka breast as she sang. And some of them, when they were to sing—the women—they would tie their parka front neck down. I have a vivid image of them doing this…

Tamalik: I wonder why they did that…

Aupilarjuk: I am not sure. It was just done. That baton being put inside, for what purpose? Maybe for their relative or their son, for what purpose? Maybe to give power? For what real reason, though, I cannot really say as it was never spoken. I can only really report what I saw.

Tamalik: And they did this, too…(*pulling the front neckline of my sweater down*).

Aupilarjuk: Their *manu* [parka hood fur trim under their chin]…perhaps to improve their sound? Maybe so that they don't feel constricted around their neck, they would suddenly pull it down like that. This was what they all did. Our grandmother did it, as well. And so once we had moved down to the sea ice, other Inuit would follow to join us, and were starting to arrive so the qaggiq was built there on the sea ice by us and my grandfather. I remember well the sounds of the engaged singing, all different voices, and some were incredibly beautiful sounding. There was also a song duel, the *iviriik,* that I remember. One had *angaluat* [charms] and *pukialuk* [white stripes] and fringes because he was a shaman. And so I remember the banter between them would unfold as they stood and seemed quite amused with each other's song lines. What I have a really vivid memory of is the long fringes flying and swaying and seeming to just miss brushing against the people…

Tamalik: This was when you were a child?

Aupilarjuk: Yes, when I was quite young. I sort of recall feeling quite hungry as the drumming went on and on. Some say that drumming is for shamanic practice but this is not right. It is for celebration, and when the singing was heard it was what seemed to bring everyone together into a greater sense of harmony. And friends got together to use it like a form of recreation. This is what I can say about that.

(*camera break*)

(*length of segment: 61:53 minutes*)

Tamalik: You mentioned a qaggiq being made. Was the qaggiq then made by the people who were going to drum dance so that people could gather there…like crowds? When you were talking about *pisiit* [songs] just before I had [the recorder] off…I wonder about pisiit, as you were saying that pisiit can promote a sense of community amongst the people when people feel the energy from the sounds of the songs within the qaggiq…. Can you talk more about pisiit?

Aupilarjuk: Yes, I can say that I do not understand some aspects of some of the pisiit. Some I do understand, and once you are familiar with them you become aware that there are differing levels of pisiit. Some of them use vocabulary that is not common to us and so some of the old people would purposely use this vocabulary to remain obscure. When the song is in our normal language, that is when I think we can make sense of it. For me, myself, I have experienced pisiit to be a really important kind of learning experience. I never saw any of the song makers, but heard the songs through my father, who would often sing as he lay in bed each morning. There was one song that taught me many things and gave me independence and my sense of manhood. I was not told something directly or instructed to do something in a certain way, and yet I know that I understood the message very well. Whose *pisiq* [song] was it now? Maybe it was Tangajurřuk's song. Yes, this is what my father used to say. And yet I have completely forgotten how it actually started out. There's a short part that had a real impact on my coming to maturity and though it was short it is the part that I never forget. And so these were the lyrics he would sing…"*Aija'a nulurausiga tungaa upinngaa nipatřa urnigiřiqanngina* *ajai'jaja.*" When he would sing that song it created an image in my mind.... It is as if I would wave to a colleague far off, wave them to come over to me. But in fact, the literal meaning was not the intent. The composer is standing at the seal hole and asking the seal to come; in his mind he is waving for the seal to come. This was evidently such an arduous process they went through. "*Aija'a nulurausiga tungaa upinngaa nipatřa urnigiřiqanngina ajai'jaja...*" This is what he would sing, and the idea is that the seal doesn't seem to be coming so he is gesturing like that to call it over. This is how I interpret that line, as it seems to fit that situation perfectly. And so it was back then that I was just learning to seal hunt, and I was very cold and my feet were freezing and all I could think about was to leave that spot, and yet this pisiq would come to my mind and I had this strong sense that the seal would come up if I abandoned my post. This was my thinking in the moment. The song came to my awareness and this is what ensued for me. I cannot speak to how it was for others; perhaps they, too, had experiences of awakening through understanding pisiit heard from their childhood times. Pisiit have a great deal of support to offer us, and they enlighten our understanding, too. Back then they were a great source of enrichment for our lives. We knew nothing of the qablunaaq ways as we only grew up around other Inuit and so pisiit were our source of enrichment for our lives. I would like these to be given recognition among the schoolchildren. Pisiit are extremely important. They are very valuable. I have an old tape recorded by Angutinngurniq and it is the pisiq of Qungujaja that he was singing on the tape I have; it was when his wife was still alive. That song is so wonderful and has such clear meaning. Qungujaja was a very gifted song composer of past times....

Tamalik: From Arviligřuaq [Kuugaarjuk]?

Aupilarjuk: Yes. And so this is how I would answer the question you posed.

Tamalik: Yes. You mentioned the fellowship of the qaggiq space, and so it is also a place of learning values perhaps then....

Aupilarjuk: Well, partly so. The good part.... But there was also the song duel iviriik, and I cannot say much about it except that there was a part of it that was beneficial. In their banter back and forth to their song opponents they do bring out embarrassing details to mock them. The wrongdoings of the person who is on the spot are put out for all who are listening. Their misbehaviour may not have been known before and it is brought out through the song of his opponent. I think this is a beneficial practice, as when people look at it they will be less likely to misbehave as they would be fearful of getting sung to. This is how I think of it anyway; I imagine that this was a deterrent for people. I can also say that having a song duel is not all positive, though.
Tamalik: Yes, and yesterday I had asked you about your thoughts on *iliqqusiq* and *piqqusiq,* and how they are similar and different, and then I wondered about this other term: *piusiq*. So *piusiq*, *piqqusiq*, and *iliqqusiq*, as you think of them strung together like that, are they similar?
Aupilarjuk: I think that they are quite similar and yet in speech they are spoken differently, *piqqusiq* and *iliqqusiq*....
Tamalik: And *piusiq*, too?
Aupilarjuk: Yes, *piusiq*, too. They are all similar in my view. According to my piusiq, I would order my household. All these various old clothes, my children's clothing—when they use them they just throw them down on the floor and give it no more attention. But this is very much not my piusiq and I am very uncomfortable with this habit. And outside the home, when sleds or snow machines tend to be left right in the way, this really irritates me. It is more appropriate to me to store them to the side of the house, out of the way of movement. I also said before how you can tell right away from the impression of the outside of a home—if it is clean and orderly, then you will know you will find good piqqusiq in the home of this person. This is the way it is. We can walk around a community or a camp anywhere and observe perhaps old pieces of wood and other junk just laying there. It can be said that their home inside will follow what you find outside. This is what I can say of those terms.

Tamalik: Yes, it is very understandable. And this word from yesterday and the day before—I'm thinking about inuusiq—it is like a little child that is growing and they must have a way of growing in *silatuniq* [wisdom], too, so that they can distinguish eventually between those things that are good and those things that are dangerous. So they can have a good inuusiq, say avoiding bodily harm or drowning or other dangers, for example...and they will grow in wisdom and learn in school and in their home—they will be given challenges to develop by. These are all toward giving us good inuusiq, and I was wondering about the notion of silatuniq and how it relates to what you were talking about previously. I thought of this when I went over your words especially from yesterday.... What do you think of this?

Aupilarjuk: Well, I can speak from a personal experience on this subject—some of us only speak from what we know. There was *nutaraqsiutit*, which were words and terms that were used with babies so that they could develop good speech. This was there. And when they *silattuq* [grow aware] and grow bigger they are given stronger language that they have never heard before. This is the way we did it. Yet there are those parts of our humanity that cause problems and that we are to be cautious of: seeing, wanting, obsessing. These touch us and consume us. I never heard a single inappropriate word come from either my father or my mother. Neither did I see them do anything bad in any way. Yet when I went to another household, to my paternal uncle's, I was there for a long period of time. He was the youngest and I saw something there that I should not have been exposed to. And yet I knew right away that it was wrong to do, according to my father's teachings. When I saw this, I could never forget the image after that. I knew well he was not supposed to do it and it was quite impossible to erase from my mind. You resist those thoughts and they haunt you and cause disturbance, even when you know it is wrong! And so imagine how much more damaging it is when the children are out and about being exposed to many things from people other than their parents, and they take impressions from each place before they are able to discern (before they are silattuq). This was a concern in the past but it is far more prevalent nowadays.

Tamalik: From living in settlements with many...?

Aupilarjuk: Yes! Living in places where there are many people.... It's not like they are forsaken by their caregivers; it's just that when they are with other people than their parents while they are still highly impressionable, they are more vulnerable to harsh discipline because there is not the same kind of bonding that they have with their own parents. I have said this before in the past: if there were two people drowning and both were important to you but one was your own child, which one would you grab first? I have said that following that instinct and bonding they would grab their own child first. It's not that the one who is not his son is just put aside, but that his depth of feeling is not tied to this person. There is a special quality of bond between a child and parent. This is something also that we need to be keenly aware of.

Tamalik: Yes, indeed...

Aupilarjuk: And this is how it is now and will continue on, I assume, this practice of our children choosing their own mates. They do this of their own volition and without our knowledge as parents. When they get partners without their parents' knowledge it really gets one thinking whether this union will last—will they break off from them? This is a great concern that arises because I do not know the character of the woman or man. Yet, later on when they split up, we parents are very much hurt by this. The old way long ago was not to be too crowded with all kinds of people and so this kind of practice was not known. We only followed the indications that our parents gave us.

Tamalik: Yes...

Aupilarjuk: But we are not saying "don't do this," but we are bringing up the purpose for this discomfort.

Tamalik: Yes...

Aupilarjuk: And one thing I find very frightening, the most frightful of all, as this was not from my upbringing back then: people with daughters or granddaughters, some bigger than others, but not grown to maturity.... I have heard that they have been sexually interfered with, someone trying to grab a child. It is of grave concern and very frightful. They must not have any sexual advances before maturity by a foolish adult. This is scary. This is something that I really find dangerous....

Tamalik: Their tender inuusiq can be broken...

Aupilarjuk: Yes, they can be broken. Say the little girl child is given attention by the adult male. He would approach her with a happy attitude and engage her in conversation, and she would unwittingly reply as she didn't know his motives. She has no idea; she is just full of joy still. Yet here she is being primed by the adult, for him to one day make an advance on her, although it is entirely inappropriate. You don't have to tell an elder what someone is thinking—they will just automatically know. What I think is that it would be good if they turned to an elder instead. I find this a dangerous thing and there is no question that it causes all kinds of problems for the school system. I'm not scoffing at them—*ajurnarmat* [it cannot be helped]. As I mentioned previously I had witnessed something done by my uncle and could never get it out of my mind even though it was clear to me that he did something that he should not have done. There are lots of different kinds of things to be exposed to inappropriately. Children can be very tender and easily shamed and should not be told about serious matters before they are capable of dealing with them. When they are *silatujuq* [mature enough] and have enough knowledge, then they can be told about serious things so that they can be made to understand. I have participated in more than one healing event and heard from some women how such a great burden of grief is carried from their childhood experience. It is embarrassing and intimidating, and so they had kept it to themselves deep inside. And through working on healing they eventually are able to say something about it. Therapy can be very helpful...

Tamalik: What about *natqiqsurniq* [traditional Nattilik term for *mamisainiq*—ritually confessing]?
Aupilarjuk: Yes, natqiqsurniq...
Tamalik: What was that term *natqiqsurniq* about? Was it to restore balance?
Aupilarjuk: Yes, for a person...Inuit back then would have taboos, things they had to avoid. If any person did something that they were not supposed to do, they would become worried or perhaps become sick as a result. That one rock I have with the single mark on it... this is the meaning of it. It is only with getting it out of them by natqiqsurniq that the consequences can be removed. In this way they regained the support of their relatives, and they were told what would be a better way to be, or they would let them know how they got to where they did—"your mind was pulled a certain way." In that manner we were told the reasons for our misguided behavior by our parents. We do not use that practice anymore, though. If it were to be brought back it would be good. I, for one, would be comfortable with the return of this old practice. This has led me to imagine that there should be a school that only teaches Inuktitut ways. I feel now that I support Leena, if she can try and get that going, if she can set this up, and it would be full of real Inuit ways.... I support her there. I very much support her in this.
Tamalik: Yes.... So how do you imagine it? Say that the building is already there and things are running—what do you imagine it to be like?
Aupilarjuk: I cannot speak to this generally. I think it would be better if there was a series of questions given to me, the ideas would flow more easily....
Tamalik: Yes...yes...
Aupilarjuk: It would be good if the person running it—If they were not quite sure, they should ask specific people who know things. By asking different people questions, some of us would not know how

to answer but another one would have the answer. It would never be finished if it relied on one person. But if people are working together on it, then the ideas can flow out. I really feel that this has to be done before the older generation has all passed on....

Tamalik: Indeed....

Aupilarjuk: So I cannot answer you clearly. You asked how I imagine it, but it is better to fill in the ideas through a collective interview.

Tamalik: Yes, yes.... Perhaps in July, Leena can ask you more. She can explain what she sees and thinks about in this regard and can ask you specific things.

Aupilarjuk: Yes. It can only come out with some specific questioning. And where we don't have an answer, we will not answer.

Tamalik: Indeed.

Aupilarjuk: If we have the ability to answer a question then we can give it a try, too....

Tamalik: Indeed.... And now perhaps as a final question I want to ask you about.... Yesterday I spoke with you about ideas that came through Kilugi about Indigenous realities. And you had also spoken about how first peoples, and First Nations and Inuit, can collaborate together—you spoke about it briefly as *ikajuqtigiingniq*. Collaboration is a good operating approach.... I was wondering if you can talk more about your experiences working with First Nations; for example, that man known as Utuqqa'juaq [Grandfather William Commanda], who I saw in your photograph of the elders you worked with in Ottawa. I am wondering what kind of work you did together or the related experiences you may have of that time....

Aupilarjuk: I cannot recall exactly what it was about, but we were asked to speak with them about a gathering centre. We were asked to speak about what we thought about it and how we grew up on our land before contact with the qablunaat. They wanted to know what we used to survive and things like that through asking us different questions. I would demonstrate the things I used, and I talked about them, and showed them how. And those things that I didn't see, those from very long ago, I believe them although I had not seen them. I do believe them because they are real. I would include in my speech those things that I was told. This is what I did....

Tamalik: Yes...

Aupilarjuk: But my knowledge is so relatively small and thus it would make it hard though I would like to say more. But afterward, when I thought about the First Nations, having heard previously about them...for example—how would you put it?—there was an impression of them being aggressive and so I used to think that they were not good. And then I met some in person and realized that some of them have such beautiful characters, too. I came to an understanding, too, how they also long for their ancient ways and some regret that they lost touch, as well. I could see how both Inuit and the First Nations had lost their old ways and missed them because they didn't use them anymore. But they are not all that similar in other things. The First Nations were not in the Arctic regions, they were more where there were trees, and I think that it is the nature of the terrain that is the basis for the difference in our lives. There are aspects that are identical, too, though. We ourselves are in the region that returns to winter fast and we have no trees, and in that respect we are dependent entirely on the knowledge of ancient Inuit on how to thrive.

Tamalik: What kinds of other specific differences and similarities did you observe?

Aupilarjuk: I don't recall exactly, but my first insight came from—where is it?—this thing (*pointing to the wall*). There is a bird image there—perhaps it is an eagle? And I think that this other thing is a brown fox.... It was about...something to do with a prison, and this was where I really noticed something, as I was shown this initiative. There was a part in the prison where there was a place to speak out about our wrongdoings, a place to find peace. It was said that the fox is on the image because it was spotted sitting on the Canadian Shield. While I wasn't entirely at ease over there, this great rock formation was in full view. And that is where the fox was said to have tarried.

And so this became the place of healing for the First Nations people. When I was shown this I was greatly moved by it....

Tamalik: Yes, so having helpers from the land, is that a similarity you noticed?

Aupilarjuk: Yes, I felt it, how they have helpers from the land, just like Inuit of long ago. And yet, there are also some differences still, perhaps because of the trees. And in some ways they are exactly the same...(*laughing*)

Tamalik: So then because of the trees, like they could have higher, bigger tents or also materials to make things from...

Aupilarjuk: They can make things. They have the ability to make things...

Tamalik: And did you notice them to have similar values for *inuuqatigiit* [interpersonal harmony]?

Aupilarjuk: Yes, they have many ways of supporting interpersonal harmony, but I don't know them all as I only got a little bit of what they were saying...

Tamalik: And they have *ilagiigusiit* [guidelines for their family values]...

Aupilarjuk: Yes, they also have that.... And when I spoke with them my words would go through a translator into English. And when my speech was taken so seriously I would kind of gasp...

Tamalik: Because you were so admired by the First Nations?

Aupilarjuk: Yes, it seemed that they were admiring me too much... just some of them, and some others were not so much so. I have always been like that since I was a young lad. My old uncle used to say to me that my words have such power. And yet I do not really know if I am strong—I really don't know at all—and I am so very forgetful....

We had so much support for learning different skills from when we were children. We had so many guidelines to follow. There was no fear in them; it was based on our *silattuqpalianiq* [a child's growing capacity], and they grew gradually stronger. We would hear these things gradually over a long period of time. This is how we were.

Tamalik: The First Nations dance techniques are quite different than Inuit, eh?
Aupilarjuk: Yes, I have noted them to be very different....
Tamalik: And yet quite enjoyable to witness...?
Aupilarjuk: Yes, when you see them it brings up such emotion. (*laughing*) I don't really relate to the movement style and while I cannot understand their voice, I sure feel that their beautiful singing brings up great emotion.
Tamalik: Is it that the movement and the beat is too fast?
Aupilarjuk: Yes, it is too fast. And not like Inuit, so I don't interpret the movement or notice the significance. But their beautiful voices...I don't understand them but sure feel connected to them....
Tamalik: What about their styles of clothing?
Aupilarjuk: Oh, their amazing clothing...some so very dressed up, and so many different kinds, all dancing. I imagine seeing that some of them have the land dwellers from the invisible hovering around them....
Tamalik: When we were on the outskirts of Ottawa with Singuuriq—you know Singuuriq—and those trees there in about February, when it starts to become spring.... In February, when it freezes and the ground is preparing for new growth, the trees start to get full of liquid...
Aupilarjuk: Yes...
Tamalik: The sap...
Aupilarjuk: The sap, yes...
Tamalik: You can remove that liquid gradually and it can be made into sweet things as it is very delicious. And the First Nations down there have always done this kind of thing, and it was the qablunaat who had learned it from them in the first place.... So Singuuriq was brought to experience how the First Nations would do this, how they did it before the qablunaat came and, for example, what kind of bucket or tools they used. They would use a tree that was simply felled and then hollowed out and then filled up with that kind of liquid. They'd take fair-sized rocks that were heated by fire and put into the...

Aupilarjuk: Into the liquid?

Tamalik: Yes, into the liquid. And then it would steam. In this way they would bring it to a boil and the liquid would eventually become sugar grains, once all of the liquid was evaporated. Singuuriq said that where she was from up there they used to use that same technique when they needed to make salt to use on their meat. She said that they used to do just that with sea water. While we were there the First Nations were also dancing and one of the girls, who was in full regalia with a beautiful headdress, was approaching Singuuriq. Because I was Singuuriq's interpreter, I noticed that she might need me and so I went a little closer to be available. And so it turned out that while she is First Nations, her mother is First Nations and her father is Inuk from Baker Lake. She told me she would go to Baker Lake in the summers and for that she had some Inuktitut.... She was approaching Singuuriq in order to speak directly with her. It's a little bit like when I first met you down there in Ottawa...

Aupilarjuk: You mean the First Nations?

Tamalik: No, when back in Ottawa you didn't know me and I approached you...

Aupilarjuk: (*laughing*)

Tamalik: Ah, remember, you thought I was a qablunaaq. And here's me not aware that you would be thinking about the need for an interpreter, and here's you suddenly wondering what you were going to do with that situation and I was approaching to speak Inuktut with you.... It was just like that, but in this other case it was a First Nations person approaching us. Well, if she had not been in full First Nations regalia we might have seen that she was an Inuk, too...

Aupilarjuk: (*laughing*) Yes...

Tamalik: She was wearing her mother's own homemade clothing.... (*long pause*)

Here is a question that I had been thinking about but I forgot to mention it...ah...you talk about a triad including a collective or family...ah...money and property and the notion of the individual.

Would you speak a bit about differences and similarities between the notions of collective and individual?

Aupilarjuk: Yes. You can say that individual and collective are a bit similar. Yes, I'd say they are similar—individual and collective (personhood and peoplehood)—but say one person has a number of older or younger siblings. Of these siblings I would observe the one who has the best character and I would say that person is *inuuttiaqtuq* [living rightly, has good inuusiq, good citizen/person/individual]. If all of them, however many there are, if they are each *inuttiavat* [good people], then they would be a healthy collectivity. In that case I would say they are inuuqatigiittiaqtut and that they are *inuuttiaqtut* [living in the right/good way].

Tamalik: So you would say if they have good inuusiq, then they are inuuttiaqtuq?

Aupilarjuk: Yes, inuuttiaqtuq...

Tamalik: So if they are inuuttiaqtuq and they are all collectively like that, then the whole group is inuuqatigiit?

Aupilarjuk: Yes, they are in collective harmony like that...

Tamalik: Yes, this makes sense...

Aupilarjuk: Yes, where the individuals thrive, the people thrive and are not divided. This is what I want so urgently if it is possible, so that we can have more strength by way of a strong collective.... If we are just given to conflict and talk about each other, this will only cause anger to gradually rise. My father used to say, "Be good to each other as siblings," and what he was getting at was he wanted us to understand the value of a healthy collective. He understood that when we were adults if we had good sibling relations we would have more ability to collaborate and help each other share food...

Tamalik: It was sibling harmony to be learned first, so that when they had a wife or husband they would understand how to apply that with a husband or wife...

Aupilarjuk: Yes, they would apply it as such.... It would give them the wisdom for that, but only when they were ready. When one is ready they would know all the things they need to observe.... At first there was only what they needed to know to be children, and they were given other things gradually based on their capacity, probably through an observation of their development. And gradually they would be given stronger vocabulary. As some things that were shared were not to be spoken anywhere else...if we spoke those negative things to others around, then they can become a source of fighting and mental strain...

Tamalik: Yes...and *inuuqatigiittiarniq* [harmonious collective] is something to be observed one's whole life...

Aupilarjuk: Yes, it is for one's whole life long...

Tamalik: When I am an older person, I still must observe it...

Aupilarjuk: Yes, even as an elder, they always have to observe it...

Tamalik: I don't have a son-in-law yet—well, maybe I have one in the making—but this idea of being good to each other...and when I have a daughter-in-law and when I have grandchildren, and these *nuliit* [parents of sons- or daughters-in-law]...through this our collective would grow...

Aupilarjuk: Yes, it would grow, yes.... We would grow gradually, and in this way we would need to have an underlying source of good character, which would guide our feelings and our minds. A little plant, all plants, a little flower, if it does not have water it cannot grow. We, too, if we did not have a good life force, would become like the plant without water in our thinking process. I often draw a parallel between a plant and a person...

Tamalik: Indeed...

(*pause*)

So I want to say that these recordings we have made...I want to listen them closely and write them out and write them into English, too, and where English and Inuktut concepts cannot match up, I want to identify those.

Aupilarjuk: Yes...

Tamalik: And also for my schooling I have to write something. I have to make something that will be my last exercise, and I was wondering about being able to use these recordings for that, and I will give you copies of the writings...
Aupilarjuk: Yes...
Tamalik: Well, I know you say that sometimes paper is not resonant for you...and this is perfectly fine...
Aupilarjuk: Yes, it's fine...
Tamalik: Yes, and I want to work in the best way possible, in a way that is very suited to your needs, because I think I will not feel fine unless you are perfectly pleased...
Aupilarjuk: Yes.
Tamalik: And also they will be seen by the Department of Education as they work toward making a future in learning...
Aupilarjuk: Yes...
Tamalik: And in the schools, like universities, they have many rules with regard to ethics...
Aupilarjuk: Yes...
Tamalik: But with written rules, even though things are written, they don't automatically ensure that the relations are good...
Aupilarjuk: Yes...
Tamalik: You have a great honour of recognition from a university, and it is evident that you are much higher than me in Western education (*pointing to the honorary doctorate on the wall*)...and, of course, as an elder with much recognition among Inuit. But of course all this does not mean I am worried about anything.... But, well, perhaps—how could I say it?—would you still speak out if there was something that concerned or worried you? Would you not hold back your words about something you did not want?
Aupilarjuk: Yes...I am not quite sure how to answer your query because I don't know the whole context. So that it is clear, I will say something and may be mistaken, as I have been interviewed many

times by qablunaat. They would come here to visit and they wanted to hear how Inuit used to be, how they did shamanism, what did they do when people were sick…these were the kinds of questions they came to ask. I was asked about these tools and just about anything else. And where it should have been reported that it was [knowledge] from me, I see the interviewer gets the credit, and I feel this is very uncomfortable. It's like something that came from us is then used to make a living by the qablunaaq. This is how I view it to be. This is not comfortable to me in any way at all. If the qablunaaq is just doing the questioning, they should not be making any money off of Inuit traditions from the answers given by Inuit. It is the Inuk that is giving the knowledge that should be making more money from it. This is something that really upsets me.

Tamalik: Yes, yes, indeed. It is important to have the means to make a living, and having enough money to live is part of that, and gives one more independence for decision making…and…hmm.

Aupilarjuk: Yes…

Tamalik: When there is lots of money it needs to be shared around appropriately…

Aupilarjuk: Yes, now I just tend to tell them, some of them on occasion, "Look, you are going to make money from this and this is not your personal knowledge but has come from me…" This is what I say to them, not scolding them or anything, just informing them. And then they usually tell me that, no, they will not be making any money from it, and I just have to believe that that is true, but it's really hard to know if that is really the case or not. A few days back there was a last request I had. It was a Japanese man, I think. A little man—perhaps you know of him—and he came here by way of Baker Lake. He came to my place to learn about the tools, and he came here with [my son] Johnny. He sat right here and told me that he had travelled all around the world…

Tamalik: Yes…

Aupilarjuk: Now, I had been told by my colleagues in Arviat that the tools I have made should cost something to be shown when I talk about their meaning. This is because they understand the value of their impact. And so I looked at him and asked him how much money he was going to allow me to earn with this.... He said he was not going to have me earn any money with it, because, he said, "I will not earn anything with it." I responded to him, "You have travelled around the world and I think you would be making plenty of money, as you have told me you went everywhere in the world, and so I must be able to earn some money if you interview me." I said this to him and said, "If you don't want this, I will not show them to you and I will not explain their names to you." When I said this to him he then agreed to my request. In this way I had made him speechless. My reason for doing this comes from a previous experience. There was an image made of me, and I was asked about my image being available for sale. I did not think about it, but too quickly just said yes to the request. Then one day in the airport terminal here, as my wife and I were up there, I witnessed one qablunaaq buying a single one of my pictures for twenty dollars from the little store in the terminal...

Tamalik: Yes...

Aupilarjuk: And so this happened to us. And what about us? No, I did not get anything for it...

Tamalik: You were not even given anything in the first place...?

Aupilarjuk: Not a bit, nothing...I have come to let that go now; it must not be seen as an issue anymore...

Tamalik: Yes...yes, but what you say is also related to the things we are talking about...

Aupilarjuk: Yes...

Tamalik: Your personal experience is connected...and...for example, I would ask, has our recording this week been good in your experience?

Aupilarjuk: Yes.

Tamalik: You have been fine with it?

Aupilarjuk: Fine...I have not had any issues...

Tamalik: It was not tiring or wearing down in any way...?

Aupilarjuk: Yes! I have had no issues…except that I am aware of my very small amount of knowledge; this is my only irritant (*laughing*). If I knew more like those that came long ago, I would have shared some of those things, too. I did not overlap with those ones as I was born during the time of early contact…

Tamalik: And you are aware that the things you have said are going to be used by the Department of Education…?

Aupilarjuk: Yes…

Tamalik: And that I will share with you those things that I write…?

Aupilarjuk: Yes…

Tamalik: And if there are other uses then you will be asked first by the people in Education…?

Aupilarjuk: Yes, yeah…

Tamalik: Yes…with your permission in each case…

Aupilarjuk: Yes…

Tamalik: I will tell them so that it is written on the recordings.…Can you think of other further applications of the material in the future?

Aupilarjuk: I am not sure as I haven't given any thought to how it might be used, but I will give you the answer that comes to my mind just now. If there is anything inappropriate within them, let them notify me in writing, or if they are seeking further permission I would prefer to hear about it in writing. If I can better understand what is not right about my work, then I would not push so hard for my thoughts to be heard. I know I am not going to be adequate as I likely was mistaken in some of the answers I have given you and I would like to know, if that is the case, what those inadequacies are…

Tamalik: Yes…

Aupilarjuk: And some of the other things may be good to apply for the future, and I would not restrict any of their uses or applications. I am fine with them being used, and they can be gradually built upon. They can be made bigger through words that I have not spoken, if they are believed to be true and they are given the recognition. If they are not given recognition and if they are not used, then I don't mind, either.... This is what I have always thought about.

Tamalik: Yes.

Aupilarjuk: Sometimes I talk on about something or another and in retrospect I find that I have been mistaken and I feel regret, and I think that I said too much.

Tamalik: Yes.

Aupilarjuk: I am not trying to be misleading on purpose. It is just that my own knowledge is so limited...

Tamalik: Yes...I am going to hopefully return here in July when Leena is here and I will show you what I have done then, show you how I have done working with our recordings...

Aupilarjuk: Yes...

Tamalik: I will be working to put them into text, and if you have any more thoughts at that time when I return you will be able to voice them...

Aupilarjuk: Yes...

Tamalik: Yes...they will not just be used any which way, and for now these are just some things for the Department of Education to reflect upon...

Aupilarjuk: Yes, very much so...

Tamalik: And you know Joe [Karetak] can listen to the recordings in Inuktut and yet some of the other workers there [at the Department of Education] and their bosses, maybe in Iqaluit, some can only read in English...

Aupilarjuk: Yes...

Tamalik: In this way, I wanted to assist you. As I work on this on my own and translate it into English, this will be helpful for them, as well, and your words will be made more clearly known to them. I do not need to be paid for this at all; I just want to do it to finish my school work...

Aupilarjuk: Yes...yeah...

Tamalik: This is how I think about it…
Aupilarjuk: Yes…
Tamalik: If in the end it is made into a book, I was thinking that your relatives and you, like if you are not here, then the royalties are directed to your relatives…
Aupilarjuk: Yes…
Tamalik: That it won't be used to make money by anyone but you…
Aupilarjuk: Yes.
Tamalik: This is okay with you?
Aupilarjuk: Yes, this is okay with me.
Tamalik: It is like money is like meat—this is how I think of it. And we were always supposed to share meat with elders. This is the way we were taught in Talurřuaq growing up…
Aupilarjuk: Yes…
Tamalik: It was a practice to carry meat to them…like that…and today when money is needed more, both meat and money are needed. You know the late Niviuvak—I recorded her when she was past one hundred and the elders were given some money from Iliqqusilirijikkut [Department of Culture, Language, Elders and Youth, Government of Nunavut] for it; they were given fifty dollars only though. I knew very well that this was much too small an amount in this case. She was also someone who helped us very much when we used to be neighbours when my brother had passed away. So I asked her what more could I try to bring to her from the south…. She replied, "fishnets."
Aupilarjuk: Yes…
Tamalik: Well, my dad is a fisherman and I asked him where could I possibly get the perfect kind of fishnets that are right for Talurřuaq waters. I asked my dad this and he told me that I could find them in Winnipeg, and he described the details in a careful manner, and I was able to get them to send to her…
Aupilarjuk: Yes…
Tamalik: I got them sent in by way of mail there, and—

Aupilarjuk: I think a lot about these elders like Niviuvak, for example, as you have mentioned her. They speak from their true knowledge, from their personal experience, and the things they heard. The precious elders give from that directly...and nowadays this knowledge is really critical and a source of empowerment, when it is understood and applied...and them getting paid far too little, I see this all too well now...

Tamalik: Yes, indeed...

Aupilarjuk: It's not like we are going to waste it on awful things like alcohol and things that alter your mind.... We never do this, we unfortunate old ones...

Tamalik: Yes, very much so...

Aupilarjuk: We would strategically direct it to one of our children to give them a means of independence, for food, for going out on the land; we old ones, we use it for making a way of life. Because of this, I want to say that what they get is often far too little in relation to the importance of the topic they are consulted upon...

Tamalik: Yes, and how the topic helps so many others...

Aupilarjuk: Yes...and now that we have Nunavut there is a more concerted effort to collect this [knowledge], some of it...

Tamalik: Yes...

(*pause*)

And tomorrow morning we will not be recording as your wife will be returning home...

Aupilarjuk: Yes...

Tamalik: And before I leave town I will come to visit again.

Aupilarjuk: Yes...

Tamalik: After the weekend, on Monday in the morning, I will be leaving, and before I leave I will be coming to visit...

Aupilarjuk: Yes...

Tamalik: And after that time if you have any questions or reflections, I will have given my phone number to Johnny...

Aupilarjuk: Yes...
Tamalik: He can request me to call as I have a calling plan in the south, but not up here. I can call from there at no charge. We just pay twenty dollars a month and the long distance calls we make are not even tallied. That amount covers any long distance we need and my husband and I like that very much.... I am going to work at understanding [these recordings] as I listen to them closely, and as I listen I usually transcribe and in that way I have a means of reflecting deeper yet. I will probably have short inquiries with regards to making something clearer...
Aupilarjuk: Yes...
Tamalik: If you don't mind...
Aupilarjuk: (*pause*) I do not mind.

MAY 21, 2010

(*length of segment: 26:17 minutes*)
(*we were talking and I requested to turn the recorder on because he was very animated and I wanted to remember his words in more detail*)
Tamalik: So, you were talking about what you had noticed in the south on the highway and the thoughts you had toward the land—could you say more about that just now?
Aupilarjuk: Yes, as I had mentioned—but note that I am going to elaborate further now and bring out other aspects of what I said—I was taken by car and we travelled all day, supposedly up from Toronto. It was said to be in First Nations' territory. Well, whether it was really their own territory is hard to say because there were many qablunaat in that area. We gathered by the banks of a river, a big river in a beautiful land. And so I had been shuttled to this place where there were smaller communities and we went through these places that had smaller populations. And we got to a bigger urban space and we were just passing through. The roads we travelled through there were very impressive and they were beautified with turf and flowers, and those things grew

nicely, and they were so nicely arranged and visually pleasing. And as we drove through that, I began to sing something like, "Long ago before the qablunaat were here and before the qablunaat named these places, you were likely a very beautiful land and you were using your long-time way of being so well, that way that is not used at all now." It was as if those words were spoken to me, through me, through my mind. I was told this also, "As soon as the plants there are not tended to and maintained, you will become so wretched looking..." This is what came to me. And as I thought this, it occurred to me that there was a parallel to my own relatives and my children. I turned my mind's eye to them—they are Inuit because I am Inuk, and they are my heirs and I am Inuk. I am not qablunaaq and so they are not qablunaat. They are real Inuit, they are. Yet they have become helpless in being like real Inuit. If they were Inuit, if you were Inuk back then and used the ways of Inuit then your real Inuk-ness would be apparent. But that is no longer there now. "If you are not maintained in thought then you will become wretched looking, indeed..." This line came to me. And then I saw the parallel between the land here and what I was thinking [about my children]. These were the thoughts that had entered into me. And we as parents cannot be the way we used to be; instead, we have to work hard to maintain what cannot be sustained on its own. This became more apparent to me. Yet we work hard to maintain something, and yet it is also seemingly futile, too, because of all of their comings and goings and influences when our children were young. And so we are like this. As Inuit, we have Inuit ancestors who were very successful in life without contact with the qablunaat. They were experts in every way and yet without much to work with. This is how they were back then. We need to return to our Inuk-ness, we have to grow something new, we have to bring ourselves up gradually and not be run by outside influences—this is how we Inuit need to be within our homelands. We need to watch over Nunavut well, and this also was connected to my experience—the care of the land. The great land has its own thoughts and its own beings, and I have noticed as I go along how sensitive it really is. When I was a child and we would arrive to a land where we had not been before, I was to have bare feet, no footwear on, and I was not allowed outdoors and had to just sit in one place inside. The reason for this is that the land is ticklish of people when they just arrive; this is what I was told by my parents. The land is so very sensitive and if I disturb it I will have a shortened life. This is what I was told. Those *inuksuit* [human-made stone landmarks], those old ones especially, are not to be pushed over as it is dangerous and my life can be broken apart; this is what I was firmly warned and I understood it clearly. We don't use that anymore, we no longer use those teachings, but now we need to try and use them if at all possible. This is what I can say from my own beliefs and from my own knowledge.

Tamalik: Yes…

Aupilarjuk: These are very impressive practices and when you look at them in retrospect when coming from a personal experience of using those practices and then not using them anymore, they are very impressive, indeed. It is a tricky thing to choose correctly a space on the land, and I don't understand any English and I know that some of the qablunaat guidelines are cause for suffering in our lives. It is to be understood that finding a space appropriately is a very tricky matter as I find myself in this circumstance of being an elder now. Back long ago it was not so hard to find a space appropriately because abiding by the Inuit ways is quite different than today's ways. There is a comparison to make, a distinction…. This is what I can say and this is what I believe to be so. Now if my colleagues do not agree, then never mind. Those words of mine will come to mind when there are some difficulties faced, and when the person looks at the situation with their own minds, some of my words will return to them, even if I have no more voice at the time, in person. This is what I can say. I am truthful. I believe that I am truthful…

Tamalik: Yes. And when it was about to rain you said that you used to be able to smell it coming?

Aupilarjuk: Yes, we could sense something that smelled like water. Yet I do not think that this is believed by others to be true, as this is not the first time I brought it up. I mentioned it at a meeting some time back, and yet I was not believed in my claims and I was aware of that. I am not being deceitful; it was really something you could sense by smelling. There was a particular odour that was perceptible, a kind of smell like snow and like rain. Now we do not smell it anymore. (*pause*)

And there were the caribou's droppings, when they were not too dry, but were slightly dry. My father would pick them up and you could not see the caribou anywhere, only their droppings. He would smell it and say that because the scent is still strong they are likely close by here, because the scent was not faded. The droppings were used for information like that. And any bones, old bones, when he would pass by them on the land.... If he would pass by or we would pass by some very old bones of the caribou that were rotting into the land and disintegrating from age, he would take them and flip them over to the other side and replace it to its original spot. He would say that they get very tired from being in one place too long and they need to be flipped over to the other side...

Tamalik: You mean human bones, too...?

Aupilarjuk: No, just caribou bones.... They have to *tuninnguiqsiq* [a kind of renewal]. I did not understand this when I saw it practised and much later it became apparent, it is quite true. It is like that. This is what we practised in our relation to the land here and we are not practising that any longer.

Tamalik: Yes...from being inside the house more now and from use of motorized vehicles...

Aupilarjuk: Yes, there were no such things back then and nothing from the qablunaat. We just followed the real original way of Inuit.

Tamalik: Yes...

Aupilarjuk: Not all of the maligait are firm but some are very strong forces and because of that I can see the evidence of how strong and how dangerous they really are. If we break those rules we will immediately experience some dangerous consequences within our body. I have thought about this and I am not trying to say that the qablunaat maligait are bad, as I have heard that they have very high levels of maligait, too. But their great maligait are applied by use of paper and are put onto paper. So then when the wind blows and if their great maligait are scattered then there would be nothing left of them…

Tamalik: Yes…

Aupilarjuk: But for Inuit, great maligait, no matter how strong the wind blows, it will not be tossed away. It is stored in people's heads and in their hearts. Those are the two places, together. It is said that we have thoughts in our heads and we are to believe within ourselves that is so, and it is an assumption that is accepted by Inuit. Yes, we do have thoughts within our heads and our brains but I would say that we also have thoughts within our hearts. When Inuit were afraid back then it was noted that this chest area becomes uncomfortable. It would get really uncomfortable and our hearts would race and pound when we were frightened. If we only have thoughts in here (*touching his head*) then we would not have all that feeling in our heart space. I believe that the qablunaat are slightly misguided in their understanding. It is true that we have thoughts up here in our heads. But for us Inuit, we do not usually say we have thoughts here in our heads; we refer to our chest area as the place of the origin of thoughts. Now I think that this idea is just coming from me, and maybe as such it is not believable, but I will keep it as a private belief.

Tamalik: Is it that these thoughts that originate in our chest area move to our consciousness…?

Aupilarjuk: Yes, they move into our consciousness and there they connect…

Tamalik: It was something coming from here [the chest] and it arose as awareness…in the brain area…

Aupilarjuk: Yes, this is how I imagine it—this is how I think it must be.

Tamalik: There is a woman named Taalliraq in Gjoa Haven.[6] This is the late Arviq's wife, and she told me back in 2005 when I had recorded her that when they used to live on the land, the men...the men could get information about the weather by merely smelling the wind...

Aupilarjuk: Yes...

Tamalik: I have heard this clearly from Taalliraq and I believe her very much. And I asked her about the women...I wondered about the women because she had spoken about men in her reference. I wondered if women, too, were known to tell the weather in that manner. So I asked her and she answered me and said anyone has the physical capacity to develop this sense but it is the men that are out on the land all the time and out of doors the most continually and so their ability in that regard is just more acute. She said the women spent more time within the tents and the snow houses looking after children and sewing. And so when it came to questions about the weather they would make their own observations, but also defer the question to the men. If a female was to go out all the time and hunt like a male, her body would have the same ability. They have the very same capacity, but she is not using it...Yes...this is what I heard from her...

Aupilarjuk: It is exactly like that. That is how we are and I know this personally very well, indeed. A woman or a wife in the community is also the expert of those things that we do not know about that domain. This is how it is. The man goes in and out of that domain and while gone on the land he needs to know how to deal with each and everything he encounters along the way and indeed some real dangers and frightful events. It seems he has more *sila* [environment] within him as he is in direct contact with it, and has dealt with—at one time or another—all of the dangerous or misguiding or treacherous experiences of the land...

Tamalik: Yes...

Aupilarjuk: The woman has not had those same influences and so her knowledge is different. It is not like the woman is not as intellectual but it is because she does not go out on the land like that, that she has less direct knowledge in that regard. For the matters of the domain of the snow house and the community affairs and about the people, she knows far more than any man…

Tamalik: In that way it makes sense that we should collaborate, women and men…

Aupilarjuk: Yes, yes.… This is how we were, this is how we are…

Tamalik: If our respective strengths are equal, then we would be very strong in collaboration…

Aupilarjuk: Yes. Now we are not applying this principle at all—similar to what I mentioned in my story of my trip to Toronto. This is the way we are now and some seem to even gather strength from things that are fearful and unseen. These terrible and various vices, because they use them, they become defeated…

(*pause*)

This is something that we need to review. This is a source of anguish for me, and it relates to my ride on that highway and the view of many cultivated plants and the Inuit of long ago…Now we need to try and fully understand them, for while we are still young, the ideas can be a source of return to wellness for the mind…

And you know the common *qiqquat* [long type of seaweed] from the ocean, eh?

Tamalik: Yes…

Aupilarjuk: Some of them are really long and it was so much fun to play with them on the seashore like dog whips so we always sought them out. But if we were found out by our relatives or our parents we would be reprimanded as we were not to play with them. It is said that they cause the wind to blow. It is believable that the land has many beings even though they are unseen. The items of the land belong to them and so the *qiqquaq* [seaweed] is something they don't want you to play with. This is how we used to be.

And the sands and gravel bits were so beautiful to gather and spray into the water—when they landed in the water it caused such excitement. But we were strictly forbidden to do this as it is said we would cause the rain to fall. These are the kinds of rules we had as children that I talk about. It was not good to have rain and if we did that it would cause the rain to come. Now we only are able to pick up scents like smog in the air in the spring and summer. This we smell, but at least we still smell—the smell of snow and weather is something we no longer smell at all.

Tamalik: Hmm…I have heard about the First Nations practice that if they find a rock on the land and they like it, they are not supposed to just pick it up and put it in their pockets ever, only if they give a gift in advance like a bit of tobacco, then they are free to take it…

Aupilarjuk: Yes…

Tamalik: Yes.… Did Inuit ever have similar rules, like in general or toward specific things of the land…?

Aupilarjuk: I don't know about these things but I remember that it was said, and by my father, too, that if we find copper we should pay for it with a tuft of fur from a brown dog.

Tamalik: Really…?

Aupilarjuk: If I am to take the red material I've spotted there from the land that it comes from, if I have happened across some and I want to keep it for myself and if I have a brown dog, then I would be required to pay for it with the dog's tuft of fur. This is the only instance that I heard of this from. I am sure that this is not the only such instance. It is clear that there are many such rules. And just hearing about the First Nations reminds me of when I worked in Yellowknife with one First Nations man and he was our leader in that project. There were many things that I heard from him that were identical to what Inuit would do. But of course there were other things that differed, too.

Tamalik: Because they lived in a way so as to care for the land, their culture was formed by that…

Aupilarjuk: Yes…

Tamalik: They are not like qablunaat. It seems the Western way is to consume.

Aupilarjuk: Because they are operating from a Western patterning that is based on acquisition of money. For us first peoples of the land, we don't reject the use of money; it's just that we never had an attachment to it. Our whole focus was on having a good life and looking after the land well.

Tamalik: Would you say that the practice of giving the tuft of fur from a brown dog to the land in return for acquiring its copper is a similar practice to *nakuruhiqturniq* [gifting a teacher/healer]?

Aupilarjuk: Whether it was nakuruhiqturniq?

Tamalik: Yes...

Aupilarjuk: I do not know, so I cannot say for sure. It could very well be. It could likely be so.

Tamalik: Like if someone wants to be healed by a shaman they were told to *nakuruhiqtuq*...

Aupilarjuk: Yes...if a person was sick, yes...

Tamalik: And also perhaps giving something to a person who has helped us or to our teachers, we give them things...

Aupilarjuk: Yes...

Tamalik: Something small that is helpful for them and that was expected of us to show gratitude. I wonder if the copper, because it is useful and special and because the land is alive, that it is like giving in that sense of nakuruhiqtuq.

Aupilarjuk: Yes...one must be expected to nakuruhiqtuq. This is the way we are to be; this is the way we were as I experienced it. If I have a child, say my children cannot stay alive and they die when they are little, I would go to an elder—if I know one that I admire—and I would ask from them to acquire a piece of their clothing.[7] And if they gave me their clothing then I was required to give them something as a payment for that. I did that for two of my own, this one included. (*pointing to a grandchild*) I got some clothing for that child as I myself made the request to Ulikattaq for his clothing. The other one was the grandchild what was here yesterday that is from Repulse Bay. I got

some clothing from Kasalluaq's father in that situation. So I went through that twice with my own two grandchildren.
Tamalik: Yes...and you requested from them a piece of their clothing...?
Aupilarjuk: Yes, I made the request directly to them.
Tamalik: Could it be from a blanket or did it have to be clothing?
Aupilarjuk: It can be a whole piece of clothing or a little piece taken off of their garment, and this is appropriate, too. If the person asked for a whole piece, it wouldn't be offensive to ask for that. And I am expected to pay something in return...
Tamalik: Would that be food or money?
Aupilarjuk: Anything really, just about anything—something useful, something they would use...
Tamalik: Something suitable to them...?
Aupilarjuk: Something suitable. If they did not suggest something specific that they needed you would not need to ask them; you would just think of something that would be good to give them. One time I asked my father, "Why do they have to pay?" He told me that if they did not pay for the clothing received and the giver of the clothing did not feel appreciated then the energy was not that strong. He gave a good explanation. I believe him.
Tamalik: Yes...
Aupilarjuk: So we need to pay them so they in return will feel the gratitude. That piece of clothing is just a piece of clothing but it can have strong energy associated with it. There are so many things like that that have significance like this one...
Tamalik: Yes, indeed...
Aupilarjuk: There are those out there that know more than me—they know way more than I do, some of the other Inuit, but they are just not saying anything. There they all are that know much more than I; this is a fact. I, myself, am very foolish and I use what little knowledge I have to speak out. I use my limited knowledge...

Tamalik: Yes…
(*pause*)

But you are sharing from things of the past, things that were, for example, left behind, and so if these things are not heard, then it will never lead to knowledge that is later rooted in first-hand experience or observation. If they saw something in a museum they would not have the same feeling about it…

Aupilarjuk: Yes…

Tamalik: But so many have been made to feel that bond through you personally…

Aupilarjuk: Yes…

Tamalik: This I know very well.… Whether it is Inuit, or qablunaat, or First Nations, all of those old people, youth, children…your words have helped.

Aupilarjuk: Yes…

Tamalik: They are helpful. You are helping and if the others do not speak out then even though they can help, too, they are not saying anything…

Aupilarjuk: Yes…

(*end of the recordings*)

Foundations

Language, Being, Inquiry

Aupilarjuk with his warm caribou-skin *quliktaq*, made by Tulimaaq. 2001.
Photo by Janet Tamalik McGrath

Inuktut as a language and way of being was integral to my intellectual development as a youth. While deemed one of the strongest among the Indigenous languages in Canada, Inuit are at present very concerned about a consistent decline in the quality and use of their ancestral language in post-settlement Nunavut.[1] Having worked with Inuit elders, exclusively in Inuktut, for much of my life, the influence of the language on my worldview was apparent to me. As a translator, I had straddled two worlds and saw the comparisons from that middle space. However, while attending graduate school, I became aware of the power of English to influence my thinking through English immersion in southern educational institutions. This immersion was often uncomfortable because there were no English words or terms for the emotions of navigating that space. While graduate school in English immersion was enriching, in order to make sense of it I needed to return to Inuktut epistemology and language.

Throughout this book, I will guide readers through circles of sharing and thought on the exercise of bringing Inuktut to the foreground, not just as a language, but as a way of being and an intellectual system. Inuktut language and being is enacted in different ways all over Inuit homelands and in southern city spaces, and through this work it is now enacted within an academic space. Of course, Inuktut language has been present in academia through language and anthropology, the field of linguistics, and in a growing body of literature on Inuit *Qaujimajatuqangit* (Inuit traditional knowledge). However, this book offers a new and different kind of presence of the language as both symbolic and substantive. To support the claim of a different kind of Inuktut enactment, I present my argument in two parts.

The first part of this book is a transliteration of a week-long conversation between myself and Aupilarjuk, an Inuk teacher-mentor-philosopher from the Kivalliq region in Nunavut. We had a previous working relationship in various contexts over a ten-year period, and I visited Aupilarjuk and his wife while I worked for Arctic College as a college foundations instructor in Rankin Inlet, Nunavut, in 2010. The syllabics text is a written record of our audiotaped conversations from May 2010. There are, in total, approximately six hours of recorded conversation arranged as formal interviews in conjunction with the Curriculum and Schools Division of the Department of Education in Arviat, Nunavut. Syllabics are used for this exercise because it is Aupilarjuk's written language. Other Inuit that I worked with prefer syllabics as well, although I note that variations of roman orthography are used in West Kitikmeot and widely outside of Nunavut.[2]

It is important to remember that the conversations are in Inuktut, and the English translations can never really convey the full complexity of the thought processes, relational dynamics, or contextual worldview. With that in mind, if quoting from this text, please use the Inuktut and cite the English as translation of the same.

I draw directly on these conversations to answer the following research questions: "Is there an Inuktut framework to support Inuktut knowledge renewal?"

And subsequently, "What is the Inuktut methodology used to answer the question?"

In my years as a graduate student, I was always aware of how epistemology and methodology (ways of knowing and doing) are intertwined—so the two research questions above reflect that experiential understanding. Therefore, with this approach, an Inuktut framework for Inuktut knowledge renewal cannot be appropriately argued without a discussion about methodology that is rooted in Inuit culture.

The reason this book is in two parts is that it straddles two different languages, epistemologies, and intellectual traditions. It would be premature to merge them; an in-depth review is required first. In Inuktut knowledge generation and transmission there are principles, codes, and standards, as there are in academic knowledge generation and transmission. There is some overlap between the two, but there are also great distances. Therefore, I will explain how I best upheld Inuktut principles, codes, and standards as I originally sought out both the questions and the answers. With my background of working in Inuktut oral histories, language teaching, and translation work, I have straddled the differences for most of my personal, work, and academic life. With extensive experience in both Inuktut and academic knowledge systems, I understand both, and both abide within me as part of my experience in this world. Therefore, my work must reflect both languages and ways of being, and affirm both audiences—but how?

In conversation with Inuktut committee advisor Leena Evic over an earlier draft, I decided at that time to keep Inuktut and English separate and try to weave strands between them. In doing so I am also reminded of advice given to me by my first academic advisor, Derek Simon, at the end of my MA thesis, in response to my lament about the limitations of words to convey the full range of cultural nuance: "Not all plants can be transplanted at the same time or season; cross-cultural negotiation is a process."

One of the metaphors that I have also related to in this process is that of a bridge. To build a bridge requires the introduction of footings on each land mass, between which the bridge serves as a connection. Once those footings are established, the landscape is inevitably altered—on each side of the bridge. Neither side of the land remains unaltered when a bridge is introduced. I have altered the English academic thesis structure by creating, in a sense, a document in two cultural languages and worldviews, and I foreground what is partially illegible to English academia. The bridge that I offer is an argument for their coexistence and the coexistence of two kinds of intellectual traditions in mutual respect.

On the other side of the land, I have also altered the Inuktut terrain, which is one normally expressed through orality. My purpose in putting the oral form to text has been to slow down my observation and analysis processes of Aupilarjuk's ideas for closer study. This affords a deeper listening exercise, which is consistent with the respect shown to great teachers and orators such as Aupilarjuk. But also, the exercise of putting the words to paper was highly encouraged by Inuit with whom I have worked—for its own sake, not to mimic the English tradition. For example, the Curriculum Division of the Department of Education in Arviat will use Aupilarjuk's direct words in syllabics for reading exercises in the high school materials in Inuktut on social issues. This gives youth increased access to ideas and teachings as recorded in the direct words of those who have come before them. Text is but one of many strategies to support the renewal of Inuktut knowledge. Aupilarjuk spoke about not relating strongly to text himself, but recognizing the value of having his words written for others to see.[3] He especially wanted the younger generations to become highly literate. I present the transliterations, in part, as an account of his generation's experience for youth to study and build literacy skills in Inuktut, with the English translation as a support for their study.

Also notable is the fact that this Inuktut document is not "raw data" in Inuktut, as it would normally be considered in academia. Its form and presence represent orality, and the whole story *is* the point. In this sense, because the book is rooted in the conversations, the text representation of those conversations is foregrounded. The original conversation is what I would like you to know first; it is the basis of what follows. In this second part of the book, I demonstrate and argue how the research questions are both revealed and answered through a study of the original conversations. In this part, I also provide footnotes referring back to the original conversations to link the two together.

Although I have translated the syllabics into English, it was a difficult decision to provide the translation for a general readership. Many of the words of Inuit elders have been "processed" or "filtered" through translation, and thus English becomes more definitive. In my view, translation issues in research have not been adequately acknowledged or appreciated; therefore, currently, I ask that academic readers quote from the conversation text using the Inuktut version and referring to the English *as a translation.* I may be contacted through the publisher for assistance in identifying the Inuktut text, and would even appreciate your stories of how the quotation is of interest. I regularly shared with Aupilarjuk, and now with his family, as well as other elders, the kinds of applications and impacts their work has had on others, and these stories are important to them. Through these stories, as they continue to be a part of conversations that evolve from their own work, they can clarify and expound on their ideas further based on how they see their work understood, or even misunderstood.

Despite the concerns I had about including the translation, what allowed me to see the value of including the English translation of the syllabics was an academic committee discussion. Leena Evic assured me that there is more benefit to the Inuit readership by the inclusion of the English translation, because Inuktut dialects vary, and the translation can be used to clarify certain points. I then considered the importance of Inuit youth accessing this text in an academic context.

To alleviate any concerns I had about whether I was too close to the translation and perhaps lacking in objectivity, I had it carefully reviewed by Nunia Anoee of the Curriculum and Schools Divisions of the Department of Education in Arviat. Leena Evic, Shuvinai Mike, and Henry Kablalik also reviewed it.

Initially I had translated the recordings merely as a way to explore the gaps between languages, and to contemplate on the broader cultural and intellectual gaps I was experiencing. I have spent much of my professional life as an Inuktut-English translator, so the exercise was helpful as a strategy to ground my thinking deeper in Aupilarjuk's words and in my own exploration of the research questions. In doing so, I took the time to carefully consider how ideas transplant from one language and intellectual system to another. In that process I was also able to transition from the Inuktut epistemology I was immersed in toward an understanding of English audiences and their requirements—while still remaining rooted in my experience of the original Inuktut; the translation, after all, is somewhere in between the Inuktut and English versions of the research.

I tested the English translation document on two PhD candidates and one professor. One is very personally connected to Inuit culture, one not at all, and one has some degree of interaction. Exposing these academics to the English text helped me to understand how others who cannot read the Inuktut-language version relate to the flow of ideas. It also helped me better understand what I take for granted about my bilingualism, and how and why I need to be more explicit in interpreting documents for general English audiences—informed, somewhat informed, and completely uninformed of Inuit culture.

THE QAGGIQ MODEL

In the research results I present a conceptual framework—the Qaggiq Model—that is rooted in Inuktut methodology, and which I argue can, as a theoretical starting point grounded in praxis, effectively support Inuktut knowledge renewal in the present context. I argue for an Inuktut framework to support Inuktut knowledge renewal. The Qaggiq Model is not the only possible framework, but it is the one that emerged through a careful study of many conversations with Aupilarjuk that were linked to many supporting relationships at this time. I discuss these relational aspects more in the section "Qaggiq Dialogue," which is an elaboration of the Qaggiq Model.

The framework that evolved also included the ideas of others that were brought into conversations between Aupilarjuk and myself. I believe that, through a mapping of relationships and ideas, this model supports the appropriate values, codes, procedures, and techniques required of me by Inuktut intellectual systems. The conclusions are uniquely my own: they are not "Inuit traditional," nor do they represent Aupilarjuk's ideas as a whole. They reflect what I learned in conversation with him and others. I present the model with pertinent reference to Inuktut methodology, and I demonstrate how I claim the model to be "Inuktut."

The word *Inuktitut* is popularly understood in English as a form of language—the ancestral language of Inuit.[4] However, throughout this book the term *Inuktut* is used, as it is more inclusive of all dialects, and its use is gaining popularity in Nunavut. If you are familiar with the word *Inuktitut*, then you can consider *Inuktut* a synonym. The use of the term *Inuktut* is intended in the Inuktut meaning of the word—that is, in the ways, manner of speech, and overall value system of Inuit. Though I use Inuktut language as a tool for both expression and for analysis, this book is not about language itself. Rather, I use Inuktut concepts to explore and access epistemology as a lens for understanding the praxis of knowledge creation in Inuktut contexts. In doing so, I hope to demonstrate how Inuktut knowledge (knowledge/knowing in the Inuk way, manner, codes, etc.) can be more effectively recognized and supported in the process of decolonizing Nunavut.

Decolonizing is a term that has become problematic in academic and public discourse because it is used in different ways. *Decolonizing* has generally referred to a move away from colonial or colonizer-colonized patterns of thinking and relating through naming and revealing and then reasserting Indigenous ideologies and practices.[5] I observe that this process takes place at multiple levels within individual, community, and institutional realms. As individuals, we are connected to and influenced in various ways by our communities of belonging and to the structural powers we are subjected to vis-à-vis institutions (colonial, neocolonial, or Indigenous).[6] I have heard from many Inuit elders that the natural environment and traditional belief systems (the laws of the natural and spiritual worlds) in pre-contact times were very much overarching powers that directed their lives. Thus, I would argue that even though colonial or neocolonial institutions are state-sanctioned as legitimate and Inuit systems are not, it does not mean that state systems have power in the current Inuit context. I would argue through my direct experience and understanding that Inuit systems have not been overcome; they have adapted to deal with circumstances, and persisted despite colonial and capital encroachment. My focus here, however, is not on decolonizing per se, but more on Inuk-centred processes that persist and resist colonial and capitalist forms.

Institutionally, Inuit systems were disengaged and delegitimized by church and state most noticeably in the decades following the Second World War in Nunavut. Despite this encroachment, many aspects of Inuit systems remained intact at the individual, family, and community level. Beginning in the 1970s, Inuit began to advocate publicly for Inuit rights and sought to further protect Inuit identity and peoplehood through engaging with governments in a land claim process.[7] However, I have observed that Inuit initiatives, in this regard, have also become tokenized by institutions over time.[8] Through my research over the years, I have observed a disconnect between the individual and community realm and that of the current institutions in the North, such as government administrations, and those pertaining to health, education, social services, and justice. As I have thought about this gap deeply over many years, my work led me to explore this problem through examining my own lived experiences. In doing so, I contribute to the debates by asserting that it is the everyday ordinary that is political, powerful, and transformational. In my view, decolonizing requires an understanding that institutions are really only made up of individuals of all kinds who are subjected to various ideologies and who are also connected to various communities. Healing the imbalances of colonialism requires personal transformation—beginning with my own unusual journey.

The Qaggiq Model offers an Inuk-centred forum to support these relationships and their transformations. While the approach I develop does not focus on institutional transformation, it accounts for it indirectly. This indirect approach stems from the Inuk way that I learned while growing up. A non-focus on colonial and neocolonial institutions does not mean that they are not important or that the impacts of those institutions are not oppressive. I have specifically privileged what I understand as important to Inuit society in the current phase of resurgence and renewal: language, land, being, and relations.

The answers to the research questions also contribute to an understanding of Inuktut epistemology and methodology by identifying some of those patterns of interaction. This is not to define Inuktut epistemology and methodology, but to flag important principles that are identified and understood through careful examination of Aupilarjuk's words and my own observation and experience, as well as an analysis of our interactions. This mapping of knowledge patterns is my way of supporting Inuktut knowledge renewal in the current context. Though careful not to define Inuktut epistemology, I argue that narrative accounting is foundational to Inuktut ways of knowing, thus narrative accounting has informed my methodological and ethical practices. As well, my strong convictions are based on how I have directly experienced and observed Inuktut epistemology in support of Inuit well-being throughout my life.

In the following section, I explain more about the geographical context within which my research is situated.

CIRCLES, SPIRALS, AND SPACES: BUILDING A METAPHORICAL IGLU

In Canada, the creation of the territory of Nunavut itself was a renewal project for Inuit. There were hopes that with the 1999 split of the Northwest Territories and the creation of Nunavut in the eastern region, Inuit could have made-in-Nunavut approaches, policies, administrations, services, and governance. The hope was that self-governance would ideally protect Inuit identity from cultural and material assimilation and assist the people to interact with Western capitalism in ways that were meaningful to them. Well over a decade has passed since the inauguration of Nunavut, and the government has had successes to build upon and challenges that have continued.[9]

At the time of the original interviews in 2010, then moving into the second decade of implementation of the agreement, Aupilarjuk—whose life and time spanned nine decades—was not calling for a traditionalist approach. He did, however, suggest one that fully takes into account an understanding of what worked well before and to bring it together with current realities; Aupilarjuk was informed by his experiences within his home region of Nattilik, which include early contact, pre-settlement, early settlement, and the negotiating phase for the Nunavut Land Claims Agreement. He states, "*Taakkua katikpanik sannginiqarniqsauqquu'mijugut.*"[10] (If both ways were brought together we would possibly have more strength.) He asked us—the younger generations, the theorists, and the decision-makers—to consider how Inuit systems need to be privileged within, and in relation to, Inuit homelands:

> *Qablunaalli piqqusia atuliraptigut ilanga qimajjaajungniiq&utigut aturniaqtaraluavut kisiani inuuniq anginiqsaunnginnarialik nunapti'ni inuunirijavut piujualuummariungmat inuuniq akiraqturniqaqujaunani pirajaktuqaqujaunani taimannaittuulauralua'mat.* (We now use the *qablunaat* [white people] culture in some regards, and it is evident that we will not leave that behind, it is certain that we will use some aspects of it. However, our *inuuniq* [Inuk-ness, Inuk way of being] needs always to be bigger in our homeland. Our inuuniq is absolutely beautiful. Inuuniq means there is not to be any strife, no crime—this is the way it was from long before.)[11]

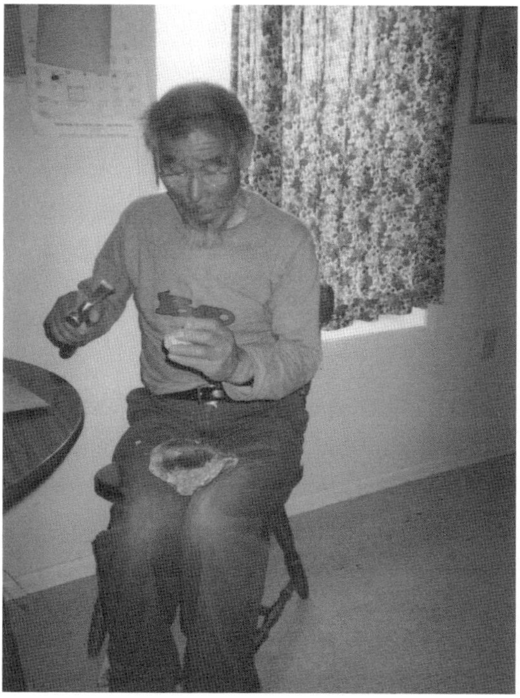

Aupilarjuk demonstrating traditional tools and their modern applications, 2001. Photo by Janet Tamalik McGrath

In this study, I limit my use of the term Inuit *Qaujimajatuqangit*, or IQ (referring to Inuit traditional knowledge), and use it only as it occurs in the literature or in government programming.

I do so because the term, while originally asserted by Inuit, has developed a history and a certain discourse within academic knowledge debates that have, in my view, marginalized Inuit and Inuktut epistemology. In academia, for example, in all but a few isolated cases, articles on IQ are not peer reviewed by Inuit experts. I find this marginalization troubling, as plenty of academically informed and astute Inuit intellectuals are knowledgeable about IQ. Many capable Inuit I know are more equipped to offer solid critique than those with academic credentials. I have observed that although IQ is really about Inuk ontology, it is debated academically as if Inuit input and critique is irrelevant. There are also a series of debates within government (territorial and federal) comprised of "IQ and science" and "IQ in government"[12] and "IQ in education" and IQ in general. The discourse is based on the assumption that IQ should be integrated into *qablunaaq* (white person) standard systems and modes of operation to effectively enrich or enhance systems pertaining to health, economics, education, government, or other qablunaaq-generated structures. The assumption that IQ is only an enhancement has served to reinforce and further legitimize colonial structures—not to challenge or question how they are structured, and whether or not that structural design is consistent with Inuit well-being.

Three years into the creation of Nunavut, an IQ Task Force was set up to review why IQ was not being successfully implemented in government operations, and its members identified what they considered to be the real issue with the IQ-as-enrichment approach: "We think there is a basic underlying problem. It is addressed in the following question: Should the Nunavut Government try to incorporate Inuit culture into itself or should the Nunavut Government incorporate itself into Inuit culture?"[13]

While this important question was raised, neither government nor academia can answer it—how to adapt their systems to IQ, create new systems, or how to incorporate IQ into their work practically. While defining or mapping out IQ becomes the task at hand, then, as they seek to make IQ more tangible, the power dynamics within the debates on IQ are not adequately understood or discussed.

The question of uncritiqued power dynamics and epistemic privileging within government can be noted through a review of structure. Within the Nunavut government, there is a body called the Inuit Qaujimajatuqangit Katimajiit (IQK)—a counsel of Inuit elders and intellectuals from each of the three regions. It was created with the mandate of informing and educating government departments on how to function in a way that reflects IQ. While a senate-like body was recommended originally by Inuit,[14] when the Elders' Council (now called IQK) was implemented in 2004 by the Government of Nunavut, it was only given an advisory function, with no authority or independence.[15] It is currently functioning under the Department of Culture and Heritage (C&H, known as Iliqqusilirijikkut in Inuktut). C&H is the smallest and lowest-budget department within the Government of Nunavut. This department—originally called Culture, Language, Elders and Youth (CLEY)—was the only one created by the 1999 division of the Northwest Territories to create Nunavut. Inuit, at the time, asserted that the important themes—culture, language, elders, and youth—needed to be explicitly addressed by government to better reflect Inuit societal values. Since the department's establishment, it has struggled with pressing issues on one hand and limited resources on the other. In 2012–13, the department was renamed the Department of Culture and Heritage. It is interesting to note that the Inuktut name for the department, Iliqqusilirijikkut, has not changed. I believe this change in English reflects the Western view that culture can be objectively viewed, measured, and defined—and is unpeopled (references to elders and youth removed). In Inuktut, Iliqqusilirijikkut (the prefix *iliqqusi[q]* meaning "culture" or "way of being") has a relational bias within it—ways of being and doing are connected to people through their habits and beliefs; culture and heritage is not a sphere separate from the people who enact those beliefs and habits. *Iliqqusiq* means an engrained, taught, trained way of being—it requires teachers and learners—in other words, people. In English on the other hand, *culture* is understood as an add-on, something that enriches and is somewhat optional. Similarly, *heritage* is something that is in the past, something to document, hereditary, also enriching and not necessarily essential. The English connotations are the opposite of what is felt in the term *iliqqusiq*.

An IQ Division was established within the department in 2004, comprising a director and a research analyst, to support the work of the IQK through the organization and documentation of their meetings. The IQ Division also coordinates a group called Tuttarvik, which is composed of IQ representatives from each government department. Unlike the IQK, who are community members appointed to attend advisory meetings, the Tuttarvik members are government employees and are responsible for advising their departments, on a daily basis, on how to implement IQ in government policy, programs, and services. The IQ Division functions within the Department of Culture and Heritage, although it is mandated to advise all government departments and is responsible for supporting the whole government IQ mandate. Tuttarvik is limited in addressing its important mandate of ensuring IQ is understood and implemented within Nunavut government because it is given only symbolic importance, without adequate authority and support. For example, while Tuttarvik members report their progress to the IQ director, they are not accountable to the director, but rather they account within their own departmental lines of authority. This means, for example, if a Tuttarvik member is called to an IQK meeting, it is up to their department to release them, and thus they are not consistently available to fulfill their Tuttarvik roles.[16]

In addition, within government, if IQ is only associated with culture (through its association with its host department of Culture and Heritage), then it is quite easily discounted in Western government administration. Why is the IQ Division not situated within the Executive and Intergovernmental Affairs unit, if indeed IQ is mandated throughout all government departments? In speaking with individuals responsible for the IQ mandate, there is evidence of great resistance within government to adopting IQ as a *basis* for governance, as Inuit elders and community and government leaders in the past have called for.

As discussions and debates, both within Inuit communities and in academia, have built momentum during the years since Nunavut was inaugurated in 1999, I have observed a wide gap between the elders' and community members' hopes and dreams and the everyday realities of government and business in Nunavut. In political economy, we can look at Nunavut through the lenses of capitalism, colonialism, and Western liberalism, and study relationships between policy, economy, and societies. In the end, the model I develop here engages with many of these discussions, but it comes from a personal study of *inuuqatigiingnivut* (our own right relationships). The study is based on conversation and interaction. It draws primarily on what I call "everyday epistemology" and not idealized academic or government debates.

The main conversation presented in this book is between Aupilarjuk and me; I focus on what he offered through our conversations in 2010. However, previous relationships with other elders are drawn upon, and I document the development of all the ideas included. There were also many Inuit with whom I interacted in conversation about my work with Aupilarjuk; their influences are described here as well. This mapping of collective knowing-thinking is also a demonstration of relationship ethics in Inuktut epistemology. How is knowledge verified specifically within Inuit cultural contexts? What are the ethical guidelines to this verification? If knowledge is verified through collective means and relationships, then what are the guidelines for right relating? Before we can begin to address these critical questions, the answers must first be enacted. I begin with a discussion on methodology.

Inuktut Methodology

Making Something Together

"Look for the answer inside of your question." —Rumi
"Ahh, but look for the questions inside of your answer!" —Dr. Ken Bush
"Wait for the answer and trace the question backwards." —Tamalik

In the past, when my students were overwhelmed by big words like *research* and *methodology*, I'd clarify that *research* is in essence simply a question and an answer, and *methodology* is the pathway between the two. In academia, methodology involves disclosing principles and practices of the pathways between questions and answers (or provisional answers), so that others can verify, challenge, and/or build on our findings. As in academia, this disclosure and transparency is important; in Inuktut, methodology relationality is key. For that reason, an essential component of Inuktut methodology is the stories of knowledge claimants. Research is about inquiry. But who is asking, and who is answering? These are important questions to have in mind when looking at the data. Research questions in themselves direct and organize data. In this project, I was working with a traditional elder within an Inuktut epistemological and ethical framework; as I worked with the data I was very careful not to decide on what the inquiry was—beyond *naalangniq* (listening)—and so, I did not commit to a question as I worked with the data. The reason for this non-commitment is that once I decided on the question, I knew it would organize how I viewed both the experience and the data. Eventually, the questions I committed to did cause a "selection" of data, but they also provided a way to honour the data as a whole. The ideas that I gleaned from the data—the answers to the questions—also reflect the intersecting stories of conversations and relationships. Key to my methodology for inquiry—and my methodology of finding questions—is *finding connections*. Connections are about understanding and honouring relationships among relationships—of ideas, histories, and people, myself as researcher included.

In the ideal sense, the research questions I would commit to would tie together all of the holistic parts without defining or directing them. The questions would give space for all of the complex interactions among relationships. They would also allow for space between epistemologies and intellectual traditions—Inuit contemporary and Western academic.

Although, as mentioned, I did not set out with the questions with which I ended up, my dissertation proposal for the project that later became this book did require a defined question, so I began with, "What Inuktut epistemological assumptions inform the characteristics of Inuktut knowledge creation?"[1] In Inuktut, the question is, "What is knowledge? How are Inuktut knowledge concepts metaphorically organized?" I was also going to account for patterns of differing epistemologies as I encountered them, for example, across generations and regions, though I was more pragmatically interested in similarities and shared characteristics.

I focused on epistemology originally because I was aware that Inuktut epistemology—as a broad experience for me—was not at all the same as academic epistemology. Epistemology relates to "ways of knowing" and the traditional practices within Inuit culture and within academia are quite far apart, in my experience, although I have also found some common ground.

In my view, the differences between epistemologies created a problem because Inuit issues are largely documented for policy development through research, and the vast majority of researchers are not Inuit. There is also a great "research rush" in relation to the Arctic.[2] Some research relationships and collaborations are given the time needed to at least negotiate common space; however, there are many issues relating to power and knowledge that are still underappreciated.

Once I had spent a lot of time with Aupilarjuk and his wife, and later as I listened to our recordings, I shifted away from a project that focused on trying to articulate the differences between the epistemologies and instead examined what kinds of supports Inuktut epistemology requires in order to thrive. So, rather than work to prove a distinct Inuktut epistemology and articulate it in comparison with Western academic epistemologies, I decided to accept, enact, and record the differences. I then shifted even further from the more philosophical "Inuktut epistemology" toward a term that reflected the practice of Inuktut epistemology: "Inuktut knowledge renewal"—knowledge in

Feast on the land during Department of Education Curriclum Division Elders' Advisory Meeting, Arviat, NU. Photo by Janet Tamalik McGrath

practice, in the Inuk way. I wondered how the Inuk way was supported within its own ethical dimensions, and what those particular dimensions were. Through studying my conversations with Aupilarjuk, the questions that emerged through the issues that were laid out in those conversations were, as mentioned previously: "Is there an Inuktut framework to support Inuktut knowledge renewal?" and "What is the Inuktut methodology used to answer the question?"

The first question, the main question, must be grounded in and accountable to Inuktut epistemology; therefore, in accordance with the second question, I track the underlying principles that function as my guidelines. I call this "Inuktut methodology" because it is a way of proceeding through the inquiry process that is based on Inuktut values, worldview, ethics, protocols, and principles. I do not claim to define Inuktut methodology in general, as there will be various kinds of methodologies based on the questions and needs. There are also differing values and worldviews among generations, and of course various other principles to be understood in other contexts. The aim here is only to record what I have personally been guided by in the research process of finding and answering the particular questions above.

Framework, *knowledge*, and *renewal* are not concepts that work easily in Inuktut—yet the intent works well; it comes from an Inuktut experience, so this is how I convey my inquiry in English. To test the differences across epistemological spaces, though, I think of how I would convey the question in Inuktut: *Ikajuutiqakannirajaqpa Inuit qaujimajjusingit kajusittiakkannirutiksanganut?* *Framework* becomes *ikajuutiksaq* (something supporting—no metaphor implied or required as it is in English). *Knowledge* is conveyed as *qaujimajjusiq* (something to know by, way of knowing, epistemology), and *renewal* is more accurately conveyed in the spirit of the question as *kajusittiakkannirutiksaq* (something used to carry further forward or onward, or used to support further continuation).

When I think of my conversations with Aupilarjuk, there is one comment that sticks out in terms of the "framework" concept. He described how he views the human character and condition as a plant. For him, certain conditions are required to grow and to flourish.[3] This is the Inuktut intent of "framework"—supporting the conditions for knowledge to generate, regenerate, and move toward a thriving community of Inuit and their knowledge systems in the context of a global humanity. Drawing on his analogy of the plant, one can say that conceptually *framework* is *environment* in Inuktut; both of these terms imply supporting conditions. What are the environmental conditions and processes necessary for Inuktut knowledge to thrive in order to further support Inuit community well-being?

Arctic flowers on the tundra near Cambridge Bay, NU. Shutterstock/Sophia Granchinho

INTERPERSONAL INUKTUT METHODOLOGY: MAKING THIS BOOK TOGETHER

Through personal and academic study, I have come to understand that Inuktut epistemology is fundamentally relational and interrelational, and therefore knowledge is renewed upon the renewal and support of relationships. That is, interrelationships demonstrate the importance of people interacting in the process of knowledge transmission and renewal. A foundational worldview that is relational, and accounting relationally, are therefore fundamental to the relevance, viability, and verification of facts, data, and information.

Therefore, as a first step in Inuktut methodology, I contend that it is in the context of relationships that the academic justification and broader situating of my research needs to be understood first and foremost. The collective nature of engagement is critical to the fullest interpretation of the essence of the research questions: Is there an Inuktut framework that supports Inuktut knowledge renewal? And how can Inuktut knowledge renewal be supported in the current circumstances? The framework I seek needs to encompass various epistemological communities within Inuit society; it would also need to encompass such elements as history, experience, demography, generation, and gender. This framework also requires an understanding of intercultural and inter-group dynamics and ethics. In searching for a framework, I ask the following: What are the main components of a conceptual foundation that would safeguard Inuktut knowledge renewal in its many forms, modes, and interactions in the present context?

The story of this question lies within the stories of people who engaged with me in this research process, and in my own story. Therefore, I now introduce the people I engaged with most closely—along with their respective institutional, agency, or individual contexts. Within these stories, I will elaborate on specific relationships with various people. It is important to understand that each of us is situated within and responding to the overall research context—in our work, professional, private, and community lives. That is, Inuktut knowledge renewal is not derived from an academic survey but rather from everyday experience and interaction over the shared question of how to support Inuktut knowledge renewal in the Inuk way. The phrase "knowledge renewal" was rarely if ever uttered; it was a lived experience for which adequate wording gradually emerged.

My own lived experience led to observations of how Inuktut knowledge was supported in some ways and unsupported in others; I noted how this varied broadly across generation and class in Inuit society. Various people expressed their experience of Inuktut knowledge renewal differently according to their positioning within or in relation to Inuit society. Thus, I invited many others into my research process through conversations. We all share a common commitment to Inuktut knowledge, although we possess different perspectives. Listening to various views, on my part, was important to the outcome. This listening is not confined to one year of fieldwork, but rather to lifelong relations and many interconnected stories that span a wide range of oral history in Nunavut. This book, however, responds to the context and circumstances within which Inuktut knowledge is presently situated.

Three organizations in Nunavut have offered a great deal of support and consideration, along with many individuals in Rankin Inlet and various other communities: Pirurvik Centre, Iqaluit; Curriculum and School Services, Department of Education, Government of Nunavut, located in Arviat; and the Department of Wildlife and Environment at Nunavut Tunngavik Incorporated (NTI) in Rankin Inlet. I will describe these supporting networks and relations as well as other key individuals as they are connected to the story of this book.

Through the visionary work of Leena Evic, Pirurvik Centre in Iqaluit has initiated a program called Ingalangaittukuurvik, which supports the oldest generations to work with and mentor middle-aged Inuit in specialized areas of knowledge. Aupilarjuk has long been a key supporter of this particular initiative and has been an important teacher and advisor for Pirurvik Centre since its inception. He is one of three founding advisors for the Ingalangaittukuurvik program at Pirurvik.[4] I eventually met Leena—who was a member of the dissertation committee to which my research was originally presented—through Aupilarjuk because, as I worked with him, he noted that Leena and I had similar approaches in our work with him and in our style of working with elders. Because of his respect for Leena, I sought her out, but some years went by before we were able to connect in person. I mention this because this is how we know or get to know each other up north. Usually someone we respect and know will share knowledge of other similar people, and eventually individuals are networked together to clarify an important issue. In the case of Pirurvik's Ingalangaittukuurvik program, the issue is knowledge transmission in the Inuktut way—through direct and supported mentorship of other knowers.

My relationship with Aupilarjuk is not one in the vein of Ingalangaittukuurvik's mentorship program, as its goals are more long-term, requiring more extensive work in a specific area or areas of knowledge. The general issue that emerged from a study of our conversations was that of knowledge transmission as a broad process, and not as it relates to a specific area of knowledge. The goal was similar, but the strategy different.

Feast on the land during Department of Education Curriculum Division Elders' Advisory Meeting, Arviat, NU. Photo by Janet Tamalik McGrath

Another key supporting agency has been the Curriculum and Schools Division of the Department of Education in Arviat. Joe Karetak worked closely with a wide range of Nunavut elders for well over a decade, and on a daily basis with Louis Angalik, the late Donald Uluadluak, and the late Mark Kalluak. His parents are highly respected elders in their community, region, and in Nunavut as a whole, and his mother worked for the department for some years as a consulting elder. It was Joe's insight and foresight that provided the opportunities for me to work directly with Aupilarjuk in May 2010 to produce the recordings that are the basis for this book.

In addition, Nunia Anoee, who at the time was the Inuktut language coordinator for curriculum, provided a great deal of support through her ongoing interest and careful reviews of the Inuktut manuscripts and my translations. The department has long been on the leading edge of support for Inuktut knowledge renewal. They do it by working directly with elders, having key bilingual and bicultural conveners like Joe and Nunia, and others such as Patricia Netser and Darlene Gibbons. In their work together, they have striven to develop a system that fully supports Inuktut knowledge and epistemology within the Western education system.

Colonization occurred rapidly in Nunavut, with the apprehension and transportation of children to mandatory residential and/or day schools beginning in the late 1950s. The network of people who laboured in curriculum and school services initiatives has symbolically reclaimed the children, as they work together as unilingual elders and middle-aged bilingual Inuit educators. From previous discussions with them, it has become clear that they experience significant structural barriers in their work, thus limiting their potential impact.

The conceptual framework I present is intended to scrutinize more closely the barriers educators face, and the gaps that Aupilarjuk has identified in his thoughts on the education system. While key parts of my conversations with Aupilarjuk relate to educational themes and the current system of formal education, this book is not focused on the theme of education. Rather, it examines epistemology and knowledge renewal broadly in order to support fresh thinking in educational initiatives, as well as other domains.

A network of relationships within NTI in Rankin Inlet affected my early reflections on some of the present challenges to Inuktut knowledge renewal. The director of their Department of Wildlife and Environment, Gabriel Nirlungayuk, as well as his senior policy advisor, Bert Dean, have both shown interest in a broader critique of power and knowledge in Arctic relations vis-à-vis the natural and social sciences. What their communities and community groups constantly contend with in relation to research are differing epistemologies when it comes to knowledge production. Both sides (scientific-academic and local Inuit community), for example, can talk about polar bears but can have very different understandings, views, and symbolic interactions with them.[5] While this study does not address any of the contemporary debates that arise from the struggles at those intersections of power and knowledge, it supports an understanding of what is missing for Inuit communities in relation to the processes and policies.

Over the course of my time in Rankin Inlet in 2009–10, I interacted with individuals who were most directly involved in my research by acting as a sounding board in some situations and as guides in the process. My relations with them are integral to the successful outcomes of this research because they, each in their own way, mirrored back to me what this project was about at times when I was uncertain. Each one is also connected to me, and my work, through their deep respect for the knowledge of the elders.

Jackie Curley (Kukik) is a young professional who worked in human resources and then trained to be an adult educator. She is very connected to and admired by the youth of the community.[6] In her work with the government and NTI, and as an adult educator, she has gained a very broad perspective on Inuit community potential. Her perspective is very grounded in her upbringing with and around respected elders. She provided practical and conceptual space for my thinking. She also read early interview transcriptions and translations, which gave me insight into her generation's interest in various applications of the work.

Another helpful colleague and friend, Quluaq Pilakapsi, worked for the Nunavut Literacy Council in Rankin Inlet.[7] When I interviewed her for my dissertation, I was reminded of the importance of the eldest generation; she described a deep longing for more work to be done to document their ideas and experiences while these elders are still alive. Yet Quluaq herself is also a knowledge keeper who has been taught by key elders, and thus she straddles generations and cultural divides very creatively. As a young great-grandmother, she has personally witnessed and participated in a long range of Nunavut's history.[8] I also felt a great deal of hope as I observed her and others of her generation, who are very connected to the older elders, their ideas, and their contributions. Because she carries a certain amount of despair about the gradual loss of the older generation, Quluaq has sought elders out and been taught and inspired by them, and now carries their knowledge forward. In the course of my research, I became aware of how much Quluaq's generation needs more supports to help them in their unique role and capacity. There are key systemic barriers that weaken knowledge transmission, and talks with Quluaq helped me to incorporate these issues into my thinking processes.

The late Henry Kablalik and his wife, Mora, also kept in touch with me and inquired about my research progress on a regular basis.[9] Mora shared my workplace and lived in Rankin most of her adult life. She is an instructor at the college and has supported adult learning there for many years. She is a cross-cultural individual and could understand and support the broader issues I wished to address in a way that also kept it grounded in everyday reality. Talks with her were greatly instructive and inspirational. We share similar personal histories, as we were both raised in the North with *qablunaaq* (white) parents (she was raised in Aklavik, where her parents were teachers), and we both knew all the same people from the time that I lived in Rankin Inlet as a teen.

Like Quluaq, Mora's husband, Henry, had worked closely with many elders in their region and beyond. Through speaking with Henry, I could understand how he and other key people of his generation have become knowledge holders in their own right because of the extent to which they have worked directly with, and been mentored by, unilingual elders over many years. Whether they were bridges or informants for outsiders, they kept something essential close to themselves—knowing the limits of the outside systems to respect and support Inuktut knowledge and knowledge keepers. During the course of the research for this book, I also became acutely aware of how overlooked, underappreciated, and unsupported this middle generation often feels with regard to their immense role and responsibility to carry on the work of their aging teachers and relatives. The baby boomer generation—myself included—share this urgency of working with elders because it is getting progressively harder for the older elders to contribute due to health and mobility issues as well as systemic ones. Though Inuktut language is given symbolic power, English is the real language of power and commerce in Nunavut. The economic, health, and education systems have worked to incorporate Inuktut but are not fully reflective of the elders' epistemology, worldview, language, and so on. A friend of mine said of his first experience visiting Iqaluit that he was aware that *he* as a newcomer and qablunaaq could function just fine in every way, and yet Inuit elders (in their own homeland) would be reliant on translators to even order a taxi. Outside of individual personal initiatives, surprisingly very few networks are in place at this time to support the middle generation's immense contribution of skills and lived experiences and their capacity to access elders directly.

When I was not sure about the direction for my research while in the field—I was going to interview many people for one-hour periods, not one person for a whole week—Mora, Henry, and Quluaq all reminded me in various conversations of the extent to which the land-raised elders were the current priority for their generation. For them, there was no question that if Aupilarjuk was available and interested in speaking on record, I should pursue a dialogue with him.

In 2004, as part of a directed study in the MA program in Conflict Studies at Saint Paul University, I visited the Indigenous Governance program at the University of Victoria and attended seminars in political theory conducted by Leroy Little Bear. There, I met Jackie Price (Kilugi) and Dawn Smith, two people who have become close colleagues and who also were an important part of the relational networks for this book. They were both in Rankin Inlet toward the end of my work with Nunavut Arctic College, and they also visited Aupilarjuk with me.[10]

Jackie Price is Inuk from Rankin Inlet, though I did not know her when I lived there as a teen. We both marvel that we met while away at school rather than in our community. However, meeting in that particular academic environment has also created a shared context that informed my conversations with Aupilarjuk very much. Through me, Jackie posed a question to Aupilarjuk that is critical to the model I am offering, and to my own developing understanding of knowledge and power in discourses relating to the Arctic. The details of this relationship are developed further on in my analysis and presentation of the Qaggiq Model. She has offered much support in the process of unfolding the research and in my own growth as a scholar.

At a certain point, I came to realize that the research had its own organic direction, as I had set out to do something quite different than what I have presented here. Even with great sacrifice and openness to changing topics, it seemed nothing I was doing was working out at all. I even entertained the idea of quitting school because academic knowledge production seemed so counterintuitive to my community upbringing and to Inuit knowledge systems and values.

During this period of great ambiguity, I was happily enjoying visits with Aupilarjuk and his wife, Tulimaaq—being immersed in their grounded manner, humour, and love. Jackie enjoyed the stories and reflections I shared with her, because, like many of her generation—she is a generation younger than me—she had limited access to both the elders and their language.

I knew the great regard that Jackie had for Aupilarjuk's teachings because when I met her in Victoria, BC, where she was completing an MA, she was using some of his quotes as guiding principles. As I got to know her more, I learned how passionate she was about the elders' knowledge, and she, like many Inuit youth, coveted the seminal publication *Uqalurait: An Oral History of Nunavut.*[11] Through her long-time study of Inuit elders' words and her own broad experiences, she has developed important work toward a critical analysis of Arctic power structures, through a very astute analysis that combines Arctic policy, institutions, agencies, and everyday interactions. Jackie is also at the leading edge of her generation in terms of higher education, as she currently is completing a doctorate at Cambridge University in the UK.

As well, while in Rankin Inlet, she occasionally visited Aupilarjuk and Tulimaaq with me. They warmly received her as the daughter of Doug Price—the well-remembered former Co-op manager in Rankin Inlet—and his wife, Atsanak, from Pangnirtung. Jackie was only in Rankin for a couple of weeks to teach, so time did not permit more visiting. However, because of the regard she had for Aupilarjuk's great wisdom, Jackie entrusted me with some theoretical questions to weave into the conversations with him as I chose.

Jackie's role allowed for a broader theoretical view due, in part, to her broad interactions with Indigenous peoples, and also to her own epistemology, which I believe is well-grounded in Inuktut ethics. She is very much rooted in a respect for her elders, kinships, and living histories while also understanding the importance of personal knowledge, and of community interactions and dynamics. All of these factors made her questions important to me.

Another contribution to this book that Jackie has made is that she represents the youthful demography of Nunavut. In Nunavut, 50 percent of the population is under twenty-five, and the overall median age, estimated at twenty-four, is the lowest in Canada. As a young professional in her thirties, Jackie taught Inuit youth from a wide range of Inuit communities while she was an instructor at Nunavut Sivuniksavut college in Ottawa for some years. As we shared in conversation, we learned a lot about our respective generations and their roles, responsibilities, and strengths. For example, where I was concerned that the model might be too "traditionalist" for some youth (and therefore inaccessible), she challenged me to think about the great need among the youth for supported access to elders' thoughts and ideas.

My generation—now middle-aged—was raised at a time in the Arctic when Inuktut was strong, so we have also been points of access to the elders for our children through our knowledge of the older, more complex language spoken by the elders. In fact, Jackie's challenge to me made sense because Leena's initiative at Pirurvik, Ingalangaittukuurvik, is designed to meet that exact need. The initiative is designed to assist the middle generation to provide mediation to the youth widely so as to make the traditions and teachings more accessible. This model is very different from what academia currently offers. In the prevalent academic model, researchers come in, work with translators, process and publish the materials, and make them available—and in that sense there is access. In the Ingalangaittukuurvik model—a relational model—there is direct access to the elders themselves by the middle generation. The middle generation is mentored, supported, and trained by the elders to accurately transfer certain areas of Inuktut knowledge to youth, children, and the public broadly. In the academic model, the middle generation becomes merely the translators and informants—the points of community and knowledge access for the academics, and not the knowledge keepers that they truly are. Their translated knowledge is also either managed or co-managed and edited by the academics who have very little direct access to the knowledge outside of the translator's labours.

The Ingalangaittukuurvik initiative is about supporting direct relationships between generations through strategically creating space and time for interaction between the oldest generation and the middle-aged group. The knowledge is then transmitted naturally through supported connections between generations. This knowledge initiative is not dependent on academic support. It renews and supports the relationships that naturally occur in Inuit society between elders and middle-aged individuals. The initiative is not funded fully to operate yet, but I am very aware of the gap that Leena seeks to address, and of the role that I found myself in with Jackie. That role was to assist her to connect to the stories of her grandparents' generation. As I spoke with Jackie about the things I was learning from Aupilarjuk and Tulimaaq, I became more aware of her generation's hunger and longing for that kind of interaction. Sometimes they have direct interaction with the elders, as was the case with our visits. But she also told me that, through listening to her mother's stories and my own

Tulimaaq and Aupilarjuk sharing with educational leaders at the Nunavut Educational Leadership Program, with David Serkoak, Rankin Inlet, NU. Photo by Cathy Lee

reflections, she had come to better appreciate the role we have as the middle generation in acting as a generational bridge to the youth. In my conversations with her, and amid my self-doubt, Jackie taught me to accept responsibility for my role in this regard, based on the knowledge and skills I possess, and the opportunities arising at the time.

Linked also to this relationship with Jackie Price was a mutual friend named Dawn Smith. Dawn is Nuu-chah-nulth First Nations from British Columbia. Dawn and I met in Leroy Little Bear's lively and instructive seminars on political theory during my visit to the Indigenous Governance program. A couple of years later, I attended her Community Governance Project defence at the University of Victoria. The experience was very inspiring and formative. Her work was entirely grounded in her community and related to her own experience and socio-cultural positioning. While her background was different from my own, so much of what I absorbed as I observed her defence resonated with my own direct experience of Inuit culture and community—yet it was all unfolding in an academic environment. Present at the event and included in the proceedings were many people from her community, as well as several generations of extended family. The story of who she was, beginning with her name, was recounted by an older relative, and stories of her deceased elders were told in relation to her own life. It was affirming for me to witness how one's identity is so very connected to the knowledge produced in their traditions. This is similar to my direct experience of Inuit cultural practices, with naming, relations, and stories as a basis of cosmological and sociological positioning, as well as a reminder of one's responsibility to family, society, and the higher forces.

Because Jackie and I were both familiar with Dawn's values and approach, we recommended her as a candidate to teach a sessional course at Nunavut Arctic College in Rankin Inlet in the spring of 2010. She was subsequently selected, and since some of our teaching time overlapped, we had time together to share and connect many ideas and issues facing Inuit, and to compare them to Dawn's own community.

During two visits with Dawn to Aupilarjuk's home, I recognized his interest in sharing his ideas more broadly with Indigenous peoples. At that point, Aupilarjuk had been talking to me over some months about a triad of concepts (explained below); when he found out that Dawn was an educator, too, he reiterated the triad for her to consider. As I translated for their visits, Aupilarjuk spoke with her about his experiences working with First Nations. He also spoke with her about the importance of Inuit and First Nations recognizing their similari-

Aupilarjuk and his carving triad, Rankin Inlet, NU, 2001. Photo by Janet Tamalik McGrath

ties as a basis for negotiating a more united decolonizing strategy. He stated that while differences existed, based on the differences in land and, therefore, differences in approaches and thought, Indigenous values would always connect them.

It was very touching for me to see Aupilarjuk's and his wife Tulimaaq's reactions to Dawn's initial visit; upon first arriving in the community, she brought jars of salmon that she had caught and prepared as gifts to give elders whom she did not know. In the Nattilik culture, where I grew up, it is customary to visit the oldest elders upon arrival, and then again just before departure—usually with a small gift of food upon arrival. Aupilarjuk and his wife joyfully ate the gift of salmon and he noted that "*Inummariktituuqtuq*" (she is reflecting the true Inuk values). As they conversed and shared further, Dawn explained that her ancestors also hunted and relied on seals. Since Aupilarjuk's culture is Nattilingmiut—people of the seal—he also noted that, while difference in land makes for differences in viewpoints and approaches, living and depending on the same kinds of resources also makes for natural similarities. Later, remembrance of these and other conversations between Dawn and Aupilarjuk informed the recorded conversations between Aupilarjuk and me that are the basis for this book.

In a way, Dawn's visits to Aupilarjuk's home with Jackie and me were an igniting point for the research that unfolded. There were ideas that Aupilarjuk expressed to Dawn that he would not have said to Jackie or me because he would have assumed that those ideas were what we already knew. He spoke with Dawn as a newcomer and visitor to Inuit culture.

The dynamics of the conversations remind me a bit of when I was a child and our parents had visitors—my ears were always open because I heard them talk about things that were taken for granted, but which were now articulated for a new audience. Because of my role as translator for Dawn in her conversations with Aupilarjuk, I became keenly aware of certain themes that I was able to pick up on later when I was interviewing him. Dawn's conversations with Aupilarjuk gave me a glimpse into a new line of inquiry in my own conversations later with Aupilarjuk.

Whether I visited Aupilarjuk alone or with other people during those months, he consistently asked us to think about formulating an Inuktut theory of education for children and youth. This formulation was based on some key components he has identified. His urgency rests on his view and personal experience of Inuit education over almost nine decades, and included traditional land-based education, through to the introduction of schools, and the development of Inuktut curriculum. He recognized gaps in the current education system; he argued that the gaps could be closed by studying what has always worked well for Inuit in the past. Without being nostalgic, he has called for a critical examination of the results of the current education system. Elaborating on his upbringing as an example, he detailed the educational principles that Inuit were separated from with the introduction of schools when his children were young. He spoke with me about how, while some Inuktut themes were understood through his previous advisory work with the Department of Education Curriculum Division, other themes, he felt, were underappreciated.

Through analyzing approximately six hours of recorded conversations between Aupilarjuk and myself, and through reflecting on countless other visits with him throughout 2010, I engaged in an intensive listening practice. During the course of the recorded conversations, with discussions on Indigenous theory, and through months of working with Aupilarjuk's ideas, it became clear that the essence of his message was about renewal of Inuktut knowledge systems—as the forced-settlement era had practically and symbolically undermined Inuit through devaluing their cultural systems that were in place.[12] He considered this devaluation to be the source of many of the ills currently affecting Inuit society. He and his generation are the last of the elders in Nunavut who were fully raised on the land into their adulthood and childbearing years. As I have worked with many other elders of his generation, and with their parents' generation while they were still alive, I personally understand the quality of presence and *silatuniq* (wisdom) that their firm foundation for life had given them. I can also say that I am not alone in this understanding, as many Inuit of my generation have shared this same sentiment and have been fortunately mentored by key elders in their lives.

As I listened to Aupilarjuk's words, I could not confine my thinking to the framework of the education system in Nunavut, because

Bow and arrow demonstration by Aupilarjuk on the land, Rankin Inlet, NU, 1997. Photo by Gerry Kusugak

while he spoke in that context, his message was far broader. My inquiry then led me to examine the role of generation in knowledge renewal, but then I could not even apply the confines of "generation" as a theme on the vast and deep words of such a great teacher. In the end, my research became all about my listening, which includes a collective listening through my sharing of the conversations and analyses.

Finally, the research question "Is there an Inuktut framework to support Inuktut knowledge renewal?" emerged as I worked with the transcripts. The model I propose builds on Aupilarjuk's ideas and the ideas of Cherokee scholars Corntassel and Holm[13] that I shared with Aupilarjuk at Jackie Price's request. This accumulation of concepts is based on Aupilarjuk's invitation, as he stated at the beginning of our recordings:

> *Taanna uqausiriniaqtara uqausirivallianiaqtara tunngaviuqujara tunngaviksauqullugu uqausirivallianiaqpara tunngaviuguni i&uarniqsaujaariqattarakku uvamnullii. Kisiani asiani tunngaviktaliugaluaq.* (This idea that I am about to explain is something I very much want to see used as a conceptual foundation. I share these ideas with the intention that they are understood as a base. I see them personally as an appropriate foundation. Of course there are other ideas to be considered, too.)[14]

AUPILARJUK: LIFE ON THE LAND

Aupilarjuk's life spans a transformative time in Nunavut, and his experience is similar to many of his generation—the generation of elders who were raised and educated on the land, nomadic, and within a self-governing structure. His story offers more context to my research and to the development of my theory of knowledge renewal.[15]

Aupilarjuk was born to Hiutinnuaq and Kumakhiut in Avalitquarřuk, a place near Arviligřuaq, near Kuugaarřuk, East Qitirmiut, Nunavut, a *kuuk majuqtulialuk* (a river where there are many migrating char). He recalls that he was told later by his mother that it was the summer of 1923—the number told to her, she said, by a priest. This year is not corroborated by other community reference points, and he was in fact born earlier than that—he was small for his age as a child, so that might have been a factor in mistaking the date. Through community history research in 2012, I was able to verify that his year of birth was 1919, and this was formally accepted by Vital Statistics in time for a family celebration of his last birthday in July of 2012. It was a great joy to him to finally have the correct date, because of the Inuit cultural value for accuracy. Of course, the day of the month could not be known for certain, but the thick of the mosquitoes in that area is during the third week of July, thus the date July 22 was somewhat of an estimate, and he chose that number because he was required to choose a number. At his first official birthday, celebrated on July 22, 2012, I asked him why he chose the number twenty-two. He acknowledged that of course it was arbitrary, and he was merely required to choose. Inuit in his time and before referenced age according to others born close in time to them, and this was affirmed with Inuktut kinship terms such as *inuuqati* and *ikinnguti* (two different dialect terms for people born in the same season and year), and not through numbers on a page. I joked with him that perhaps twenty-two was easiest for him to remember because of the .22-calibre hunting guns introduced in his youth—perhaps a hunter's fine choice of arbitrary number? He beamed. For twenty years he had tried to right the time of his birth with the government, to the third week of July, and twenty-two was close enough. Two months after his first official birthday celebration, I got word that he passed away very peacefully.

His birthdate and year had been originally approximated, like many people born at that time and in the decades to follow. Back then, calendar dates were not important, except when they were required for some official reason—by government, RCMP, or trading post officials. Although his original identification says he was born in January, Aupilarjuk knows he was born in *kikkturijjiqti'lugu* (in the thick of the mosquito season) during the summer, in the family's *ittaq* (sealskin tent) along that beautiful and bounteous river—Avalitquarřuk. This river was treasured by the Nattilik people for its migrating char. He was named Aupilarjuk in memory of his paternal uncle's late wife.[16] He told me he also had other lesser-used names, such as Umngijjaq, Kik&u,[17] and Anaijjaq, and that he also had an *avvaq* (same-name relation) from Naujaat (Repluse Bay) named Saumik, a version of the name Haunnuaq; both versions were also among his names.[18] Eventually, at baptism, he was given the baptismal name Mariano by the attending priest.

He lived a traditional Inuk life, in the manner of his ancestors, well into his adulthood, even with ever-growing outside influences and contact. At that time, being an eager helper (as he describes himself), he was often called upon by Kajualuk (Father Pierre Henry), the

Catholic priest posted in Kuugaarřuk (Pelly Bay, Kugaaruk), and by DEW Line workers and land surveyors.[19] His roles with them were many and varied, and included carrying loads of supplies between points, fetching and hauling ice for drinking water, and assisting them through his very broad knowledge of land and wayfinding.[20] With a growing family, he was enlisted by the Catholic Church to become a lay minister. Aupilarjuk received training in Kuugaarřuk in the summer of 1975, and then was asked to go to Arviat to help with the mission there that fall.[21] He stayed there less than a year, and in the spring of 1976 he moved his family to Whale Cove for about seven years. There he also began to teach at the local school as a traditional knowledge educator and mentor in the school system.

From Whale Cove, Aupilarjuk and his family moved to the larger community of Rankin Inlet in the 1980s because of a sick child. By then, he was no longer active in the Catholic Church as a lay minister—he'd described to me that while he accepted Christianity, he was conflicted about how Inuit culture and teachings were backgrounded within the church. He then focused his efforts on working with the local school in Rankin Inlet to teach land skills. He worked to help Inuit youth to know themselves and appreciate their culture more

Community feast, Rankin Inlet, NU, after Inuktut immersion course teaching, 2002. Photo by Janet Tamalik McGrath

by demonstrating and teaching traditional skills such as toolmaking, *iglu* building, wayfinding, hunting, and fishing. For Aupilarjuk, these activities helped the students learn the foundations for well-being, which included self-reliance, self-confidence, and interdependence.

Aupilarjuk also spent much time and effort supporting various government initiatives and advising departments, including the Departments of Justice, Health and Social Services, and Sustainable Development, to name just a few, and, for more than a decade, he advised the Department of Education Curriculum Division on pedagogy, methodology, axiology, and epistemology. Along with a core group of elders, he directly supported employees in various capacities in developing a uniquely Inuktut curriculum design from kindergarten through to grade twelve. Reflective of his critical philosophical contributions in the area of law and justice in Nunavut—and amid many other certificates of recognition—he was granted an honorary doctorate from the University of Prince Edward Island in 2009. On the occasion of conferring the honorary doctorate, a UPEI news release stated:

> Mariano Aupilardjuk[22] [*sic*] is a philosopher, artist, drum dancer, song writer, cultural worker and activist who lives in Rankin Inlet. Widely recognized for his wisdom, his teachings, and healing abilities, he speaks of values and traditional knowledge in a way that links the past, the present and the future of Inuit in Nunavut. He teaches youth traditional Inuit land skills, advises the RCMP, speaks to government, and facilitates community and pan-territorial healing services. He has received numerous awards including the Northwest Territories Facilitator for Youth and Elders Award, the National Aboriginal Achievement Award, and the Inuit Tapiriit Kanatami Award.[23]

He is widely respected as an Inuk elder, and considered by many as the most significant critical thinker of our times in relation to Inuit homelands and cultural matters. With an inherent gift for oration, recordings of his speeches are widely coveted and his teachings are included in many publications, including *Uqalurait: An Oral History of Nunavut* and the Nunavut Arctic College Media Interviewing Elders series.[24]

Like other elders of his generation, Aupilarjuk was born on the land and lived in relative isolation for much of his adult life. However, over his last two decades he travelled widely, especially within Canada, working with First Nations, Métis, settlers, and immigrants, and has woven his impressions from his travels into his theoretical reflections on the future of Inuit.

While he was widely sought out for advice, it is surprising that there is no single book or study dedicated to his life and teachings, and while this book now exists, a full rendition of Aupilarjuk's life story does not. During the time I was working toward completing my doctoral degree, Aupilarjuk was quite frail; moreover, Tulimaaq, his wife of sixty-nine years, who was ailing in 2010, had passed away in February of 2011, as I was completing the first draft of the dissertation that would become this book. Their marriage through the church was dated as 1942; however, when he was a small boy, his mother had told him, "If the baby is a girl, she will be your wife," pointing to a pregnant woman, who eventually gave birth to Tulimaaq.[25] Thus, their stories and lives together are far more entwined than seven decades of daily partnership, love, and child rearing.

While it would have been the research project of my dreams to work closely with Aupilarjuk, because of his advanced age, I dared not even suggest its possibility while travelling in and out of town during graduate school. However, once I was settled in Rankin Inlet in a teaching job at the college in 2009–10 and was able to visit him casually and regularly, it seemed possible to consider interviewing him as part of my literature review, given that in Inuktut our intellectual matters are orally based. It was through his own consistent availability and interest that we entered into the conversations that make up this book—but it was only after four months of visiting with him and his wife that I had the clear sense of appropriateness.

Originally, I had met Aupilarjuk at the suggestion of a friend, the late Jose Amaujaq Kusugak, who was president of Inuit Tapiriit Kanatami (ITK) at the time of his suggestion. Jose was a well-known Inuk cultural ambassador for most of his life. I first met Jose when I was a child in Talurřuaq (Taloyoak) and he visited our classroom to speak about the newly formed Inuit Tapirisat of Canada (the organization that would become ITK) and the then newly phrased concept of "Nunavut" (our land). All those years later, I received Jose's suggestion to meet Aupilarjuk with particular interest—knowing Jose's depth of respect for traditional knowledge and Inuit elders.

My first encounter with Aupilarjuk thus came shortly after that, as I approached him at the Museum of Civilization in Ottawa, Ontario, where he sat on a bench in the reception area following an event at which he was presenting. This was in either 2000 or 2001. He looked a little worried when I came up to him, and some years later he would chuckle about that time because he said he was tired and he thought, "*Tagva qablunaaq qablunaatituurnilirilluni tukisinngitillunga...*" (Here comes another qablunaaq that will say something in English that I do not understand...). And, over the years, in recounting that moment to me or others, he would fondly add, "*Hunauvva uqauhimmariptut uqamaniaqti'lunilu Nattilingmiuttut*" (And surprisingly she ends up speaking in my home dialect of Nattilingmiutut). Neither of us had any idea that we would develop a friendship and working relationship to span over a decade and culminate in a doctoral research relationship. I was surprised and humbled by the opportunity that arose, as well as the overall experience as it took shape. I take comfort in how Aupilarjuk had indicated to me that he appreciated my ability to understand what he was saying directly and translate it to a broader audience. I sincerely hope that I have done that adequately.

Soon after that first meeting in the museum lobby, I had the opportunity to visit him in Rankin Inlet, and from that I produced a verbatim interview for *Inuktitut Magazine* for ITK.[26] I was grateful for this initial immersion into Aupilarjuk's thinking, as I was considering graduate school at the time. Over the following years, 2001 to 2009, I was, on occasion, an observer and supporter of an elders' initiative facilitated by Joe Karetak in Arviat at the Department of Education Curriculum Division. The importance of these gatherings for me is elaborated below, but Aupilarjuk was, along with many other elders and many who have since passed away, a consultant-advisor at all of these events. At every meeting I attended there was a point where Aupilarjuk would speak out, and we would all sit up a little straighter, including, I noticed, other elders. It was clear that, though

Department of Education Curriculum Division Elders' Advisory Meeting, Rankin Inlet, NU, April 18–20, 2002. Photo by Janet Tamalik McGrath

he embodied perfect humility—and for most of the meetings he listened to others intently—his interventions created moments of profound clarity and insight.

In 2002, Aupilarjuk and his wife, Tulimaaq, participated in a twelve-day Inuktut language immersion retreat that I piloted in Rankin Inlet. We spent time with him as he lectured on traditional life through the presentation of his handmade tools and implements, and he built a large classroom iglu together with the retreat participants. All of these experiences were important to understanding how he teaches and how his ideas developed over time. By this point, I had entered graduate school and had a great desire to address many of the gaps and issues that the elders had identified to me over the years. While my education, until then, had been based on community and family experience and my translating expertise, I realize as I look back that my intention upon entering academia was to gain skills to support the elders' initiatives more effectively. As I became more accustomed to graduate school, I also felt the need to try to bridge what I considered wide gaps or disconnects between community and academia. I was five years into a PhD program at Carleton University, and at an all-time low in the sense that I felt this goal of bridging was just not possible, when I found myself in Aupilarjuk's living room for many weeks of visiting and listening in 2010. In this process I remembered what it was all for.

MY STORY

As a person raised between Western and Indigenous systems, and as a scholar researching identity, I appreciate how identity is not straightforward, so neither is the study of it. The descriptive categories we relate to or that are imposed on us are only true in context, and we know that the boundaries of various categories are both flexible and socially constructed. This is not to suggest that categories do not matter, or that socially constructed categories are not real, but they are only meaningful in context, and context can be complicated.

To address this problem, Linda Alcoff combines the two concepts of "experience" and "positionality" to offer an approach to theorizing identity as both *internally* and *externally* determined.[27] For example, who do I think I am, and who do others think me to be? Ken Wilber would expand the internal-external realm to include: the interior, individual, intentional, subjective "I"; the exterior, individual, behavioural, objective "s/he"; the interior, collective, cultural, intersubjective "we"; and the exterior, collective, social, interobjective "they."[28] So, Wilber would ask me to state who I am as an individual, internally (subjectively), and who I am externally (objectively) identified as an individual, followed by who I am as part of a collective or collectivities, both in terms of internal group identification and the external labels imposed. To address the problem of using a fixed term for a fluid reality, Brubaker and Cooper suggest something similar in the terms: "identification and categorization...self understanding and social location...[and] commonality, connectedness, groupness." [29]

To know who I am in the world as a person and as a researcher, for some audiences, requires a statement of race, class, gender, ethnicity, dominant belief systems, and academic theoretical leanings. On the Inuk side, identity requires—most importantly—a knowledge of who my parents are, who my relations are, how many children and grandchildren I have, if any, and what lands I am connected to and associated with. Knowing those aspects of my identity would answer the question of why I speak Inuktut, otherwise that would be the next question.

So, in the North, I would say my parents are Umelik (has-a-beard), who worked in carvings and fishing, and Yuuti (Judy), who worked in crafts; I am the second born in a family of five children, and we were raised in Talurřuaq and Kangiq&iniq.[30] I have twin children, a son and a daughter.

In the south I would be identified externally as a Caucasian, educated, working middle-class, heterosexual, middle-aged female with an unconventional Canadian Northern rural/margin-based upbringing and outlook.

Those are the entry points for each community, but for the academic community some elaboration is required. For the Inuk community, I wouldn't talk about myself further except to explain what I am doing in town. I should say also that if I am not known to the Inuit I am speaking with, it would be important to mention the names of other

Inuit I know whom they also know, as a point of reference and character check. It is important to show one's accountability to the community, since insiders know that many Inuit express complaints indirectly and thus often require trustworthy third-party links to convey discomforts in cross-cultural relations. I have observed many outside researchers in the North who seem to believe that "no news is good news" if their research contacts have not complained directly to them. Yet there are numerous projects about which I have heard a lot of concern expressed that never reaches the researcher's attention. This is because these outside researchers are not operating on the basis of the Inuk way of communicating, and therefore, they are simply not able to understand or become aware of the critique. Some are also simply not available to it—the dialogue stops when the research is over.

If Alcoff, Wilber, Brubaker, and Cooper were to get together to discuss identity, they would observe that identity in Inuktut is categorized primarily through the collective-subjective-objective and that the individual-subjective-objective, while seeming to be minimized, is actually defined through collective interaction and understanding. Who I am is who my community *respects* me to be. Collective honour is everything. If working from a paradigm of individualism, however—who I am is my own business—collective murmurings are of no importance.

Researcher denotes a role, but there is inevitably a personality attached to that role. Life experiences, beliefs, and intellectual commitments shape the researcher in her work, or role. Thus, in reflexive research, self-awareness and disclosure are paramount. Who am I in the research and in the role of researcher? Who do I think I am, and how do I conceive myself to be perceived by others? How can I know my filters, my blinders, and what shapes how I perceive the world? What biases influence my thinking, feeling, and actions? These are typical postmodern reflexive questions. These questions, in the Inuk way, are already implicit, and so the focus is often more practical: What is the community concern, and how are myself and others, in relation to one another, mobilizing to respond to that need? And, a deeply abiding question for me as a researcher, as well as an insider: How am I capable of demonstrating my accountability to the internal collectivities that gauge community process and guard community balance and well-being?

These are all complicated questions that I will attempt to address. I will elaborate now for both audiences simultaneously: for the academic audience within the protocols of postmodern reflexive research, who I am as a knower; and for the Inuit audience (in English), who I am in relation to Inuit community, values, and protocols. In the same manner that Aupilarjuk has throughout our recorded conversations laid out his ideas for education based on stories of his upbringing, I will thus elaborate first on my educational influences and experiences.

My childhood education (from the mid-1960s to the mid-1970s) includes unconventional home-schooling in English and Arctic land education in Inuktut. My Arctic land education was also contrasted with religious-based native residential schooling in Inuvik and secular residential schooling in Yellowknife.[31] Later, as a mature student in university, all the academic degrees I acquired were interdisciplinary (arts, conflict studies, identity studies, and non-degree-based applied language studies). My interdisciplinary approach is to draw on various disciplinary traditions to create synergy, much like the cross-cultural synergy I grew up with—a "best of both (or all) worlds" approach. My varied academic choices have been somewhat similar to my cultural upbringing. I was never steeped in one discipline or system long enough to discover another system as new or foreign, thus I learned to incorporate what was useful from what I encountered. I am also keenly aware of cultural and interdisciplinary differences as I observe boundaries when they are transgressed. As an interdisciplinarian, I do not see the need for rigid boundaries in my work, though I am aware of them, both in terms of cultural identity and academic knowledge pursuit.

What I know of my ancestry is that my father's side is Irish and my mother's side is Swedish, though I am only beginning to learn about those cultures and the circumstances that led my ancestors away from their homelands and seascapes to the shores of Newfoundland and the California redwoods. I was born the second of five children when our family lived and fished in Hupacasath waters and territory, Bamfield, British Columbia, in the early 1960s. We then moved to Newfoundland for five years—where our father is originally from and where he moved to work as a dragnet scallop fisherman. We were mainly home-schooled in Newfoundland in an extended family model that drew on land, arts, and experiential activities for a holistic approach to learning. I remember puppet shows, biology in the bog, math in a tree house, and making our own paper with found fibres. Babies, aunts, dogs, and cats were all normally present in our "classrooms." In Newfoundland, two more siblings were born, but times were such that it was hard for our parents to make a living in fishing and the arts.

The fishing and craft industries were of prime interest for community economic development in the Canadian Arctic after the crash of the fur trade in the 1960s, and my parents' skills were ideal to developing economic alternatives in isolated Arctic communities. So we moved from Newfoundland and were then raised in a very remote region of Nunavut (East Q̱itirmiut) at a very formative time in both Inuit history and in my own life (the 1970s). The culture I grew up appreciating most intimately was Inuit culture as it intermingled in the early settlement period with Western capitalism and Euro-Canadian cultural influences.

Within Inuit culture there is a way of being and seeing that was reinforced by the vibrant language spoken outside and inside our home—Inuktut language in all its variations—including a form of English that reflected Inuktut grammar and thought. In Talurřuaq—or Taluarřuk as some Nattilik elders, such as the late Hadlari, have argued to call it—I grew up around two distinct dialects of Inuktut: the Nattilingmiut and the Kinngarmiut. Speaking these two dialects broadened my understanding of Inuktut language at a young age, and, while still in high school, I began a professional career as an interpreter-translator. The first job I had was on a team that translated for the first Legislative Assembly of the Northwest Territories in Yellowknife in 1979.

While my professional work as an interpreter and oral histories translator began in high school, my role as a translator began in our living room when I was a child of about eleven. Sitting on the floor next to the enamel pot steaming with tea, I often endeavoured to explain in English what Iřittuaq, our honorary *ningiuq* (grandmother), was saying as she told stories that went on for what seemed like forever. In many of her narratives there were talking animals. She would puff up like an owl and her body and voice would transform into an *ukpik* (owl) as she spoke the owl's lines, and then she would embody the next character to answer the owl—perhaps a *tuittuaq* (sandpiper), or a *qakuqtaq* (snow bunting), or a *naujaq* (seagull), or a *tulugaq* (raven). She was lighthearted, fun, funny, engaged, and deeply inspiring. She was also extremely kind and patient in nurturing my confidence in translating for her. Her great humour and joy still guide my life today.

For over two decades in Inuit Nunangat (Inuit lands), our parents worked in economic development in various capacities in Talurřuaq (Spence Bay/Taloyoak), Kangiq&iniq (Rankin Inlet), and Iqaluktuuttiaq (Cambridge Bay) in Nunavut, and on the coast of Nunatsiavut (Labrador).

When our father was first hired to work in East Qitirmiut in 1971 (based in Talurřuaq, serving also Kuugaarřuk and Uqšuqtuuq)[32] he was a sea captain and was hired by the territorial government to market carvings and develop the fisheries. He also worked in economic and community development, as well as wildlife management. When we moved to Nunavut from Newfoundland, our mother piloted a natural dyes cottage industry and crafts project in Talurřuaq with her good friend Anaoyok Alookee and authored the book *Dyes from Lichens and Plants: A Canadian Guide.*[33]

Within this personal history one can identify two themes in my family that intersect with the deepest values of Inuit culture, tradition, and people: connection with land; and crafting objects. Land and craft skills were highly valued and promoted in our family and were the basis for our home becoming a community gathering space. Storytelling, drum dancing, sharing food, singing *ajaaja* (traditional songs), throat singing, and teasing games were common activities, particularly in winter and early spring, in our living room.

In late spring and summer, learning to fish, hunt, and wayfind became priorities as Inuit families moved out on the land. As children, we were encouraged to go along with other families, even if it meant missing school. Travelling to and living in the sealing camps in Nattiqhiurvik with the Uluulaaq and Arviq families were my favourite experiences, along with living in the fishing camps in Nattilik with Aglukkaq's family. In those spaces we only spoke Inuktut, and I learned land skills through observation and experimentation. For example, in Nattilik, my friends and I made little *kakivait* (fish spears) to catch *iqalugait* (little fish) that hid under rocks on the shore so as to feed our *naujahaaq* (seagull chick pet). In Nattiqhiurvik, I learned to make a *qulliq* (seal-oil lamp) by pounding the metal lid of a dry milk can against a round rock to make the crescent bowl shape. My friends and I collected plants for wicks and rendered seal fat. We would also watch and observe their parents as they skinned, stretched, and pegged seal pelts, expertly filleted fish, fixed outboard motors with homemade tools, sewed, weather watched, and journeyed out on foot to find and gather food. On rainy days, we stayed inside the tent, learning how to juggle stones and playing with seal flipper bones to make little villages. One camp mother, Inugaq, was an expert at string game storytelling, and the complexity of her configurations was astonishing. When I wasn't on the land, I constantly yearned for it, though I always missed my family at home while I was away.

These experiences on the land were foundational to an understanding of what Aupilarjuk was conveying in his work through his narratives and his use of ancient technologies, metaphors, and analogies. There is a feeling inside me about the significance of life on the land and the value systems that that emerge from that way of life because of my direct experiences of it. I'd also personally witnessed the changes from life on the land to early settlement, and directly experienced the contrasts between Inuit child development and Western education.

Over some decades now, I've witnessed how slow education policy is to change in Nunavut, and the distress caused in community life through an incompatibility of systems. In the 1970s we had to travel by air over 2,000 kilometres to Inuvik and over 1,200 kilometres to Yellowknife to receive an education beyond grade six. While my generation was the last to go to Inuvik, astonishingly, youth from Talurřuaq were still shipped south to Yellowknife for high school up until 1994, and afterward still sent 483 kilometres away to Cambridge Bay until 1996.[34] This practice of removing children for ten months of the year, far from family and community, did not make sense to me in the 1970s, let alone right through most of the 1990s. How much did it cost to feed, clothe, and transport a dozen children for that period versus paying for a single teacher to work in the children's home community?

Aupilarjuk and his generation—many of whom I worked with professionally and as a researcher—often spoke about the essentials of Inuit child development and the difficulties they had with Western education. Even community-based schooling was hard for them to reconcile to their own views and experiences of childhood training and human potential. As someone who moved through spaces of land, home schooling, community schools, and residential schooling, I carried the same kind of question the elders presented: Is it even possible to really reflect Inuit *pijariuqsatitauniq* (childhood training) within *qabulunaat ilinniarusingit* (Western education frameworks)? It was an impossible question for us to answer, so the focus of my work with elders became one of documenting Inuit systems as they were experienced by Inuit—in their own words.[35]

During the transitional era away from nomadic life on the land to artificial settlements (approximately 1960s to 1980s), many Inuit became a part of a system that was completely foreign to them. Aupilarjuk talks about being disadvantaged in these circumstances. He states, "*Qablunaatut ilinniaqsimanngi&uni ajurnalluaviktuq qablunaat miksaanut.*" (Being without a qablunaaq education, it is very difficult to grasp what the qablunaaq ways are.)[36] And, "*Uvaptituuqunngi&ugit qablunaat iliqqusiani atuliqpata tamajja ilinniaqulluaviqattaraluaqpavut.*" (We don't want [our children] to be disadvantaged like us and so we insist that they learn qablunaaq skills, too.)[37] That is not to say that they wanted their children in residential schools or even in community-based schools; with the advancement of capitalism to Inuit homelands, the elders had a sense of being without certain skills and wanting those skills for their children. The options for schooling provided were never based on what Inuit parents or communities wanted or required. Inuit are now influencing the education system, but after five decades of colonial schooling, Inuit-designed innovations in education are in competition with Western pedagogies and established curricula.

As I try to understand my experiences of colonial power and cultural abuses in education, I have also begun to see more of the vision and strength of Inuit elders I've worked with. While the land-based Inuktut life has its own healing and restorative potentials, I am also grateful for the hardships related to the land that I had experienced—for example, hardships related to weather and ice conditions, animal migration, and consequently depleted food stores. Both kinds of educational experiences taught me that hardship is a part of life, but they also inspired in me a lifelong search to understand the role of traditional and ancient Inuit wisdom in the modern context. My personal experiences in education enabled me to connect to Aupilarjuk's educational theorizing in a broad yet direct manner. I also knew personally and intimately what his generation had lost when they were not allowed to educate their children themselves.

Following high school, from 1979 to 1983, I worked in Rankin Inlet and Cambridge Bay as an interpreter-translator. I gradually moved away from government translation work because I felt it was biased toward what the government wanted to say to Inuit, and lacking in sufficient dialogue in which the government could hear from Inuit. Most of the work required by government was translating documents from English to Inuktut. I felt that while those communications were in Inuktut language, they were shaped by both the English language and government mentality. I was drawn back to oral histories and worked in that area within initiatives and grassroots projects focused on supporting elders' contributions.

My experiences led me eventually to support the Curriculum and School Service's elders' initiative in the Department of Education, through which I was able to work with Aupilarjuk more directly beginning in about 2000. This working relationship culminated in 2010 with interviews for the department that would lead to the Qaggiq Model and to this book.

CONNECTING STORIES

Shawn Wilson questions the role of the academic literature review in Indigenous methodology; for the author, a literature review is a separate academic exercise rooted in the traditions of scholarship.[38] Having grown up within a rich oral tradition, I remember early on in my graduate studies how I learned to approach survey reading and literature reviews as a relational exercise—so that I could relate to the demands. I determined that academic books are really just scholars' stories, and that they reflect their personalities and characters. Some authors are dense, and some are very easy to connect to. In the age of Google, it was fun, also, to find out more about the authors' lives as well as their ideas. I imagined all of these people with ideas as people interacting, disagreeing, sometimes reconciling, and other times not. On this basis, I could write and learn the value of literature reviews.

So, unlike a conventional and technical academic literature review, the following is more the story of how my *sanaugaq*—this craft of mine—fits into a broader scheme of people, ideas, trends, and scholarship. In my writing, I have not built on anything consciously other than my own life's experiences and conversations with Aupilarjuk. My work does, however, enter academia in conversation with the work of many others. So how are we related?

I will explain our lineage through family groupings, beginning with the scholarship on Indigenous methodology. While I was always aware that I was positioned within this family grouping, I am not Indigenous by ancestry. Yet neither do any authors of the literatures reflect my direct knowledge of Inuit culture.

Canadian studies and interdisciplinarity are my field of study, so I will also speak to some of that experience and those relations. This is followed by a positioning of my work within political economy literatures. These are some of the intellectual traditions that my work is in dialogue with at this time.

Indigenous Methodologies

I have observed three different approaches to articulating Indigenous methodologies among Indigenous scholars. I define these approaches based on how various works are presented and not based on whether an author always uses a particular approach. There are three kinds of emphases: 1) making space for a methodologies project, 2) telling the story of or defining that space, and 3) the strategy of doing both simultaneously, or making/defining space. The three streams of writing I see in Indigenous scholarship are naturally intertwined, but represent differing strategies.

In the first instance, some scholars have written primarily to make space (for example, Battiste, Ermine, Green, Simpson, and Turner),[39] providing opportunity and support for Indigenous scholarship with an authoritative command of the history of Western and neo-colonial oppression. In the space-making project, the authors that primarily work to make more space also contribute to the definition of the space by giving voice to other authors through edited works (Simpson and Green, for example). Turner works to afford space by identifying Indigenous scholar and epistemologist roles in decolonizing.[40]

In the second instance, defining space, authors have more explicitly worked to document what they have done once they discovered, assumed, or created space (for example, Bastien, Metalic, Thomas, and Cole).[41] In the defining space project, the authors that primarily enact their Indigenous methodologies also contribute to making more space by way of modelling new possibilities and transgressing boundaries.

In the third instance, authors make space, or more space, and then explore the characteristics of research when it is rooted in Indigenous peoples' methodologies. Smith's seminal work *Decolonizing Methodologies* set off a worldwide dialogue on Indigenous peoples and research and shows this strategy of significantly critiquing power and then documenting her own community's methodology.[42]

Wilson, Kovach, and Absolon are all authors who have written significant works on Indigenous methodologies since Smith.[43] In my view, all three have utilized a third strategy of using a combination of making and defining space. Their works represent contemporary multicultural Indigenous statements on research methodologies, though their stories are anchored in their respective tribal affiliations. Smith drew out the broad strokes of shared Indigenous peoples' oppression on a global scale, then specifically examined the Maori case. With an understanding of knowledge as relational, Wilson, Kovach, and Absolon each speak to other Indigenous scholars and intellectuals broadly, across cultural traditions; they create a dialogue of relationships that includes reflections on their own stories as knowers. In creating this dialogue, they enact the relational accountability that Smith implied and Wilson more explicitly articulated. This is an exercise of both making space and defining it. Wilson established the Indigenous research paradigm as relational, and Kovach and Absolon further demonstrated its viability from their own experiences and practices.

My dissertation builds on this emerging tradition of telling the story of relationships, including and especially the researcher's own path, to access the full range of accountability required of us in Indigenous knowledge in practice. In writing, I am both making space for Inuktut methodologies (by describing the story and the struggle) and also enacting (through writing in Inuktut) and documenting that experience (through including it in the research question).

What connects all of our work is the belief that in Indigenous methodologies, relations, interrelations, and inner relations are all crucial to knowledge production—whether Indigenous epistemology meets Western traditions or whether Western traditions meet Indigenous epistemologies. We have all deeply engaged in the transformation at such intersections of being and knowing. There is a lot required of us in this process; as Wilson states, "if research doesn't change you as a person, then you haven't done it right."[44]

Since Smith's *Decolonizing Methodologies* was published in 1999, it stimulated a worldwide dialogue and action on Indigenous and decolonizing methodologies.[45] Space was made for that dialogue, but we have since entered a new phase characterized more by documenting what is being done within that space— acknowledging and exploring Indigeneity in all its plurality and diversity. Inuktut methodologies have yet to be documented, as published works currently reflect other Indigenous origins.

Part of the challenge of writing from a qablunaaq-Inuk vantage point is that the literatures are already neatly divided into Indigenous and outsider. Some literature claimed intimate outsider status and problematized that, but did so from a vantage point of being clearly rooted in their white scholarly or white feminist roles.[46] I grew up without a sense of white identification and without a white identity (I was a light-coloured version of Inuk/human, with qablunaaq heritage and Inuk culture). What I did to find my voice was take some time away—back in Rankin, and then in lakes and cabins in the Ottawa Valley—until I just got to the point where I could write from a place that was authentic for me. I knew I had to write from that place, but my heart was heavy and conflicted. Aupilarjuk talks about thoughts as originating from our heart to inform our brains.[47] The idea of thoughts being generated in that way is true to my experience of knowing, too, and I have taken a relational and not a cerebral approach to academia. Heart-generated thoughts are all about relationships—with people, with past/present/future, with the environment, with and within the cosmos—thus my commitment to a relational paradigm. In this paradigm there are many layers to cycle information through, all within a web of accountability.

For me, the academic environment in practice created paralysis because there was no real conceptual space for Inuktut epistemology. I have felt Inuit culture to be tokenized, idealized, and objectified; in academia it was not the lived experience that it was for me. There are different streams of study: Inuit Studies, Inuit-Related Research, Critical Inuit Studies—but, I had to ask, "Where are the Inuit?" They have long been the informants for voices in these fields. Until very recently, Inuit were not in academia; and there are still very few—particularly in graduate studies.

On my journey, so far, there has not been much space for Indigenous epistemology in general in academia, in addition to a lack of appreciation for it. In that regard, in my experience, there is still a great struggle for "space," and I have spoken with many Indigenous scholars who are rooted in their traditions, and noted our similar experiences. For that reason, I believe that space making and space defining will continue to accompany our individual and collective journeys in various ways as we participate in global and human transformations in society and in higher learning.

In addition, in looking for support for Indigenous epistemology and methodology, the majority, if not most, of the literature is First Nations, Native American, or global Indigenous. While much of it is very helpful and deeply inspiring, I find both my Inuit friends and myself work hard to translate those ideas into our own contexts. Beyond that, I haven't found any role models in academia of a white-Inuk who wasn't raised white. I was not going to speak as an Inuk; even though I was brought up immersed in an Inuit value system and language, I felt that it was not my role. Within the academy I also felt lumped together with "Northern experts," and yet there were awkward cross-cultural negotiations I needed to engage in in order to be in relationship with them. Their Western cultural advantage intimidated me, and I also felt like I was in an informant role around them. This all led to a very isolated journey which brought me home, both literally and figuratively.

Somewhere between picking cranberries with Kukik in Rankin and floating on waves of Omàmiwininì waters in Grassy Bay in Calabogie, Ontario, I realized that by writing what was authentic for me I was creating the spaces for the dialogues that were required—for Inuktut knowledge to thrive both in Inuit homeland contexts as well as within the academic realms where Inuit are. In the current circumstances, as Aupilarjuk explains, for Inuktut knowledge to thrive, it will require highly ethical inter-group relations,[48] due to the fact that, practically speaking, there is no separation between Inuit and others. Unlike in Inuit self-governing and nomadic times, Inuit now share a place and an experience called "Canada" with First Nations, Métis, immigrants, and settlers. Yet, in the inner dynamics of these relations, Inuktut epistemology can only thrive if the conditions are right, and for that to happen it needs to be appreciated and valued by all who are in relation.

Along with my will to write, I also discovered the work of Shawn Wilson. As mentioned earlier, his work questions the role of literature reviews in Indigenous methodology. He states, "Critiquing others' work does not fit well within my cultural framework because it does not allow the Indigenous axiology of relational accountability."[49] For that reason, I will contextualize my story in relation to his work—a "review rather than a critique," as he calls it.[50]

I will admit, as I wrote for a whole year after coming back from Rankin, that I did not read his book, *Research Is Ceremony*.[51] On first glance when I bought it I knew we were doing similar work and likely coming to similar conclusions. I avoided it then for two reasons; the first reason was the title. In Inuktut, we don't even have a word for *ceremony* per se, let alone use the word in English much except for referring to a wedding ceremony, or perhaps lighting the qulliq at meetings (we might say that is a ceremony). I wanted to avoid being pressured into framing my research with a metaphor that to me resonated more with First Nations vernacular. Inuit value ceremony, and life and survival are full of ceremony, but it is not named or acknowledged directly. I show later on in the analysis how traditional ceremony was the area most compromised for Inuit in their colonization and, therefore, there is a considerable sensitivity around it.[52] My reaction to the title was thus much in the vein of worrying about a pan-Indigenous or pan-Aboriginal approach that did not leave space for an Inuk-centred possibility. I felt the responsibility to approach Wilson's book with care.

Second, I thought that by being totally immersed in Aupilarjuk's words and in our networks and relationships, if I came out of my writing exercise with similar conclusions, Wilson's claim for an Indigenous research paradigm that reflects Canadian Indigeneity would be validated through experience. I could speak in support of it from a grounded position, but also critique it from that same grounded position.

At the end of my writing and the end of my conclusions, I opened his book to include a review of it in this section, and my first reaction was, *Maybe I should have read this sooner.*... As I glanced through it, I noted how telling the story of relationships was important to him, too. I looked through it non-linearly and wondered about the people he was talking about—his inspirations—and my eyes fell on "Cora," where he states, "I think that for her, relational accountability extends first to her home community and this accountability mediates her relations with academia and other Indigenous scholars."[53] This is true of me, too, and this is why I avoided reading his work too soon. I was going to carefully validate it against my own experience and my responsibilities to Inuit community. His book gave space for what I was needing, too.

His main argument is that an Indigenous research paradigm is a relational one, which was also my conclusion about an Inuktut research paradigm. Wilson states that relationality *is* Indigenous ontology and epistemology.[54] He further argues that "the shared aspects of relationality and relational accountability can be put into practice through choice of research topic, methods of data collection, form of analysis and presentation of information."[55] The notion of relational accountability rang very true from my experience in general, as well as my specific experience with this research project. When I changed directions or made alternate decisions, it was based on that deep value for relationality. If I couldn't account, relationally, for a new direction, then I would avoid changing direction, or alternately, if relational accounting was not hampered in any way, then a certain direction seemed sound. Relational accountability was my abiding commitment and guiding force. I have detailed my practice of relational accounting in my narrative style of writing, but I have summarized it more succinctly in the section where I describe the Inuktut methodology used to answer the central research questions. In relation to Wilson's work, this book explores relational accountability in practice in an Inuktut language and cultural environment. Where Wilson has broadly marked out the perimeters of an Indigenous research paradigm—and I support his claims—this book offers a detailed version of Inuktut research requirements in a particular setting.

Another contribution to understanding Indigenous methodologies that Wilson has made is how he describes ontology-epistemology-methodology-axiology as interconnected parts of a system. He states, "It is the uniqueness of these four elements that in part holds an Indigenous research paradigm apart from other research paradigms."[56] I agree with Wilson's findings, as it is also true in my experience and understanding and practice; no approach to research within academia matched what I needed to support Inuktut methodology. My own critique (often silent) of Northern research conducted by southern academics is based on this fundamental principle of integrated being-knowing-doing-accounting. Where Inuk being-knowing-doing-accounting is ignored or superficially understood, it is a sign of great disrespect, arrogance, and elitism. In critiquing research, there are many different kinds of approaches among the sciences and social sciences, and it is impossible to take on the full range within this introductory discussion. However, for now, understanding the importance of ontology-epistemology-methodology-axiology as interconnected is quite an important contribution by Wilson in this regard. The terminology Wilson has offered has simultaneously opened a safe space for Indigenous research on its own terms while opening cross-cultural conversations that may be difficult.

Canadian Studies

In the mid-1990s, Jill Vickers looked at how the founding personalities, ideas, and processes behind the Canadian Studies project reflected biases that "resulted in the exclusion of ideas concerning identities such as those organized around gender, race and ethnicity."[57] Vickers demonstrated a preoccupation with establishing Canadian identity in relation to British and American forces and influences—usually from a sense of aversion or opposition to these powers, and advanced by a predominantly male authorship. There is a certain ambivalent relationship toward Britain and America, and she charges that theory has been a "commodity we import."[58] The author concludes that "[i]t matters...that Canadian Studies has not had a tradition of theorizing diverse Canadian experiences."[59]

Since the mid-1990s, when Vickers's book was written, Canadian Studies can be observed to be more inclusive of gender, race, and ethnicity topics and authors. However, I observe that, partly as a factor of the colonial and patriarchal roots of the field (and therefore the struggle for space) and partly due to its interdisciplinary nature, many scholars in Canadian Studies, at least in Ontario, have multiple field or discipline connections; their interests and voices are cultivated outside of the field (women's studies, native studies, political science, sociology, geography, law, art history, and film, for example) and then brought back into Canadian Studies—hence they enrich the Canadian Studies field in the sense of representing the diversity of experiences of Canada. However, enriching the study of Canada is different than "theorizing diverse Canadian experiences," which has yet to emerge within the field itself.

Working in Indigenous knowledge and in an Indigenous language within Canadian Studies has been a challenge. Canadian identity is observed in the overly common nutshell term "English-French-Immigrant-Aboriginal." This phrase implies a hierarchy, and its use became uncomfortable for me as a student of Canadian studies. Within Canadian Studies discourse I could not find the framework for an Inuk-centred possibility. To even speak about Inuktut theory, I have always anticipated expending a great deal of effort describing, validating, legitimizing, and positioning it in relation to "dominant thought" (imported theories); otherwise my "voice" remains on the outer periphery—or just plain creative and unscholarly. This critique of Canadian Studies comes from my experiences within the field. In the environment I wrote within, in order to contribute to "theoriz[ing] diverse Canadian experiences," how could those same "diverse Canadian experiences" avoid being drawn in and treated like add-on enrichments or tokens of "diversity"? Yet in the restrictive, conflictual, and limiting spaces I have found in that field, I also recognize the importance of documenting and asserting my particular "Canadian" experience.

Interdisciplinarity

One of the key debates in interdisciplinarity has been whether maintaining traditional disciplinary boundaries or going beyond those boundaries is more effective in producing knowledge.[60] Strong-Boag notes that, by 1980, a division emerged whereby some returned to the value of maintaining boundaries and others asserted that a more synergistic and integrative approach was needed to address real issues society faces.[61] In my experience, division has been further challenged since then by a series of events that has gained momentum and works to challenge interdisciplinary boundaries. The interruption began with the publication of the Royal Commission on Aboriginal Peoples' (RCAP's) five volumes in 1996,[62] but gained significant momentum with the development and launch of SSHRC's Aboriginal research program (2002).[63] The RCAP and SSHRC initiatives were reflective of significant events in Canadian society, such as the 1990 crisis in Oka-Kanehsatake, and their publications were influential as a basis for Indigenous-centred approaches to scholarship.

In this new phase of interdisciplinarity within Canada, scholars are challenged/invited to accept that Indigenous knowledges, as embedded in their languages and epistemologies, are necessary to engage for certain topics and subjects, especially for those pertaining to Indigenous peoples and their lands.[64] Therefore, the current transformation within the interdisciplinary traditions is with regards to understanding the limits of how far academia can/will go toward accepting Indigenous intellectual traditions on their own terms. What is allowed in, and what is included? What is excluded? How are these traditions categorized and sanctioned or excluded? Are traditional Western disciplines transformed, challenged, or entrenched by these encounters? As J. W. Scott observes, "the presence of different knowledges exposes the contested and contradictory nature of any assertion or system that claims to be closed."[65] Regardless of how either side of the debate responds to the assertions of the validity of Indigenous epistemology, what remains certain for both sides is the fact that ambiguity is prevalent. Without a framework for engagement, interdisciplinary scholars—whether keeping or blurring disciplinary boundaries—need to know how to engage in research. This book maps out my own framework as an interdisciplinary scholar engaging in Inuktut epistemology; it offers a case study in the context of this larger debate and transformation.

Political Economy

Political economy, perhaps informed by the Marxist view of the peasantry being assimilated through the advances of capitalism in a natural evolution, has not paid a great deal of attention to Indigenous survival. However, a small group of scholars within world systems analysis are making some bold claims, such as the fact that not only did assimilation fail to occur in a comprehensive way as was expected, but that the strength of Indigenous resistance has the potential to transform the world system as we now know it.

Dunaway observes that such movements cause transformation in the world system by eroding capitalism through resistance to it, and by increasing capitalism's costs and reducing profit margins through that resistance, which takes a variety of forms.[66] Hall and Fenelon observe that a common thread that runs through Indigenous communities that have survived capitalism is their representation of "non-capitalist forms of organization."[67] They conclude that these forms of organization succeed "less on economic, political or military force, and more as fundamental challenges to the underpinnings of the logic of capitalism and the interstate system."[68]

What world systems analysts claim is consistent with what Indigenous knowledge specialists have observed. For example, Dei et al. state that "[Indigenous knowledges] have existed apart from colonial or imperial formations, [and] *are found at the very heart of the profound transformation of the world that is presently underway*."[69] In the context of this work, where does Inuktut knowledge production counter the capitalist enterprise in Nunavut? What are the implications for institutional resistance to transformation? What are the implications for conflict between Inuktut epistemology and the systems that are based on capitalist logics (government, health, education, military, retail, and research, for example)? As described further on, the Inuk way is to work with what one has at hand and innovate. Aupilarjuk talks about a balanced coexistence of Inuit and Western ways, but also sees the need for an Inuk-centred approach to that balance.[70]

In Northern political economy there is an understanding of the dual economies that communities rely upon—the meat economy and the wage economy. But the deeply relational nature of economics in Inuit society is yet underappreciated.[71] Aupilarjuk's triad is a contribution toward a better understanding, and the Qaggiq Model gives a broader-picture representation of what I call *relational economics*.

Homework

Moving beyond "Fieldwork"

I referred to my work in Rankin as *homework*; Rankin was home, I was home, and I was doing my schoolwork there, so I was doing my homework. I say this because I have always been averse to the term *fieldwork*. I have observed various metaphors in the research process—mining for gems (gems of knowledge and wisdom, the so-called "undiscovered" or "novel"), extracting (gathering and collection of data), and refining (data processing and analysis), and then selling knowledge back to its original holders (many journal articles can only be accessed for a fee to the producer, with no benefit to the informant). The term *fieldwork* for me reminds me that research is a production of sorts—producing crops, producing knowledge, and producing a product of value to enter the "market" of ideas. The notion of producing ideas for market value thus reduces ideas and knowledge to commodities. This analogy of academic knowledge production as a market economy comes from the political economy literatures that critique the capitalistic paradigm. I point it out to name the environment into which I am translating a very different epistemology. I made a craft for my community of knowers—a relational and interrelational exercise. The sale of the book benefits Aupilarjuk's heirs—an uncommon decision, perhaps, to write a book for free, but it was the right decision to make to address academia's lack of reciprocity within a system of commodification. With this approach, Aupilarjuk continues to be connected to this book in more than name. He benefits practically, whereas I myself have had the opportunity to—through his mentorship—integrate my lived experiences within an academic exercise.

Within the academic system of the commodification of knowledge, I realize the sale of a book is a commodification that cannot be avoided. However, I worked to commodify our research to his advantage through a royalties agreement with my publisher. This act was also an attempt to further close the gap between academic and community protocols and practices—the gaps that the very term *fieldwork* implies.

Fieldwork also conjures up the notion of core and periphery—the university base being the core and the field being the periphery. In that sense, there is then a superficial separation between the theory and praxis. Home and field are one and the same to me, too; I do not enter in and out of reified spaces.

Terminology aside, the following is a practical and technical presentation of the homework I did in relation to this book. The overall timeframe for interacting within Nunavut communities in the capacity of researcher (with university ethics approval and Nunavut Research Institute license) was October 2009 to December 2010. During that period, I was in Cambridge Bay and Arviat at times, but mostly Rankin Inlet. In Rankin, I worked as a College Foundations instructor for Nunavut Arctic College from November 2009 to May 2010. While in Rankin, time was spent with Aupilarjuk and his wife Tulimaaq and family from January to May, September 4 to 18, and November 4 to 25, 2010.

As I mentioned, I had set out with a different set of research questions and a different format for interviewing from what I ended up with. Long into my homework period, it became evident to me that the proposed format of the one-hour interview was not working for the intent of the research question I had and with the circumstances of my travel. For my standards, it took a great deal of time to work toward a one-hour interview—relationship building and renewing, clarifying and communicating; it seemed more complicated somehow that I wasn't a researcher from away. I was from here, and I wanted to take care that people genuinely wanted to participate in the research and were not simply participating because I knew them or because they happened to be an old friend. For me, this was an ethical choice—I could talk about the research for weeks with someone and not do an interview, and that had to be acceptable. I also became aware that because of that need for taking time and being known and observed, being in one place for a long time would be a better choice than moving from place to place. My travel through Nunavut was dependent on work opportunities, and my research was piggybacking on that work, and thus my research was necessarily sidelined as a result in many cases.

It was because of all these factors that I accepted an offer to work as a sessional instructor for Nunavut Arctic College in Rankin Inlet (November 2009 to May 2010). My choice of Rankin was connected to my desire to reconnect with Aupilarjuk and Tulimaaq; however, when I got there in late 2009, I heard that they had moved away to Kuugaarřuk! At their age, I worried that it was a permanent move and that I might never see them again.

After Christmas, however, they moved back to Rankin and I had the great privilege of visiting them in the months that followed. In those visits we were catching up on our stories, and I was knitting, playing with the children, and merely open to the possibility of interviewing Aupilarjuk if he was interested. Over the months, he began to share some deep reflections, and I started to notice patterns in his ideas. I also realized that he was interested in recording his ideas with me but that the circumstances were not conducive at the time, as his wife was ailing. Also at that time, I thought I was bound to the one-hour format, and was only looking for an opportunity to record that much, if possible.

Toward the end of my work with Arctic College, in May 2010, the Curriculum and School Services Division of the Department of Education in Arviat expressed interest in having some extended and open-ended interviews on record with Aupilarjuk, since he was no longer able to travel to meetings to consult with them. I knew there was potential for the recordings to inform my research, so I discussed this turn of events with my supervisor Wallace Clement and with Inuktut advisor Leena Evic, and both were in support of this development. The recordings totalled over six hours of audio-visual material, all recorded in short daily segments over a week's period.

I later reviewed, transcribed, and translated the tapes over several months (June 2010 to April 2011), and as I worked on the recordings they did in fact become the focus of my inquiry, and the main source of data for this book. However, I had not intended this focus at the outset. I knew that these recordings would inform my work, but I did not think of the recordings (as I recorded them) as being the basis of my doctoral research itself.

Aupilarjuk explaining his carving triad, Rankin Inlet, NU, 2001. Photo by Janet Tamalik McGrath

In entering the recording relationship with Aupilarjuk, I was open to any possibilities that became apparent, whether to use the recordings for my doctoral research as central to my inquiry, or as an oral record to include in my literature review. There is no proper documentation of Aupilarjuk's philosophies and theories, even though he was a very highly sought out Inuk elder, teacher, mentor, and intellectual. I was also open to the possibility that the recordings would merely support the Curriculum and School Services Division of the Department of Education in their own research. Aupilarjuk was at times not feeling well, and there was no way of knowing what would come of our work together. I approached the work with him with a very open and flexible attitude. There was no pressure on me to accomplish something extraordinary and therefore no residual pressure on Aupilarjuk to participate beyond his personal level of interest. Under the circumstances, it was really important that there were no expected outcomes, because, though of sound mind, Aupilarjuk was advanced in age. Though I visited him over four months, I did not discuss the possibility of recording him until it was clear to me that he was interested in working and that he had some important things to say that were directed to the Department of Education, in the context of our previous work relationships. This led to the department's request for me to do interviews for them while I was in Rankin. As they knew I was also doing doctoral research on Inuktut epistemology, they were supportive of a possible collaboration, and I was happy to spend the time interviewing pro bono.

The Tri-Council Policy Statement discusses the role of elders in knowledge generation in Article 9.15, stating, "Elders who have followed a rigorous path of learning over a long period of time are highly respected.... High regard by the community that knows the elder...is the most reliable indicator of an individual's authority."[1] Indeed, Aupilarjuk was held in high regard and considered an authority within Nunavut, and notably he is still regarded as one of the most important thinkers of our times. The way this research unfolded to include his contributions was appropriate to the topic of inquiry and also to the needs of the Nunavut community for documentation of his ideas. These were among the last of any formal interviews he gave. The research project was simply not originally centred on him because I did not have the in-person opportunity to explore such a possibility. I did hope to speak with him while I was in Rankin Inlet, and intentionally chose that community based on his residency there, but I also knew there was the chance that he would not be up for an interview on record. The window of opportunity happened at the end of May, just before I was to leave Rankin, and during a week's period when his ailing wife was sent to Winnipeg for medical examinations. He indicated to me that he would like to record his thoughts while he awaited her return.

LOOKING CLOSELY

I claim, after creating the transcriptions and translations and studying them over the course of a whole year, that the answer to the research question—"Is there an Inuktut framework to support Inuktut knowledge renewal?"—is found through a detailed analysis of my conversations with Aupilarjuk. I am aware that there are very many themes and topics to be gleaned from these recordings. Aupilarjuk speaks in a very multi-layered fashion, and themes are circular and integrated. By working with the transcripts and translations, the macro theme emerged: how to support Inuktut regeneration on its own terms. This was what became the second part of the research question. Then the material as a whole was reviewed with the questions in mind—how do these conversations relate to the theme of supporting Inuktut knowledge-knowing on Inuktut epistemological terms? Our relationship, and our work together, was an enactment of Inuktut epistemology—epistemology as a theme also tied all of the various themes of our conversations together. It was through studying my conversations with Aupilarjuk within the context of our epistemology that I detected a framework for Inuktut knowledge renewal.

To develop this framework as I interacted with the data required some very complex thinking. The problems inherent in data analysis are many. Feminist epistemologists Mauthner and Doucet discuss data analysis as an area requiring the greatest amount of reflexivity through an accounting practice. The reason for this is there needs to be a balance between "keep[ing] the respondents' voices and perspectives alive, while at the same time recognizing the researcher's role in shaping the research process and product."[2] Mauthner and Doucet suggest that one way to do this is to write more explicitly about our analysis processes and discuss how we make decisions about our data.

In keeping with the ethics of data interpretation—to demonstrate the origins of ideas—the decisions, methods, and processes are all carefully laid out throughout this book. I also review each day's recordings in the next chapter and explain how a certain aspect of the answer to the question was revealed. Each day builds upon the other, like *iglu* blocks laid in a spiral. And so, I summarize the full view of the iglu at the end of the analysis. Note that the references to page numbers in the section that follows, which refer to the syllabics and English transcripts, may or may not be from that particular day, as I analyzed the collection both by each day and as a whole body of interconnected work. For that reason, if a page number shows a quote from a different day's recording, it means that this idea was related most to that section but that it was more clearly articulated for quotation or reference in either later or earlier parts of conversation. Inuktut epistemology is not linear—I make knowledge claims and I trace their origins from within that non-linear tradition.

As I recorded Aupilarjuk each day, I listened to the day's recording once again at night, and then I listened again the following morning. I told Aupilarjuk that that was my strategy—for deeper listening and to develop questions as they connected to previous recordings. In addition to this listening practice, I remained open to my ideas and understandings changing once again as I walked across town to his home to record each afternoon. I allowed questions and themes to emerge from a place of dedicated listening (*suliniq*—being congruent, resonant, truthful, genuine). There were no specific questions required by the Curriculum and Schools Division. They only wanted to hear about what his recent thinking was. I relied on an intuitive sense each day, because I knew there were many layers in the way he spoke, and that thinking about it too much—in terms of imagining what might be useful to the department or to my larger research project—could obscure important cues. I recorded with the attitude that I may be missing some of the complexity of his narration in the moment of delivery, and I worked hard internally to remember that. I did not structure or direct the recordings, and simply brought up questions based on my own knowledge, reflections, and interests. I also felt that sharing with him on a more direct level—that is, exploring my own gaps in knowledge—was more natural, because Aupilarjuk's own communication strategy was to speak from personal knowledge.[3]

In order to offer a means of looking closer at the process of discovery, in the following two sections, I lay out the results of the interviews recorded in that week. First, in the analysis section, I provide a day-by-day reflection and analysis. This is followed by a synthesis of the conversations through my development of the Qaggiq Model.

Day-by-Day Analysis

Discovering the Qaggiq Model

Aupilarjuk explaining his carving triad, Rankin Inlet, NU, 2001. Photo by Janet Tamalik McGrath

The following day-by-day account is in narrative form. With this section I endeavour to allow readers to be as inside of my methodological and analytical processes as possible. With that, my writing strategy shifts a little here to provide the fullest account of Qaggiq Model discovery. This detail in itself relates to the ethical dimensions of knowledge claims. You may not need this amount of detail, or you may use it as reference. In sharing in this way, I try to make available to the reader the multiple connections between themes, conversations, and ideas. This is in part what Mauthner and Doucet suggest as part of the ethical relationship in the data analysis phase—to strive to be transparent, to make the decision process available to others. It is also connected to what Wilson refers to as axiological accounting. Here I am being responsible to my teacher Aupilarjuk with a public record of my analysis of our work together. He reviewed my interpretations orally with me throughout the process and during the writing period. It is not within Inuktut traditions to need a translation of the English analysis—that was understood by both of us to be something required by academia, although I was open to it if he preferred. In itself, his review of the hundred-page syllabics manuscript was quite demanding, although he appreciated and enjoyed it. And so, by his preference, the oral process was relied on for Aupilarjuk's verification of the data analysis.

DAY ONE—MAY 15, 2010

The first day's recording proceeded after Aupilarjuk had reviewed Dr. Ian Martin's (York University) DVD of Aupilarjuk speaking to the first cohort of Inuit MEd students in Rankin Inlet.[1] In addition, in the days just prior to recording, Aupilarjuk had various telephone discussions with Joe Karetak and Louis Angalik of the Curriculum and Schools Division of the Department of Education to review the department's work in Inuktut curriculum design. Both exercises were conducted in order to offer Aupilarjuk a renewed connection to others he worked with, and to allow him the opportunity to review some ideas he shared in his capacity as educator when travel had become impossible for him.

On this day, while proceeding with recording, I stopped and started a lot, in an effort to establish informality and to base the recording on Aupilarjuk's own prompts. This was both a cultural and ethical consideration. Culturally speaking, informality is highly valued in new situations, and because he was elderly I wanted to make absolutely sure that there was no pressure on him in terms of either content or process.

While the segments from this first day totalled less than an hour, altogether it took me over eighty hours to transcribe, translate, and review this section. For the overall manuscript, I tracked an average ratio of 1:80 (one hour of interview took, on average, eighty hours to transcribe, translate, and review). Despite the time it took, I am still aware of the great complexity of his choice of words, his teaching strategy, and his wisdom. This is one of the reasons for offering the syllabics document verbatim as part of this book—while I take full responsibility for putting Aupilarjuk's great elocution into the tiny jar that English seems to offer, the original form needs to be readily accessible to those who can read it directly.

This day was a follow-up to the main message that Aupilarjuk had been sharing with me over the previous months. He had been talking about an approach to the education of children—as the main strategy for Inuktut knowledge renewal and continuation—both traditional and modern. He had been emphasizing three components to consider in formulating a theory of education: *inuuqatigiingniq*, *inuusiqattiarniq*, and *niqiqainnarniq* (translated as "peoplehood," "personhood," and "livelihood" in political philosophical terms). However, I am not aware of any political theorist or theories that put those three aspects together. Jackie Price had told me that there were plenty of readings on peoplehood and personhood, but that no one seemed to put them together. She explained that the concept of peoplehood was explored in the literature on political theories, and that personhood was explored more through the anthropological literatures.

In sociological terms, the Inuktut concepts *inuuqatigiingniq*, *inuusiqattiarniq*, and *niqiqainnarniq* translate as "collective," "individual," and "productive." These are broad categories that are commonly referred to in sociology and political economy, and they are also common analytical terms that are used in this same combination.

I had become familiar with Aupilarjuk's teachings through his consultations with the Department of Education. Now, however, he seemed to be building on his concept of niqiqainnarniq in new ways. In particular, in these new discussions we had in 2010, leading up to the interviews in May, I was intrigued to note how he now brought the three concepts together as a triad.[2] The term *niqiqainnarniq* relates to "always having meat," which is the benchmark for survival in the Arctic traditional land-based economy. He explained that now it also required *kiinaujaliurniq*—the ability to make money. This relates to the new circumstances that Inuit are in, in comparison to the days before settlements were established. Inuit have now transitioned to become reliant on the market economy to varying degrees, and thus the original meat economy of Aupilarjuk's youth now incorporates the concept and use of money. Researchers of political economy in Northern studies refer to this as a dual economy, mixed economy, or cultural model economy.[3] Aupilarjuk clearly draws a parallel between the two economies that he distinguishes—money and land-based economies—and emphasizes that skills in functioning within both systems need to be better developed within school curricula.[4]

For the purposes of this book, I call Aupilarjuk's group of terms—*inuuqatigiingniq*, *inuusiqattiarniq*, and *niqiqainnarniq*, peoplehood, personhood, and livelihood, or collective, individual, and productive—"Aupilarjuk's triad." It is interesting to note that the IQ Task Force asserted that the IQ principles that government was to adapt to were to be understood in the context of four primary areas: the land, family, inner spirit, and social grouping.[5] Aupilarjuk's triad fits well within that understanding—family and social grouping as inuuqatigiingniq, inner spirit as inuusiqattiarniq, and relationship to land as the need to find sustenance, niqiqainnarniq. It is also interesting to note that the four areas identified by the IQ Task Force have not been promoted by the Government of Nunavut along with the IQ principles that are so widely visible—and Aupilarjuk has observed that an understanding of these primary relationships is missing. Aupilarjuk's triad consists of the three components that he says need to be carefully understood and included to support the *Inummarik* way (Inuk original way) so that it can continue to inform Inuit survival and well-being into the future. Aupilarjuk argues specifically here that education systems need to account for how they prepare children for survival based on a solid foundation of the Inuk approach to each aspect of the triad.

His teaching strategy in this section was to lay out in detail how he himself acquired the firm foundation that he has for his own life based on these three principles. In doing so, he makes an argument for the validity of the Inummarik way, though he notes that it cannot be emulated precisely now and that some aspects are not practical or applicable.[6] He does make a strong case for an understanding of how the Inummarik way is not only desirable but also critical to Inuit well-being and survival.[7]

The triad of principles, the basis of all Inuktut well-being, relies on the strong foundation of family, *ilagiittiarniq*, which is centred primarily on the healthy, responsible relationships and attitudes between spouses (*nuliariittiarniq*).[8] Upon this foundation of ilagiittiarniq and nuliariittiarniq, the triad of well-being is built.

The concepts contained in the triad can be understood individually, but in practice they are interconnected. First, I will explain the Inuktut etymology through a morphological analysis of each concept. I will then introduce some of Aupilarjuk's discussion of them, and conclude by discussing my view of their interconnected formation.

a) Inuuqatigiingniq: peoplehood, collectivity, or people-to-peopleness. There are two ways the root *inuu-* can be understood. It can mean "to live" as a verb, or "is human" as a noun + verb (*inu[k]*/noun "human" + *-u-*/verb "to be"). *-Qati-* is "together with," *-giik-* is used as a kinship suffix, and *-niq* is a suffix that makes a

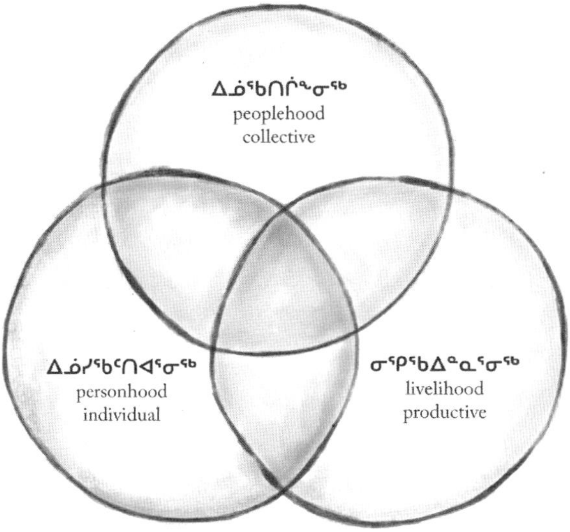

Figure 1: Aupilarjuk's triad

verb into a noun. So literally the phrase *inuuqatigiingniq* could be understood as "living/being human together in kinship." Within inuuqatigiingniq, the most important collectivity to focus on, according to Aupilarjuk, is *ilagiit* (family/kin).[9] The most important relationship to understand is that of *nuliariik* (husband and wife) because they set the tone for the home environment and are role models for a child's development.[10] As such, according to Aupilarjuk, they are the basis for a harmonious collective.[11] As he was growing up, the first part of Aupilarjuk's training in peoplehood and personhood was *nukariittiarniq* (acting with integrity and being a good role model for siblings).[12] Another important lesson growing up was *angajuqqaaminik naalangniq* (listening/obeying/respecting one's parents/caregivers).[13] In Aupilarjuk's model the family and extended family relationships are the basis for healthy collectivities, and therefore it is critical to have the skills to support those relationships, both as members of our own families and as members of a society. How we are in society is a reflection of how we are in our family. These are relationships to focus on, nourish, heal, strengthen, and understand within Aupilarjuk's philosophy.

b) Inuusiqattiarniq: personhood, individual well-being. This term has the same root *inuu-*, "to live" or "to be human," and the suffix *-siq* makes the term *inuusiq*, which means "life," "character," "personal well-being." The other parts of the term are: *-qaq-*, meaning "to have"; *-ttiaq-*, meaning "well, good, much, lots"; and *-niq*, meaning "-ness." They agglutinate as *-qattiarniq*. Together *inuusi[q]* + *-qattiarniq* means "having much/well/good personal well-being/good character/basis for life." Inuusiqattiarniq relates to what makes an individual whole and well as a balanced human being, which includes skills and interactions in the collective sense. He emphasized that inuusiqattiarniq is the basis for inuuqatigiingniq.[14] In the way Aupilarjuk discussed this term, survival skills, know-how, and attitudes are implied—physical, social, mental, and spiritual—we need training environments to develop our human potential. Aupilarjuk talked about Inuit *maligait* (laws, prohibitions, guidelines, and principles) as being an important aspect of having good inuusiq.[15] Inuktut maligait are taught and learned to make a sound basis for personal decision-making.[16]

c) Niqiqainnarniq: material well-being, livelihood, productivity. This means "always having meat," but *niqi-* is also the generic word for "food." Having meat/food was the measure of other aspects of physical life. If one has meat/food, one is a good hunter. A good hunter knows their success relies on the skills of a good sewer, and having meat meant the attitudes of all parties involved are acceptable to the unseen forces that govern the animals.[17] If one has meat, then it means the family also has skins for clothing, bones for tools, and animal fat for warmth and light—meat is a traditional indicator of affluence. Aupilarjuk said that he was given a good foundation of knowledge, skills, and attitudes to participate in the meat economy, but in today's world he says that knowledge, skills, and attitudes for participating in the money economy are also required.[18] We spoke at length about the connections between the meat and money economies. They are similar, and skills in each system are required.[19] Skills from the meat economy also apply to the money economy.[20] So niqiqainnarniq relates to all aspects of livelihood or productivity that create collective material well-being.

d) Interconnectedness: I have explained each concept above individually, but it is their collective function that creates a basis for well-being in Aupilarjuk's model. Without livelihood/productivity there is no support for the collective and the individual; peoplehood is compromised, and personhood is limited without a productive base. Individuals are also limited in their ability to thrive if they do not have a healthy collective to participate in, even if they have sufficient means for life. Collectives cannot thrive without thriving individuals,[21] both in the sense of strong personhood and effective participation in the economies of the community (meat and money). For Aupilarjuk these themes need to be accounted for when developing programs of any kind in Nunavut that reflect Inuit values. Programs and initiatives need to support peoplehood--personhood-livelihood in balance, and take a serious account of the collective-individual-productive to support society's overall well-being.

DAY TWO—MAY 16, 2010

The first two days' recordings were connected in that on both days Aupilarjuk was leading the interviews with only occasional questions on my part. He led the discussion on those two days based on what he wanted to add to or emphasize from his previous work.

On this second day, while the recording was just over twenty minutes in duration, this section profoundly moved me—both at the time of the recording and again while I was working with the text. I couldn't explain why at first, but it was Aupilarjuk's focused attention and enthusiasm as we recorded, as well as the content, which felt like poetry as I transcribed it. When I translated this section into English for Joe Karetak at the Curriculum and Schools Division of the Department of Education, what I became keenly aware of was that each story Aupilarjuk told within this recording related to the theme of how ritual supports survival. I understood better the significance of this in my conversations later with Aupilarjuk about the Indigenous Peoplehood Matrix (Corntassel and Holm through Jackie Price).[22]

The first story was of his own birth, as told to him by his mother. He was stillborn, with no breath, and his mother called for the midwife to fetch a small stone, which was placed upon his limp body, on his chest over his heart. Not long afterward the stone began to pulse, along with the pulsation of his own tiny heart, followed by the passionate cry of an infant fighting for survival.[23]

In this section, he moved methodically through his life, recounting stories, images, and impressions that build the argument that *ritual is integral* to survival; whether it was his disciplined prohibition against children playing on certain terrain,[24] or the way the hard work of making a new *iglu* was finalized with his father's signature on the final centre block—the drawing of a seal—a reminder that as people-of-the-seal, this was their source of sustenance and life.[25]

Horizons WWP / TRVL / Alamy Stock Photo

Symbolism and ritual supported his learning about the seal even before he could speak very many words as a young child. There was a moon ritual that taught observation skills, the interconnected nature of the environment (weather and animals), and also an attitude of respect and responsibility.[26] In another example, as a toddler he was taught to follow his father's sled to the edge of camp as his father departed to hunt seal. They would stop at the edge of the camp, and his father would break off the hardened tip of a snowdrift with the butt of his harpoon and hand it to Aupilarjuk. He would then toddle home to his mother with the snowdrift tip cradled in his arms—to be received with joy as if he were a victorious hunter. The snow piece would then be placed on the *aki* (side table) like meat would be.[27]

Aupilarjuk talks elsewhere about how it is not that these specific practices should be emulated necessarily, but that they need to be appreciated and understood for what they are—time-tested approaches to childhood training and learning based on a goal to establish the underlying principles of inuuqatigiingniq, inuusiqattiarniq, and niqiqainnarniq.[28]

That one scene embodies his triad. As a young toddler (an individual), he was treated as an integral part of the community (the collective). The hunt (productivity) is not an isolated event but one that also involved him and his mother (he was the eldest and likely the only child walking at that time). He learned to understand that when his father went away with the sled and dogs, he was still connected to their little community and was gone to find meat for the family to eat. They were *inuuqatigiit* (a collective in harmony and balance). He was given a small "seal" himself to take home to his mother, and he was introduced to the joys of harvesting on behalf of others. This develops an individual's self-discipline to act in support of the collective through participating in the productive. As well, he was groomed for self-discipline and responsibility as he was asked to find his way back home from a short distance, all the while carrying the snowdrift tip without dropping or losing it. The snowdrift itself, symbolizing meat, is an introduction to livelihood and to his role in the meat economy. The ritual reinforced the inuuqatigiingniq-inuusiqattiarniq-niqiqainnarniq connections and interconnections for survival.

In this section, Aupilarjuk spoke in vignette form, and the memories all illustrated the interconnected nature of his triad, as he built an argument for understanding how these three themes cover the basis for well-being and survival as a human. As an individual, he was taught discipline and responsibility to have strong inuusiq. He learned the interconnectedness of humans, animals, and the environment and how life was geared toward individual productivity with the goal of collective survival.

Feast on the land during Department of Education Curriculum Division Elders' Advisory Meeting, Arviat, NU. Photo by Janet Tamalik McGrath

DAYS THREE AND FOUR—MAY 17 AND 18, 2010

On May 17, I recorded him talking about his carved rock triad, and I had already documented this cross-cultural theory of well-being in *Inuktitut Magazine* in 2001.[29] For this reason, I did not transcribe this day or the following one. These were bridging days to make sure Aupilarjuk had lots of time to lead us back into his other theoretical work if he so desired. On May 18, there was time spent with Aupilarjuk's handmade traditional tool collection, which I also recorded. I decided that in the interest of time I would review this day's recording more closely as a future project focused on his tools. That said, there was one interesting addition he made to his previous explanations of his theory vis-à-vis his three abstract carvings. This detail is important as it refers to a practical strategy for Inuktut theorizing in general, and also relates to Leena Evic's Ingalangaittukuurvik initiative at Pirurvik.

Of the three abstract rock sculptures, one represents Inuit culture before contact, another represents *qablunaaq* (white person) culture for its admirable qualities and strengths, and a third rock represents a wobbly, poorly finished rendition of the second rock (qablunaaq culture). According to Aupilarjuk, this third rock symbolizes how Inuit who mimic qablunaaq culture without full grounding in Inuit ways fall into hardship and distress.[30]

In his elaboration on the significance of his abstract rock triad, he said that we need to put the original Inuk way up on a high place to look down and survey and know what aspects of the various choices before us are useful.[31] The following screenshot from that footage illustrates this:

Aupilarjuk with carvings. Photo by Janet Tamalik McGrath

The carving up high is Inummarik culture, and is made from soapstone he found in the Aivilik area where he grew up and was taught in the Inummarik way. It has a wide foundation and is placed above the others, overseeing what the available choices have to offer. The light-coloured one in the foreground of the photo with a rough base and scratched globe is the undesirable way, the one that took the worst of qablunaaq culture—and lacks being rooted in the Inummarik way. The middle carving is representative of the more desirable aspects of qablunaaq culture, and its globe is made out of soapstone acquired from afar as well as a beautiful piece of hardwood for its base. He had told me that those materials represent the new materials that have been introduced to Inuit life.

As a practical approach to theorizing, what his illustration means is that we need to take the time and opportunity to view life at the macro level—to see the bigger picture with objectivity and detachment. From that viewpoint, we will know what is useful and helpful and appropriate to apply from among the choices presented. The original Inuk way develops and provides discernment.

In terms of the main research question—Is there an Inuktut framework for supporting Inuktut knowledge renewal?—a framework that draws upon Aupilarjuk's wisdom necessarily involves a privileging of Inuit tradition and Inuit language in its original form. My argument for this stems from the analogy of his stone carvings. The stone carving that symbolizes how to assess choices in life that move one toward inuusiqattiarniq (well-being) is the Inummarik one.[32]

This means that while the original Inuk way can be adapted from its original form, it needs to be more fully examined to be understood in its complexity and nuance.[33] I want to caution that I do not endorse the idea of social scientists rushing to the aid of Inuit to document the Inummarik way. This needs to be an internal project, like, for example, Leena Evic's Ingalangaittukuurvik.[34] It is a broad, time-sensitive, and urgent project that needs to be guided and carried out by those with the Inuktut worldview and ontology and whose knowledge productions are directly designed to aid local transmission and adaptation. This is the reason for privileging the original conversations in Inuktut in this book format. The exercise of this book on the whole is to practise applying a view grounded in Inuktut to see without obstruction and from a higher place. It is the exercise of drawing on Inuktut epistemology to see more clearly what would support Inuktut knowing/ knowledge to be carried forward.

This notion of viewing from a high place also relates to Leena's Ingalangaittukuurvik project because that root word in her dialect—*ingalangaittuq*—means "seeing from a high place, with no obstructions." *Ingalangaittukuurvik* means a place to learn how to develop that ability—through working with and being closely mentored by Inuit elders, as elders have that ability already as a result of their early training.

This word is not used by Aupilarjuk, since in his parents' dialect, Nattilingmiutut, *ingalangaittuq* means "someone who does not flinch when swung at"—someone grounded and courageous, not jumpy and reactive. Nevertheless, his description of seeing from a high place matches the actual intent of Leena's term *ingalangaittukuurvik*, in that a certain amount of courage is required to establish oneself at such a vantage point. What he conveys about the high place is that it is unwaveringly Inuk-centred, and thus being grounded and non-reactive is a necessary attribute.

In recording more informally for those two days, I was trying to allow an organic flow to emerge, and also to allow for new metaphors to arise through the teachings of his collection of handmade traditional tools and his carved rock triad. These are crafts, and I knew through my understanding of craft epistemology—a concept I develop later in the section called Craft Knowing-Doing and Craft Epistemology—that a review of the tools and crafts would offer support to the processes of teaching, learning, and observation.

The recording and interaction for those two days were done in a more informal way, without introducing my own questions, in order

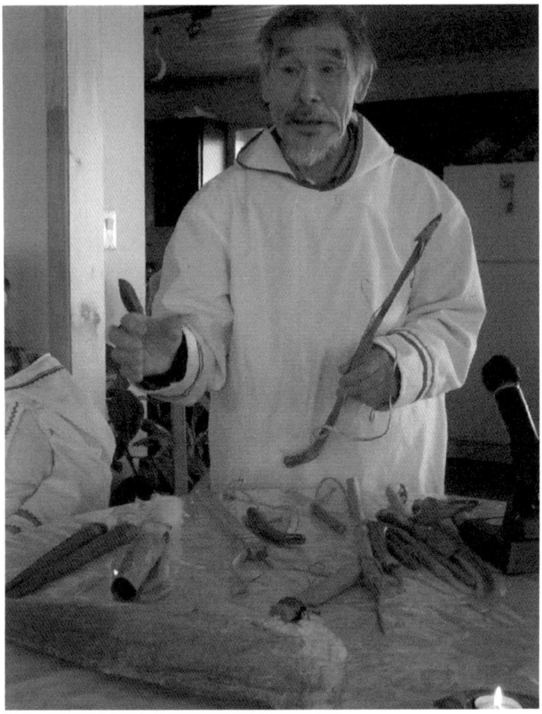

Photo by Leena Evic, Pirurvik Centre, Iqaluit, NU

to make sure that Aupilarjuk had completed what he wanted to say directly about education. I also wanted to allow for other themes to emerge as he saw fit. In addition, while I had a list of questions of interest, I did not want to pursue them until I knew for sure that he was enjoying the process and was interested in continuing. This strategy for me relates to informed and voluntary consent. I had to make sure that the time allotted for recording was not pressured in any way, and that it could stop at any point without concern. As my own research was placed as a low priority—again to avoid any sense of urgency—after these two days of laughter and sharing and exploring concrete metaphors, the following day was both delightful and amazing in terms of discovery. By the end of the fifth day, described below, I had arrived at the realization that I should drop everything I had done in academia and everything I thought I should be doing and just focus my efforts on building a theory from Aupilarjuk's ideas.

DAY FIVE—MAY 19, 2010

As the previous two days were unstructured and very informal, and because I felt new confidence that he was engaged and interested and had more to share, I included a question from Jackie Price about the relevance of Corntassel and Holm's Indigenous Peoplehood Matrix model to Aupilarjuk on day five. In sharing Jackie's question with Aupilarjuk, there was a shift in the quality of our interaction within the interviews, from a broad exploration to one that was now bridging generations and cultures. This recording proceeded without any stopping for over an hour.

In the first part of the recording, we were following up with a discussion of terms and their meanings, as well as reflections on the previous day's themes in general. Aupilarjuk had been talking about what he learned as a young child and youth, and he had mentioned a range of activities he learned from his father, including iglu building.[35] I had followed up on his mention of iglu building and asked him to tell me how and what he learned about iglu building from his father. My reason for choosing this activity was, in part, because it was what came up for him as an example, but also because in the previous day's meeting he had been teaching me about the layers of snow through a demonstration of one of his tools, the *havgut/habgut/sabguti* (snow layer tester). It seemed the perfect topic for him to be teaching me, as it was both familiar and new at the same time. I had a base of knowledge, as we made *igluit* (iglus) in school for shop class in grade six, but as girls, we had to learn the woman's role exclusively, so there were gaps in my hands-on experience. The experience I had was based on traditional training—we all learned to do everything—but in different stages. When the boys were good at doing their traditional role, then the girls would learn the boys' roles, too. The boys would also eventually learn what we were learning, but I was aware that our gender roles were a priority. I was not taught the male-gendered tasks because it was in a school setting, and not because of sexism. Once we did well in our responsibilities, as we were directed to do, then we would apply ourselves to new tasks. In the school setting, a morning or afternoon, or even a day, did not allow for the development of the range of complexities an individual would need to become competent.

In having some direct knowledge of iglu building (though by no means was I competent at it), my questions to him were rooted in my own education—how would I build an iglu if I needed to? There were some great insights that emerged about epistemology as a result of the iglu theme, but I was particularly inspired by how that theme led seamlessly into his answers to my next set of questions, and how the iglu developed as a metaphor for the model I propose in the next section—as a connecting structure for a series of ideas.

Knowledge as a term is abstract in and of itself, and it requires knowledge of *something* in order to be clarified. There are many ways to categorize knowledge in order to talk about it more concretely; however, according to Corntassel and Holm, for Indigenous people, four themes of knowledge are particularly important to any discussion of knowledge and well-being: homeland, language, living histories, and ceremony.[36] Jackie Price had introduced me to this Indigenous model, as she had attended a lecture on it by her Indigenous Governance professor Jeff Corntassel, who had developed the model with Tom Holm. In my conversations on this day with Aupilarjuk, I introduced these themes in order to review whether they worked in his understanding and experience of Inuit context. Through my conversations with Aupilarjuk about the themes, there was an affirmation of their relevance to Inuit. Those were areas of significant compromise that have undermined Inuit societal well-being and supported their assimilation into the Canadian mainstream. As such, I later develop the argument that along with Aupilarjuk's triad, the Indigenous Peoplehood Matrix themes are significant to Inuit knowledge discussions in the present-day context.

I also noted through our discussions that, compared with First Nations peoples, knowledge of and relationship and connection to the first three—homeland, language, and living histories—are strong for Inuit. They just need to engage with them to keep them; all are threatened to some degree and some have changed significantly, but none are lost per se. But, throughout my interviews with Aupilarjuk, I could see the theme of a lost sense of ritual, ceremony, and systems of belief. These were the areas of significant loss for Aupilarjuk, although of course Inuit have taken on the "new religions" with their own approach and understanding. He suggested that we need to consider what was useful and essential to Inuit beliefs and carry that forward. For example, he talked about the land being very sensitive and having many rules of engagement that are being broken through using the qablunaaq approach to relationships with the land.[37] He also spoke of the issue of unstable home environments for children resulting from their young parents breaking up. He contrasted that with his generation and how arranged marriages seemed to work better than what he sees today.[38] The essence of what worked needs to be examined and adapted for the modern context.[39]

Aupilarjuk noted, from having worked with various First Nations groups and individuals, that in southern Canada they have been more severely separated from their homelands, languages, and living histories, and yet many aspects of ritual and ceremony survived despite this.[40] It can be observed that it was somehow the opposite for Inuit: homeland, language, and living histories are strong, but ceremony and ritual have been more radically set aside (out of *ilirasuk-*, extreme fear, of Christian authorities and their teachings).[41] While the experiences of Inuit and First Nations differ, the four themes are areas that both North and south share, though to differing degrees of compromise in terms of maintaining Indigenous distinction and identity. The four themes were meaningful within our conversations both in terms of Inuktut knowledge discourse and in terms of his observations of other first peoples' experiences. In speaking with Aupilarjuk about these four main concepts within the matrix, it was not my intention to work with them as a theoretical model. I did so because of his response to them and how, to me, they fit together with his own triad.

The four themes that Corntassel and Holm offer as themes that distinguish Indigenous experience on a global scale can also be discussed individually, but in practice they are interconnected. Below, I develop a discussion about what these concepts mean in Inuktut and how they encompass other knowledge sub-themes relevant to Inuit knowledge systems.

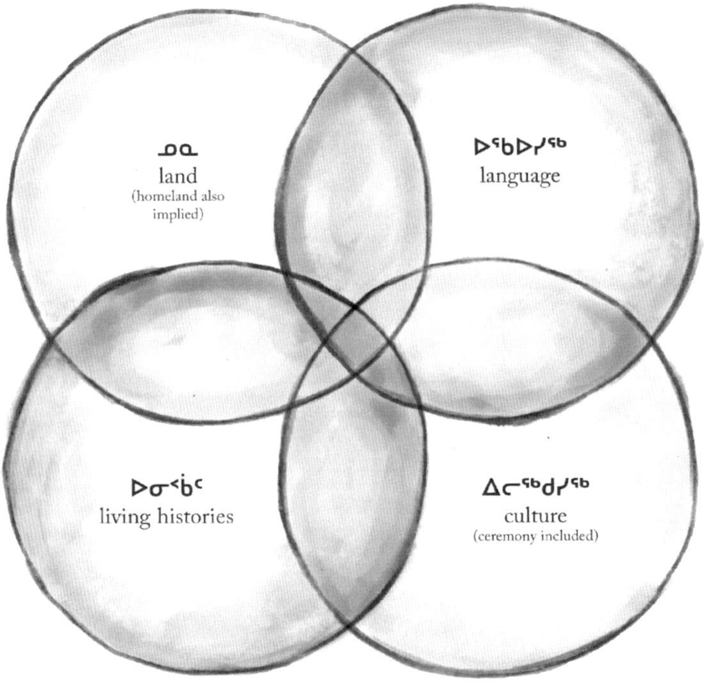

Figure 2: Adapted from Corntassel and Holm's Indigenous Peoplehood Matrix[42]

a) *Nuna*: homeland. The term *nuna* in Inuktut can also be a generic term for land, environment, and can also include, by implication, the resources, such as water, animals, vegetation, rock, and so on. All living creatures depend on the land to live, whether birds or fish or animals. Land contains and directs water. Minerals and nutrients from the land enrich the water that helps water creatures live.

Knowledge relating to *nunamiinniq* (being on the land, or being in relation with the land) includes all of the aspects of land and connects to survival. In the Indigenous Peoplehood Matrix the term *homeland* is used, but *nuna* also implies that notion. In my observation and experience, if one has been brought up connected to homeland, then other lands can be appreciated and connected to. The Inuktut ethic of land connection extends to all lands. Thus, depending on the context, I will use both *homeland* and *land* in English to refer to *nuna*.

b) *Uqausiq*: language, speech, way of speaking, Inuktut language. Language is a reflection of worldview, and it is metaphorically expressed differently across different language systems (e.g., between English and Inuktut). Inuktut language cannot be replaced in its usefulness for conveying Inuit/Inuktut worldview.

c) *Unipkaat:* literally "stories," but implies reports, accounts, oral histories, living histories, and so on. Unipkaat are generally the spoken, lived experiences of the people to support learning and convey information. This is different from *unipkaaqtuat* (the legends that are carried along). Person-to-person transmission is favoured over other methods. Books, films, and other media can support, but not replace, the importance of the personal mode of transmission. This book is my *unipkaaq* (story), and I have used Inuktut text to document it. But that does not replace the person-to-person relationships and responsibilities within which it is firmly rooted.

d) *Iliqqusiq*: culture, way of being, which includes beliefs, ritual, and ceremony. This is the word we used in our discussion of "ceremony." It implies time-tested ways of being in balance with others, the environment, and the cosmos. The term *ukpirniit* (literally "beliefs") implies the rituals and ceremonies to affirm those beliefs. However, that term is quite loaded in Inuktut discourse in Nunavut due to the fundamentalist Christian movement and the fear of shamanism and Inuit traditional beliefs and practices. As mentioned, when we reviewed the four main themes of this model, Aupilarjuk noted that, for Inuit, *ceremony,* or essentially *spirituality*, was the one most affected by colonization. Maligait were based on *ukpirnit* (spiritual laws connected to the beliefs cultivated). For example, Aupilarjuk said that the land is a living entity. This is believed.[43] As such, there are maligait for how to care for it, approach it, and take from it. In our conversations, he spoke at length about old rituals and ceremonies that were used in his day but are no longer used today.[44] He was not advocating for a nostalgic re-enacting of the rituals, but for respect for the knowledge of what worked in the old days. He advocated for an understanding of the intent and symbolism—the underlying beliefs of the rituals and ceremonies—and to bring respect back. Inuit ceremonies, rituals, and beliefs were considered bad by the churches, and for this reason there is a great sensitivity in the North about Inuit traditional spiritual practices. There is a lot of fear about it. What has survived colonization has done so by being underground, not only out of view of the church leaders but kept secret from fellow Inuit as well. In describing his ritual-filled upbringing Aupilarjuk challenges us to find one bad thing about these good and wholesome practices that supported life, education, and training, and affirmed collective and individual being and productivity. He states:

> *Piujut piunngittuunngittut piujut. Inuusirmut aturungnaqtut tamarmik atuqtuinnaunngikkaluarlutik.* ([Inuit cultural practices] are good. They are not subversive. They are good. They are applicable to life, even if some aspects are not applied.)[45]

Interconnectedness of the Components

Survival on the land, or productive livelihood, required supporting beliefs, cumulative and ongoing reports and accounts of others' experiences, and a foundation of language as a framework for understanding Inuktut epistemology. Each of these elements can be understood on its own, but for the purpose of knowledge renewal, their vital interconnectedness needs to be appreciated. Homeland, language, living histories, and ceremony all require people interacting. Homeland is about a people interacting with the land by taking responsibility for and caring for a certain area of land—over a long period of time that includes many generations—otherwise it would be just "land." Language is spoken and taught in order to be a tool for communication, and this requires people interacting again. There is no language without people speaking and communicating with each other, without some form of interaction. Living histories are not merely informational accounts; they are interactive dialogical accounts filled with symbolic meaning and creative synergy, and are entirely relational in nature. They remind us of who we are in the world and how we are to be. Ceremony requires interaction, too. While some ceremonies are solitary, they all have been developed, taught, and conveyed through networks of people over a vast expanse of time. In my view, what ties the four themes together as an interconnected system is their complete reliance on interaction. Referring back to the story of Aupilarjuk as a toddler and how that scene demonstrates his triad, it also

Photo by Leena Evic, Pirurvik Centre, Iqaluit, NU

demonstrates the Indigenous Peoplehood Matrix themes, in that he was learning about responsibility and connection to homeland, language, and living histories through this interactive ritual.

Another example of this is a ceremony called *hanirairniq,* which was used when someone in the camp caught a seal and brought it back to the camp.[46] All the children who were not of the household of the successful hunter were apportioned a small sliver of the seal meat, which was put between their teeth to hold as they ran as quickly as possible home to their mothers. This sliver was then lightly seared in the *qulliq* (stone lamp) fire and carefully cut into fine pieces for each member of the family to eat. One may call this a game or a ritual, but it taught the children multilayered lessons. First, there was a friendly competition for children to bring their symbolic portion to their mother "first." This positive competition was how children were taught to be inuuqatigiit. The hanirairniq ceremony made sure that each household was informed of the catch, and therefore a single hunter's efforts and successes were always seen to be for the benefit of the whole community. Second, there was a certain discipline required by each child (not to lose the tiny bit of meat, to carry it home in an unusual manner, while moving as quickly as possible). Discipline and agility were important to inuusiqattiarniq. Life was renewed with the capture of a seal, and people-of-the-seal, the Nattilingmiut, celebrated this capture in different ways to remind each other of their interdependence with seals. Seals were the main source of livelihood and productivity.

A seal ceremony that was still actively practised when I was a child in Nattiqhiurvik camp was one where the fresh liver of a seal was passed around in a circle *siqiniq malik&ugu* (to follow the sun, clockwise). As children, we were on the outer edge of the circle. An adult from the inner circle surrounding the fresh seal carcass would pass us back our portion. The seal liver was sometimes pre-cut, but sometimes we were given a larger slice along with an *ulu* or an *ukkutaq* (woman's curvilinear knife or a pocket knife) to cut with. The two ceremonies described above (Aupilarjuk's experience and my own) both involve very small portions of food. The exercise of these rituals was not so much eating per se as it was sharing and reaffirming principles important to survival, connection, and relationships among people, generations, families, animals, the ecosystems, and the cosmos. Both ceremonies connected participants to historic provisions of the land and engendered respect and reverence for the land. It was very easy for me to learn Inuktut language in this environment because the lessons were visceral. Aupilarjuk's time was much earlier and more isolated than the time I speak of from my own childhood in the 1970s, but connections across time, cultures, and generations are made easily in these timeless practices. Aupilarjuk says of them, "*Pijuminaqtummarialuulauqtuq asiani isumannalaunngittut*" (We longed for and celebrated that experience, and thought of nothing in its stead).[47] From my experience, I am aware that there is a deep significance to the emotions surrounding these activities leading a child to form a bond with nature and the natural environment. Aupilarjuk states, "*Titiqqaunngittuq, naasautaunngittuq timipli atullaktaaqtanga*" (It isn't a written word, it isn't a number, but it was truly the body's profound system for learning).[48] I have a lifelong connection to and love for Nattiqhiurvik that has translated to a strong, albeit different, bond with other lands.

According to Leroy Little Bear, the connecting force in Corntassel and Holm's matrix is "renewal."[49] When I discussed this term with Aupilarjuk, he suggested the term *sannginiqarajarniq inuunivut aturnikkut* (vitality/strength of Inuk ontology, *inuuniq*/Inuk-ness) through the practice, engagement, and use of the four components of the matrix.[50] Renewal implies the interaction of people, as does the concept of *atuq-* (practice), and therefore *relationships* are key to this vitality.

In my discussions with Aupilarjuk, I began with the assumption that renewal as a concept has two dimensions to it—at least it does in my experience. One dimension reveals that it is a natural part of Inuit traditional community life. Everything requires renewal; homes are rebuilt, clothes are made anew, living spaces are refreshed, children are born and trained, and as needed, balance is restored. Renewal was practised before contact and it continues today with new materials, resources, and circumstances. Life is carried forward.

The other dimension of renewal is that today in Nunavut people have been awakening to the impact of oppression, and therefore there is a renewed focus on and commitment to Inuit epistemologies, pedagogies, and methodologies, in support of ontology. This dimension is what renewal and its related terms tend to imply more strongly in renewal discourse relating to Indigenous cultures.

With Aupilarjuk I wanted to explore the full range of renewal in an Inuktut context, both as a natural part of life's rhythms and cycles and as a struggle against oppression. In my experience, the intention of the term *renewal*—in both of the aspects I mentioned above—is very clearly understood in Nunavut, and particularly among elders and cultural workers. Yet it also remained a worthy goal without a name.

To make a bridge between the English wording and Inuktut not-yet-naming, I was mindful of the words I used to describe what I was looking for as I explained Little Bear's concept of renewal to Aupilarjuk. I used narrative examples, rather than a translated word like *renewal*. As mentioned above, he then offered the term *sannginiqarajarniq inuunivut aturnikkut,* which means vitality and strength of Inuk ontology, inuuniq/Inuk-ness through engagement and practical application. The notion of practice or engagement implies *access* and requires *agency* in relation to homeland, language, living histories, and culture/ceremony. If individuals have limited access to their homeland or to their elders and others to support their knowledge of their language, living histories, and culture/ceremonies, the vitality offered through time-tested ways of being is also diminished. Agency is required to improve access.

The way to vitality is through engagement. The root word *atuq-* means to use, engage with, or practically experience something. The intended outcome is renewal, regeneration, continuation, and so on.

But in Inuktut, the approach is both practical and indirect—*use it* so it continues to provide vitality toward well-being. *Atuq-* precedes renewal; renewal is the outcome of atuq-. If the knowledge is used, shared, applied, and engaged across generations, then it is more naturally integrated into new situations where it is useful again. Where it is useful, it will be used. Where it is used/experienced, it is a source of vitality and strength for peoplehood-personhood-livelihood. Where Inuktut epistemology continues, it works to transform our thinking in order to address new realities.

Feast on the land during Department of Education Curriculum Division Elders' Advisory Meeting, Arviat, NU. Photo by Janet Tamalik McGrath

This concept of *atuq-* is important to understand as the very essence of Inuktut knowledge renewal. Aupilarjuk said, in this context of the importance of cultural engagement, "*Aturlugu kisiani qaujimanilluaviujungnarmat*" (It is only by application that it becomes true knowledge).[51]

Atuq- also implies individual and collective responsibility more directly than do the ideas associated with the English term *renewal*, such as "make it new," "make it grow," and "bring it to life." Perhaps I don't know how to make something new, or grow something, or bring something to life, so therefore the *I*—or individual effort—is not implied. The concepts in English, when conveyed in Inuktut without specific context, are unengaged. Yet if the message is an active verb, such as *atuq-*, then I either use it or find out how to use it by getting help from people who know how to engage already. So *atuq-* focuses on the *I* and *we*, the individual and the collective, versus some external force that will make something grow (like the sun and the rain do without our effort), bring something back to life (maybe in reference to God or a new government initiative), or make something new (something manufactured or made to replace something that has worn out).

Something to be noticed in the cultural divide between the English concepts of *renew-regenerate-revive* and *atuq-* is that in English the concepts are temporal. There is a before and an after—something was old and made new, stilted and now growing, dead and now revived. The before is negative and the after is positive. The Inuktut view is not dichotomous. It is focused, rather, on the responsibility for practical, personal, and collective engagement, and the desired outcome—vitality of Inuk-ness, human potential. Something old can become useful again if used to make something new. In making it into something new, its usefulness carries forward.

In the call to atuq- knowledge, there is also an indirect critique of systems that deny or limit access to, or engagement with, traditional sources and modes of knowledge. For example, if keeping knowledge alive means using it, and we don't have adequate access to the people with the knowledge and skills required for us to learn and practise the knowledge according to cultural protocol, then what is in the way? If we cannot use Inuktut language fully in the workplace, why is that? If one is bound to a forty-hour work week to "survive," then where is the unhurried time to meaningfully engage with elders to strengthen one's language and traditional knowledge skills for other survival needs, whether land-based, social, emotional, or spiritual?[52]

The demands of one's employment system in this case are clearly not supportive of one's responsibility to Inuktut knowledge if it alienates them from the knowledge sources.

DAY SIX—MAY 20, 2010

I began this day with a question about *qaggiq*, the celebration iglu. I did so because of the previous day's discovery that the Indigenous Peoplehood Matrix and the crafting of the qaggiq were metaphorically linked together (in a way that I explain more fully in the next chapter, "The Qaggiq Model"). By exploring the different aspects of qaggiq, the connections to the Indigenous Peoplehood Matrix components—land, language, living histories, and ceremony—were more evident. That day's recordings were over an hour in total. The uninterrupted flow of the previous day continued on this day, and we followed up on themes such as First Nations–Inuit relations and our own ethical relationship in the research I was conducting with Aupilarjuk.

The importance of this segment is that we were able to discuss some details from the previous days' conversations, and so it further clarified for me what was emerging as a framework for understanding Inuktut knowledge renewal. Talking about First Nations and Inuit relations came from the discussions we had about the Indigenous Peoplehood Matrix, and Aupilarjuk's impressions and observations about working with and meeting with First Nations people.

What emerged as a theme for me here, which I elaborate on later in the section "Qaggiq Dialogue," is the importance of balanced and restorative inter-group relations. *Qablunaat* (white people) and *Iqqiliit* (First Nations)[53] were distinct groups with distinct historical relations with Inuit. In the case of Iqqiliit, there is a parallel experience in that both Inuit and Iqqiliit were dominated by force and coercion by qablunaat who wanted to acquire the original peoples' homelands for financial gain.[54] Aupilarjuk notes a shared approach with Iqqiliit to land and spirituality and explains that differences in thinking and approaches likely come from differences in homelands. Iqqiliit have trees, for example.[55]

That day, I spent unhurried time reviewing and recording the nature of our agreements on the use of the recordings. We also went through the kinds of things that an ethics review board would want to cover. Because Aupilarjuk had been taken advantage of in the past by academics and qablunaat, and because I was working within the qablunaaq academic system (doing doctoral research), I took time to explore with him what would be a good way to proceed in using these recordings. I recognized in these exchanges that although I was raised up North and speak Inuktut, and value and understand Inuktut being-knowing-doing-accounting,[56] I am also now part of an academic system that is rooted in Western qablunaaq culture and traditions, and so my sharing with Aupilarjuk was also about creating an Inuk-qablunaaq dialogue. How can qablunaat be ethical in supporting Inuktut knowledge renewal on Inuk terms? How can any other group do that, too? What are the principles of inter-group engagement? I explore that question further in "Qaggiq Dialogue," but my thinking about inter-group ethics began to gel here as I noticed the theme had become stronger.

DAY SEVEN—MAY 21, 2010

On this final day, I did not intend to record; I was just visiting to follow up and chat with Aupilarjuk. However, I did bring my recorder, in case he had something he wanted to say on record once again, or in case he was saying something of interest that I wanted to remember in better detail. As it turned out, I did record a section of about half an hour with stories of the land, including his impressions of First Nations land he visited "up from Toronto, by a great river" (perhaps Six Nations reserve). There were teachings here about the sacredness of land, its personality and aliveness, its sensitivity, and our responsibility to respect it. This discussion affirmed "land" as a shared theme between First Nations and Inuit. But it also highlighted for me how "land" as a theme in the Indigenous Peoplehood Matrix is an essential component of Indigenous identity—that a certain way of relating to the land is as important as having title and access.

This section includes a moving story about how, when he travelled through First Nations land, he composed a *pisiq* (song) to acknowledge the land.

> *Taipsumanialuk qablunaaqalaunnginninganik qablunaarni attilirian-gunnginnirmi nunattiavaulauqtuksaujutit piusituqait atuttialauqtaraluit maannali aturungniiqtuq...tagva isumagijausuituarutik piruqsiat kam-agijaunngituaqpata takuminaittummarialuulirajaqtutit.* (Long ago before the qablunaat were here and before the qablunaat named these places, you were likely a very beautiful land and you were using your long-time way of being so well, that way that is not used at all now.... As soon as the plants there are not tended to and maintained, you will become so wretched looking.)[57]

He likened this land to his children and grandchildren—where their Inummarik training was denied them and in its place they were educated with the qablunaaq system, which requires a great deal of maintenance.[58]

In that land he spoke about, the great trees were removed and the original self-sustaining biome was permanently disrupted. In places, the natural growth was replaced by manicured lawns that looked smooth and even and somewhat charming, but were extremely dependent on human technology and intervention. It cannot be restored to what it was, but with knowledge of what was, the principles and practices can be emulated, leading to a return to a more self-sufficient and self-sustaining model.

SUMMARY OF ANALYSIS

When Leena Evic reviewed the translations as a whole, she agreed that the collection was applicable to education and contributes to that field. But she also noted that it goes beyond that to support the Ingalangaittukuurvik initiative—Inuktut knowledge continuity in a relational format—because Aupilarjuk speaks from that *ingalangaittumit* (from a high place).[59] Below is a summary of themes that I drew from my close work with the material.

The series of conversations includes themes of:

- his first-hand accounts of Inuit traditional educational approaches
- reflections on the foundations and principles of those approaches
- discussion about today's challenges and needs for honouring the traditional foundations that supported life for Inuit in the past
- inter-group harmony and relations between Inuit and qablunaat as well as reflections on Inuit and First Nations shared and differing experiences
- reflections on social and economic questions in the current circumstances
- an overall reflection on supporting Inuktut ontology, epistemology, methodology, axiology (being, knowing, doing, accounting)

In the presentation of the Qaggiq Model that follows, I offer my own synthesis on the last point. In the "Qaggiq Dialogue" section that follows the presentation of the model, I incorporate an overview of contemporary challenges through a discussion of the model as an Inuk-centred framework.

The Qaggiq Model

In combining Aupilarjuk's triad with the Indigenous Peoplehood Matrix in dialogue, a framework emerges that, I argue, can effectively support Inuktut knowledge renewal.

Knowledge and knowing—epistemology—in this context is understood as a dynamic and relational process that includes ontology, methodology, and axiology. Following the arrows in the diagram between nuclei, beginning on the right, homeland, language, living histories, and culture/ceremony are the source of vitality for well-being of the collective-individual-productive, or peoplehood-personhood-livelihood. A basis for well-being implies a strong foundational relationship with homeland, language, living histories, and culture/ceremony that nourishes, informs, and supports the collective-individual-productive or peoplehood-personhood-livelihood. If we follow the arrow in the diagram from Aupilarjuk's triad back to the Indigenous Peoplehood Matrix (left to right), we see how individuals and collectivities require access to land-language-living histories-culture to be able to engage in meaningful production/livelihood.

The two sets of concepts work together to reveal an Inuktut approach to knowledge renewal. One set, as discussed by Aupilarjuk,

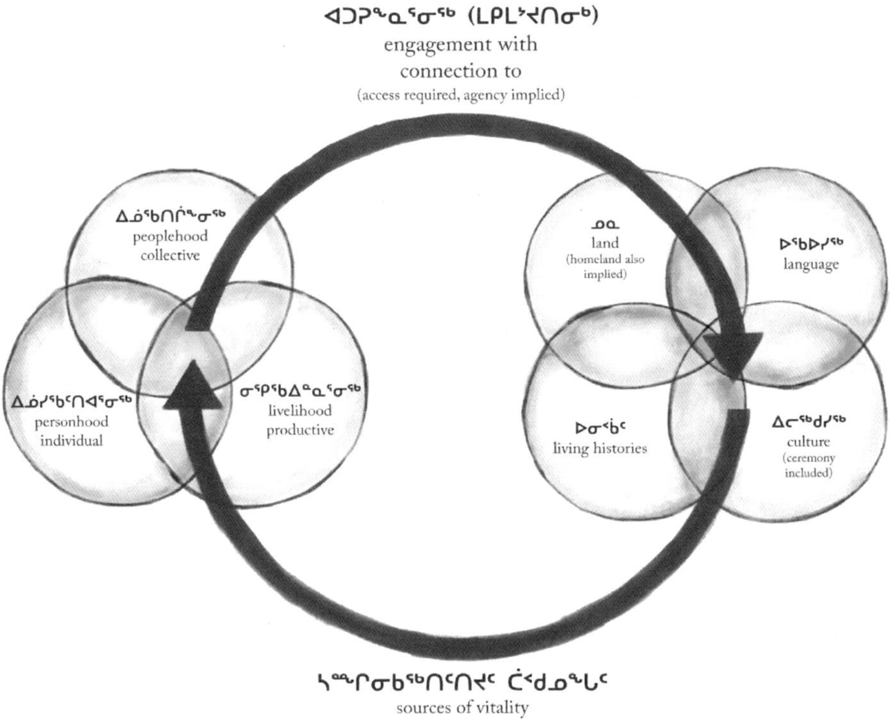

Figure 3: Qaggiq Model, Venn diagram format, Indigenous Peoplehood Matrix adapted version

is gleaned from many years of his own thinking. The other set was brought into our conversations in a culturally appropriate way—through relations that are traced and acknowledged—and in a manner in which the concepts were gauged and discussed against Inuktut logic and social experience.

What these concepts reveal, in combination, is not only how knowledge is renewed in natural cycles but also how colonization, disempowerment, and oppression operates to continue to disengage Inuktut systems. For example, the Canadian federal government wanted the land, and in return promised Inuit forms of livelihood that were relevant to fitting into the mainstream of society. The message of inclusion and belonging was riddled with an agenda to claim the North and its resources for Canada. The way to include Inuit into the capitalist model was to give them a modern/English education first. When children were taken far from their homes, denied their language, stories, and rituals, the basis for peoplehood and individual well-being by Inuk measures was also denied; it seemed acceptable to the assimilative policy makers at the time.

Thus, systems designed to support Inuktut knowledge renewal inherently challenge the very logic of neocolonialism in the present day.[1] A return to balance is not simply a matter of political correctness—it requires addressing issues of power.

TRADITIONAL METAPHORS: THE MATRIX AND THE QAGGIQ IGLU

I will begin with a side journey that supports an understanding of Indigenous plurality. The Qaggiq Model I develop is not intended as a traditionalist Inuk metaphor, but one that is meaningful in the context of the relatively recent colonization of Inuit in Canada. This took place only after the Second World War, and only in earnest in the 1950s and 1960s in the Canadian Arctic. By engaging Aupilarjuk's understanding of the basis of traditional life with the works of Indigenous political theorists Corntassel and Holm, the Qaggiq is a model that explores the traditional in a modern context. Before colonization and the oppression of Indigenous peoples, land, language, living histories, culture, and ceremonies were valued aspects of life that were enjoyed and taken for granted. The Qaggiq Model is based on concepts and conversations; however, metaphors are helpful in developing shorthand, an understanding of relationships between and among ideas. The Venn diagram I developed was a starting point for me to think about all the concepts and their interconnections. I also reviewed a diagram that Corntassel and Holm used for the concepts in their Indigenous Peoplehood Matrix. However, while the components on their own were easily conveyed in Inuktut, I struggled to connect the symbolism to Inuktut meaning systems.

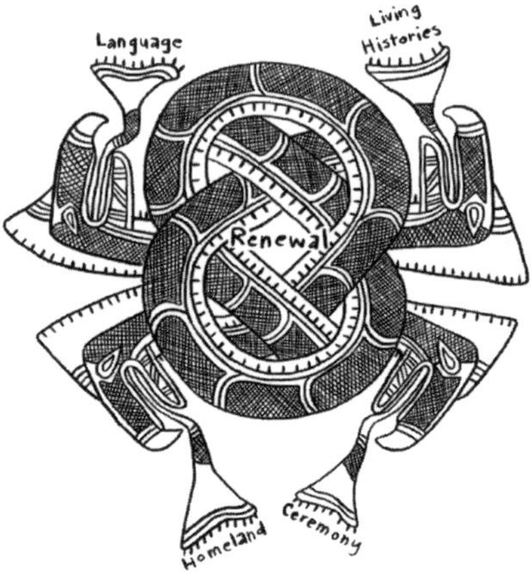

Figure 4: Adapted from Corntassel and Holm's "The Peoplehood Matrix"[2]

As Indigenous cultures vary, the metaphors in this diagram are not easily accessible without an understanding of the symbolic meanings of the animals present in the image. As well, each individual may interpret this matrix differently; I see an overall image with snakes in the middle, and ravens or thunderbirds, perhaps boats, on the outside. Mohawk teacher Paul Skanks, meanwhile, recognizes that the overall outline resembles a frog. I can, however, tell by the design that the concepts expressed in the words are to be interconnected; I can also infer that the four concepts (in the outer periphery) are activated by or reliant on the idea of renewal. I can also infer from the drawing that the four corner concepts are equal; however, they are also distinct from one another—both separate and connected, like hands and feet. I can also say that I think that land, air, and water elements are implied through the animal symbolism—snakes are close to the earth; birds are airborne with water-earth access; and frogs are amphibious. The notched lines might represent time passing, like days on a calendar, so from that I might infer that there is an element of movement over time. The notches also resemble sewing stitches; in Inuit culture, sewing is highly revered as a key survival skill. However, it is unclear if these images and connections are actually intended or are my projections. I first encountered this diagram not as an image, but as a model described to me over the phone by Jackie Price. She had attended a lecture by Corntassel and suggested that I approach Aupilarjuk about what he thought of the concepts as a working model. Because I easily related to the concepts presented in the model, and Aupilarjuk did as well, a uniquely Inuktut metaphor emerged from our discussions of Corntassel and Holm's Peoplehood Matrix, the *qaggiq*—a grand communal iglu.

MAKING THE IGLU

As I worked on the recordings of my conversations with Aupilarjuk, within those talks was the basis of our own cultural model of renewal—both as a traditional practice and as a metaphor. Here I explain in detail how the model I offer emerged as what I call the Qaggiq Model. In our discussions about snow and survival, Aupilarjuk spoke about snow layers and how to use the *shabgut* tool to read the density of the different layers of snow. The shabgut is used to measure the depth of the different layers to assess whether there is enough of the right kind of snow to cut blocks for an iglu. He also spoke about how to cut

Aupilarjuk augmented his public housing dwelling with a traditional snow porch. His home was also protected on all sides with snow skirting at the ground level. 2001. Photo by Janet Tamalik McGrath

blocks and the precise angles each side needed to be trimmed to for the iglu's dome shape, stability, and warmth. He also explained that there are different types of *igluit* (iglus), the differences being based on the technique of block construction: a *makpataq* iglu is made using thin horizontal slicing for shallow, hard-packed snow; a *qiqsuqtaq* iglu is made by pounding and treading to pack wet snow for slicing; and a *akinnaqtaq* iglu is made using vertical slicing in normally deep snow.[3]

There are also other words for igluit that relate less to technique and more to function. One example is the qaggiq. The qaggiq is a late-winter or early-spring iglu that is very large and can contain large groups of people for the purposes of gathering, sharing, community games, ceremonies, and feasting. The space can also be a venue for community justice, restoration, and reconciliation. Depending on the region and the time of the year, they differ in size. I had experienced a qaggiq in 1982 at the Inuit Cultural Institute's first territory-wide elders' gathering.[4] I watched the elders and community members build the qaggiq, but it remained a puzzle in my mind as to how such a grand structure was built to be so high and yet so sound, so I asked Aupilarjuk about it.

Aupilarjuk took a pen and a sheet of paper and drew a bird's-eye-view diagram similar to the one below.[5]

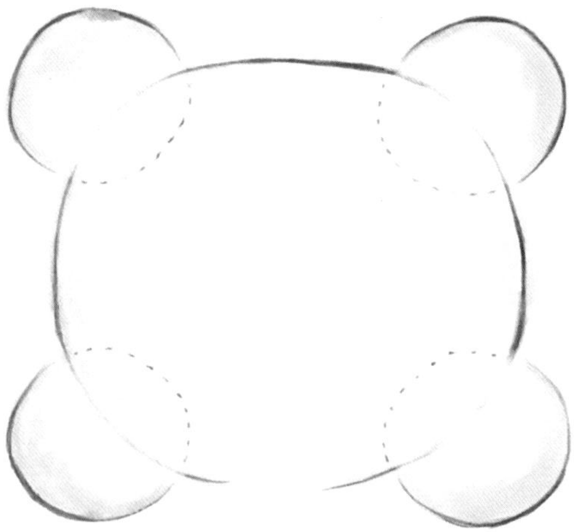

Figure 5: Bird's-eye view of qaggiq floor plan, based on Aupilarjuk's drawing

He explained that the four smaller circles are old igluit, which are not needed anymore; they may be iced up from age and use, and perhaps a little dingy from soot. In Aupilarjuk's region, the timing for constructing the qaggiq was late winter to early spring when it was still cold, and when igluit have been used for a while. The larger circle running through the smaller ones represents the qaggiq superstructure that is built in a way that incorporates the old igluit. The old igluit were cut through the middle, and part of their remaining structure supported the new qaggiq. He explained that the four igluit effectively become alcoves that could be used for resting or cooking during the gathering within the qaggiq.

Once he was finished explaining how the qaggiq got its strength and height by way of being built over older igluit, and that the height was attained by builders using an upright *qamutik* (sled) for a ladder, there was a definite pause, an intentional moment. He refocused all his energy suddenly as he put his diagram aside and asked me if I had any other questions to ask. Indeed, I had a theoretical question waiting, and in his gaze I could tell he was already aware there was an important question. I was used to those moments with Aupilarjuk, times when there were multiple levels of engagement between us, and with that, something I can only describe as a higher realm of connection—something that was beyond the tangible and the logical. I was a bit reticent, as what I had in my pocket was a translation of someone else's question—and sometimes translations do not come across effectively. Before I drew the paper from my pocket, I dwelt a moment, feeling the burden of responsibility to convey this question correctly. Yet he looked at me like he had been expecting this and I might as well not waste any time.

This question I had prepared for that day (day five, May 19, 2010) was the question that Jackie Price had posed to me about what Aupilarjuk thought of the Indigenous Peoplehood Matrix. I was not aware at the time that the diagram I drew from my pocket was identical to the diagram that Aupilarjuk had just drawn and put aside. My focus at the time was more on conveying accurately every detail of the question that was entrusted to me, including making sure that he knew that Jackie is from Rankin (Aupilarjuk remembered her parents well) and that she went away to school and studied with other Indigenous peoples, and that this question was coming from her.[6] I then focused on conveying the concepts of land-language-living histories-culture, gauging Aupilarjuk's response to each. We then had a discussion about what Inuktut term best fit the idea of "renewal" (previously laid out above), and thus the term *sannginiqarajarniq aturnikkut* (vitality through engagement) emerged. In the moment, I was also focused on being keenly aware of epistemological subtleties. For example, how does he relate to the categories? Are they resonant? Do they represent what is important to him? Are they awkward in any way? Is there something missing?

As I was recording this conversation on video, in the quiet moments of a very satisfying philosophical exchange, I let the camera run and my gaze wandered across the table. There I saw the diagram of his qaggiq on one end of the table and the same diagram on the other end with the concepts *nuna-uqausiq-unipkaat-iliqqusiq* (homeland-language-living histories-culture) that I had written in the circles. I was surprised at the coincidence and pointed it out in amazement, and Aupilarjuk responded calmly, saying, "*Takuksauraanikkivuq*" (it is already in plain view as such, understandably).[7]

In terms of form and symbolism the Qaggiq Model is a reasonable metaphor to work with, but how does Aupilarjuk's triad work within the qaggiq structure to support my assertions that the two groups of concepts work together?

In that moment I immediately saw the symbolic significance of the qaggiq in terms of renewal. Qaggiq is a space for gathering, renewing relationships, building skills through games; it is a place where stories and songs are shared, and community is affirmed.[8] If there are tensions, they will be brought out appropriately, because the well-being of the group relies on harmony.[9] In that sense, qaggiq is a renewal of community. It is a source of strengthening of relationships and knowledge of homeland, language, living histories, and ceremony. It is also significant that qaggiq is a new structure made over old structures to support the renewal of community. That is, qaggiq in its very architecture is an innovation that incorporates the old to make the new or renewed. Nothing was wrong with the old igluit; it was just late winter and their time was done. They would be made afresh in the following winter; they could be made anew in a new winter because the knowledge and skill of making them was with the people.

In today's context, iglu building is becoming more specialized, but as Aupilarjuk argues, these and other skills will always be relevant to Arctic survival. As such, traditional skills need to be widely taught and learned and appreciated, not just in the vein of cultural studies or cultural enrichment, but as integral to survival.

It is also important to note that there were differences in igluit and *qaggiit* construction and design in various regions, based on differing needs, requirements, and weather conditions.[10] In the Arviat area, as explained by Louis Angalik, the igluit on the southwest coast of the Hudson Bay were built farther apart than those in the Nattilik area. Building igluit farther apart would result in a more spacious contour inside once a qaggiq superstructure was made over the igluit, yet qaggiit purpose and function was the same. Quite a distance farther north from the Arviat area, in Iglulik in the North Baffin region, Isuma Productions produced a film called *Qaggiq* in 1988 that depicts four families building a qaggiq in the context of 1930s life in that area.[11] It is unclear in the film whether or not they used four older igluit, but four families made the structure. The Qaggiq Model I use is based on my own experiences of a qaggiq from east Qitirmiut, and from Aupilarjuk's explanation. In adopting the concept of qaggiq based on personal experience, my intention is not to define all qaggiit in Nunavut, but to look deeper into a metaphor that is relevant to the Kivalliq and east Qitirmiut areas—this is where Aupilarjuk is from and where I grew up. Personal knowledge is important in Inuktut epistemology. It should also be noted that some Inuit groups in Nunavut used the *qarmak* (sod home) exclusively and did not use igluit except for overnight hunting or snow blocks for fishing walls used as wind protection. This was the case where animals were not far away for hunting and conditions were better for the semi-permanent *qarmait* (sod houses). Snow technology and igluit, however, were widely appreciated and understood by Inuit across Inuit homelands, and as such the symbolism is strong.

LIGHTING THE QULLIQ

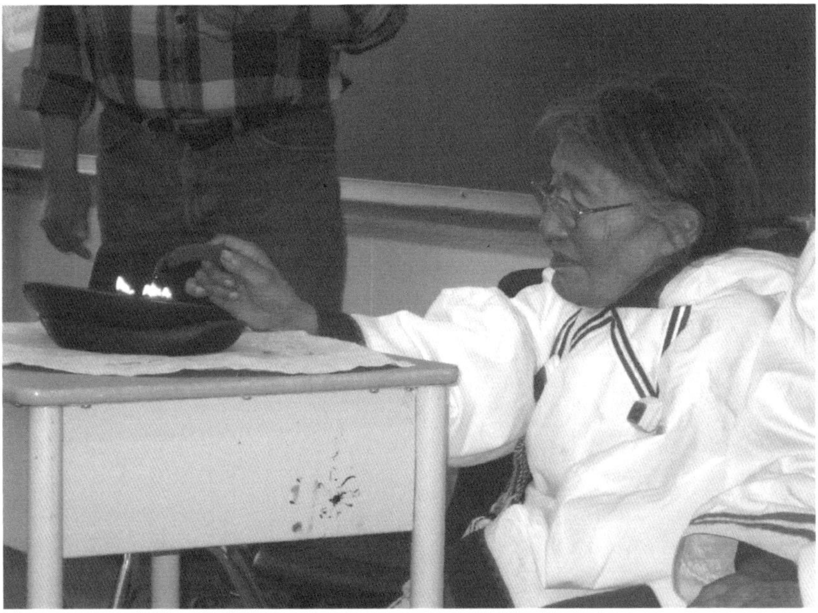

Tulimaaq at the Nunavut Educational Leadership Program (ELP), opening a session with educational leaders, Rankin Inlet, July 2007. Photo by Cathy Lee

The first item brought into an iglu is said to be the stone lamp, the *qulliq*, after the fat is pounded for fuel in the frosty air.[12] In oral histories and in Aupilarjuk's narratives, there are many references to the central importance of the qulliq as the home fire.[13] Drying clothes is a matter of survival in a sub-zero climate, where moisture on clothing could lead to frostbite and spell disaster. Thawing food, melting ice for water, cooking, and illuminating the space for sewing—all of survival depended on the ability to maintain the lamp. Whether in an overnight iglu for hunting or a home iglu or a qaggiq, the qulliq is a central component to shelter and the necessities of life.

Apart from fire itself, there are three main requirements for the lamp's functioning: the soapstone base, the wick, and the oil. There is also a *tapqut* (an instrument used to tap the wick to shape the flames) and an *irngaut* (a drip bowl to catch oil dripping down off the lamp's straight edge). In the following analogy I include the tapqut with the wick, as it is used to manage the wick, and I include the irngaut with the oil as it is used to conserve the oil. The rest of the components (not included in the illustration below) relate to supporting the *ukkusiit* (cooking pots), the *pituaq* and *kik&u* (supporting units), and the *paugusiit* (drying rack).

Figure 6: Qulliq, Inuk traditional stone lamp

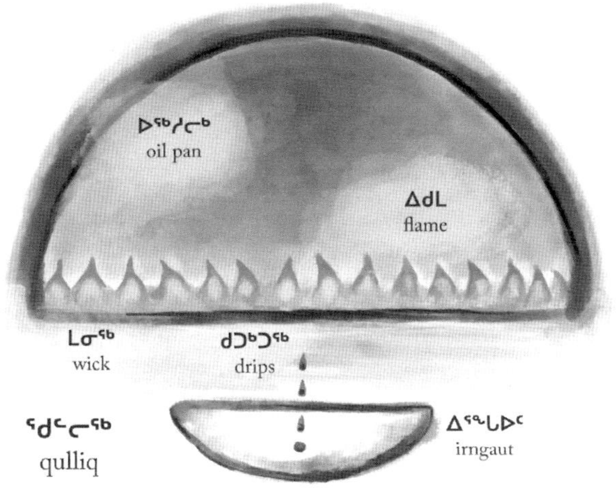

The qulliq also works well as a metaphor for Aupilarjuk's triad *inuuqatigiingniq-inuusiqattiarniq-niqiqainnarniq* (peoplehood-personhood-livelihood), with the lamp base standing in as a collective, the wick and tapqut as the individual, and the oil and irngaut as the productive.[14] Together the different aspects symbolize relational knowledge. The materials—soapstone/clay (for the base), plants (for the wick), and oil (for fuel)—all occur naturally in the environment as raw materials, but the design, technology, and methods require knowledge gained through relationships for the lamp to support survival. As such, the qulliq as a whole system symbolizes the land-people connection and represents a highly social technology. Where to get soapstone or how to use clay as an alternative, how to shape the lamp's base just right, when to collect the plants, which plants, how to dry and preserve them, how to collect and preserve oil, how to ration its use—all of this knowledge requires stories as shared practical experience for the best result in the majority of situations. The making of a qulliq requires knowledge and sharing. An individual will be told what to do, and they will also emulate another's expertise through observation and trial and error. As well, the qulliq crafting requires communication between men and women, as the women use the qulliq and have expert knowledge of its function and design, while men are more likely to harvest and transport the stone and to craft the base. Through our discussions about it, what I also noticed was how the qulliq analogy supported, for Aupilarjuk, his teachings on *nuliariittiarniq* (gender balance). In his upbringing, men fetched the stone and crafted the lamp, and provided the lamp fuel through their hunting and food practices; yet they also carried, tended, and managed fires as women did, as they had to have the skills to do so when they were out hunting and away from their camp. While it was women who, primarily, kept the fires tended and women who managed the oil and wick material, they were also required to have hunting and carving skills. Rather than imply a sexist division of labour, what is emphasized in my experience is the Inuktut value of gender cooperation, collaboration, and interdependence in production and livelihood, and the qulliq symbolizes this collaboration. Finally, the qulliq is at the heart of the family's collective space, but it requires the other elements—the wick (individual) and the oil (productivity)—to function.

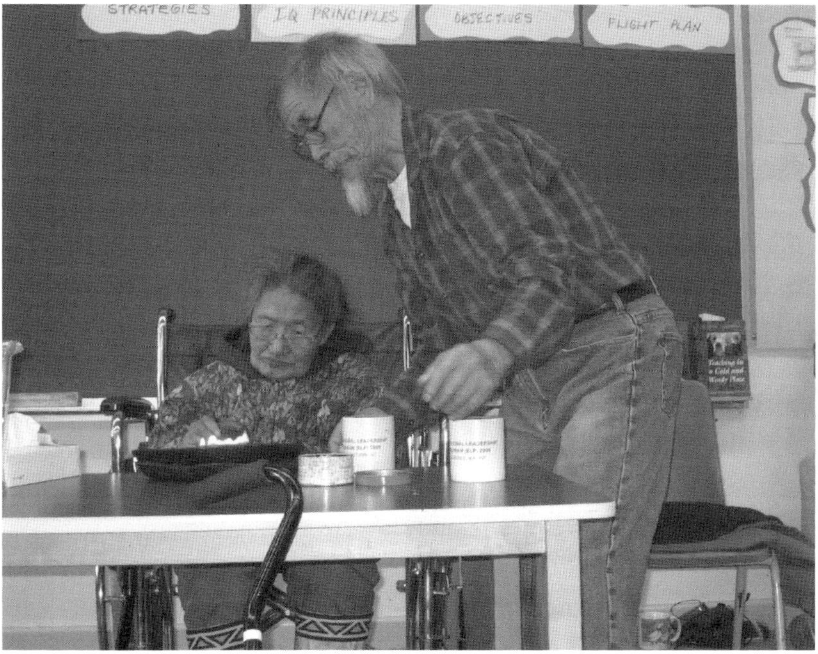

Tulimaaq and Aupilarjuk sharing with educational leaders at the Nunavut Educational Leadership Program (ELP), Rankin Inlet, July 2008. Photo by Cathy Lee

In addition to each component of the qulliq being traditionally made with natural materials, there are also now newer material options that have been incorporated over time. Thus, traditional materials were not discarded in favour of the new, but the new were incorporated with the old. In this sense there is an old-new connection, much like the architecture of the qaggiq itself. The same can be said for intergenerational connections—younger overlap with older generations and while new culture emerges, intergenerational overlap provides a context for continuity and renewal.

FOUR ELEMENTS OF THE QULLIQ

1) Inuuqatigiingniq, peoplehood, collectivity—lamp base.

   The base of the oil lamp is usually made of soapstone, but there is significant archeological and oral history evidence to conclude that there were various alternative materials also utilized, such as limestone and a mixture of clay, fibre, and blood that was baked like pottery.[15] In more recent times, *qulliit* (stone lamps) have also been made out of pounded metal and, in a pinch, even tin foil. The essential part of the lamp technology is in its shape and not in its material. The crescent-shaped bowl is contoured to contain the oil, and is inclined in such a way as to allow the wick materials to slowly draw the oil up to the lamp's edge, where the flame burns. In this sense, the lamp bowl is the base for the wick and the oil and, by extension, the flame itself, just as a healthy collective is the base for personhood and livelihood.
2) Inuusiqattiarniq, personhood, individual—the wick and tapqut wick tending tool. Tool technology, knowledge of tools, their creation and application, derive from knowledge proffered through the collective. Yet, the proper use of the tool is the individual's responsibility in relation to and on behalf of others. There is a seasonal responsibility for gathering wick material for the winter; the wick is collected in season, depending on region, from fibre-bearing grasses such as *kanguujaq/iparaksaq* (Arctic cotton), and also *maniq* (moss fibre), or a mixture of both. Other fibres are known to work, too; thus there is a collective system of understanding regarding the resources available depending on regional flora. Cotton balls from the store work well, too, in today's situation. Once, when we ran out of every option at a workshop in Arnprior, Ontario, an Anishinabe woman sent her son with tobacco[16] to harvest some bulrush fluff. Inuk elder Singuuriq experimented with this new material and said it was second only to Arctic cotton in her experience.

An individual tends the wick with the tending tool on behalf of the collective. This is done dutifully, expertly, and vigilantly, as an individual's performance has an impact on the whole family. If the flame is untended, it can get leggy and create soot. Having soot on your face was traditionally a sign of a lack of diligence and even signified foolishness. Inuusiqattiarniq is about individual responsibility, honour, and discipline, much like the proper tending of the wick is in practice, which requires daily and regular vigilance. The tapqut was used to manage the all-important flame levels. I relate the symbolic significance of the individual's responsibility for flame regulation to the regulation of emotions toward individual and collective balance.

3) Niqiqainnarniq, material well-being, livelihood, productivity—oil and irngaut. Where there is meat, there is oil for the lamp.[17] Oil is a renewable resource like meat and, also like meat, it requires individual and collective effort, skill, and knowledge to acquire, process, and utilize. A constant source of oil is required to keep the lamps alight and families warm, dry, hydrated, and nourished. There are many stories from elders of the generations that lived on the land that reflect this traditional and constant awareness of the need for adequate oil. The elders have often talked about conserving oil carefully, so as to have extra in case they heard of another group in need. Thus the irngaut symbolizes the need for conservation and proper rationing of resources for collective survival. Proper conservation practices allow for generosity toward collective well-being.

In today's gatherings, Inuit elders say they favour canola oil for its burning qualities (over corn or other oils that are not derived from marine mammals). Thus, like the qulliq and the wick, the oil also has alternatives that have been incorporated into collective application in the modern context.

Aupilarjuk made a connection between the meat economy and the money economy,[18] so the principles of conservation, frugality, sharing, and discipline apply to both systems.

4) *Ikuma,* fire, flame—*sannginiqarajarniq aturnikkut* (vitality through engagement). Without the initiating fire, the qulliq technology is a tool without utility. Similarly, without engagement with homeland, language, living histories, and culture, knowledge in these areas is not reproduced to be carried forward. With the fire lit, the lamp, wick, and oil function to their intended potential to light, warm, and dry the living space.

   As have other aspects of qulliq technology, fire making has changed over time. In the Nattilik region, elders still know how to use flint, quartz, and chert to spark a light into a *huppivik* (tinder bowl), usually made from hide and filled with dried plants—and this was fairly common knowledge when I was a child. Wooden matches were also conserved by splitting them finely so as to make several matches from one. Now matches and lighters are readily available and are more often used. Thus, like the components of the qulliq, the very act of making fire has incorporated new materials over time as well.

The qulliq that is lit within homes and qaggiit provides the warmed communal space for engagement of knowledge relating to land, language, living histories, and culture/ceremony. The warmed space supports survival and enables collective areas of knowledge to be shared and reaffirmed between and among people. This gathering of people represents the renewal of relationships, and also represents knowledge renewal, as knower renewal is supported. Both shelter and warmth are required for gatherings of people, thus the qaggiq and the qulliq work together, much like the two sets of concepts in the Venn diagram (fig. 3) work together to re-unify people.

With adaptation, a qulliq is still a qulliq and still a uniquely Inuk innovation. New technologies and materials are incorporated and utilized to express Inuit values and contributions within a global society. Some examples of new media being utilized to share Inuit values include the vast array of high-quality and acclaimed filmmaking being produced in Nunavut. These modern media have brought people together through combining the traditions of storytelling with broadcast technology to reinforce living histories, Inuktut language, and land and cultural knowledge. Inuit carvers and seamstresses use modern materials as a means to convey Inuit historical and modern experiences and have long garnered worldwide recognition for their extraordinary skills and creativity. There are also many lesser-known local examples—sewing groups and elders' initiatives among them. Collectively they illustrate that Inuit culture is adaptable and flexible; the new is incorporated into the familiar to create a uniquely Inuk expression.

THE QULLIQ AS A METAPHOR FOR AUPILARJUK'S TRIAD

As mentioned, the qulliq transforms an iglu into a lived-in space and is central to survival in every sense of everyday living. A lived-in space is *atuqtaujuq* (used), and overall a used space represents engagement. A number of times Aupilarjuk told me in private conversations that it was when his mother's large qulliq was requested by the missionaries and given to them that his family first experienced hunger, cold, deprivation, and dependence on others. The experience symbolized for him the point at which they began the transition away from their traditional lifestyle. He later discovered that the qulliq was on display as a traditional relic and not used to keep the priests warm. Thus, for Aupilarjuk, the qulliq personally represents the transition away from self-sufficiency, but also symbolizes his awakening to and the awareness of his culture being on display for the *qablunaat* (white people). For as long as I knew him, he kept his own handcrafted qulliq handy in his living room in the event of a power outage, and also to remind his family of Inuit ingenuity, resourcefulness, and self-reliance, as the lamp does not require money to function because all of the components are from the land.[19]

Aupilarjuk discussing his carvings at his kitchen table, Rankin Inlet, NU, 1997. Photo by Gerry Kusugak

The symbolism of the qulliq in the Qaggiq Model also represents bringing his mother's qulliq back. In fact, Aupilarjuk had asked me to look for his mother's photograph and qulliq some years ago. I could not find either but never forgot the request. Addressing this loss requires some kind of action. While we could not find his mother's qulliq (among the Inuit relics in museum displays), he has developed a triad that actively works to address the loss, specifically the deprivation of the self-sufficiency that was experienced by him and his family system.

Renewal in the context of decolonization does, in part, require a reclaiming of space, imagery, land use, language, ceremony, and affirming living histories. In consideration of the youthful demography of Nunavut, I am also reminded of how Aupilarjuk and others of his generation assert that many traditional technologies will always be useful for youth to know; iglu building is one of those. Sadly, youth have perished when dealing with snowmobile breakdowns for lack of training and instruction in how to build an iglu and stay warm. Qulliq technology is another such example that Inuit elders say should be taught and learned for practical reasons.

For example, elder Singuuriq attended an Inuktut language immersion workshop for Inuit youth from the Ottawa area in the spring of 2009. In her work with them, she taught the youth that the qulliq is not just meant for lighting symbolically at meetings involving Inuit. She instructed them on how to boil water and cook bannock with a qulliq. She also taught them to make their own qulliq out of tin foil, and she asserted that if they knew the right contour to shape it, and were aware of the wick materials they might find, they could survive on the land down south or in the North starting with just some tin foil in their pockets. Traditional skills and self-reliance support well-being in the Inuktut way no matter the location or climate.

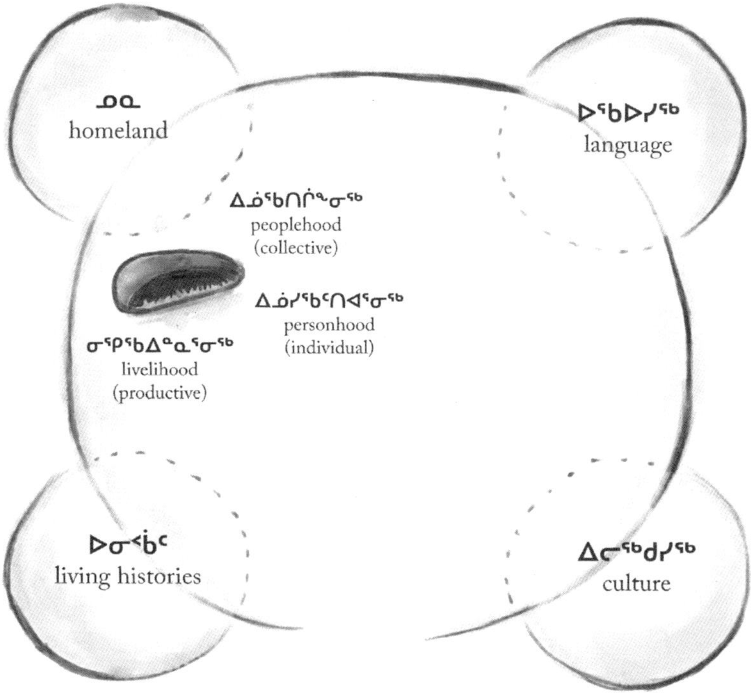

Figure 7: Qaggiq Model, iglu diagram (iglu-qulliq relation not to scale)

The diagram above illustrates the two sets of concepts as they come together to make space/place/opportunity for knowledge renewal. By drawing on the concepts of the Indigenous Peoplehood Matrix, the communal iglu is built. Conceptually, it is also a place for dialogue with other Indigenous peoples about the shared values of homeland, living histories, language, and culture/ceremony—comparing losses and challenges, and bringing modernity to account.[20] In relation to Inuit-qablunaat dialogue, Aupilarjuk states:

> *Inungnik sivulqarapta qablunaaqalaunngitillugu ajunngittualungnik sivuliqarapta. Sanngijualuulaurnirmata sunamiarmik pinasuutiqaratik taikkua taimaittuulauraluarmi'mata inuunipti'nut utiriaqaqtugut nangminiq piruqsajariaqarapta nangminiq qagvaqpalliagiaqarapta aulatautuinnanngiluta pijariaqaraluarapta inuktigut nunapti'ni nunavullu tamanna mianirittiarlugu tagva una ilagiqqaujaa Nunavut mianirijauninganik.* (As Inuit, we have Inuit ancestors who were very successful in life without contact with the qablunaat. They were experts in every way and yet without much to work with. This is how they were back then. We need to return to our Inuk-ness, we have to grow something new, we have to bring ourselves up gradually and not be run by outside influences—this is how we Inuit need to be within our homelands. We need to watch over Nunavut well, and this also was connected to my experience—the care of the land.)[21]

The Qaggiq Model is also a conceptual space in which qablunaat can listen, experience, and observe the strength of Inuktut renewal so that they understand more clearly what they need to support. Qablunaat have enjoyed, and continue to enjoy, economic and systemic privilege in Inuit lands, which has led to an ingrained epistemic privileging that, in my observation, is hard for qablunaat to see or acknowledge. There is also "white guilt" that leads qablunaat to say, "It wasn't *me personally* who did those things, why do I have to take the blame?" Yet it is not about blame; it is about dialoguing now to "grow something new."[22]

QAGGIQ DIALOGUE

The Qaggiq Model provides a framework for understanding how to support Inuktut knowledge renewal, by revealing the critical components of Inuktut knowledge systems—peoplehood, personhood, and livelihood, supported by access and agency in relation to homeland, language, living histories, and culture. Throughout this book, I claim that this model is an effective tool to help understand how to support Inuktut knowledge renewal in the Inuktut way. Where barriers exist, this model helps to reveal them. I argue that where these relationships are supported, Inuktut knowledge is supported within an Inuktut context. When looking at contemporary sciences through this framework, IQ is not a reified traditional knowledge, something in competition with science, but rather IQ becomes a framework for scientists to understand how to have accountable and appropriate relations with Inuit, Inuit knowledge systems, and in relation to Inuit traditional homelands. The power dynamics and external systemic privileging are revealed through the application of the Qaggiq Model for objective review.

The combining of Aupilarjuk's triad and the Indigenous Peoplehood Matrix reveals the critical importance of *access* and *agency* for continued knowledge production and Inuit societal well-being.[23] I propose that dialogue in the Qaggiq Model is about social and economic reconciliation within an Inuktut cultural and relational paradigm.

In relation to Inuktut knowledge renewal, questions regarding *access* and *agency* are critical: Does an initiative or policy support or diminish Inuktut knowledge systems? How are positive and negative impacts understood, and how are they measured? What are the indicators of thriving? How are threats assessed? How is subjugation exposed? Understanding that *knowledge is relational* and therefore *knowledge renewal is relationship renewal*, we can see that, as a society, there are historical wrongs we need to overcome, as well as systemic and structural dynamics stemming from that history—these are relational issues. Societal relationships are both inter-group and structural;

thus, all those in contact with Inuktut knowledge systems need to enter into this dialogue to understand their respective roles and responsibilities, as this dialogue concerns accounting relationally. Relationships in this framework involve people-to-people connections—and people-to-environment and people-to-cosmos. The ethics and responsibilities within those relationships, in the Inuk way, are mapped out in language, living histories, stories, songs, ritual—in a single word: *iliqqusiq*. Through Qaggiq dialogue, intergenerational relations are also renewed and restored, and inter-group and inter-agency support is established to help people act responsibly toward these Inuktut knowledge processes.

The Qaggiq Model identifies key elements, illuminating the dynamics of power and knowledge in the Inuit context—arguably a theoretical exercise. However, if it has validity, it will also work to support dialogue on current practical challenges, such as various practical contexts in Nunavut today. That is, how does an understanding of the Qaggiq Model support awareness and dialogue about Inuktut knowledge renewal in various contexts? As I would argue that Qaggiq dialogue is first and foremost a dialogue about the barriers and obstacles to Qaggiq Model implementation, the next four sections apply Qaggiq Model theory on practical levels to reveal and explore limits in access and agency.

Homeland

The Nunavut government was created as a result of the Nunavut Land Claims Agreement, signed in 1992 and inaugurated in 1999. Within the agreement, there was provision for a splitting of the Northwest Territories into two parts—Nunavut in the east and the Northwest Territories in the west. The land claim was made in order to secure Inuit claims and control over their ancestral homeland; yet over 82 percent of the land was ceded to the federal government in return for guaranteed input on various co-management boards to govern the land and make decisions about its vast resources. While access to traditional homelands and resources was theoretically ensured within the land claim agreement, through Inuit ownership of under 18 percent and co-management of the rest, there are limitations to Inuit agency that are easily enforced by the federal government.

For example, the land and resource co-management board memberships are divided equally between Inuit and federal members, but the chairperson is from the federal government and able to break a tie when any vote is divided evenly between Inuit and the federal government members. Additionally, any decisions of a co-management board can be overruled by the Minister of the Department of Aboriginal Affairs Canada. In 2006, only seven years into the launch of the agreement, the upper hand of the federal government in the implementation process was so problematic that Nunavut Tunngavik (NTI) launched a billion-dollar lawsuit to compensate for the way in which federal lagging was detrimentally affecting Inuit communities.[24] NTI charged that the federal government was not acting on its responsibilities as laid out in the land claim agreement. The main issue has been the timely transfer of funds; here, Inuit agency is limited through controlled access to resources required (promised) by the federal government. While Inuit enjoy relatively free access to Inuit-owned lands (IOL), they have relinquished Aboriginal title to the rest of the lands (the 82 percent) with the assurance of funding transfers toward self-governance.

Access means different things to each side. For example, access is governance to Inuit, a sovereign right. Access to government is a highly managed process with minimal accountability to Inuit. Inuit are thus caught in the highly managed process of coexistence rather than governance in the Inuk way.[25] Limited access means limited agency, which is a difficult cycle to break.

The land claim relationship has important influences on territorial government services and programs; if federal transfers of money are not adequate in key areas, for example, in Inuktut language and IQ initiatives, those same areas are also limited. This struggle illustrates the larger issues with regard to land through a review of the relationships as they have played out within the land claim. However, land as a theme has other applications that demonstrate how the Qaggiq Model can work as an analytical tool.

Land access and agency has a spiritual as well as a survival component in Aupilarjuk's stories. Aupilarjuk offers land as an integrated theme, in order to help us understand how traditional life and modern legal structures (such as the land claim) are all interconnected. For Aupilarjuk, children need access to land skills to be in relation to land in a safe and responsible way. As a child he was taught that the land was like a person with sensitivities.[26] His parents gradually introduced him to the environment and the land's various aspects.[27] In a private conversation, he once told me that every surface of land around Rankin Inlet had his footprints, his energy prints. Aupilarjuk's connection to his land and his complete sense of access to and agency within his environment was deeply inspiring.

Aupilarjuk, Rankin Inlet, NU. "*Tumikka namituinnaulirmata tamaani nunami Kangip&iuniup miksaani*" (My footprints are now everywhere over the land of Rankin Inlet area). 2001. Photo by Janet Tamalik McGrath

For example, one of Aupilarjuk's handmade tools is an eight-inch handle supporting a two-inch curved metal blade. On the top end of the handle there is a braided loop. I recognized each of the tools in his collection except this one, so I asked him what it was. He slipped the loop over his pinky finger, explaining, "This is so it doesn't slip off," and he explained that it is a knife he can carry on the land with him anytime in case he encounters a polar bear. He said he fortunately has never had to use it, but he has all the skills, knowledge, and techniques to defend himself against a bear at close range. In his upbringing, he had full access to the knowledge required to become this skilful and confident in being on the land in every circumstance.

Inuit children and youth need access to a certain amount of training to acquire land competence, in order to be in relationship with the land and its provisions. With the creation of permanent settlements in the 1950s and 1960s in Nunavut, and with the introduction of schools, relationships to space and land have changed. Land knowledge and competence among youth have been greatly compromised with mandatory schooling. Efforts are being made within the Curriculum Division, through their work with elders, to make land skills part of a formal education. Now, more than ever, more responsibility is placed on the education system to cultivate that knowledge in children and youth, because their parents' generation, born in the settlement period in the 1960s and 1970s, does not have the full range of knowledge that the elders believe is required.

In this regard, the Curriculum and Schools Division has done excellent work through consultations with elders through their elders' advisory processes. However, as an observer to the challenges they have faced, I see how this approach needs to be better appreciated and more consistently funded, as well as better supported through administrative and political means. If parents can no longer fully prepare children and youth for safe, responsible, and interdependent relationships within the environment of their homeland, then it is critical that the elders' knowledge and input be considered a central and supported educational resource. Their contributions are limited by virtue of their age—their time is limited. Much of the specialized knowledge and experience of the current older generation is irreplaceable.

Access to elders' land knowledge is urgently required by Inuit youth to facilitate their own enhanced agency. Where the school system fails to do this, they fail to prepare Inuit youth to have access to their homeland skills and competencies. They also fail to support their well-being and survival in their land and beyond. The results of this are evident in the increased dependence on welfare and the rising poverty levels in the North.[28]

Several decades ago, political economists began to acknowledge the presence and importance of a dual economy in the North.[29] The duality noted was in regard to the traditional meat economy and the modern wage economy. Aupilarjuk spoke a lot about the importance of both economic systems, and cautioned strongly against relying on wage and modern conveniences alone.[30] His reasoning was that money alone cannot feed people if electricity and water delivery, or the modern system in general, fails. The wage economy and modern living have vulnerabilities that are protected through Inuit traditional land skills. Aupilarjuk's tools require very little material and a lot of skills and knowledge to produce.[31] The southern curriculum primarily prepares students for the wage economy. The Nunavut curriculum works to offer skills for both; however, a great deal of pressure is on the school system to be on par with the south, too, so that students leaving for school are prepared for wage jobs and for higher education. It is interesting to note that many communities lack jobs for graduates, and higher education often means leaving one's community for months and years at a time to study in southern institutions.

According to many Inuit elders I have spoken with, such as Aupilarjuk and Taalliraq, land education is not delivered on its own terms; rather, it is made to fit into the school structure, which undermines Inuit pedagogy.[32] Aupilarjuk, and the late Taalliraq of Gjoa Haven, are elders who have worked closely with the school system to try to convey their knowledge to youth. Both have called for an independent program outside the regular system because land knowledge needs to be understood and taught on its own terms.[33] An Inuk-centred policy to deliver land skills education at a minimal level does not yet exist. There are clear math and English outcomes to effectively pass a student to another grade level, but there are not land survival criteria that are valued as formally.

As unilingual, land-raised elders deeply committed to Nunavut's future, Aupilarjuk's and Taalliraq's calls for an independent system outside of the school system for land skills training were thoughtfully arrived at, based on the obstacles they encountered and observations they made over their many decades of contribution to both land-based and classroom education. The notion of an independent, Inuk-centred system for teaching land skills would not take traditional skills out of the classroom, but would provide an immersive environment to support what fragments can be taught within classroom limitations. To some degree, basic land skills need to be mandatory for children from kindergarten to grade twelve. An immersive land skills centre for knowledge and practice in the community would deepen various skills in students and would offer support to address the limitations of classroom settings. Two examples of the limitations of classroom environments given by elders I worked with were the timed lesson and the formality of the environment, which often lacks in supporting contextual information.

Language

Significant advances in language protection were made in Nunavut in 2009 with the federally supported territorial Official Languages Act,[34] legislation that protects English, French, and Inuktut in Nunavut. Because English and French already have federally legislated protection, the new legislation in Nunavut works most importantly to protect Inuit language. Timpson notes, however, that there are several barriers to overcome for Inuktut to flourish in Nunavut, and they include:

> Eurocentric bilingualism at the federal level, the dominance of English in the territorial public service combined with pressure to deliver services, the broader cultural forces encouraging the use of English amongst young people of Nunavut, and the limited availability of Inuit Language curriculum resources in the territorial school system.[35]

While Inuktut language is currently considered one of the stronger Indigenous languages in Canada, among certain regions and segments of youth it is in extreme decline.[36] In the east Qitirmiut (Kitikmeot) region where I grew up, for example, it was rare to meet a child or youth who was not fluent in Inuktut in the early settlement life of the 1960s and 1970s. Through lack of consistent Inuktut programming in the school system, my generation in that region, though fluent, did not speak Inuktut to our children. Because most of my friends' parents only spoke Inuktut—and mine spoke only English but worked closely with unilingual Inuit—we, as children and youth, of both Inuit and *qablunaaq* (white) descent, spoke both languages fluently. We often translated for our parents, and fluency and bilingualism were characteristic of my generation. The transition in the east Kitikmeot region for my Inuit friends began, I believe, with the predominance of English in the school system as of the late 1960s and the 1970s. In Taloyoak, for example, in the 1970s there was primarily English in the classroom from grades four to nine, with the exception of one afternoon in Inuktut. Inuktut was spoken on the playground and on the land and in most homes, and though the language was strong, it was not reflected as relevant or important within the school system. In a child's mind, four and a half days out of five spent speaking English marks English as important and Inuktut, by inference, as not as relevant to success. There were innovations in Inuktut curriculum and education that were laudable and cutting edge at the time. However, when those with good English-language skills seem to have money and good jobs and those with good Inuktut skills seem to be economically marginalized, a child understands the English language and culture as important and Inuktut language and culture as unimportant, or worse, inferior. Thus, a fully bilingual generation did not effectively transmit their language skills to their children.

With the next generation, Inuktut seemed to be optional, and since both parents and children were schooled primarily in English, English became the shared language in the home. What I have noticed as a result of this pattern is that my generation's parents, the elders who only speak Inuktut, have now acquired a few words and phrases of broken English just to be able to interact verbally with their grandchildren and great-grandchildren. What concerns me most is how limited a view of their elders' knowledge the children get when they judge their elders' understanding on a few phrases of broken English. These same elders are the generation that I have recorded, and I know the vast complexity of their speech in Inuktut, and their broad and deep knowledge of living histories, culture, language, and survival skills. Transmission of knowledge requires adequate knowledge of the language of the knower.

Concerning the situation, we are left with a kind of conundrum now. The linguistic ability exists within my generation in that region, but the underlying belief is that English is more important, relevant, and now, somewhat easier to speak. Of course, Inuktut language skills exist in the community, and in conversation the language is said to be valued, so why is it in such rapid decline? Gina Pizzo, a teacher and principal in our region for over two decades, concludes that it is a question of pride in one's culture; if it is not there, neither is the motivation to learn, no matter what efforts are made on the students' behalf.[37] Pizzo also notes that pride comes from a number of directions—home life, community life, teachers, and school environments. However, she witnessed the most dramatic decline in Inuktut use when the school switched over to English-only programming in the 1980s, an impact that may take two or three generations to rectify.[38]

Pride in one's culture comes from many different sources, but school environments are critical sites of engagement. Access to agency in academic scenarios means access to timely funding and support for language programming created at the community level. Adequate resources are needed to gather people for language renewal, as an overall goal that is not isolated in a classroom; for relationships to stay strong and engender pride, consistency is required. Yet, the process toward stabilizing resources for language work is long and difficult.

With the settlement of the Nunavut Land Claims Agreement, many Inuit assumed that Inuit language rights would be easier to assert. The following illustrates how more than a decade of additional work would be needed. Soon after Nunavut was created and Iqaluit was named the capital, a full French immersion school emerged. Language specialists and advocates wondered immediately at the lack of full immersion Inuktut schools. The Francophone community explained that it was a matter of legal protection for language. With French language rights protected under Canadian legislation, for example, funding is accessed more readily for French language education. In Nunavut, the difference meant $4,460 for each French-speaking child and only $53.71 for every Inuit-language-speaking child.[39] The French speakers subsequently collaborated with Inuit, and the English community, to support similar language protection for Inuktut in Nunavut's new Language Act, which was passed at the highest level of legislation available to the territorial government by 2010. This act technically works to protect Inuktut in a legally binding agreement with the federal government, through adequate resourcing and a basis for legal recourse; however, it comes after almost a full generation of children across Nunavut having had uneven access to Inuit language training.[40]

While there was a great deal of hope injected into Inuit communities through the advent of the new Language Act, the resources have yet to materialize for much-needed and urgent support of community initiatives—especially in relation to unilingual Inuit elders. As Timpson has indicated as well, the barriers are multilayered and entrenched in a long history of inequality. For this reason, it remains to be seen how far this legislation can go to support full-range access to Inuktut for all Inuit.

These two stories—one of community-based language decline and one of community joint activism leading to government-based language protection—illustrate a decades-long lack of funding support for proper Inuktut language programming and education in the broad sense. There are certain pockets of success in the midst of the immense challenges, and they are to be celebrated. However, when examining the situation fully, Inuktut education and learning opportunities are not available to all Inuit. That is, many Inuit do not have access to the people and the supports to either teach, learn, or enhance their language skills. Language, land, living histories, and culture are all integral to collective, individual, and economic well-being in the Inuk way. Language rights, therefore, as expressed in forms of access to learning, are critical to assess in relation to community itself.

Language skills provide more access to Inuktut ontological-methodological-epistemological-axiological systems of knowledge; they also give access to relationships and heal and connect people.

A final note about language rights in Canada and the impact of English and French official language statuses: Within Canada, there are many groups of people whose mother tongue is neither English nor French. Families from German, Spanish, Arabic, or Chinese backgrounds, like Inuit, also compete with the force of English programming as they try and instill their own heritage language within their children. There is an important difference when it comes to Canadian Indigenous languages and the struggle to retain and revive those languages. Many Canadian diasporas have a country elsewhere where their languages are official and therefore used in common practice. If their language is weakened or lost within a family, there is a place to go to learn, a place where that language is strong. For Canadian Indigenous languages, Canada is home. If Indigenous languages are weakened within Canada due to lack of status, there is nowhere else to go to learn the language. This vulnerability is compounded by lack of writing standardization, dialect multiplicity, and lack of learning materials and resources for both fluent speakers and for second-language learners. By definition, Inuktut is considered a minority language in Canada. But in Nunavut, 85 percent are of Inuit ancestry; Inuktut is not a minority language in Nunavut, and yet as illustrated in the story of the Language Protection Act, it has taken a long time to establish a framework to protect language rights. All minority languages in Canada require special recognition and support, but Canadian Indigenous languages require urgent attention and priority.

Living Histories

As language is a shared expression and meaning system among speakers, so living histories are shared perspectives among networks of people at the local level—whether individual, local community, or territory-wide. For example, Inuit youth are excelling in many areas of art, especially filmmaking, and these projects are often cross-generational and integrative. As young people create and express themselves artistically, they become role models for other youth in their search for culture. Their experiences and perspectives are shared across generations as they engage in their projects and hear from and relate to parents and elders.[41] As a broader initiative in sharing living histories, through the Inuit Broadcasting Corporation (IBC), three decades of Inuit broadcasting have made space for Inuit to share, examine, and compare living histories across Inuit regions within Nunavut, across Northern Canada, and beyond, reaching toward a circumpolar awareness. In this environment, inter-group, intra-group, and intergenerational dialogues on living histories through film and broadcasting have offered a certain amount of connection among people. Yet there are also areas of challenge, such as the shift from an IBC-dedicated channel in Nunavut, which allowed for all Inuktut programming, to the creation of the Aboriginal Peoples Television Network (APTN) across Canada, which has limited time for Inuktut broadcasting.

Another challenge to intergenerational daily contact for living histories transmission relates to the wage economy. With the advent of institutional learning and the wage economy in Nunavut, relationship dynamics shifted when over half of the household was drawn away to another environment. As the wage economy has become part of everyday life in Inuit homeland, relationships have become somewhat regulated because of the nine-to-five work flow (or nine-to-four school time). This industrialized time clock has had a grave impact on the natural transmission of Inuktut living histories. While work and school can be sites of Inuit *Qaujimajatuqangit* (traditional knowledge)—for example, the Curriculum and Schools Division in the Department of Education and the Tuttarvik advisory council—government offices and schools are colonial constructs and traditional sites of colonial epistemic privileging. Yet, I see both examples—the Schools and Curriculum Division and the IQ Division of government—struggling as they spend a great deal of time, thought, and energy dealing with structures around them so as to validate the importance of their work.

This struggle can be viewed, in part, as a result of qablunaat systems being information oriented and Inuit systems being relationship oriented. Not to say that either system dismisses the basis of the other system. For example, qablunaat systems do require relationships, and Inuit systems do value information; it is about what the different cultures focus on as part of a value system. In an informational environment, books, texts, and materials are viewed as an adequate measure of knowledge production. Primacy is given to the production of materials, and preserving knowledge means recording and storing it. An informational system does not acknowledge the importance of relationships to gaining, accessing, or preserving knowledge. In a relational model, people, kinships, relations, and knowledge-keepers are key. Care is taken to provide support for nourishing the networks of people, to facilitate a collective telling, retelling, and transmission of living histories. Information is conveyed primarily through relationships.

As mentioned, film and TV are media that have met the requirements of both kinds of systems, as they are informational in nature and they promote relationships through an oral-aural-visual mode. One sees people on a screen—likely people known or known of, that one might meet someday. This is the case when the entire population of Nunavut is presently only 33,000, which is like the size of a small town in Ontario, a province of 13 million.[42] Nunavut has almost twice the landmass of Ontario, but only one person for every 400 people in Ontario, which makes faces and personalities on TV in Nunavut more identifiable.

Books, text, and film can tell the story of living histories on some limited level, but they cannot replace relationships as a primary means of transmission. Relationships required for living history transmission are primarily intergenerational. As I learned in the course of this research, the skills of the middle generation (the fully bilingual generation) are in great demand from both the unilingual elders and the youth population; we are the bridges between worlds, with language skills on both ends. Language, as a vehicle for expression of living histories, has altered dramatically since the advent of settlement life in the 1950s and 1960s and with English TV in the 1980s. As mentioned, even family members now coexist without a shared language. "Language training" is not the only solution to the problem of transmitting living histories; it must be done in concert with relationship-renewal and connection across generations. As illustrated by Aupilarjuk's overall life story and from his narratives, the essence of what worked to support well-being in Inuit culture in the past needs to be brought back into view to "bring the strength in gradually."[43]

Culture and Ceremony

As mentioned in conversation with Aupilarjuk about the Indigenous Peoplehood Matrix, I used *iliqqusiq* when talking about ceremony. There are terms for specific rituals in Inuktut, but not an overall term that works for "ceremony." First Nations author Lee Maracle explains part of the dilemma in relation to her own experience:

> English does not express the process of ceremony. Yet, we are forced to communicate within its limits. We must differentiate and define our sense of spirituality in English.... Anything that brings people closer to themselves is a ceremony. The search for the truth of one's spirit is a private one, rich in ceremony. The manner in which a person seeks the self is always based on the sacred right of choice.[44]

Shawn Wilson defines ceremony by its purpose, which is "to build stronger relationships or bridge the distance between our cosmos and us."[45] When First Nations authors use the term *ceremony*, the word refers to both practical and spiritual practice, and something difficult to name or define in English. Given the limitations of English, and my limited experience of First Nations' meanings of ceremony, I will narrow the definition of *iliqqusiq*, because that is the term Aupilarjuk and I used easily and with resonance in our conversations. *Iliqqusiq*, as a term, means what is consistent with Inuit values, beliefs, philosophy, and worldview, be it in relation to craft, food, language, kinships, land, environment, health, education, economic and family practices, as well as ritual. Iliqqusiq is a source of strength, vitality, inspiration, resilience, innovation, spirituality, and survival. As a guiding force for a good life, iliqqusiq is taught through words and actions within extended family systems, as Aupilarjuk points out, formally from a very young age.[46] Iliqqusiq is not an intellectual concept—it must be felt to be understood, and this kind of understanding only comes from prolonged formative immersion within social, spiritual, and practical environments.

The importance of iliqqusiq was not reflected anywhere in Western government. Therefore, in early discussions about the practicalities of splitting the Northwest Territories to create Nunavut, Inuit asserted that a department dedicated to iliqqusiq needed to be created. As a result, the Department of Culture, Language, Elders and Youth (CLEY), Iliqqusilirijikkut, was inaugurated, along with the new territorial government. All else was borrowed from the Northwest Territories with the intention of revising the various policies and legislation, but CLEY was a made-in-Nunavut creation to support the all-important themes of culture, language, elders, and youth for Inuit. In 2012, the department's English name was changed to the Department of Culture and Heritage (C&H), while the Inuktut name, *Iliqqusilirijikkut* (department of iliqqusiq), did not change. I believe the new departmental name reflects the Western view of culture and heritage as being informational in nature, and somehow unpopulated; the Inuktut original departmental title reflected the relational view, people (elders and youth) as integral to culture and language. Nonetheless, *iliqqusiq* is still used in Inuktut for the department, implying very strongly how relationships are integral to culture and heritage.

It is interesting to note that this department is the smallest within the Government of Nunavut, with the lowest budget.[47] However, in terms of transforming government to align with Inuit values, it carries the greatest mandate and responsibility. C&H currently houses the IQ Division, which, as previously mentioned, is responsible for the Inuit Qaujimajatuqangit Katimajiit (IQK, or IQ advisory body) and the Tuttarvik, which are IQ advisors within each department. The Tuttarvik members must answer to their respective departments and not the IQK or IQ Division, which weakens their capacity to truly transform their departments toward an IQ-based functioning—if the advice does not suit the department, or is not understood, then it can be conveniently dismissed. The department of CLEY and the IQ Division represent Inuit hopes and dreams for a government that will produce policies and programs that are reflective of IQ—yet it functions without adequate authority and resources to fulfill its mandate.

By 2006, the "IQ in government" struggle was brought to the fore through an independent inquiry led by Justice Thomas Berger. The Berger Report was an inquiry into Article 23 of the Nunavut Land

Claims Agreement, which relates to the commitment to employ Inuit at a rate reflective of their majority numbers in the territory (85 percent).[48] Between 1999 and 2006 the rate of Inuit employment had capped at 45 percent. Berger identified a PricewaterhouseCoopers report of cost analyses that showed that Inuit had a net loss of wages of $72 million in 2003.[49] An additional $137 million was calculated in costs relating to importing labour from the south, social assistance payments to unemployed Inuit, and lost government tax revenue due to unemployment rates.[50] Numbers aside, what was missing in government were Inuit in significant numbers with sufficient authority in order to create an environment where Inuit culture was enacted by Inuit.

Berger recommended that government funding structures support a fully bilingual workplace and school system in order to address issues relating to access to culture and the right to be *Inuit* in *Inuit* homelands. There has been progress since the Berger Report—for example, the new language legislation. However, in order to fill government positions many Inuit are first required to study at post-secondary institutions far from home. Once they attain their degrees and fill those positions, they are required to comply with Western administration practices and ultimately a Western ethos. The status quo will not change unless the IQK and the Tuttarvik are adequately heard, understood, and responded to in relation to IQ in the workplace; the IQ Division's impact is limited by its lack of authority and its department's limited resources.

A review of the above components demonstrates where inuuqatigiingniq, inuusiqattiarniq, and niqiqainnarniq—peoplehood, personhood, and livelihood—are limited, and managed through limited resourcing of, or managed access to, homeland, language, living histories, and culture in post–land claim Nunavut. This Qaggiq Model is proposed through my research as an inclusive, intergenerational, intra-group, and inter-group framework for Inuk-centred dialogue. Social and economic reconciliation through improved access requires opportunity for people to interact, observe, and listen to each other. In my experience, this interaction was part of the function of the qaggiq, as well as other uniquely Inuk gathering practices in the settlement era, such as mid-winter celebrations and spring games.[51]

Much of the above review supports an understanding of intergenerational knowledge transmission; people need opportunities to interact, as Inuktut knowledge depends on relationships. Intergenerational transmission is given importance in the work of the Curriculum and Schools Division of the Department of Education, through their elders' advisory process, and the work of the IQ Division, the IQ Council, and the Tuttarviit, as well as in Pirurvik's Ingalangaittukuurvik[52] initiative. These innovations in Inuit society, as gathering and relationship-building processes, are critical to support in order to facilitate knowledge renewal in the Inuk way.

THE QAGGIQ RESEARCH PARADIGM

For some decades now, I have observed and studied the cross-cultural dynamics inherent in Arctic research. I have witnessed research acting as a unique site of both oppression and opportunity for local communities. The Qaggiq Model, as a framework, supports a means of maximizing the opportunities inherent in research by openly addressing the power imbalances. With that in mind, in this section I elucidate on specific research applications—first through a general discussion, and then through an examination of seven key areas where power dynamics prevail.

One might assume that because the Qaggiq Model has been developed within Inuktut epistemological practices that it applies primarily to traditional knowledge. However, this model can be used to critique knowledge generation in practice, and it does not divide "knowledges," although systems, intellectual traditions, and people can be quite different from each other in practice. The Qaggiq Model offers a holistic approach to investigating the core issues surrounding the question: How does this research support Inuit relational renewal? Qaggiq dialogue on research specifically engages in the question: How are Inuit supported to achieve better access to their homeland, language, living histories, and culture, moving toward enhanced individual, collective, and productive well-being? This is not a question that researchers can answer on their own, as dialogue requires interaction. Inuit will need to have access to this conversation to engage. Most typically, academic debate is kept within the academic realm, and so few Inuit are presently in academia that there is minimal Inuk input into that academic debate.

However, there are a number of Inuit scholars engaging in academic discourse at both the undergraduate and graduate levels, and soon, I believe, this critique and engagement will happen as a matter of course within academia. Inuit scholars will develop different approaches to engage their communities more directly on the impact of research in regards to the specific concerns listed above, as well as others. But will all of this happen soon enough to make a strong impact on the research rush in the Arctic?

A Qaggiq research paradigm involves an approach to research relationships that uses the Qaggiq Model to develop dialogues on research questions on key issues pertaining to the sustainability of Inuit ways of life. It will, I hope, draw in Inuit scholars, regardless of their rank, and Inuit community members regardless of their language (so they can contribute directly in Inuit languages and community forms of English).

Like other Indigenous people, Inuit have been oppressed in research.[53] Yet Inuit strategies in relation to Western research agendas have been slightly different from First Nations, because their experiences and circumstances have been different. In First Nations dialogues on research, the key issues were identified by Schnarch as the following:

> Ownership, control, access and possession...[are] an expression of *self-determination* in research...[because] the problems with research stem from *who is in control*—and thus what gets done and how it

> is done—and who knows about it. *The question of whose interests are served is central.* And of course there is an unambiguous relationship between control and benefit.[54]

Inuit dialogues on research are not (yet) politicized in the way that they are in First Nations communities, but I know that a lot of Inuit are concerned about research in the North, especially as research is the new Northern Gold Rush.[55] Inuit concerns about research have been expressed in proactive measures by Inuit Tapiriit Kanatami (ITK), with the publications *Negotiating Research Relationships: A Guide for Inuit Communities*[56] and *Negotiating Research Relationships with Inuit Communities: A Researcher's Guide.*[57] These documents work to educate Inuit about their rights and about what research is, and to educate researchers about their obligations, responsibilities, and licensing and permit requirements. ITK also established the Inuit Qaujisarvingat (Inuit Knowledge Centre) in 2010 to support Inuit knowledge and ensure that community methods are respected and accounted for in research and research dialogues.[58]

As academic training among Inuit increases, so will capacity for and interest in ownership, access, control, and possession emerge more clearly. For now, while Inuit have similar experiences to First Nations in relation to being "researched," I observe Inuit strategies of engagement to be very different. For example, humour is important in dealing with the seriousness of the topic; witness the NFB film *Qallunaat! Why White People are Funny*, which pokes fun at qablunaat and researchers through depicting the activities of "The Qallunaat Studies Institute."[59] In the film, Inuit run the institute and show obsessive fascination with the unique qualities of their research subjects (the qablunaat).[60] The Inuk strategy of proactively educating Inuit communities about their rights and educating researchers about their responsibilities on one hand, and poking fun at researchers on the other, both indirectly hint at serious issues, which is all part of Qaggiq dialogue on research.

The Inuk strategy in dealing with research in general has been one primarily of magnanimity: "Look who's here (they are odd); how can we make better relationships?" Inuit have lived in relative isolation compared to many First Nations communities in the south, where there was more interaction with qablunaat. Research is more expensive in the North and so southern Indigenous people have been more accessible to qablunaat researchers and have thus experienced the impacts of research oppression more fully.

This is all about to change for Inuit communities, as the Arctic and an Arctic research agenda is hot, funded, and feeds into Canadian identity as a "Northern" country.[61] Also, compared to First Nations, Inuit do not at present have the internal capacity to take over areas of research. There are at present less than a handful of Inuit post-doctoral–level researchers from Nunavut, and only recently have Inuit begun making inroads in education through attaining MA degrees. Without the necessary numbers of graduates to create an internally driven agenda, Inuit communities and scholars rely more on collaborative relationships with outside researchers. Universities and researchers in the south have easier access to research dollars, and many seek community partnerships to do research. While there are affirmative-action policies in place within the Social Sciences and Humanities Research Council's funding structures, this also leads to forced collaboration. Local Indigenous communities are then pursued by outside academics for research partnerships. I have been approached many times by community and organization members in Nunavut lamenting about how they were pursued by outside academics for a research partnership of some sort. I understand also that for NTI's Department of Wildlife and Environment, some of the issues in research relate to pressure for collaborations and a great need for community capacity-building to understand and deal with research relationships pertaining to land and wildlife.

Research impacts in relation to homeland-language-living histories-culture will need to be assessed by Inuit as research intensifies in the

North. Research will also be critiqued for its impact on collective, individual, and productive well-being. As the question of benefit to Inuit comes into focus, the concepts identified in the Qaggiq Model will support the ensuing dialogue.

As a contribution to the discourse on research in the Arctic, and to reveal some of the power dynamics that I have observed, I map out my understanding of the advantages and disadvantages of both Inuit community and academic community knowledge networks. I offer this reflection as a tool for understanding the discrimination that Inuit are faced with as the Canadian research agenda looks northward, and as a basis for community and researcher dialogues. My observation of research in Nunavut over some decades has lead me to see five categories where academic knowledge systems and community systems each have distinct advantages and disadvantages, namely: access to knowledge, perspective, motivational barriers, time and money, and ethics.

Access to Knowledge

Arctic communities generally have limited access to academic knowledge by virtue of their limited access to the specialized English language and academic training. Yet their knowledge of their communities and histories is highly valuable and specialized. I spoke to an Inuk woman who attended a presentation by a researcher who had documented a part of her community's history. The woman was disappointed with the presentation because, she said, "We already knew all that before." In discussing it with her, I noted her dissatisfaction in how the research was presented as a breakthrough, with an emphasis on the researcher's role as significant in making the story "known." While the researcher's efforts and interests seemed genuinely appreciated, academic audiences seemed to have been privileged in the process. In addition, because the knowledge that was local was now associated with the researcher and their universities, the community's own control and ownership of their own story was diminished.

While southern academics have easier access to mainstream systems through strong literacy and academic training, they are often limited in their access to community knowledge due to language and training limitations. One of the key areas of concern I have heard about Arctic research through my conversations with Inuit is the researcher's heavy reliance on insider knowledge through third-party access, whether translator, local informant, or even friends that were made in the process. I sense the same dissatisfaction the woman expressed; their communities and individual lives were sources of knowledge for research, and in some cases the research relied on them entirely, yet central acknowledgement—in the form of co-authorship, for example—was not made.

While there are clear advantages and disadvantages in terms of access to knowledge systems, for both Arctic communities and southern academic researchers, it is important to note that the gap is closing as Inuit are becoming the researchers, designing and collaborating on their own terms.

Perspective

Perspective can also relate to situation or circumstances. For example, many Arctic communities have an overload of internal difficulties, and therefore research seems like a luxury to many. Basic food, shelter, and security are daily questions for some, and for those who don't struggle with these urgencies directly, being a witness to the suffering of others is a constant concern. There are many kinds of security in question in daily living in the North—emotional, linguistic, and cultural among them—as Inuit struggle to emerge from colonial oppression. Where research is intended to address some of those internal difficulties, when it is designed in an academic framework, it often lacks in recognizable formats, accessible communication modes, and methodologies designed and articulated by local communities. Again, I see a shift evolving through Inuit participation in scholarship as they gain more access to broader knowledge systems and can articulate how community issues are situated within a larger discourse. Inuit scholars also fill the role of educators for southern scholars, though often they lack enough seniority to be recognized for their critical contributions.

Motivational Barriers

Community groups and academic researchers can differ in their motivation to do research. Community groups may lack the self-confidence to conduct research, and many times they experience prejudice in trying to engage in the formalities of creating their own research. Yet they have a great advantage in the sense of an internal commitment to issues, because they live with the consequences; their motivation is often internally and personally driven.

For academics from outside the community, long-term commitment is often limited. At the end of the day, they can shift interests and find another topic. While some researchers have made long-term commitments to their research in the North, and have therefore become sensitized by the community, the norm has been a tourist or visitor model. As with being a tourist or visitor to a community, time is then limited for building relationships and learning to become accountable. It is fairly easy for researchers to acquire "expertise" through book knowledge, and justification for their work through statistics. Motivation for research can therefore become overly focused on the academic perspective. People from local communities are often motivated by critical local issues that have personal and collective impacts, while academics can have a variety of sources of motivation, including career building. Sometimes different motivations for doing research can collide.

Time and Money

The timing of research is often determined by funding, which can put the community at a disadvantage because the timing may not be ideal, or may even be problematic for the community. Many communities are under-resourced in a number of ways and sometimes do not even expect support for their own projects; this lack of support, in some cases, has led to creativity and self-reliance on the part of small community groups.

Academics may find time and resource limitations create barriers to researching on community terms. While researchers may intend to work on community terms, lack of time and money can prevent them from doing what they intend. While researchers and southern institutions have more direct access to research funding based on their credentials, the overall system of funding can be out of step with community timing. For example, a number of times I have directly witnessed fieldwork being scheduled in late spring, because that is when university researchers are freed from their teaching obligations. In these instances, the researchers' appearance in the community has been viewed as an imposition, because community members, particularly elders, need to go out on the land during that time for traditional activities—the spring seal-hunting and ice-fishing periods, for example.

Ethics

Sometimes, within the university system, pan-Indigenous ethics are applied to research projects, and this can weaken a community's position on their own ethical frameworks. For example, if any researcher in a southern university wants to conduct research in the Arctic, they will go through the university's ethics reviewing committee. Universities provide guidelines for researchers to follow, and nowadays this normally includes guidelines for researching in Indigenous communities.[62] While the guidelines are helpful and well written, they are generic guidelines that support institutional needs; many community groups in the Arctic are not even aware of the guidelines or of their ability to give more input into institution ethical frameworks. Where there is awareness among community members of the institutional guidelines for ethics, and where more control and input has been given, I have noted that some academics fear this power will be exploited against them by community members and groups who lack awareness of academic craft.

Toward a goal of creating Inuk-centred methods in research, Inuit ethics are not understood broadly because they have not been articulated to and within the academy. Without a definition of what is expected, researchers tend to default to a risk management approach. A risk management approach would be focused on doing no harm, but harm is defined entirely by the institution and the researcher. Research impacts have yet to be understood from a community standpoint. Institutional ethics systems offer some support and guidance for researchers and some protection for communities; however, without community awareness and education, the system is weak in supporting its own intended outcome of highly ethical research.

When reviewing the larger perspective of advantages and disadvantages to institutional research in the North, one can see the importance of supporting an emerging Inuit scholarship. Drawing on the advantages of both systems, being a part of both community and academic knowledge networks, Inuit scholars create new kinds of bridges and new conversations.

As mentioned previously, most academics who presently study Arctic affairs, lands, environments, or peoples are qablunaat, and most people at the community level are Inuit. These divisions are deeply entrenched, although Inuit are beginning to attain graduate-level degrees. The impact of this has not yet been strongly felt in academic literature. As the force of Inuit scholarship gains momentum in the coming years, Inuktut methodologies are bound to have an impact on the academy both subtly and radically.

In relation to research agendas in the past that did not assume an Inuit presence in scholarship, I have observed knowledge "industries" arising around Inuit homeland, language, living histories, and culture/ceremony. The questions for researchers who engage in and benefit from these knowledge industries relate to access and agency. Yet these questions are not questions that researchers can answer; they are for Inuit to answer and qablunaat to hear. This would be Qaggiq dialogue in a Qaggiq research paradigm. It can become a two-way dialogue, but first it needs to be a listening exercise.

Craft Knowing-Doing and Craft Epistemology

Photo by John McGrath, Kuugaarřuk, NU (Pelly Bay, NWT), 1971. *Qajaq* builder: Bernard Iquugaqtuq.

As mentioned previously, Shawn Wilson discovered in his quest for an Indigenous research paradigm that the unique quality of that paradigm is that ontology-epistemology-axiology-methodology are intertwined; they are inseparable. I have explained who I am in the research, my way of being, as informed by my experiences and influences, my ontology. As well, I have discussed and demonstrated my approach to relational accountability, a value system—my axiology. Now to more explicitly define my epistemology and methodology. I have connected epistemology and methodology all along in my research and writing; it has always been very clear to me throughout graduate school that there was, for me, a complete intertwining of the two. Yet, with the exception of some feminist literature[1] and emergent anti-oppressive and Indigenous methodologies,[2] the literatures I came across often presented them as separate. When I read Wilson's book late in my thinking-writing process, I became aware that I was very indirect in my expression of ontology and axiology. Those aspects are critical to my research paradigm, too, though I was not writing using those specific terms. For example, by writing about who I am as a person I demonstrate my ontological assumptions. For one, I understand how personal storytelling validates knowledge claims. Accountability in research has always been at the forefront of my thinking and writing strategies, but I had not connected it to the concept of axiology before reading Wilson. Wilson explains, "Axiology is the ethics or morals that guide the search for knowledge and judge which information is worthy of searching for.... [It] also concerns itself for how that knowledge is gained."[3]

I was very conscious of the importance of axiology, a deep value without a definition. I also agree with Wilson that the four elements he identifies are in practice completely interconnected, inseparable, and crucial to research outcomes in Indigenous peoples' contexts. Below I discuss my epistemology and methodology, in sequence, intertwined though the four concepts are.

Epistemology is a theory of knowledge—the study of the basis, origins, nature, and limits of human knowledge and knowing, and an examination of the metaphors for knowledge, knowing, thinking, and justifying belief over opinion. And how are those metaphors organized in Inuit culture? One of the main metaphors is *sananiq* (making things, craft). Inuktut epistemology can be understood through an examination of the craft process.

Sananiq is primarily relational and social, as is knowledge, as I have argued. Craft skills are observed, taught, acquired, refined, and developed through relationships, as is knowledge in general. Sananiq is also practical in its essential relationality; people make items that are needed by others, or themselves, in the service of others. Knowledge is likewise relational. What is available is used to make things, and if what is needed is not available, *qanuqtuurniq* (innovation)—a deeply relational Inuk value—is a natural next step.

In sum, I offer sananiq as a metaphor for thinking, thought, and knowledge. These processes—of craft and making things—are primarily relational and social, and thus they are transmitted through relationships. Knowledge production is, like craft production, intended to be practical, thereby facilitating community and social well-being.

As I research and write about my research, how does that relate to the metaphor of sananiq that I describe? My approach to research and writing is primarily relational and social. I trace the story of knowledge transmitted through relationships. Knowledge produced in this social network is intended to be used in service of community and social well-being. It is verified through collective engagement, interaction, and Inuktut axiological requirements. I observe what is available, and if more is needed, then innovation and creativity are summoned to the process. In my case, my innovation was to bring two theoretical models together, one from an Inuk elder and one from Indigenous scholarship, to think through the question of how Inuktut epistemology can be supported in present-day circumstances. But this exercise was also rooted in methodological principles that allowed for this innovation.

I have observed research in the North metaphorically expressed in different ways. There is a mining model in which data is extracted, processed, and polished into gems or gold, and marketed as such. In the mining model, knowledge that is common to the community is recorded by an outsider, and they get credit for "discovering" the treasure. There is a resource-development model, which entails an extraction of something "crude" and refining it for consumption elsewhere or for sale back to the North. In the resource development model, for example, many hours of elders' speech would be edited and pared down to serve to enrich a foreign audience's understanding; meanwhile, important contextual and cultural information is lost. What is then presented as refined is not necessarily an improved version for the community whose knowledge was used. There is also a geopolitical model, within which terrain is claimed and places are named to ensure or reinforce ownership or the notion of being there "first." Similar to the mining model, a geopolitical model entails staking a claim to have discovered something previously and supposedly unknown. Often *not known* means unrecorded in literature, yet Inuit oral systems have extensive knowledge of the same subject. A focus on the discovery or the discoverer disrespects Inuit knowledge systems and Inuit as knowers. While the term *informant* (for Inuit) has been exchanged for *research participant* or *research collaborator*, the academic form has not adapted to accommodate a power shift and accept Inuit knowledge systems and knowledge specialists on their own terms.

Another way of relating to research is touristic, particularly when fieldwork is involved; in this model, researchers report in detail what they find or experience but have little awareness of their impact on the local community or of the community's view or experience of them as researchers. I have often thought and wondered about the terms, ideas, and attitudes associated with research of any kind—and how it is discussed. When speaking about knowledge, for example, it is not uncommon to hear the phrases "a rare find," "a hidden gem," "new terrain," "mapping new systems," "new horizons in research," or to hear the North talked about as "the Far North" (not so far if you live there and it is your starting point), the "barren land" (empty of what?), a "harsh environment" (harsh for whom?), "remote and isolated" (from what?), and so on. Although I am more familiar with the social sciences,

I have observed and encountered many fields of research in relation to the North. In graduate school I began to feel increasingly uncomfortable about the values within academia—to name, claim, and fame. And thus I began to deeply question my own path as a researcher and my own role in academia. Not surprisingly, in developing this research project, I asked myself, "What is it that I am doing, or think that I am doing, metaphorically?"

The answer is that I am practising what I know, and the practice derives from my parents, upbringing, and community influences. What I am doing relates to *sanatuniq*, or craft culture. I am making something and attempting to make it well. This item, my *sanaugaq* (made thing), is both my fieldwork and this book. The making (fieldwork) and product (this book) are both accountable to Inuit collective society as within relational knowledge systems both process and product are integral. The written record is a social artifact that is an expression of responsibility and skill building that is practical in nature and design, and is similar to the craft of making *kamiit* (boots), mitts, and parkas. For example, as I was growing up I was aware of the responsibility placed on women to know how to sew. As young women in the North come of age, their production of an item of clothing has a great deal of symbolic value. As a youngster, I perceived that a young woman's ability and intelligence were measured more by her ability to make things that families needed for warmth, food, and survival than by her ability to read and write. Some decades later, Aupilarjuk and his generation encourage both craft and literacy.[4] However, I offer the term *craft epistemology* to give privilege to the roots of craft culture in explaining what I think/know I am doing as I research and write.

Craft culture is not just about sewing; it is about making things of all kinds. The making of snow homes, tools, boats, and so on, while more the domain of men's expertise, requires all of the same cultural principles and thinking strategies as sewing. In fact, as I was, at the time of my interviews with Aupilarjuk, intuitively aware of craft epistemology, there were significant exchanges between Aupilarjuk and me about men's craft. These were valuable dialogues because, while I had a basis of knowledge in, say, iglu building, there were also gaps. In some places in our talks, Aupilarjuk made more explicit comments about his crafts, because he was speaking to me as someone who had less personal knowledge. If I already knew a lot about the craft he would not have addressed the learning/thinking process that I was going through—as I was listening to him as a *partially* informed audience. The process of being a learner (of aspects of iglu building) gave me insight into knowledge transmission and the role of craft as both a medium and a metaphor. To illustrate this further, I offer the following stories.

There are three examples of craft epistemology that I will explain from my interactions with Aupilarjuk that illustrate the importance of craft in knowledge transmission. This is followed by one example of craft as a medium for knowledge transmission from Arctic Bay elder Qaapik, whom I had the great privilege of recording and translating in 2009. These examples of Inuit elders are followed by an example I observed from a First Nations author as well.

Some years back, Aupilarjuk had been working with middle school–aged children over some months. He said he wanted them to understand a concept he was ruminating on and trying to convey, but he could see that they were not getting his message. Therefore, he had a growing sense that he needed to create something that would convey to them those thoughts and ideas that they evidently did not understand. This led him to create the set of three abstract rock carvings, mentioned previously in the analysis of days three and four.[5] These carvings became widely valued and appreciated, not only by schoolchildren but also by adults far and wide in Nunavut and across cultures. They effectively conveyed his ideas about cross-cultural pitfalls and how best to create cross-cultural balance.

His intention was relational and social—empowering and supporting the schoolchildren. He had ideas that he wanted to convey effectively but that were not being effectively communicated. The

Aupilarjuk and his carving triad, Rankin Inlet, NU. Photo by Janet Tamalik McGrath

need was based on a practical need to help the children know about cross-cultural dynamics and pitfalls. His words and explanations were not enough, so he innovated—*qanuqtuuqqaaq&uniguuq* (reporting he first pondered, "How to do this? I wonder...")—using three pieces of soapstone (two from the North and one from the south), as well as imported materials such as hardwood. In the concrete expression of his thoughts through craft, he was able to engage not only middle school–aged children, but over the years many people from other generations and cultures as well. He often told me that he had learned as much from the carvings as he has taught others; there was knowledge and teaching in his craft that originated within himself but that he was not consciously aware of until he enacted his thoughts and feelings through the carving process.

The second example of craft epistemology is a story Aupilarjuk told me about making a set of men's and women's tools to show students how his parents' generation lived with only things made from the land's provisions.[6] He spoke about making these tools as a means to express his yearning for the Inuk traditional way that he had left behind, and as a way to remember that time and way of life. When he had completed his crafting, he set all the items out in his home, and when he did, he said his whole body shuddered, as if he had been weeping, though he had not cried. This emotional echo indicated how he had let go of the grief of separation from his *Inummarik* way (Inuk original way). He described making these tools out of a feeling, a need to communicate and convey something that was rich and whole, and which a mere narrative could not adequately express. He has since inspired many communities with his tool collection, which is a powerful metaphor for Inuk ingenuity, self-reliance, innovation, and creativity, and indicates deep respect for and connection to the earth and its provisions. His key message through the tool collection presentation was about how our reliance and dependence on, and even privileging of, modern technologies is a fragile one at best. In his demonstrations he would explain how each piece worked for his survival without modern inventions.

Aupilarjuk demonstrating the use of a traditional tool to drill holes in bone and wood, with David Serkoak, Rankin Inlet, NU. Photo by Cathy Lee

The third example from Aupilarjuk's sanatuniq is about making and learning songs, three of which offer an example of craft epistemology from a different angle. In one case, Aupilarjuk talked about learning a traditional Nattilik song that was passed down to him by his father, who used to sing in bed every morning. This particular song, which he had grown to love, was one that came to mind when he was learning how to wait patiently at the seal's breathing hole, a necessary skill for a successful hunter. On the surface, the lyrics indicate the hunter is waving at a human being to come join him, but Aupilarjuk said when the words of the song came to mind at the seal's breathing hole, he realized that the song's hidden meaning was that the hunter was patiently waving for the seal to come closer, not another human being. He explained that his awareness of the meaning of the song in context was important to him because it gave him a point of focus to patiently wait. One would, in reality, never wave to a person to come when waiting at a breathing hole, because their footsteps on the snow-covered ice would scare the seals away. In the transcribed text, Aupilarjuk discusses how knowledge is carried in song—a message and an image came to him when he needed it, and he felt connected to the composer, who was also a great hunter.[7]

As previously mentioned, Aupilarjuk is a composer himself. He once made new lyrics for an old tune, and his new lyrics illustrate how "song" is considered a *craft*. He uses the word *ikiaqtaq* to refer to his song.[8] *Ikiaqtaq* literally means "layered one," or by implication, "layered composition." He took off a layer of the traditional song (the lyrics) and applied a new layer (his own lyrics) onto other layers, specifically melody and beat. In his song, he sings about his song as a subject. This idea of a song as a craft is a common theme in *pisiit* (Inuit traditional songs); the songs themselves become the subject of the lyrics, and songs are sung by the composer, they are spoken to, and spoken about; songs are crafts and they carry knowledge, experience, wisdom, teachings, and healing, much like a basket carries food and other items. This knowledge can be carried across time and space and generation, as illustrated in the example of waiting at the seal breathing hole.

As previously mentioned, Aupilarjuk spoke about another composition of his in our recorded interviews. He reported that as he drove to a First Nations reserve outside of Toronto, he made a song to the land; he spoke to the land directly in this song, and likened it to his children.[9] He sang to the land, in his mind, acknowledging that it used to have great riches that were stripped away from it and replaced by that which is not self-sustaining and thereby requires a lot of maintenance. He explained that, like this very land he witnessed, his children and grandchildren have been stripped of their Inummarik ways, and the education they got in its place makes them very dependent and requires a lot of tending. His song-craft in this case is a way to convey knowledge of his experience, as well as to provide connection to the land as he enters it—he may not have previous knowledge of the area, but a relationship is formed through observation and acknowledgement of the new territory he enters.

Qaapik described a thinking-feeling-making process similar to what Aupilarjuk has conveyed through his above stories. Qaapik is an elder in her nineties from Arctic Bay who has, over the years, received many requests from young women in her community to help them learn to sew. She is a very generous and skilled craftsperson, and always responds by teaching them whatever they want to learn. After a while, she told me, she felt that there was something missing for these young adults. She said it was only a feeling, and she wondered how to address what she sensed. Like Aupilarjuk when he made his tools, during her reflections, she returned to a time in her life when she was learning what she was trying to teach the youth.

In her case, she ended up making two dolls, one male and one female, *nuliariik* (husband and wife), partners in life, who embodied all of the teachings of her youth and were therefore interactive; the *sanaji* (maker) and the sanaugaq are interconnected. On the surface, these are only beautiful dolls with barely visible stitching. The dolls are dressed in traditional Inuit clothing, so they might appear to be a nicely made craft, perhaps one based on nostalgia or on a way of life that has changed. Yet, when I heard her speak about the details of the dolls, I could hear her teachings for life and living, *inuuqatigiingniq* (peoplehood), *inuusiqattiarniq* (personhood), and how the enactment of those provided for *niqiqainnarniq* (material well-being, livelihood, and productivity). Every detail of each doll, including the colours of beads used, was a replication of her youth and the time of her coming of age. Without the relationship to her stories, they were merely beautiful crafts. With her stories, the dolls represented everything that the youth needed to know and understand in order to be in a relationship with her as their elder and with their heritage. Qaapik's elaboration and explanation of the dolls teaches the youth about their responsibilities, and about how they can specifically contribute to family and community well-being and prosperity.[10]

We can see from Qaapik's story that sewing (making things) is about relationships first—to family, to community, with roles, and with responsibilities. Intertwined with those relationships are the practical elements (materials and techniques), and the principles of resourcefulness and innovation with regard to a particular need. Qaapik's story also confirms why Aupilarjuk's triad is so resonant for me; both stories confirm what I have learned and observed from many, many elders in the past—that making and thinking are one and the same. This argument is not just a generational observation; craft culture is strong in Inuit communities. If craft epistemology was not strong for Inuit youth, then these elder mentors would not have created their crafts to illustrate what more abstract verbal narratives alone could not.

I believe that the elders' epistemology is not restricted to their own generation, because what they created was effective in creating intergenerational dialogue and sparked understanding that words alone could not. Over the years, I have also participated in or heard about many sewing circles in Inuit communities, and the act of creating something, like kamiit, also brings up stories and memories of elders and mentors who have long since passed away. In those stories and memories, there is knowledge that is both relational and technical; the two are inseparable.

Indigenous scholar Qwul'sih'yah'maht Robina Thomas illustrates the connection between the relational and technical beautifully in her essay, "Honoring the Oral Traditions of my Ancestors through Storytelling,"[11] in which she discusses the craft of fish preparation and how the very act of it helps her access her grandmother's stories and her grandmother's role in her life as mentor and teacher. Through the stories, she accesses both knowledge of the craft (how to do it well) and knowledge of the relationships involved (with her grandmother and her ancestors). For Thomas, storytelling is also her methodology. But I also observe how, in this case, her memories of her grandmother's stories of fish and her own relationship with her grandmother were enlivened through her engagement with the craft itself—a *craft epistemology*:

> I find myself in the backyard, cleaning and preparing fish for canning, freezing, and smoking. There is this moment where I stop, smile, and remember my Grandmother. As a child I used to watch her work on fish. She was an incredible woman, and I think she would be so proud of me, proud that I have learned the skills necessary to take care of my own fish processing! I wonder why it is still so important that my Grandmother would be proud of me. Why, after all these years, does what she might have thought still matter? It matters because she was a mentor and teacher. Simply by thinking of these questions, I can hear her voice telling me stories.[12]

I can relate very much to what Thomas is saying, since making things enhances my memory, sense of connection, purpose, responsibility, and, in the deepest sense of the word, my knowing. I explore this further below in connection to craft, relational knowing, and the research process.

SANAUGARA—MY (RESEARCH) CRAFT

There were certain practices in research and writing that were critical for me to engage to ground myself in my own craft epistemology. First, I should say that by exploring metaphors in general, as explained above, I was able to critically engage in research discourse. Because of that critical perspective, I felt supported in two ways. One was the bridging of academic and Inuktut epistemologies within myself—they no longer needed to be separate if I was doing something completely familiar to myself and recognizable to my community of belonging. I rationalized that if I was aiming to bridge two separate intellectual communities, then I would need to see them within my own experience as not so separate. However, it was a long time before I could reconcile the wide gap between academic epistemology and Inuktut epistemology. Nevertheless, framing the notion of craft epistemology helped me to think about engaging in research and writing a book as the same overall process as something completely familiar to me, like making a parka.

Since I had identified craft epistemology as my own way of knowing and integrating knowledge early on in my research, it helped me to honour the need I felt to *make things* in order to know. This became a practice that was integrated into my homework and writing. Craft and sewing activities were what I engaged in to relieve stress and relax. However, looking back on my research process, I could see the implicit connection I was making between craft and knowledge production. For example, when I visited Aupilarjuk's wife, Tulimaaq, in her last months of life, I was knitting a sweater. It was not just any sweater; it was one my mother designed based on a collaboration with Anaoyok Alookee, with whom she co-founded Taluq crafts in our hometown. The style is very unique, following the shape of the sealskin pelt—very much a cross-cultural fusion of traditional design in Lopi yarn. Tulimaaq could not knit or crochet or sew much at that time either, but she was pleased for the company and shared with me her stories of making things in the past. As I knit, I would hold out a piece, a front piece or sleeve or tail, and ask for her eyeball opinion; for example, what did she think of the proportions in relation to the "real thing" (the sealskin version)? She participated in the making in the way older elders often do—with her words.

I was knitting this for a special friend, someone from childhood back home whom I admire. She had seen me wearing the sweater my mother had made for me, and although I was busy "doing a PhD," I knew that I needed to make this for her when she admired mine.

Craft making, for me, is not about the item itself but the relationships connected to the item. I learned this principle through immersion in Inuktut craft culture. Craft is about responsibility, caring, practical need, and developing and sharing a skill that serves a community. I was aware that this friend was close to Aupilarjuk's family and wanted dearly to come and visit him and his wife in their time of need. This was not to be, but I was aware of the connection that the sweater would have to that time and the intention on her part to be there if she could. She was even interviewed on Northern television a couple of times as I visited and knitted by Tulimaaq's side, and we both looked up at the TV screen and chuckled.

When I left Rankin in the spring, I was sad to leave, and I asked Tulimaaq if I could make her something. She asked for a new parka, a bed jacket version—an indoor, lighter parka against the drafts, which some elders prefer to store-bought clothing. I copied the pattern of the one she was wearing so it could be as similar to her own as possible. She herself had made the original one a number of years back, but it had become worn and tattered. When I returned to Ontario, I started to write and review the tapes in the midst of joyously making her parka. The two activities—making something for the academy and making something for a dear elder—were, in my mind, completely inseparable. Yet a small voice would say, "Get back to *work*," and, "You have tuition to pay," and, "They won't care about what you sewed, they will only want writing on a page," as I fiddled with the pockets and tried to match the shell and the lining together just so.

I resisted that voice—I would say, "Quiet now, or I'm going to make another one while I'm at it." Making things is relational. My research is relational, as are my fieldwork practices and choices. And this book is also a craft in the context of a craft culture.

By identifying and acknowledging craft epistemology I had affirmed that there was no prescribed way to do research. Aside from the relational, practical, and innovative aspects of Inuktut methodology (shared similarities) already detailed above, there was my personal approach. Within an overall epistemological community, individuals have varying approaches within the same overarching principles. Aupilarjuk talks about how he observed iglu building by different men in his life and they each had their own particular preferences: "*Ajjigiimmariqattanngimmata iglulininingit*" (Everyone varies somewhat in their iglu techniques).[13]

There was also a great benefit in engaging in craft as I researched and wrote. I was able to observe my own particular preferences in the process, which will in some cases be similar to, and in other cases different from, every other craftsperson—or writer. Like Aupilarjuk and Qaapik, as they worked with schoolchildren and youth and thought about their audience and then crafted something from their life's experiences, I, too, thought and felt through the challenge of meeting my audience's needs while staying true to my ontology. As I made things, I observed how I always needed to have every little tool and material right in front of me or near me as I worked. I think in terms of interconnections and need to see all the pieces, so having materials everywhere can make the workspace look very cluttered. There was a comfort in that clutter for me; everything I needed was there where I could see it, use it, and/or think through the connections and steps as I created my sanaugaq.

I was able to honour my far-reaching love of detail and interconnection through sewing. Yet when it came to writing, I became easily overwhelmed with too many details. How I dealt (felt) through this was to remind myself that anyone looking at my sewing space would be overwhelmed, too, yet I myself could see the whole project that was perfectly orderly and clear in my mind as I sewed. While writing, it was not only helpful to sew, it was necessary to sew. With sewing, I had a means of sorting out my conceptual space, of supporting myself in my research and writing, and of affirming my relationships.

There was a time toward the end of my writing when working at the farmhouse outside of Ottawa was getting too distracting—summer came, planting came, haying time came—and I needed my writing finished that summer. I wanted to go up North to write but didn't want to impose on anyone for a room and didn't have enough money for travel. So I found myself writing in two different places away from the farm that eventually I knew had significance to my process. When I needed to get away farther, I checked around through word-of-mouth and found a place to do a three-week writing retreat on the Calabogie Lake. At the lake, there was a cooking school starting up, and so they had cabins for accommodations for people taking their courses; since they were just launching their school they would have opportunity to provide space for a writing retreat—and so began the tougher parts of my writing-thinking.

As I focused on writing alone, and looking after my stress levels in between by swimming and floating in Grassy Bay, surrounded by the goodness of the land and good people, I found the safety to listen to my inner callings. The owners of the land and operation in Grassy Bay guarded my privacy, but also made sure that I didn't become too isolated. They drew me into their campfires, waters, and foods, and their wonderful sense of connection to and respect for all life. I had a strange sense of "North" connection there, and I could write as in no other place.

One evening, over a full-moon campfire, one of my hosts commented that the log cabin I was writing in used to belong to Carleton University. I had just gotten to the core of some of the struggles I was having with my program at Carleton, and to the point of writing about my experience from a good place in my heart. In the previous week I had begun to map out in earnest how *qaggiq* (a communal iglu) was based on something old that was constantly being renewed (the earlier section describing older *igluit* [iglus] that are renovated through the addition of a superstructure to allow for more people to gather in spring). I soon realized the connection I had to the space that I was able to write and feel so freely in—Carleton University's old log cabin that had changed hands, and had been renovated and renewed to become a gathering place of people and ideas from literally all over the planet. As I got to know the owners better, I recognized that, on some level, they were facilitating a kind of holistic gathering—around the human need for food, sensory delight, ideas, and connection to people and nature. And they were doing so within a structure, an older space that had served its time, which they had thoughtfully renewed for this purpose.

On another occasion during my writing retreat, I was at Neat Café in Burnstown and speaking with the owners. Word got around this tiny café, situated in a town with a population of eighty-five, that while I was hanging out there I was writing. As I spoke that day with one of the owners about my work, and about her intentions and visions for Neat, I became aware that she shared the same philosophy as the place in Grassy Bay. She said that she delights in the moments when she notices that a local serviceperson or farmer, perhaps with a grade two or four level of formal education, enters into conversation with lawyers, engineers, and government professionals in the café. These conversations don't revolve around the weather but around ideas and issues meaningful to their communities and the world at large. Neat Café also hosts travelling musicians who further broaden the dialogue and add greatly to an overall sense of community built through love, care, food, and art. They wanted to create a place of interaction and dialogue on many levels by establishing the café, in a building that they have renewed while keeping its connection to local history. I was later interested to find out that the space they had renewed was the original community schoolhouse. As I pondered the idea of an old schoolhouse turned into a gathering place for community renewal, I thought of Aupilarjuk's urgency about school and education and the importance of creating a foundation for the future. Both the cooking school and Neat Café were former institutions for education that were transformed into new spaces for creativity and gatherings of people; their renewal was a community-building exercise, much like qaggiq is intended to be.

A third space I wrote from was a nine-acre space in the middle of Arnprior, surrounded by bush to the back and the protected fifty-seven acres of old white pine growth—the Gillies Grove—to the front. While the property's history is rooted in the midst of the colonial logging industry in the area, in its renewed form it is a quiet oasis to share with Inuit friends and elders, and a meeting place for Inuit and First Nations through gatherings and activities.

In all of these spaces, I was able to write and find my voice when I could not go up North (home); each space fed my writing in a special way. As I reviewed my process of writing, and each place held a certain significance to what I was writing about, I realized that when working with ideas it is important to find environments that help those ideas develop. It is not necessary to be conscious of any connections; only an intuitive draw is necessary. In my research, I wanted to learn how to make new spaces for intergenerational, intercultural, and inter-epistemological dialogue in Nunavut, and I searched for what could support that goal. As such, it turned out that the spaces I was drawn to were all renewed and intentionally dialogical spaces, and in that sense reflected the concept of Qaggiq.

There was another very important association I made between space and writing, too, a connection that was integral to my ability to write. The three spaces mentioned above are all on traditional Omàmiwininì territories.[14] There is a shared value among the current land keepers in those spaces of caretaking, honouring history, and building community. Before Carleton's log cabin was built in Grassy Bay, near the sacred Eagle's Nest hill, and before the original schoolhouse in

Burnstown, or the farmhouse where I had lived, the land was loved, deeply cherished, and cared for by the Omàmiwininì. I grew up in Nunavut (before it was officially named that), and in Inuktut we referred to anything south of the treeline as *qablunaat nunaat* (the lands of the white people). After having lived in the Ottawa Valley for a number of years, I think about how odd it is to say that in Inuktut—qablunaat nunaat; yet it reflects what Inuit see—that the lands are inhabited by great numbers of non-Indigenous peoples, as Aupilarjuk also observed.[15] But living there as I did and meeting and journeying with Omàmiwininì, I know that we are all guests in their homelands, and this carries with it a responsibility for acknowledgement. In giving thanks to the land and the people for dialogical spaces to write and think, I realized, too, that how we think about space affects our relationships within that space; it helped my writing to know that Indigenous relationships to land were valued in those spaces in which I worked.

In reflecting on my relationships to space and place and the act of writing, I was able to see my craft epistemology as related to a relational and interrelational methodology. As previously mentioned, for me epistemology and methodology are intertwined. Knowing and doing are intertwined. How I do something or what activity or method I chose to do over another one is completely related to my awareness, knowing, and understanding of knowledge. If I seek knowledge and I understand it as information, my choice of methodology for acquiring that information will be very much influenced by the understanding of what it is I am looking for—information. If I understand knowledge as a relational and interrelational series of networks that generate, validate, and critique information, my choice of methodology is influenced by this view.

I have demonstrated above how, in Inuktut, craft is relational and interrelational as much as it has a material expression. As Wilson argues, knowledge is primarily relational and interrelational within Indigenous knowledge systems.[16] Some expressions of knowledge (and therefore relationships) in Inuktut *are* crafts, as mentioned in the stories of Aupilarjuk's and Qaapik's crafts.

There are other expressions of knowledge besides craft that connected ways of knowing to concrete formats. For example, when I was in Arviat in October 2011 and sharing my research findings with the Inuit elders in the Department of Education, Inuk elder advisor Louis Angalik spoke with me about how he viewed the rocks on the tundra used by his ancestors as a scribing system. They could tell each other where the animals were and where other people travelled and hunted. In this system of communication there was clear symbolic significance and mutually intelligible meaning. Angalik is a unilingual elder and a prolific Inuktut writer and curriculum contributor. He pointed to a stack of papers on his desk and said, "*Ujarait titiqqatituuttialauqtut unipkaaqarmata*" (Rocks were just like this paper; they told a story). Stories, experiences, and teachings are told in many forms—craft, rocks, written narratives. I felt encouraged with his words as I thought about my craft making and writing as intertwined.

Other expressions of knowledge can be text, film, art, or language, but all expressions of knowledge have a relational basis; they tell the story of relationships, although in some cases the story may not be understood by the viewer without explanation. Context is critical; without the story of relationships, or without relationships to transmit the stories, knowledge becomes informational, fact- and data-based. I argue that knowledge in that context, void of relational value, does not support the ethical dimensions required in Inuktut knowledge production. Supporting knowledge means supporting relationships, and the Qaggiq Model maps out relational themes.

ARTICULATING A METHODOLOGY

Wilson argues that in an Indigenous research paradigm, relational accountability is key.[17] Reflecting back on my journey as a researcher, which began in 2002, I can see how I wholeheartedly agree with

Wilson on this point. Awareness of and dedication to this principle have also been a source of stress for me in academia. My research work involved many layers of accounting to multiple audiences, and I have worked hard to document that approach herein as I wove the story threads throughout. Inuktut methodology, for me, is based on relational accounting. A choice of how to proceed involves an assessment of which choices offer the greatest opportunities for relational accounting. I am not an individual researcher or knower; I am part of a system—an Inuit community system—that requires that I am accessible and available to the system. I am also part of the academic system, which has its own methods, rituals, and protocols that I find myself negotiating with as I work to stay grounded in my community training. Where there are challenges to relational accounting on the Inuk side, I have changed course, sometimes drastically, in my research—and for me, no matter the sacrifice, this was never a compromise. This rigour is familiar when working within Inuktut intellectual traditions. I know the outcome is always so much better when the principles of Inuktut relational accounting are fully honoured.

INUKTUT METHODOLOGICAL PRINCIPLES

Clearly, there were Inuktut principles that I both learned as a child and see reinforced, affirmed, and referred to in community interaction, especially among elders. These may be important to other Indigenous cultures as well as *qablunaaq* (white people) cultures, but in Inuit culture, they are explicit, central, and axiological. They relate to how one proceeds, or stalls, or gathers more information—basically how one acts in responsible relations with regard to knowledge. Note that outside researchers cannot emulate this; my purpose in describing my experience is to stimulate and support Inuit scholars in their dialogues on research and in arguing for Inuk-centred methodologies. What outside researchers can do instead at this time is work with Inuit scholars and communities in support of Inuit methodological principles. They can help create the space for Inuk-centred possibilities and help to guard that space. There are so many ways to do so, but the most important measure of success is what Inuit who are affected by the research say about the research.

The following is only my own account of Inuktut methodology, not to be taken as creed. I discuss the following methodological principles: *naalangniq* (listening), *pittiarniq* (accuracy), *ujjiqsuiniq* (observation), and *suliniq* (personal congruence) in no particular order of importance, as they are all interrelated. I would like to point out, though, that in sharing these with the elders in Arviat, on October 11, 2011, after we spoke, they all told stories of the first principle below, naalangniq. If there is an order to these principles, naalangniq is more explicitly expressed in Inuktut axioms.

Naalangniq—Listening

Naalangniq is something I grew up knowing very well.[18] We were expected to *naalattiaq* (listen well) in the sense of observing expectations for behaviour, but also in the sense of learning from the counsels, hints, and admonishments of those older than us—their words represented the time-tested principles. As we listened well, we would hear the similarities in the stories of different people. Naalangniq is what an individual does to defer to the well-being of the collective whole. Elders have told me stories of how a simple example or story would come to mind in a dangerous situation and thus save his or her life. When a person does not know what to do in a situation, one can draw upon the wisdom of the past as it was presented to them in stories *if one has listened well.*

In the illustration and text below, Arviat elder Donald Uluadluak describes how the principle of naalak- was a whole-body listening when monitoring the safe return of a hunter. It also expresses the importance of naalak- to relational accounting, as people, and their dogs, looked out for each other's welfare.

Figure 8: "*Niriuktuq, naalaktuq*" (anticipating and listening), D. Uluadluak, Arviat, NU, 2005, used with permission, courtesy of Nunia Anoee

ᓂᕆᐅᒃᑐᖅ: ᓈᓚᒃᑐᖅ
ᓂᕆᐅᒃᐸᓚᐅᖅᓯᒪᔪᑦ ᐅᐃᖓᓘᓐᓃᑦ, ᐃᖅᓂᐊᓘᓐᓃᑦ, ᓂᖓᐅᖓᓘᓐᓃᑦ, ᒪᖅᑲᐃᑦᑐᖅᓘᙵ ᐅᙵᓘᓐᓃᑦ ᖃᒪᓕᖅᑐᖅ (ᖃᐸᓘᓈᔾᔭᐊᖅᑐᖅ). ᐅᓐᓄᒃᑯᑦ ᐊᓄᕆᖃᙱᑦᓯᐊᖅᑐᖅ ᐅᖓᓯᒃᑎᑦᑐᒋᑦ ᓱᓕ ᑐᓴᖅᐸᓚᐅᖅᑐᑦ ᖃᒧᕌᖅᐸᓗᖕᒥᒃ, ᖃᒧᑎᒃ ᐊᒡᒋᖅᐸᓪᓚᒃᐳᖅ, ᐅᙵᓘᓐᓃᑦ ᓴᖅᑭᓴᖅᐸᓗᒃᐳᖅ. ᕿᒻᒥᑦ ᐃᓚᖕᒋᑦ ᐸᐃᖅᑕᐅᙵᓚᐅᖅᒪᑕ ᖃᐅᔾᒪᑦᓯᐊᖅᑕᐅᙵᓚᐅᖅᑐᖅ ᓈᓚᖕᓂᕐᒥᒃ, ᓈᓚᖕᓂᖅ ᑐᑭᖃᒃᑲᓐᓂᖅᑐᖅ ᑐᓵᓂᓗᖕᓂᖅ ᐅᖓᓯᒃᑐᒥᒡᓘᓐᓃᑦ, ᕿᒻᒥᐊᒡᓛᑦ ᓈᓚᑦᓯᐊᔪᓴᒧᑦ ᓯᑯᙱᕙᓚᐅᖅᑐᑦ, ᐃᓄᒡᑐ ᓯᑯᙱᑉᑐᓂ ᐊᓯᐃᓛᒃ ᑐᖅᓱᓚᕗᖅ, ᖃᒧᕋᖅᐸᓗᒃᑐᖅ ᖁᕕᐊᓇᖅ.

ᑎᑎᕋᖅᑐᖅ ᐅᓗᐊᓪᓗᐊᖅ

> *Niriuktuq: Naalaktuq*
> People would *niriuk-*[19] their spouse, their son, or son-in-law, or for someone out on a hunting trip, or someone returning from the trading post. In the evening time there is no wind at all, and so one could hear people coming even when they were still afar, their *qamutik* [sled] runners on snow could be heard as the qamutik would *aggiq-* [slide backward on drifts] and sometimes you'd hear *saqisaq-* [calling out to the dogs]. Sometimes some of the dogs were *pai-* [left behind at camp] with the people. These dogs knew well the practice of naalak-. The deeper meaning of the word is applied to listening from afar, and you can see how dogs squint their eyes shut when they strain to hear well. The human also squints her eyes shut and then announces suddenly, "*Qamutiraaqpaluktuq quvianaq*!" ["There is the sound of the sled runners, what great joy!"]
>
> Written by Uluadluak
> (English translation by Tamalik, December 2009)

This piece by Uluadluak was brought to my attention by Nunia Anoee, who worked with the elders in curriculum development at the Schools and Curriculum Division of the Department of Education in Arviat.[20] She wanted me to see it because she had just read my MA thesis (2005), which has the concept of *naalak-* in the title and also my statements on relational accounting.[21]

Naalangniq is also about being available to receive critique, criticism, direction, and input from others. Even more than availability, *naalangniq* means to systematically seek input from others. In this regard, there is a clear gap I see in academia; critique, criticism, direction, and input are mostly sought by researchers from their own academic community. I have heard far too many inside stories from Inuit involved in or observing social research in particular where Inuit enriched the research process but lacked a sense of inclusion, power, or respect in the relationship. Wilson called this process lacking in "relational accountability."

This lack of awareness and of relational accountability was brought up spontaneously by elders in the course of the Inuktut review of my work prior to my final dissertation defence. When I presented an oral version of my written English dissertation to the elders in Arviat on October 11, 2011, to give them a context to what the work was for, I explained that I was studying in university to become a researcher. What followed were many stories of research that had been problematic for them, some from long ago and some more recent.[22] The issues related primarily to their expectations for connection and communication not being met. They emphasized that my work for them signified a different trend in research—research by Inuit—or, in my case, as someone raised up North with the value system and culture internalized. In their dialogue they discussed the importance of people engaging in research who come from inside the culture, who have a different starting point, and who work with their communities of belonging differently. This is not to say that good research can only be done by insiders. I believe, though, that Qaggiq Dialogue is needed to sort out inter-group ethical dimensions in knowledge production and to really understand the requirements of relational accountability.

Naalangniq also relates to accountability and responsibility. However, it is difficult for people outside of Inuit culture to know what is required of them to be accountable and responsible on Inuit terms. There is more than a set of rules or guidelines—there is ontology, which is not easily taught. The Qaggiq Model clarifies some starting points for inter-group dialogue, but I caution that because this principle is deeply cultural and ontological, it is not easily understood or applied. It will take a lot of listening, heartfelt and whole-bodied listening, to "bring the hunters home."

Pittiarniq—An Ethics of Accuracy

I use this term *ethics of accuracy* to describe what I have felt deeply and in relation to Inuktut epistemology. I remember the phrase *pittiarluta kihiani* (only by our doing right or well). The root *pittiaq-* is both to do *right* and to do *precisely*, or to do *well*, which comes from a survival ethic. If a woman does not sew well, those she cares for could be put in great danger if their boots or clothes fall apart; if a man does not take precise care when hunting, he may not catch game, and his family may starve. Pittiarniq is a guiding principle in my research. When I did my MA research, my mentor Nilaulaaq would say, "*Tammaruminanngittummariu'mat*" (It is quite undesirable to make a slight mistake) when I apologized for stressing over some detail relating to accuracy. In other words, care and precision are always worth the extra effort; her words gently affirmed that this approach is grounded in Inuit culture.

Aupilarjuk recalled vivid memories of his mother as she worked, and he described his impressions of her great precision.[23] Also, in one instance during the recording, there was a name I did not hear correctly (the audio quality was poor), and because syllabics are written phonetically, in my transcription I was one character off. I gave Aupilarjuk an early draft of the syllabics and I said that I was not sure about the spelling for that one name and asked him to clarify. Indeed, it was wrong, but it was interesting how strongly he responded to the misspelling. He was not upset, but he elaborated on how important it was that this person's name be written correctly because she was named after someone important, which very much illustrated how important precision is for Aupilarjuk, too, in terms of this project.

For Inuit-related research to be accurate and ethical, it is critical that Inuit are involved as intellectuals and colleagues, not just as informants. It is also important to recognize that while academic writing is often a solitary journey, involving others improves accuracy; as the Japanese proverb goes, "None of us is as smart as all of us."[24]

Ujjiqsuiniq—Observation

Ujjiqsuiniq is a deeply valued practice in Inuit culture that pertains to land skills and survival, but also to a way of being and approaching problems. In our conversations, when talking about his childhood training, Aupilarjuk explained how he was trained to observe the weather[25] and to observe the animals' movement and fur conditions[26] as well as their scat, or feces.[27] As children, they also played a moon game whereby they would watch for the first appearance of the new moon, and so their parents would know when the full moon was to be expected.[28] All of these practices cultivated children's observation skills while teaching them to contribute to collective well-being and survival.

In the Inuk way, observation of what *is* is more important than determining what *could* or *should* be. Thus, ambiguity is to be respected as an opportunity to be observant. In Inuktut, in a sense, it is more reliable to *not know*, and to rely on a commitment to know—to observe. I experience academic epistemology as supporting "certainty" and confidence, with little tolerance for ambiguity. As a graduate student in my forties, who had come from working in oral traditions for some decades, I remember having a real struggle with committing to a particular argument (especially with the pressures of time constraints often associated with academic course loads). It felt shallow to me to craft an argument based on a thesis statement that *I* as a knower would make a case for. With training and persistence, I came to value that system, of course, but it was a great struggle for me.

The need for certainty seems to permeate qablunaaq culture. For example, when speaking with an Inuk friend who works in government and organizes meetings, I was told how difficult it was to deal with people from outside his culture who require him to be so definitive about what "is going to happen." The appearance of being in control and "knowing things for certain" seemed to him to be a qablunaaq cultural priority. What is more important for Inuit is the need to be open and observant. This relates to ujjiqsuiniq as, for Inuit, clarity is not something that is forced; there is benefit in allowing for ambiguity. By having an observant and flexible mode of functioning, more productive outcomes are achieved.

While doing my MA thesis with Nilaulaaq, she always affirmed in any given situation of ambiguity, "*Nalunaruirumaaqtuq*" (Things come clear, eventually, on their own). Without any expectations for a certain outcome, one needs to allow an uncertain situation to unfold naturally and then deal with what arises by being prepared. Ujjiqsuiniq helps one be prepared for different outcomes.

Another example of ujjiqsuiniq occurred when a traveller was visiting Aupilarjuk from out of town. The traveller was hoping that the weather would be good the next day for the plane to leave, and he said something to the effect that he needed the weather to cooperate. Aupilarjuk admonished him not to fix his thoughts on the weather outcome that he needed, but rather give his thoughts to observation and accept and work with the outcome.

In terms of my methodology, through ujjiqsuiniq I could better account for changing circumstances. When I felt my great uncertainty was potentially an academic failure, I was comfortable in my knowledge that in the Inuk way "success" is found in surviving and navigating forces, not controlling them. As I was busy noticing details amid my "unknowing," I was able to make connections that led me to my research outcomes—my unknowing, or not knowing, allowed me to survive and navigate in the academic world.

Suliniq—Personal Congruence

As I mentioned, I did struggle with my writing of the dissertation that would become this book. I struggled with multiple and competing audiences as I worked to find my place of knowing that is guided by suliniq. I could not cater to audiences. In the Inuk way, I needed to discover and remain with my own truth. Suliniq is about truthfulness or personal congruence. In suliniq there is clarity, honesty, and resonance. One time when I was visiting Aupilarjuk and Tulimaaq and we were talking about something, Aupilarjuk looked at me intensely and said, "*Sulilluaviktutit*" (You are very *sulijuq*), as he said he could hear me easily. He further stated that as an older person with weaker hearing he is able to sense when someone is speaking something really truthfully, with resonance and congruence, because it is actually easier for him to hear their speech. He said most times he could not hear well at all; as he got older, he could only hear what was important, otherwise his hearing was weak. I must say that I do not feel I am always congruent or resonant, though I strive to be truthful. Aupilarjuk's comment made me think about noticing that while we were in conversation and recording; if he heard me then I was sulijuq, and if he couldn't hear me then I knew I was off course. As we recorded later, Aupilarjuk spoke about the truthfulness and effectiveness of his father's words: "*Saglungniqtaqajaanngittiaqtut uqausirmigluunniit taimaittuuvut*" (They have not a hint of deceit in them, not a single word).[29] He stated to the end of his life that his father's direct words always came to his mind and guided his understanding. The importance of the principle of suliniq is the effectiveness of good words and clear and positive intentions. Aupilarjuk's father, for example, distilled the teachings of his life into certain sayings that he passed on to his son, and they were to stand the test of time.

Principles as such need guidelines for application. The IQ Task Force offers an approach for Inuktut principles to be applied within a relational paradigm, in the context of four primary relationships: the land, family, inner spirit, and social grouping.[30] The relations that the IQ Task Force suggested fit with Aupilarjuk's triad, so it is fair to say that the four Inuktut methodological principles I have proposed above should be understood in the context of inuuqatigiingniq-inuusiqattiarniq-niqiqainnarniq relations. In this sense, "listening," for example, is about who or what is listened to (toward well-being and balance in the Inuk way). "Accuracy" is therefore not primarily technical but relational—and technical accuracy can be achieved through relational accounting. "Observing" in a relational paradigm also means being observant of my family, community, inner spirit, and learning environment as critical to success in "research crafting." *Suliniq* has been translated as "truthful" or "honest," but in practical use of the term it means "clarity, resonance, and congruence." However, if we understand this term in a relational paradigm, and in the way it is used in

Inuktut, *sulijutit* (you are *suli-*, speaking truly) can mean, as in the instance when Aupilarjuk said it to me, that the words and ideas are clearly spoken in a manner that is resonant with the collective truth and experience on the matter. So *suliniq* is about personal congruence and integrity, but it usually means that collective knowledge is affirmed, validated, or witnessed.

I was relieved when I heard the word *sulijuq* used in conversation about me between Nilaulaaq and Aupilarjuk, when the three of us met together on October 7, 2011. Nilaulaaq is an elder from Gjoa Haven, my childhood Inuktut teacher in grade school, and was my mentor for my MA thesis. They each said I had gotten to the point of taking responsibility for my own direction, based on the lessons I internalized from them and the trustworthiness and responsibility I had showed thus far. The moment was joyful and extremely humbling for me, and it also added more responsibility for accuracy and suliniq. I felt humbled, not by my own achievement, but their comments spurred me to embrace a greater responsibility—less room for error, more accountability. Sometimes when an elder compliments someone it is also a test. They are looking for whether someone is ready for the responsibility or whether the compliment will just go to their head, so to speak. Their words of confidence in me helped to ground me as I prepared for the English defence of the dissertation, while also reminding me of my increased level of responsibility.

In terms of the four Inuktut methodological principles that I have identified here—naalangniq, pittiarniq, ujjiqsuiniq, and suliniq—there is so much more to discuss, but that will be a collective project as Inuit enter and engage in research discourse.

Beginnings

Aupilarjuk's great-grandchild Nataqquq admiring the camera used to interview, 2001. Photo by Janet Tamalik McGrath

The Qaggiq Model, in its initial application as it is laid out in this text, reveals the importance of *access* and *agency*. I demonstrate the usefulness of these concepts, but there is more to be revealed through a closer study of dynamics relating to these concepts. For example, Dunaway, Hall, and Fenelon might suggest the question: Is IQ (Inuktut Indigenous knowledge and knowing) so counterintuitive to neocolonialism, neoliberalism, and capitalism that its very premise (relational accountability) will preclude its successful integration into schools, government, and even academia? Of course, all of those institutions can be argued to possess "relational accountability," or at least account for relationships. But what do education, government, and higher learning *really* look like when based on an Inuk foundation? We do not know what that looks like, but Aupilarjuk argues that we need to imagine it.[1]

The Qaggiq Model offers an Inuktut relational framework that reveals how Inuktut knowledge is generated through engagement with homeland, language, living histories, and culture, and how that knowledge is the basis for collective, individual, and productive well-being. Where access to homeland, language, living histories, and culture is denied or diminished, even symbolically, then collective, individual, and productive well-being is affected. Where access is supported through practical, educational, and financial means, the foundation for well-being, *inuuqatigiingniq-inuusiqattiarniq-niqiqainnarniq* (peoplehood-personhood-livelihood), is honoured.

Inuktut methodology is an area that is soon to be further developed by the Inuit scholars who are attaining university degrees in increasing numbers. In this book I have revealed my own understanding of Inuktut methodology. In particular, I offer the framing of my research as craft epistemology, and I identify the guiding methodological principles of an Inuktut research paradigm as *naalangniq*, *pittiarniq*, *ujjiqsuiniq*, and *suliniq* (listening, accuracy, observation, and personal congruence), and argue that they are critical to research outcomes—as Wilson has pointed out how methodology is understood as entwined with epistemology, ontology, and axiology. I offer as much detail as I can in my writing to keep the process visible to the reader so as to be as accountable as possible in my limited and partial understanding, and to record for others who share similar social and cultural positioning what my experiences have been in the research process.

I believe that in the transcripts of my conversations with Aupilarjuk there are a number of other research topics worthy of consideration; for example, a theory of education, the role of elders over time, economics and economic theory, intergenerational knowledge transmission and its changing modes over time, healing modalities, and decolonizing. At some point, the topic of knowledge renewal emerged based on how it gave room for all of the other possible topics.

I also believe that if this were an Inuktut-only process, that the outcome—even the current question—would have been different. I cannot say exactly how it would be different without enacting the process fully, but this would be a worthy post-doctorate exercise to engage in. The questions would be, for example: What are the characteristics of an all-Inuktut research process? Does Inuktut epistemology guide the research questions differently from academic epistemology? And if so, how? What does an all-Inuktut research process reveal about Inuktut methodological principles and practices? What does an all-Inuktut research process reveal about Western academic practices? This research project would help further define the gap that I experienced between community and academia, and it would work to support academics with knowledge of how research becomes problematic for Inuit communities.

While I say an all-Inuktut process would look different, I do believe that it would have similarly revealed issues of power, knowledge, access, agency, and social justice. These issues are real no matter one's language or cultural background. I understand this now as I stand in each conceptual space, both Inuk and *qablunaaq*, and think about this project. I see that in English I have crafted my argument more directly than I would have in Inuktut because writing and thinking in English predetermines that my audience has need of direct explanations. Inuktut references points have been carefully described alongside these explanations as a bridging exercise. It is true that the dynamics of these issues would have been expressed quite differently in Inuktut, but the issues revealed are the same.

I started out knowing the deep, abiding love Inuit elders have for their own basis for life and their hope for adequate transmission of their knowledge while they are available. And I wanted to bring that story into spaces within the academy because Nunavut is struggling with how to account for IQ. There is a great deal of work yet to do in the area of critiquing power and knowledge dynamics in Nunavut, and this book is an *ingalangaittuq* exercise—seeing from a higher place, a critical engagement. As knowledge industries flourish in relation to Inuit homelands, language, histories, and culture, it is important to ask how the academy is held accountable to what is important to Inuit. This question is critical because research directly and indirectly feeds into policy, and policy has direct and indirect impacts on Inuit communities. This book is also a contribution to the exercise of opening up that discussion.

While I offer the beginnings of an Inuktut critique of research, this area requires development. The current work is specifically about Inuktut knowledge renewal, and academic knowledge systems, research paradigms, methods, and traditions need to be more carefully studied in relation to these findings.

As described, there were and are many stories that are part of the relational, social, practical, and creative aspects of the journey thus far. There are so many more stories to unfold now, and I appreciate how each one reading and sharing in this story is part of a journey forward.

Tagvauvutit

Meaning: "you are there" or "there you are." It is said in Inuktut for goodbye (in person) or hello to someone afar, in another place, conveyed by a third party, or directly through phone or writing…

and,

Taima

Meaning: "that's all," "that's enough," or used as a connecting phrase between ideas and stories (as in "and then…")

Tamalik, Aupilarjuk, and Tulimaaq, 2010

Appendix

Page Number Correspondence for Interview Transcripts

Page # in syllabics	Corresponding English pages	Page # in English	Corresponding Inuktut pages
14	106	106	14
15	107	107	15
16	108	108	16
17	109	109	17–18
18	110	110	18–19
19	111	111	19–20
20	111–112	112	21
21	112	113	22
22	113	114	23–24
23	114	115	24–25
24	115	116	25–26
25	115–116	117	26–27
26	116–117	118	28
27	117–118	119	29–30
28	118	120	30–31
29	119	121	32
30	120	122	32–33
31	121	123	33–34
32	121–122	124	34–35
33	122–123	125	36
34	123–124	126	37
35	124–125	127	38
36	125	128	39

Page # in syllabics	Corresponding English pages	Page # in English	Corresponding Inuktut pages
37	126	129	40
38	127	130	41–42
39	128	131	42–43
40	129	132	43–44
41	130	133	44–45
42	131	134	45–46
43	132	135	46–47
44	132–133	136	47–48
45	133–134	137	48–49
46	134–135	138	49–50
47	136	139	50–51
48	136–137	140	51–52
49	137–138	141	53
50	138–139	142	54
51	139–140	143	55–56
52	140–141	144	56–57
53	141–142	145	57–58
54	142	146	58–59
55	143	147	59–60
56	143–144	148	61
57	144–145	149	62
58	145–146	150	63–64
59	146–147	151	64–65
60	147	152	65–66
61	148	153	66–67
62	149	154	67–68
63	150	155	68–69
64	150–151	156	69–70
65	151–152	157	70–71
66	152–153	158	72
67	153–154	159	72–74

Page # in syllabics	Corresponding English pages	Page # in English	Corresponding Inuktut pages
68	154–155	160	74–75
69	155–156	161	75–76
70	156–157	162	76–77
71	157–158	163	77–78
72	158–159	164	78–79
73	159	165	79–80
74	160–161	166	81–82
75	161	167	82–83
76	161–162	168	83–84
77	162–163	169	84–85
78	163–164	170	85–86
79	164–165	171	86–87
80	165–166	172	88
81	166	173	89–90
82	167	174	90–91
83	168	175	91–92
84	168–169	176	92–93
85	169–170	177	93–94
86	170–171	178	94–95
87	171	179	96
88	172	180	96–97
89	173	181	98
90	173–174	182	99–100
91	175	183	100
92	176	184	101–102
93	176–177	185	102–103
94	177–178	186	103–104
95	178	187	104–105
96	179	188	105
97	180–181		
98	181		

Page # in syllabics	Corresponding English pages	Page # in English	Corresponding Inuktut pages
99	182		
100	183		
101	184		
102	184–185		
103	186		
104	187		
105	187–188		

Glossary

aki'naqtaq *Iglu* made using vertical slices in normally deep snow. (Nattilingmiutut spelling.)
atuinnarasungnikkut sanngikigungnarniq Having strength by way of using/applying it.
atuinnarasungniq Always using; continual use.
atulikkannirasuqattarniq Renewed or recommitted use or engagement.
atuq- Verb stem: to use, apply, engage practically.
auviksaq Snow-house building block.
havgut Nattilingmiutut for snow layer tester. Other dialect spellings include *habut/i, sabgut/i,* and *saggut/i.*
hupipkainiq Checking the intervals and strength of wind gusts (in Nattilingmiutut).
iglu Snow house. Plural: *igluit.*
i'ji Deep, penetrating cold (in Nattilingmiutut).
ikajuqtigiingniq Collectivity being mutually helpful, supportive.
ikajuutiksaq Something to support.
ikiaqtaq Something made in layers; layered composition. In music it is a song that uses an older tune but with new lyrics.
ikuma Fire; flame; light.
ilagiigusiq Guideline for family values. Plural: *ilagiigusiit.*
ilagiittiarusiit Guidelines for having good family relationships.
ilaqattiarniq Being relatives in a healthy way.
ilinniaq- Verb stem: learning.
iliqqusiq Culture.
innitat Drying racks (hanging over the oil lamps in *igluit* or tents).
Inuit Nunangat Inuit homelands.
Inuit Qaujimajatuqangit Usually translated as "Inuit traditional knowledge." But some argue it historicizes Inuit and their knowledge as irrelevant or implies that it can be compartmentalized. In practice, the real meaning of

the term in Inuktut is "Inuktut epistemology" (ways of knowing continued).
Inuk 1) An ethnic designation (singular). 2) A person or human (general) as opposed to an animal or spirit. Plural: *Inuit*; dual: *Inuuk.*
Inuktut In the manner of an Inuk.
inuttiavauniq Good character.
inuuqati Nattilingmiutut for a same-age companion or acquaintance. In Aivilingmiutut the same is *ikinnguti.*
inuuqatigiingniq Being people together in a good way; a healthy collective.
inuuqatigiit Interpersonal harmony.
inuuqatigiittiaqtut "They are a healthy/harmonious collectivity."
inuuqatigiittiarniq Healthy/harmonious collectivity.
inuusiliriniq Principles of *inuusiq.*
inuusiq Life (generally), and also inner character.
inuusiqattiarniq Having good *inuusiq.*
Iqqiliit First Nations (also *Unaliit*, *Allait*, and *Nunaqaqqaaqtiit*).
isuma Thought.
isumaaluk- To worry, be anxious.
ittaq Sealskin tent.
ittaq- Verb stem: to go outside first thing in the morning; a morning ritual connection to *sila.*
iviriik- Verb stem: song duel.
kajusittiakkannirutiksaq Something used to carry further forward or onward, or used to support further continuation.
kamik Skin boot. Dual: *kamiik*; plural: *kamiit.*
kanguujaq/iparaksaq Arctic cotton (fibre used for *qulliq* wick).
kik&u Two stick supports for balancing a cooking pot over the *qulliq*; works as a triad with *pituaq.*
kuuk majuqtulialuk A river where there are many migrating char.
makpataq An *iglu* made when the snow is not deep enough but is hard packed. Blocks are made by slicing thin layers horizontally, and these are then lifted to form the wall of the *iglu*, and then the next one, and so on.
maligait Laws, principles, injunctions, spiritual teachings; "what to follow." Singular: *maligaq.*
maniq moss (fibre used for *qulliq* wick).

naalangniq Listening.
najuaq Tied bag of oil for the lamp.
nakuruhiqturniq Gifting a teacher/healer for their time and wisdom in a situation.
natqiqsurniq Traditional Nattilik term for *mamisainiq*—ritually confessing for healing and restoration.
niqiqattiarniq Having meat/food; having plenty to eat.
nukaqattiarniq Role modelling respectful/responsible behaviour to younger siblings.
nuliariittiarniq Strong, healthy marital relations.
nuliariittiarusiit Guidelines for having good marriage relationships.
Nunavut Our land.
nutaraqsiutit Language for babies and young ones to develop language by.
pana Snow knife.
pijariuqsatitau- Verb stem: started on things. A traditional word used for childhood training, as opposed to the modern word, *ilinniaq-*.
pijjutiksaqarniq Having provisions for life, having money; economic well-being.
piqqusiq Way of life.
pisiit Songs (traditional chants). Singular: *pisiq*.
pittiaqpangniaqpavut "We will always act rightly toward them."
pittiarniq Doing well; being accurate.
pituaq A support (rock) for balancing a cooking pot over the *qulliq*; works together with *kik&u*.
piusiq Habits; tendencies.
pukialuk Prominent white stripes.
qablunaaq White person. Plural: *qablunaat*.
qaggiavuut A North Baffin term for announcing the readiness of a *qaggiq* for use.
qaggiq A communal snow house built in late winter to early spring. News, knowledge and skills sharing, feasting, games, and competitions are the bases of community renewal in the *qaggiq*. The *qaggiq* is also considered a celebration *iglu*, as it represents surviving another winter.
qamutik Sled.

qaujimajjusiq Something to know by; way of knowing; epistemology.
qiqsuqtaq A kind of snow house made when there is very little snow available. Snow from other places is gathered with shovels to make a pile that, when compacted enough, can be sliced into blocks.
qulliq Seal-oil lamp.
sananiq Making things.
sanaugara My craft.
sanirairniq A traditional ritual used to teach children about collective well-being.
sannginiqajajarniq Potential source of vitality/strength.
sannginiqarajarniq aturnikkut Vitality through engagement.
silattuq- Verb stem: to grow in awareness, wisdom, character.
silattuqpalianiq A human's growing capacity.
siqiniq malik&ugu Motion clockwise (literally "to follow the sun").
suliniq Personal congruence.
tagvauvutit "You are there," or, "There you are." It is said in Inuktut for goodbye (in person) or hello to someone afar, in another place.
taima "That's all," "That's enough," or used as a connecting phrase between ideas and stories ("and then…").
taimaituinnarmat "It is just as it is."
tunngavik The basis, foundation.
ujjiqsuiniq Being observant.
ukkusiit Cooking pots.
unipkaat Stories, narratives.
uqausiq A language (way of speaking) or a single word (unit of meaning).

Bibliography

Absolon, Kathleen E. (Minogiizhigokwe). *Kaanddossiwin: How We Come to Know*. Halifax: Fernwood, 2011.

Alcoff, Linda. "Cultural Feminism versus Post-Structuralism: The Identity Crisis in Feminist Theory." *Signs: Journal of Women in Culture and Society* 13, no. 3 (1988): 405–36.

Anawak, Jack. "The Report of the Nunavut Traditional Knowledge Conference: Nunavut Social Development Council, Igloolik, March 20–24, 1998." Igloolik, NU, 1998.

Archibald, Linda, and Mary Crnkovich. "Intimate Outsiders: Feminist Research in a Cross-Cultural Environment." In *Changing Methods: Feminists Transforming Practice*, edited by Sandra D. Burt and Lorraine Code. Peterborough: Broadview Press, 1995.

Arnaquq-Baril, Alethea. *Tunniit: Retracing the Lines of Inuit Tattoos*. National Film Board of Canada, 2010. 48 min.

Aupilarjuk, Mariano, Marie Tulimaaq, Akisu Joamie, Emile Imaruittuq, and Lucassie Nutaraaluk. *Perspectives on Traditional Law*. Vol. 2 of *Interviewing Inuit Elders*, edited by J. Oosten, F. Laugrand and W. Rasing. Iqaluit: Nunavut Arctic College, 1999.

Aupilarjuk, Mariano, Marie Tulimaaq, Lucassie Nutaraaluk, Rose Iqallijuq, Johanasi Ujarak, Isadore Ijituuq, and Michel Kupaaq. *Cosmology and Shamanism*. Vol. 4 of *Interviewing Inuit Elders*, edited by B. S. d'Anglure. Iqaluit: Nunavut Arctic College, 2001.

Bastien, Betty. *Blackfoot Ways of Knowing: Worldview of the Skisikaitsitapi*. Calgary: University of Calgary Press, 2004.

Battiste, Marie, ed. *Reclaiming Indigenous Voice and Visions*. Vancouver: University of British Columbia Press, 2000.

Bennett, John, and Susan Rowley, eds. *Uqalurait: An Oral History of Nunavut*. Montreal: McGill-Queens University Press, 2004.

Berger, Thomas R. "Conciliator's Final Report: The Nunavut Project." Presented at Nunavut Land Claims Agreement Implementation Contract Negotiations for the Second Planning Period 2003–2013, March 1, 2006.

British and Foreign Bible Society. *The New Testament of Our Lord and Savior Jesus Christ: Translated into Baffin Land Eskimo*. London: The British and Foreign Bible Society, 1962.

Brown, Leslie, and Susan Strega, eds. *Research as Resistance: Critical, Indigenous and Anti-Oppressive Approaches.* Toronto: Canadian Scholars' Press, 2005.

Brubaker, Roger, and Frederick Cooper. "Beyond Identity." *Theory and Society* 29 (2000): 1–47.

Canadian Institutes of Health Research, Natural Sciences and Engineering Research Council of Canada, and Social Sciences and Humanities Research Council of Canada. *Tri-Council Policy Statement: Ethical Conduct for Research Involving Humans*. 2010.

Canadian Press. "Science Clashes with Inuit Tradition at Polar Bear Summit." *CTV News*, January 16, 2009. http://www.ctv.ca/CTVNews/SciTech/20090116/polar_summit_090116.

CBC News. "Research Centre Combines Western, Inuit Knowledge." January 12, 2010. http://www.cbc.ca/news/canada/ottawa/story/2010/01/12/inuit-knowledge-centre.html.

Cole, Peter. "Trick(ster)s of Aboriginal Research." *Native Studies Review* 15, no. 2 (2004): 7–30.

Corntassel, Jeff J. "Who Is Indigenous? 'Peoplehood' and Ethnonationalist Approaches to Rearticulating Indigenous Identity." *Nationalism and Ethnic Politics* 9, no. 1 (2003).

Corntassel, Jeff, and Tom Holm. "The Peoplehood Matrix." In *The Power of Peoplehood: Contemporary Indigenous Community-Building*, edited by Jeff Corntassel and Tom Holm. University of Texas Press, forthcoming.

Dahl, Jens, Jack Hicks, and Peter Jull, eds. *Nunavut: Inuit Regain Control of Their Lands and Their Lives*. Copenhagen: IWGIA, 2000.

Dei, George J. Sefa, Budd L. Hall, and Dorothy Goldin Rosenberg, eds. *Indigenous Knowledge in Global Contexts: Multiple Readings of Our World.* Toronto: OISE and University of Toronto Press, 2000.

Denzin, N.K., Y.S. Lincoln, and Linda Tuhiwai Smith. *Handbook of Critical and Indigenous Methodologies*. Los Angeles: Sage, 2008.

Department of Culture, Language, Elders and Youth. *Uqausivut: Proposed Comprehensive Plan Pursuant to the Language Acts, 2011–2014*. Iqaluit: Government of Nunavut, 2011.

Driben, Paul. "A Death in the Family: The Strategic Importance of Women in Contemporary Northern Ojibwa Society." In *Human Services*, Vol. 1 of *Readings in Aboriginal Studies, edited by Samuel W. Corrigan*. Brandon, MB: Bearpaw Publishing, 1991.

Duffy, R. Quinn. *The Road to Nunavut*. Montreal: McGill-Queens University Press, 1988.

Dunaway, Wilma A. "Ethnic Conflict in the Modern World System: The Dialectics of Counter-Hegemonic Resistance in an Age of Transition." *Journal of World Systems Research* 9, no. 1 (Winter 2003).

Elias, P.D. "Models of Aboriginal Communities in Canada's North." *International Journal of Social Economics* 24, no. 11 (1997): 1241–55.

Ermine, Willie. "Ethical Space: Transforming Relations." Discussion paper based on MA thesis "A Critical Examination of the Ethics of Research Involving Indigenous Peoples." University of Saskatchewan, 2000.

Flaherty, Martha. "Freedom of Expression or Freedom of Exploitation?" *The Northern Review* 14 (Summer 1995): 178–85.

Green, Joyce, ed. *Making Space for Indigenous Feminism*. Halifax: Fernwood, 2007.

Government of Canada. "Constructing the Research Station." https://www.canada.ca/en/polar-knowledge/constructingstation/index.html

Government of Nunavut. *Nunavut Bureau of Statistics*. http://www.stats.gov.nu.ca/en/home.aspx.

———. *Report from the September Inuit Qaujimajatuqangit Workshop*. Niaqunngut, Nunavut, September 29–30, 1999.

Hall, Thomas D., and James V. Fenelon. "The Future of Indigenous Peoples: 9-11 and the Trajectory of Indigenous Survival and Resistance." *Journal of World Systems Research* 10, no. 1 (Winter 2004).

Helin, Calvin. *The Economic Dependency Trap: Breaking Free to Self-Reliance*. Vancouver: Orca Spirit Publishing, 2010.

Holm, Tom, J. Diane Pearson, and Ben Chavis. "Peoplehood: A Model for the Extension of Sovereignty in American Indian Studies." *Wicazo Sa Review* (Spring 2003): 7–24.

Inuit Cultural Institute. *Elder's Conference 1982, Pelly Bay, N.W.T.* Eskimo Point: ICI, 1982.

Inuit Qaujimajatuqangit Katimajiit. *Terms of Reference.* http://www.ch.gov.nu.ca/pdf/IQK-TR-Eng.pdf.

Inuit Tapiriit Kanatami. *Negotiating Research Relationships: A Guide for Inuit Communities.* Inuit Tapiriit Kanatami, 2007. Accessed July 2011. http://www.itk.ca/publications/negotiating-research-relationships-guide-communities.

———. *Negotiating Research Relationships With Inuit Communities: A Researcher's Guide.* Inuit Tapiriit Kanatami, 2007. Accessed July 2011. http://www.itk.ca/sites/default/files/Negotitiating-Research-Relationships-Researchers-Guide.pdf.

IQ Task Force. *The First Annual Report of the Inuit Qaujimajatuqangit (IQ) Task Force.* Government of Nunavut, 2002.

Klein, Julie Thompson. *Interdisciplinarity: History, Theory, Practice.* Detroit: Wayne State University Press, 1990.

Kovach, Margaret. *Indigenous Methodologies: Characteristics, Conversations, and Contexts.* Toronto: University of Toronto Press, 2009.

Maracle, Lee. *I am Woman: A Native Perspective on Sociology and Feminism.* Vancouver: Press Gang Publishers, 1996.

Mauthner, N.S., and A. Doucet. "Reflections on a Voice-Centred Relational Method of Data Analysis: Analyzing Maternal and Domestic Voices." In *Feminist Dilemmas in Qualitative Research: Private Lives and Public Texts,* edited by J. Ribbons and R. Edwards. London: Sage Publishing, 1998.

———. "Reflexive Accounts and Accounts of Reflexivity in Qualitative Data Analysis." *Sociology* 37, no. 3 (2003): 413–31.

McGrath, Janet Tamalik. "Conversations with Nattilingmiut Elders on Conflict and Change: Naalattiarahuarnira." MA thesis, Saint Paul University, Ottawa, 2005.

———. "Elder's Perspective: Mariano Auplilaarjuk." *Inuktitut Magazine* 92 (2002).

———. "Inuit Qaujimajatuqangit: The Scapegoat for Deep-rooted Identity-based Conflict in Nunavut." In *Building Capacity in Arctic Societies: Dynamics and Shifting Perspectives,* edited by Francois Trudel. Quebec City: CIERA, Laval University, 2005.

———. "Time for Change: Metaphors across the Cultural Divide in Nunavut." 11th Annual Symposium on Conflict Resolution, Carleton University, Ottawa, 2003.

———. "Traditional Voices in Contemporary Inuit Governance: Perspectives on Conflict and Social Justice." 14th Annual Symposium on Conflict Resolution, Carleton University, Ottawa, 2005.

McGrath, Judith Waldner. *Dyes from Lichens and Plants: A Canadian Guide*. Toronto: Van Nostrand Reinhold, 1977.

McNaughton, Craig, and Daryl Rock. "Opportunities in Aboriginal Research: Results of SSHRC's Dialogue on Research and Aboriginal Peoples." *Native Studies Review* 15, no. 2 (2004).

Memmi, Albert. *The Colonizer and the Colonized*. Boston: Beacon Press, 1967.

Metalic, Alfred Gopit. *Ta'n Teli'gji'tegen 'Nnu'igtug aq Ta'n Goqwei We-jgu'aqamulti'gw*. PhD dissertation, York University, 2010.

Moran, Joe. *Interdisciplinarity*. London and New York: Routledge, 2002.

Nadasdy, Paul. *Hunters and Bureaucrats: Power, Knowledge, and Aboriginal-State Relations in the Southwest Yukon*. Vancouver: University of British Columbia Press, 2004.

National Sciences and Engineering Research Council. "A Crisis in Northern Research: National Task Force Report." News release, September 21, 2000.

Neu, Dean, and Richard Therrien. *Accounting for Genocide: Canada's Bureaucratic Assault on Aboriginal People*. Halifax: Fernwood, 2003.

Nunavut Tunngavik Inc. "NTI Launches Lawsuit Against Government of Canada for Breach of Contract." News release, December 6, 2006.

———. *Our Primary Concern: Inuit Language in Nunavut 2009/10 Annual Report on the State of Inuit Culture and Society*. Iqaluit: Nunavut Tunngavik Inc., 2010.

Office of the Premier. "The Government of Nunavut's Commitment to Support Nunavummiut in the Fight against Poverty Continues with the Announcement of Several New Initiatives." News release, Government of Nunavut, May 9, 2011.

Pizzo, Gina. "How One School Teaches the Inuit Language." *Nunatsiaq News*, June 9, 2010.

Purich, Donald. *The Inuit and Their Land*. Toronto: Lorimer, 1992.

Qaapik, T. *Qaapiup Uqausingit.* Translated by J. T. McGrath. Arnprior: Inuuqatigiit Publishing, 2009.

Qaggiq. Isuma Productions, 1988. http://www.isuma.tv/hi/en/isuma-productions/qaggiq-gathering-place.

Rogers, Sarah. "Action Needed to Save Inuit Language in Nunavut: NTI." *Nunatsiaq News*, October 12, 2011. http://www.nunatsiaqonline.ca/stories/article/65674action_needed_to_save_inuit_language_in_nunavut_nti.

Rowley, Susan. "The Sadlermuit: Mysterious or Misunderstood?" *Threads of Arctic Prehistory: Papers in Honour of William E. Taylor, Jr.* Ottawa: Canadian Museum of Civilization, 1994.

Royal Commission on Aboriginal Peoples. *Report of the Royal Commission on Aboriginal Peoples.* 5 vols. 1996.

Salter, Liora, and Alison Hearn. *Outside the Lines: Issues in Interdisciplinary Research.* Montreal and Kingston: McGill-Queens University Press, 2002.

Sandiford, Mark, and Zebedee Nungak. *Qallunaat! Why White People are Funny.* National Film Board of Canada and Beachwater Films Inc., 2007.

Savelle, James M. "Historic Inuit Pottery in the Eastern Canadian Arctic." *Polar Record* 23, no. 144 (1986): 319–22.

Schnarch, Brian. "Ownership, Control, Access and Possession (OCAP) or Self-Determination Applied to Research: A Critical Analysis of Contemporary First Nations Research and Some Options for First Nations Communities." *Journal of Aboriginal Health* 1, no. 1 (2004).

Scott, J. W. "A Rejoinder to Thomas C. Holt." In *Questions of Evidence: Proof, Practice and Persuasion across the Disciplines*, edited by J. Chandler, A.I. Davidson, and H. Harutoonian. Chicago: University of Chicago Press, 1994.

Simpson, Jeffrey. "The Cold Facts: Why We Must Focus on Arctic Research." *Globe and Mail*, October 25, 2005.

Simpson, Leanne, ed. *Lighting the Eighth Fire: Liberation, Resurgence, and Protection of Indigenous Nations.* Winnipeg: Arbeiter Ring, 2008.

Smith, Linda Tuhiwai. *Decolonizing Methodologies: Research and Indigenous Peoples.* London: Zed, 1999.

Stimmell, Carole. "Going to Pot: A Technological Overview of North American Arctic Ceramics." In *Threads of Arctic Prehistory: Papers in Honour of William E. Taylor, Jr.* Ottawa: Canadian Museum of Civilization, 1994.

Strong-Boag, Veronica, Joan Anderson, Sherrill Grace, and Avigail Eisenberg, eds. *Painting the Maple: Essays on Race, Gender and the Construction of Canada*. Vancouver: University of British Columbia Press, 1998.

Task Force on Northern Research. *From Crisis to Opportunity: Rebuilding Canada's Role in Northern Research, Final Report to NSERC and SSHRC from the Task Force on Northern Research*. Ottawa: Natural Sciences and Engineering Research Council of Canada and Social Sciences and Humanities Research Council of Canada, 2000.

Thiong'o, Ngugi wa. *Decolonizing the Mind*. Oxford: James Currey Ltd., 2003.

Thomas, Qwul'sih'yah'maht Robina. "Honoring the Oral Traditions of my Ancestors through Storytelling." In *Research as Resistance: Anti-Oppressive and Indigenous Methodologies*, edited by Leslie Brown and Susan Strega. Toronto: Canadian Scholars, Press, 2005.

Timpson, Annis May. "Reconciling Indigenous and Settler Language Interests: Policy Initiatives in Nunavut." *Journal of Canadian Studies* 43, no. 2 (2009).

Turner, Dale. *This is Not a Peace Pipe: Towards a Critical Indigenous Philosophy*. Toronto: University of Toronto Press, 2006.

University of Prince Edward Island. "Special UPEI Convocation in Iqaluit for Inuit MEd Graduates on July 1." June 25, 2009. Accessed July 2011. http://news.upei.ca/media/2009/06/25/special-upei-convocation-iqaluit-inuit-med-graduates-july-1.

Usher, Peter J. "Evaluating Country Food in the Northern Native Economy." *Journal of the Arctic Institute of North America* 29, no. 2 (1976): 105–20.

Vickers, Jill. "Liberating Theory in Canadian Studies." In *Canada: Theoretical Discourse/Canada: Discours Theoriques*, edited by R. Lorimer and T. Goldie. Montreal: Association for Canadian Studies, 1994.

Wilber, Ken. *A Theory of Everything: An Integral Vision for Business, Politics, Science and Spirituality*. Boston: Shambhala, 2001.

Wilson, Shawn. *Research Is Ceremony: Indigenous Research Methods*. Halifax: Fernwood, 2008.

Wolf, Eric R. *Envisioning Power: Ideologies of Dominance and Crisis*. Berkley: University of California Press, 1999.

Notes

INTRODUCTION

1 The *q*'s are articulated as guttural *k*'s, and there is a stress on the double *g*. In Inuinnaqtun dialect it is spelled and pronounced *qalgiq*, and in Nattilingmiutut it is *qar̆giq* (the reflexive *r* sounds like a *z* or a *d* when in combination with the *g*: *qazgiq/qadgiq*). In Alaska, communal structures are called *qasgiq* (Yup'ik and Cu'pik) and *qargi* (Iñupiaq), and *qassi* in Greenland.

BILINGUAL INTERVIEW TRANSCRIPTS

*Dialect note: Aupilarjuk's family of origin are Nattilingmiut. When he was a youth, he came in contact with Aivilingmiut speakers, and later, as a lay reader for the Catholic church, he was exposed to North Baffin speakers. His own way of speaking is preserved in this transcript, and it is a blend of Nattilingmiut, Aivilingmiut, and North Baffin dialects. When speaking of his early life in the recordings, he often spoke closer Nattilingmiutut, but in his adult life he has lived in Aivilingmiutut communities and adopted their speech. He also used some North Baffin germinations of consonants that do not occur in the other dialects.

1 In April 2011, I got word that his sister in Iqaluit passed away.

2 The week before my dissertation defence Aupilarjuk's brother Kakiarniut passed away. He was my dad's best fishing buddy and Kakiarniut inspired me very much in my work as a young interpreter in the late 1970s and early 1980s. Throughout my career he continued to inspire me.

3 There is no English term for it, but it is like a divination ceremony in which a leather thong is used and tied to a person's leg or head. This person has nothing to do but be relaxed and ignore what is going on. The facilitator of the ceremony will call for their helping spirits and then yes-or-no questions are asked. The tied leg or head will either be heavy or light when pulled, as the questions are asked one by one,

indicating "yes" or "no" as an answer to each question. There is a type of Western kinesiology which works on the same principles and muscles are tested for strength or weakness against food or substances (like allergy or sensitivity testing).

4 I love the way he laughs so fondly at this spot on camera!

5 Jeff J. Corntassel, "Who Is Indigenous? 'Peoplehood' and Ethnonationalist Approaches to Rearticulating Indigenous Identity," *Nationalism and Ethnic Politics.*

6 Taalliraq was alive when this was spoken, but she passed away in April 2011 as I worked on this manuscript.

7 Personal clothing of individuals is understood to be imbued with that individual's energy in the Nattilik culture. Clothing is used ritually. When a person would die, their clothes were to be destroyed in a fire, and their belongings (like tools or toys) were to be left at their burial site. When I was a child this was still practised in our community among the Nattilingmiut. A similar and related practice was to move to a different house. Our family was guided to do all of these renewal rituals when my brother died.

FOUNDATIONS: LANGUAGE, BEING, INQUIRY

1 Nunavut Tunngavik Inc., *Our Primary Concern: Inuit Language in Nunavut 2009/10 Annual Report on the State of Inuit Culture and Society.* The other Inuit regions in Canada express similar concerns, though this research is situated in Nunavut.

2 In Alaska, Greenland, Labrador, Western Northwest Territories, and West Kitikmeot, various adaptations of roman orthography are used. In Nunavut and Nunavik, both syllabics and roman orthography are officially used. Inuktut syllabics is the writing system that all of the Inuit elders I work with in Nunavut use.

3 Interview transcripts, pages 51–52 (syllabics), 140 (English). Note that page numbers are guides only.

4 In fact, not all Inuit call their language *Inuktut*; some call it *Inuinnaqtun* or *Inuktitut, Inuttitut, Inuvialuktun, Inupiaqtut, Kalaallisut*, etc. In the new language legislation of Nunavut, the term *Inuit language* is used to encompass all reference to Inuit ancestral language, including

Inuit sign language. The suffix *-titut* means "in the manner of," so *Qablunaatitut* would be "English" (or "in the manner of the English, or Caucasian settlers," or "in Western terms").

5 See Ngugi wa Thiong'o, *Decolonizing the Mind*; Linda Tuhiwai Smith, *Decolonizing Methodologies: Research and Indigenous Peoples*; Eric R. Wolf, *Envisioning Power: Ideologies of Dominance and Crisis*; and Albert Memmi, *The Colonizer and the Colonized.*

6 Eric R. Wolf calls this "context" and "structural power." *Envisioning Power*, 5.

7 See Jens Dahl, Jack Hicks, and Peter Jull, eds., *Nunavut: Inuit Regain Control of Their Lands and Their Lives*; Donald Purich, *The Inuit and Their Land*; and R. Quinn Duffy, *The Road to Nunavut.*

8 I have published three papers on this topic; see Janet Tamalik McGrath, "Traditional Voices in Contemporary Inuit Governance: Perspectives on Conflict and Social Justice"; McGrath, "Inuit Qaujimajatuqangit: The Scapegoat for Deep-rooted Identity-based Conflict in Nunavut"; and McGrath, "Time for Change: Metaphors across the Cultural Divide in Nunavut."

9 See Nunavut Tunngavik Inc., "NTI Launches Lawsuit Against Government of Canada for Breach of Contract." A settlement was reached in May 2015, with $255.5 million to compensate for federal government breaches of the Nunavut agreement (see Nunavut Tunngavik Inc., "Settlement Agreement Signed in NTI Lawsuit"). Federal government advantage in land claims processes is not unique to Nunavut (see Paul Nadasdy, *Hunters and Bureaucrats: Power, Knowledge, and Aboriginal-State Relations in the Southwest Yukon*).

10 Interview transcripts, page 24 (syllabics), 115 (English).

11 Interview transcripts, pages 61–62 (syllabics), 149 (English). According to many Inuit elders I have spoken with, the colonial justice system has perpetrated more violence. According to Aupilarjuk and others, the relational-restorative social system was very effective in healing individuals, families, and communities, and in preventing violence.

12 Government of Nunavut, *Report from the September Inuit Qaujimajatuqangit Workshop*, 3. This historic meeting was based on the overall

question, "How should Inuit Qaujimajatuqangit *fit into* the government?" (italics mine). This dominant approach is common in business, as well, but in Aupilarjuk's quote he refers to making something new and considering the consequences of being "run by outside influences"; power and epistemic privileging need to be taken into account.

13 IQ Task Force, *The First Annual Report of the Inuit Qaujimajatuqangit (IQ) Task Force*, 1.

14 Jack Anawak, "The Report of the Nunavut Traditional Knowledge Conference: Nunavut Social Development Council, Igloolik, March 20–24, 1998," 20.

15 IQK, *Terms of Reference*, 2004.

16 Based on interviews with GN employees, September 2011.

INUKTUT METHODOLOGY: MAKING SOMETHING TOGETHER

1 "Knowledge production" is a common phrase that I am uncomfortable with, due to the connotations of capitalism. Thus, "knowledge creation." I do not entirely avoid the use of "production," I am just very mindful of the metaphor.

2 Funding levels for Arctic research increased dramatically following NSERC's news release "A Crisis in Northern Research: National Task Force Report" and the Task Force on Northern Research's *From Crisis to Opportunity: Rebuilding Canada's Role in Northern Research, Final Report to NSERC and SSHRC from the Task Force on Northern Research*. Also see Jeffrey Simpson, "The Cold Facts: Why We Must Focus on Arctic Research." By 2013 the Canadian federal government announced the establishment of a Canadian High Arctic Research Station (CHARS), a $204-million infrastructure project in the tiny hamlet of Cambridge Bay, Nunavut, and by 2018 the annual operating budget will be $26.5 million, providing a "year-round presence" of scholarly inquiry. Government of Canada, "Constructing the Research Station."

3 Interview transcripts, page 86 (syllabics), 170 (English).

4 The other two are Meeka Arnakaq of Pangnirtung and Atuat of Igloolik.

5 See, for example, Canadian Press, "Science Clashes with Inuit Tradi-

tion at Polar Bear Summit."

6 Kukik reviewed this segment before I included it.

7 I translated this section for her to review it and know what I said about her, and she agreed to be included.

8 It was suggested that I include her age (or an approximation) to provide the reader with a reference point, but I do not include this information; it was a cross-cultural moment for me. Unlike in English, it is not rude to ask Inuit their age but it is mostly irrelevant here. What is important to me about writing that Quluaq is a young great-grandmother is that, in Inuktut thinking anyway, this is a reference to her great achievement of raising a family to maturity, a family that has now raised another family to maturity. If I just said great-grandmother, people might think she is old and not active. In saying "young great-grandmother," I hope you see an active, capable woman of strength who is surrounded by three generations she has helped to teach and guide. It might be easier to call her up and ask her how old she is than to write an extended footnote, but I feel obliged to describe my original intention—to focus on her role and capacity. Age is not a reference point in Inuktut in the same way that it is in English.

9 They had reviewed this section together originally and agreed that it be included in my story. Since his passing, I checked with Mora to be sure of ongoing consent. Research consent is not an event; it's an ongoing relationship. His contribution was very important and we are saddened by his early departure.

10 I tell my story of our experiences with permission from each of them.

11 John Bennett and Susan Rowley, eds., *Uqalurait: An Oral History of Nunavut.*

12 Interview transcripts, page 16 (syllabics), 108 (English), in reference to the education system, and see also page 62 (syllabics), 149 (English), for general reference.

13 Jeff Corntassel and Tom Holm, "The Peoplehood Matrix."

14 Interview transcripts, page 15 (syllabics), 107 (English).

15 On October 7–9, 2011, we discussed the original version of this in person, as I had translated it into Inuktut syllabics and mailed it to him in September 2011. I also discussed the main components of the English

thesis orally with him in these meetings.

16 In Inuktut there are two words for "uncle"—*akkak* for "paternal uncle" and *angak* for "maternal uncle," and in this case it was *akkangata nuliavinia* for his "paternal uncle's late wife."

17 The symbol & in Inuktut words represents an Inuktut sound that doesn't have an English Roman letter to represent it. It sounds like *dsl* and is similar to an *L* sound in Welsh. The & symbol was adopted by the Inuit Cultural Institute in 1977 in their standardized writing system, along with a *t* with a wavy cross through it which is not as accessible on the keyboard so the & is commonly used.

18 Written notes in personal conversation, clarifying names and pronunciations, November 22, 2010.

19 Interview transcripts, page 15 (syllabics), 124–125 (English).

20 *Wayfinding* is a term meaning to navigate through weather, water and ice conditions, and terrain. There is an emergent body of literature on the science and scope of wayfinding, found in cultural geography. This term differs from the term *wayfare* which is a fourteenth-century English term meaning simply to travel.

21 Generally, in conversation, I did not clarify the years with Aupilarjuk because they were obviously not important to him. There are ways of clarifying, but because this section is based on direct conversation with him, the details he emphasizes are preferred. Later on, in October 2011, he offered some dates of significance, which I added here.

22 The family uses different spellings for the same name.

23 University of Prince Edward Island, "Special UPEI Convocation in Iqaluit for Inuit MEd graduates on July 1."

24 Bennett and Rowley, eds., *Uqalurait*; Aupilarjuk et al., *Interviewing Inuit Elders*, vol. 2, *Perspectives on Traditional Law*; and Aupilarjuk et al., *Interviewing Elders*, vol. 4, *Cosmology and Shamanism*.

25 Story originally documented by me in *Inuktitut Magazine* in 2002.

26 Janet Tamalik McGrath, interview and translation, "Elder's Perspective: Mariano Auplilaarjuk," *Inuktitut Magazine*.

27 Linda Alcoff, "Cultural Feminism versus Post-Structuralism: The Identity Crisis in Feminist Theory," *Signs: Journal of Women in Culture and Society*, 405–36.

28 Ken Wilber, *A Theory of Everything: An Integral Vision for Business, Pol-*

itics, Science and Spirituality, 70–71.

29 Roger Brubaker and Frederick Cooper, "Beyond Identity," *Theory and Society*, 1–47.

30 I use ICI phonetic spelling for my hometown, Talurřuaq, though it is spelled Taloyoak on the maps and in common practice. Talurřuaq is located at the base of the Boothia Peninsula in East Qitirmiut (Kitikmeot) region in Nunavut. Kangiq&iniq is the Inuktut name for Rankin Inlet on the West Coast of the Hudson Bay, Kivalliq region of Nunavut.

31 The popular or official term for the schools run by churches is "Indian Residential Schools," but many Inuit attended these along with a comparatively few non-native children—usually children whose parents were working in the isolated communities at the time, as it was in our case.

32 Talurřuaq, formerly "Spence Bay," now spelled "Taloyoak" which is not an accurate phonetic spelling, but is in common use; Kuugaarřuk was formerly "Pelly Bay" and now spelled "Kugaaruk," which is also not an accurate phonetic spelling, but is in common use; Uqšuqtuuq is the ancient Inuktut place name for "Gjoa Haven" (both are in common use, but some spell it Uqhuqtuuq).

33 Judith Waldner McGrath, *Dyes from Lichens and Plants: A Canadian Guide*.

34 The first class of high school students educated without being sent to residential school graduated in Talurřuaq in 1997.

35 My forthcoming book *Inuuqatigiingniq* is based on two dozen interviews with Nattilingmiut elders on their experiences and views of conflict and change pre-settlement and early settlement. The core of this work are the elders' statements on the foundations of human well-being.

36 Interview transcripts, page 30 (syllabics), 120 (English).

37 Interview transcripts, page 52 (syllabics), 140 (English).

38 Shawn Wilson, *Research Is Ceremony: Indigenous Research Methods*, 43.

39 Marie Battiste, ed., *Reclaiming Indigenous Voice and Vision*; Willie Ermine, "Ethical Space: Transforming Relations"; Joyce Green, ed., *Making Space for Indigenous Feminism*; Leanne Simpson, ed., *Lighting the Eighth Fire: Liberation, Resurgence, and Protection of Indigenous Nations*; Dale Turner, *This is Not a Peace Pipe: Towards a Critical Indigenous Philosophy*.

40 Turner, *Peace Pipe*.

41 Betty Bastien, *Blackfoot Ways of Knowing: Worldview of the Skisikaitsitapi*; Alfred Gopit Metalic, *Ta'n Teli'gji'tegen 'Nnu'igtug aq Ta'n Goqwei Wejgu'aqamulti'gw*; Qwul'sih'yah'maht Robina Thomas, "Honoring the Oral Traditions of my Ancestors through Storytelling," in *Research as Resistance: Anti-Oppressive and Indigenous Methodologies*, eds. Leslie Brown and Susan Strega, 237–54; Peter Cole, "Trick(ster)s of Aboriginal Research," *Native Studies Review*, 7–30.

42 Smith, *Decolonizing Methodologies*.

43 Wilson, *Research Is*; Margaret Kovach, *Indigenous Methodologies: Characteristics, Conversations, and Contexts*; Kathleen E. (Minogiizhigokwe) Absolon, *Kaanddossiwin: How We Come to Know*.

44 Wilson, *Research Is*, 135.

45 See N.K. Denzin, Y. S. Lincoln, and Linda Tuhiwai Smith, *Handbook of Critical and Indigenous Methodologies*.

46 For example, see Linda Archibald and Mary Crnkovich, "Intimate Outsiders: Feminist Research in a Cross-Cultural Environment," in *Changing Methods: Feminists Transforming Practice*, eds. Sandra D. Burt and Lorraine Code, 105–25.

47 Interview transcripts, page 99 (syllabics), 182 (English). Aupilarjuk's ideas on heart-based thinking have also been documented in more detail by Joe Karetak who has elaborated on this notion (unpublished).

48 Interview transcripts, pages 63, 88 (syllabics), 150, 172 (English).

49 Wilson, *Research Is*, 43.

50 Ibid.

51 Ibid.

52 See analysis section for a more detailed review of the concept of ceremony.

53 Wilson, *Research Is*, 65.

54 Ibid., 7.

55 Ibid.

56 Ibid., 71.

57 Jill Vickers, "Liberating Theory in Canadian Studies," in *Canada: Theoretical Discourse/Canada: Discours Theoriques*, eds. R. Lorimer and T. Goldie, 351.

58 Ibid.

59 Ibid., 364.

60 Joe Moran, *Interdisciplinarity*, 15; Liora Salter and Alison Hearn, *Outside the Lines: Issues in Interdisciplinary Research*, 27; Julie Thompson Klein, *Interdisciplinarity: History, Theory, Practice*, 38.

61 Veronica Strong-Boag et al., eds., *Painting the Maple: Essays on Race, Gender and the Construction of Canada*, 4–5.

62 Royal Commission on Aboriginal Peoples, *Report of the Royal Commission on Aboriginal People*, 5 vols.

63 Craig McNaughton and Daryl Rock, "Opportunities in Aboriginal Research: Results of SSHRC's Dialogue on Research and Aboriginal Peoples," *Native Studies Review*.

64 Royal Commission on Aboriginal Research, "Ethical Guidelines for Research," in Appendix E of *Renewal: A Twenty Year Commitment*.

65 J.W. Scott, "A Rejoinder to Thomas C. Holt," in *Questions of Evidence: Proof, Practice and Persuasion across the Disciplines*, eds. J. Chandler, A.I. Davidson, and H. Harutoonian, 400.

66 Wilma A. Dunaway, "Ethnic Conflict in the Modern World System: The Dialectics of Counter-Hegemonic Resistance in an Age of Transition," *Journal of World Systems Research*, 27.

67 Thomas D. Hall and James V. Fenelon, "The Future of Indigenous Peoples: 9-11 and the Trajectory of Indigenous Survival and Resistance," *Journal of World Systems Research*, 152.

68 Ibid.

69 George J. Sefa Dei, Budd L. Hall, and Dorothy Goldin Rosenberg, eds., *Indigenous Knowledge in Global Contexts: Multiple Readings of Our World*, 5 (italics added in quote).

70 On page 273, there is a photograph of Aupilarjuk with his three carvings. In the photograph he is illustrating how to address today's issues. The carving that he elevated is symbolic of the *Inummarik* (Inuk original way). See also interview transcripts, page 29–30 (syllabics), 119 (English).

71 For an excellent example of the social value of the meat economy in a First Nations context, see Paul Driben, "A Death in the Family: The Strategic Importance of Women in Contemporary Northern Ojibwa Society," in *Readings in Aboriginal Studies*, vol. 1, ed. Samuel W. Corri-

gan, 211–28.

HOMEWORK: MOVING BEYOND "FIELDWORK"

1 Canadian Institutes of Health Research, Natural Sciences and Engineering Research Council of Canada, *Tri-Council Policy Statement: Ethical Conduct for Research Involving Humans*, 126.

2 N.S. Mauthner and A. Doucet, "Reflections on a Voice-Centred Relational Method of Data Analysis: Analyzing Maternal and Domestic Voices," in *Feminist Dilemmas in Qualitative Research: Private Lives and Public Texts*, eds. J. Ribbons and R. Edwards, 119–44.

3 Interview transcripts, pages 27–28 (syllabics), 117–118 (English).

DAY-BY-DAY ANALYSIS: DISCOVERING THE QAGGIQ MODEL

1 This was recorded by Ian Martin and Jukeepa Hainnu as professors in a language course for the first Inuit MEd cohort (UPEI), recorded at Nunavut Arctic College in Rankin Inlet, May 2007, and used for this project with Ian's permission.

2 Aupilarjuk has two other triads he teaches with as well—the three rock carvings and the triad of concepts, "*tautungniq, isumaniq, pijumaniq*" (seeing, thinking, wanting), both documented in my interviews with Aupilarjuk in *Inuktitut Magazine*, "Elder's Perspective: Mariano Auplilaarjuk."

3 P. D. Elias, "Models of Aboriginal Communities in Canada's North," *International Journal of Social Economics*, 1241–55. See also Peter J. Usher, "Evaluating Country Food in the Northern Native Economy," *Journal of the Arctic Institute of North America*, 105–20.

4 Interview transcripts, page 37 (syllabics), 126 (English).

5 IQ Task Force, *First Annual Report*, 5.

6 Interview transcripts, page 62 (syllabics), 149 (English).

7 Ibid.

8 Interview transcripts, page 18 (syllabics), 149 (English).

9 Ibid.

10 I truly believe he does not intend this statement to be heteronormative. He is speaking from his experience, but one can extrapolate that what

is important is that the mature adults are living in balance and harmony for the good of the household unit.

11 Ibid.

12 Interview transcripts, pages 25, 85 (syllabics), 115–116, 169–170 (English).

13 He talked throughout about the role of his parents as primary educators and how while some lessons were tough or some chores were tedious, life depended on trusting their judgment and abiding by their wishes. See interview transcripts, bottom of page 31 (syllabics), 121 (English), and 44–46 (syllabics), 133–134 (English).

14 Interview transcripts, pages 27–28 (syllabics), 117–118 (English).

15 Interview transcripts, pages 39–42 and 98–100 (syllabics), 128–130 and 181–182 (English).

16 Interview transcripts, pages 45–47 (syllabics), 134–135 (English).

17 Interview transcripts, page 21 (syllabics), 126 (English).

18 Interview transcripts, page 37 (syllabics), 126 (English).

19 Ibid.

20 Interview transcripts, pages 37–38 (syllabics), 126–127 (English).

21 Interview transcripts, pages 27–28 and 30–31 (syllabics), 117–118 and 120 (English).

22 The Indigenous Peoplehood Matrix category of "ceremony" relates to what Aupilarjuk was developing as a theme in this section—ritual/ceremony as integral to physical survival. I will expand on this later as I present the proposed model, but I flag it for now.

23 Interview transcripts, pages 38–39 (syllabics), 127–128 (English).

24 Interview transcripts, page 39 (syllabics), 128 (English).

25 Interview transcripts, page 40 (syllabics), 129 (English).

26 Ibid.

27 Interview transcripts, pages 40–41 (syllabics), 129–130 (English).

28 Interview transcripts, pages 18–20 and 22 (syllabics), 110–111 and 113 (English).

29 It was recorded in the fall of 2001 and published the following spring in 2002. See McGrath, "Elder's Perspective," *Inuktitut Magazine*.

30 For a full description refer to McGrath, "Elder's Perspective," *Inuktitut Magazine*, available online at www.itk.ca.

31 Interview transcripts, pages 21–22 (syllabics), 113 (English).

32 The Inuktut way is spiritual in its basis in my understanding and experience. On page 62 (syllabics), 149 (English) of the interview transcripts, Aupilarjuk talks about privileging the Inuk way of being toward societal health and well-being.

33 On page 93 (syllabics), 176 (English) of the interview transcripts, Aupilarjuk talks about the oldest generation being the sources of this knowledge, yet they do not receive the appropriate support or remuneration in return for their critical contributions.

34 See pages 210–211 for other references to this initiative.

35 Interview transcripts, page 54 (syllabics), 142 (English).

36 Corntassel and Holm, "The Peoplehood Matrix." This model was developed by Corntassel and Holm based on the work of Robert K. Thomas as well as previous work by Holm with Pearson and Chavis. See Tom Holm, J. Diane Pearson, and Ben Chavis, "Peoplehood: A Model for the Extension of Sovereignty in American Indian Studies," *Wicazo Sa Review*, 7–24.

37 Interview transcripts, page 62 (syllabics), 149 (English).

38 Interview transcripts, page 20 (syllabics), 111 (English).

39 I thought about this and had some other discussions with him about different models that I had heard about, to test whether he thought that parents should choose their children's partners or whether they should be invited to have a say and thus participate in offering advice. He seemed to agree that this tradition would work differently in today's society.

40 Interview transcripts, pages 79–82 (syllabics), 165–166 (English).

41 Interview transcripts, pages 60–62 (syllabics), 147–149 (English). He also reiterated this to me in our conversations on October 8 and 9, demonstrating the significance of this to him.

42 See also Holm, Pearson, and Chavis, "Peoplehood."

43 Interview transcripts, page 62 (syllabics), 149 (English).

44 There are examples in the interview transcripts and elsewhere in this book.

45 Interview transcripts, page 18 (syllabics), 109 (English).

46 Interview transcripts, page 41 (syllabics), 130 (English).

47 Interview transcripts, pages 41–42 (syllabics), 130 (English).

48 Interview transcripts, page 42 (syllabics), 130 (English).

49 Jeff Corntassel, email to Tamalik, November 2, 2010.

50 Interview transcripts, page 65 (syllabics), 152 (English).

51 Interview transcripts, pages 54 and 56 (syllabics), 142 and 144 (English). He notes that because I have not experienced the thing he is describing, my understanding is not yet complete.

52 I want to note here that the purpose of Ingalangaittukuurvik (Leena Evic's initiative at Pirurvik) is to address the need for contact between the oldest generation and the middle generation. The program is designed to second people from their workplaces to work one-on-one with key elders to develop a depth of knowledge so as to be able to carry that knowledge and transmit it widely. In a sense, the program is an intervention in the current patterning of isolation between those generations due to workplace commitments.

53 This is the word for First Nations that Aupilarjuk uses. Other words in Inuktut include *Unaliit* and *Allait*. Inuit do not usually distinguish different tribes of First Nations with different terms—different Inuit dialects use one or another umbrella term.

54 Interview transcripts, page 63 (syllabics), 150 (English).

55 Interview transcripts, page 80 (syllabics), 165 (English).

56 Wilson's ontology-epistemology-methodology-axiology.

57 Interview transcripts, pages 95–96 (syllabics), 178–179 (English).

58 Ibid.

59 Leena Evic, email to Tamalik, June 22, 2011.

THE QAGGIQ MODEL

1 As previously cited in the review of literature, see Dei, Budd, and Rosenberg, *Indigenous Knowledge*; Dunaway, "Ethnic Conflict"; Hall and Fenelon, "Future of Indigenous Peoples."

2 Corntassel and Holm, "Peoplehood Matrix." Image used with permission from Jeff Corntassel, email to Tamalik, January 5, 2011.

3 Interview transcripts, pages 55–57 (syllabics), 143–144 (English).

4 Inuit Cultural Institute, *Elder's Conference 1982, Pelly Bay, N.W.T.*, Eskimo Point: ICI, 1982.

5 Interview transcripts, pages 56–58 (syllabics), 144–145 (English).

6 Interview transcripts, page 59 (syllabics), 146 (English).
7 Interview transcripts, page 66 (syllabics), 152 (English).
8 Interview transcripts, pages 68–70 (syllabics), 155–156 (English).
9 Interview transcripts, pages 70–74 (syllabics), 157–159 (English).
10 Note that *qaggiq* is singular and *qaggiit* is plural.
11 *Qaggiq*, Isuma Productions, http://www.isuma.tv/hi/en/isuma-productions/qaggiq-gathering-place.
12 Interview transcripts, page 40 (syllabics), 129 (English).
13 Interview transcripts, pages 40 and 61 (syllabics), 129 and 148 (English).
14 When I discussed the content of the English thesis with Aupilarjuk on October 8 and 9, 2011, he was particularly supportive of the use of this analogy for his triad.
15 James M. Savelle, "Historic Inuit Pottery in the Eastern Canadian Arctic," *Polar Record*, 319–22; Carole Stimmell, "Going to Pot: A Technological Overview of North American Arctic Ceramics"; Susan Rowley, "The Sadlermuit: Mysterious or Misunderstood?"
16 It is a First Nations tradition to give a small gift of tobacco when harvesting plants. There are a lot of teachings around the gift and symbolism of tobacco. I note that this was done in this situation so as to acknowledge that where people meet, traditions meet also. It is not an Inuk tradition, yet the joy of discovering a new and effective wick material that is freely available in the south was intermingled with the quiet observation of children learning their ancestral teachings.
17 Interview transcripts, pages 42–44 (syllabics), 131–132 (English).
18 Interview transcript, page 37 (syllabics), 126 (English).
19 He says this on record in the *Inuktitut Magazine* article, but many times in presentations and conversations, as well. See McGrath, "Elder's Perspective."
20 Interview transcripts, page 63 (syllabics), 150 (English).
21 Interview transcripts, page 96 (syllabics), 179–180 (English).
22 Ibid.
23 See p. 231.
24 Nunavut Tunngavik Inc., "NTI Launches Lawsuit."
25 See also on this topic in the Yukon context, Nadasdy, *Hunters and Bureaucrats*. Broad explorations of economic dynamics in colonialism

are found in Dean Neu and Richard Therrien, *Accounting for Genocide: Canada's Bureaucratic Assault on Aboriginal People*; and Calvin Helin, *The Economic Dependency Trap: Breaking Free to Self-Reliance.*

26 Interview transcripts, pages 96–97 (syllabics), 179 (English).

27 Ibid.

28 The situation has been called a crisis and government spending on poverty reduction is announced at over $6 million. See Office of the Premier, "The Government of Nunavut's Commitment to Support Nunavummiut in the Fight against Poverty Continues with the Announcement of Several New Initiatives." See also Nunavut Bureau of Statistics for current poverty levels: http://www.stats.gov.nu.ca/en/home.aspx.

29 See Usher, "Evaluating Country Food."

30 In-person communication.

31 Technically, they would not cost money, but there would be a cost for oil and gas to service the vehicles that have become part of travel today. To harvest bone and leather and sinew, the hunt would require some money; however, with high-level land skills people would know how to use the traditional pre-contact methods which required no money at all.

32 Traditional formats would involve seasonal-based long-term immersion, not necessarily day trips or settings.

33 Interview transcripts, page 78 (syllabics), 163 (English), a reference to Aupilarjuk's support for the Ingalangaittukuurvik initiative at Pirurvik Centre; and for Taalliraq's words on this topic see Janet Tamalik McGrath, "Conversations with Nattilingmiut Elders on Conflict and Change: Naalattiarahuarnira," 108.

34 Department of Culture, Language, Elders and Youth, *Uqausivut: Proposed Comprehensive Plan Pursuant to the Language Acts, 2011–2014*, 5.

35 Annis May Timpson, "Reconciling Indigenous and Settler Language Interests: Policy Initiatives in Nunavut," *Journal of Canadian Studies*, 177.

36 Department of Culture, Language, Elders and Youth, *Uqausivut.*

37 Gina Pizzo, "How One School Teaches the Inuit Language," *Nunatsiaq News.*

38 Ibid.

39 Sarah Rogers, "Action Needed to Save Inuit Language in Nunavut: NTI," *Nunatsiaq News.*

40 Nunavut Tunngavik Inc., *Our Primary Concern.*

41 For example, see Alethea Arnaquq-Baril, *Tunniit: Retracing the Lines of Inuit Tattoos.*

42 Statistics Canada, 2010. Scale is drastically different in that Nunavut is 20 percent of Canada's land mass and 60 percent of its coastline. Electronic and airwave media, in particular storytelling modes such as film, Inuit television, and radio broadcast, have done much to connect Inuit with other Inuit and in that sense, to support Inuktut knowledge renewal.

43 Interview transcripts, page 20 (syllabics), 111 (English).

44 Lee Maracle, *I am Woman: A Native Perspective on Sociology and Feminism*, 111 and 115.

45 Wilson, *Research Is*, 137.

46 Interview transcripts, pages 30–32 (syllabics), 120–121 (English).

47 This section is based on primary interviews with GN employees and reflects data from 1999–2013.

48 Thomas R. Berger, "Conciliator's Final Report: The Nunavut Project."

49 Ibid., 42.

50 Ibid.

51 In the 1970s in Talurřuaq (Taloyoak), the mid-winter festival had twenty-four-hour games and dances for two weeks. It was called Christmas as it was at that time of year, but at the time, it was clearly a continuation of an ancient tradition of mid-winter gathering. I was back home in 2004 for Christmas and it was similarly a whole-community affair, with people coming and going in cycles through all hours. I have heard similar stories of winter and spring gatherings in Pond Inlet and Iglulik, as well as in other communities outside of Nattilik, that led me to see gathering as a community relationship renewal process that links back to Inuit mid-winter and spring gathering traditions.

52 See pages 210–211 for other references to this initiative.

53 See Martha Flaherty, "Freedom of Expression or Freedom of Exploitation?" *The Northern Review*, 178–85.

54 Brian Schnarch, "Ownership, Control, Access and Possession (OCAP) or Self-Determination Applied to Research: A Critical Analysis of Contemporary First Nations Research and Some Options for First Nations Communities," *Journal of Aboriginal Health*. (italics added).

55 See Simpson, "The Cold Facts." Global warming and Arctic sovereignty issues have justified a great deal of government money being poured into Arctic research.

56 Inuit Tapiriit Kanatami, *Negotiating Research Relationships: A Guide for Inuit Communities.*

57 Inuit Tapiriit Kanatami, *Negotiating Research Relationships with Inuit Communities: A Researcher's Guide.*

58 CBC News, "Research Centre Combines Western, Inuit Knowledge."

59 Mark Sandiford and Zebedee Nungak, *Qallunaat! Why White People are Funny.*

60 In Zebedee Nungak's dialect as in the Baffin dialects, it is spelled *qallunaaq/qallunaat* but in this work, I use the Nattilik and Kivalliq spelling, *qablunaaq/qablunaat.*

61 For example, refer to the Canadian High Arctic Research Station Act, which came into force June 2015, available at http://laws-lois.justice.gc.ca/eng/acts/C-17.8/page-1.html.

62 Canadian Institutes of Health Research, Natural Sciences and Engineering Research Council of Canada, *Tri-Council Policy Statement, Chapter 9.*

CRAFT KNOWING-DOING AND CRAFT EPISTEMOLOGY

1 Mauthner and Doucet, "Reflexive Accounts," 434.

2 Leslie Brown and Susan Strega, eds., *Research as Resistance: Critical, Indigenous and Anti-Oppressive Approaches*, 3 and 27.

3 Wilson, *Research Is*, 34

4 Interview transcripts, pages 51–52 (syllabics), 140 (English). See also Taalliraq in McGrath, "Conversations."

5 McGrath, "Elder's Perspective."

6 Interview transcripts, page 61 (syllabics), 148 (English).

7 Interview transcripts, pages 70–71 (syllabics), 157–158 (English).

8 McGrath, "Elder's Perspective."

9 Interview transcripts, page 96 (syllabics), 179 (English).

10 For that reason, I recorded her story on DVD and transcribed and translated it for the Inuit Family Resource Centre in Ottawa, see T.

Qaapik, *Qaapiup Uqausingit.*

11 Thomas, "Honoring the Oral Traditions," 237–54.

12 Ibid., 237.

13 Interview transcripts, page 55 (syllabics), 143 (English).

14 Algonquin First Nation.

15 Interview transcripts, pages 94–95 (syllabics), 178 (English).

16 Wilson, *Research Is.*

17 Ibid., 77.

18 *Naalak-* is the verb form (a dash is used at the end because it is a prefix, it needs an ending to be complete) and *naalangniq* is the noun form.

19 To be in a state of anticipation, expecting, hoping, keeping watch out for. Note how one short word can have a lot of feeling and meaning.

20 The picture and text is used with Uluadluak's permission, and the translation was verified by Nunia.

21 McGrath, "Conversations."

22 Also see Aupilarjuk's statements in a similar vein, interview transcripts, pages 86–88 and 93 (syllabics), 171–172 and 176 (English).

23 Interview transcripts, pages 40 and 43–45 (syllabics), 129 and 132–133 (English).

24 *1-Famous-Quotes.com*, http://www.1-famous-quotes.com/quote/830511.

25 Interview transcripts, pages 50–51 (syllabics), 139 (English).

26 Interview transcripts, pages 43–44 (syllabics), 132–133 (English).

27 Interview transcripts, page 98 (syllabics), 181 (English).

28 Interview transcripts, page 40 (syllabics), 129 (English).

29 Interview transcripts, page 20 (syllabics), 111 (English).

30 IQ Task Force, *First Annual Report*, 5.

BEGINNINGS

1 Interview transcripts, pages 15, 20, 61, 63, 78, and 101 (syllabics), 107, 111, 148, 150, 163, and 184 (English).